名前や流行で飲むモルトではない。
TOMATIN
ESTD 1897
SINGLE MALT
HIGHLAND SCOTCH WHISKY
ハイランド・シングル・モルト・ウイスキー
トマーティン12年、18年
SWSC2009 金賞受賞
KOKUBU
輸入総発売元 国分株式会社
http://liquors.kokubu.co.jp
未成年者の飲酒は法律で禁じられています。
飲酒運転は法律で禁じられています。
妊娠中や授乳期の飲酒は、胎児・乳児の発育に
悪影響を与えるおそれがあります。お酒は適量を。

The Bartender's Pocket Bible

はじめに

私は長年に渡りバーで働いて来て常々思うことがあった。それは現場で働くバーテンダーにとって100%活用できるカクテル・ブックはないかということである。

近年のショット・バー・ブームで、バーテンダーはより高度な技術や知識が求められるようになった。それは客から受けるオーダーが、一般的に知られている酒に留まらず、あるかないかも判らないような名前の酒や、バーテンダーの知識が試されているのではないかと思われるようなオリジナル・カクテル（コンペティションなどの創作）にまで及ぶ事があるからである。特にカクテルの数は各店のオリジナルまで含めるとその数は膨大で、全てのレシピを一人の人間が記憶できるものではない。

スタンダードの参考本は国内外から数多く出版されてはいる。しかし、それらはいずれも参考書や写真集としての類の本であり、現場（客の前）で即、広げてチェック出来るものではない。（又、同じ名前のカクテルも本によってはレシピが全然違っていたりする）。そこで私は自分なりのレシピ・メモ帳を長年に渡って作ってきた。市販のメモ帳に手書きでメモしただけのものであるが、これならポケットにも入るし、客の前で広げても個人のメモ帳であれば客に違和感を与えることもなく、大変重宝していたからである。

しかしそのメモ帳に書き込んできたレシピも年と共に増え続け、いつの間にかカクテルブック数冊分を超える量となってしまった。そしてこのメモ帳をそのままのスタイルでポケット版として出版すれば、同じような考えを持つバーテンダー達にとって非常に便利なカクテルブックとなるのではないかと考えた訳である。私は、パーフェクトな既成の本は絶対に存在しえないと思っている。しかし各自がそれぞれのアイデアやレシピも加えていけば、やがてはパーフェクトに近いものを作る事は出来うると思っている。各バーテンダー達が本書に個人のメモを加える方法で、パーフェクトなバーテンダーズ・ブックを作ってもらえればと考える次第である。

２００２年2月

平成14年に初版が出版され、重版を重ねてきたバーテンダーズポケットバイブルだが、今回の改訂版を発行するにあたり一部加筆・修正を行い、さらに充実を期した次第である。

酒学士 なしき ひろし

Contents

Cocktail Recipe

本書の特徴

本書はバーテンダーとして既に現場に立っている人、もしくはアマチュアでもそれに準ずるくらいの知識と技術を持つ人達を対象としている。限られたスペースに出来る限り多くの情報を記載するために、アマチュアへの配慮としての写真やシェイク、ステアの仕方、グラスの種類や容量などの説明は割愛した。

また、実際の現場で使う用語を多用して略語表記した。(略語は著者の造語もあるので「凡例」を参照してもらいたい)。そして、ほとんど同じ材料で分量のみが違うレシピのカクテルは、一滴でも量が変われば違うカクテルとなるという考えから、十分とはいえないものの可能な限りの名前とレシピを記載した。(時代と国の違いによって、同じレシピの違った名前のカクテルが存在することは不思議ではない。本書は記録文献としての一面も備えているので、それらを無視することは出来ないと考えたからである)

世の中にはスタンダードとオリジナルのカクテルを合わせれば既に何万という種類が存在する。更に世界各地のバーでは毎日のように新作カクテルが生まれては消えている。それら全てを暗記または記録しようというのは、どんな天才やスーパーコンピューターの力を借りても不可能である。そこで本書では、世界の有力カクテル・ガイドから約2,500種のスタンダードを抜き出し、それにオリジナル（創作カクテルも含めた）カクテル約500種、更にマティーニのバリエーション約200種を加え、3,000種以上のカクテル・レシピを収録した。この数があれば、90％以上の客のニーズには応えられるという最低の数でもある。残り10％は（何処かの店のオリジナル以外であれば）応用を効かせれば対処出来ると思う。

有名なスタンダード・カクテルであっても、国や出版社と著者によって材料の分量が変わっていることも多い。本来は一滴違う材料に替わっただけでも味が変わるわけで、違うものと考えるべきであるが、同じ系統の材料であれば同じレシピと考えてどちらか一つを掲載している。（例えば、コアントローがT·セックに替わっていたりとかである）。但し、ステアとシェイクの両方が存在する場合は、量が同じでもその両方を掲載した。

デコレーション（飾り付け）は、必ずしもオリジナルと同じにする必要はないと考え、材料のみの記載にした。フルーツ等のデコレーションに関してはそれぞれのバーテンダーの感性と才能に任せたいと思う。

また、酒税法の改正と昨今のショット・バーのブームにより、日本でも多種のシングル・モルト・ウィスキーが手に入り、多くのバーに置かれるようになってきているので、カクテルのみのレシピ記載に留まらず、シングル・モルト・ウィスキーのメモも記載してある。シングル・モルトは種類によってワインと同じようにボトル毎に味が異なるものもあり、完全な説明は難しく、未だテイスティングしたことのない銘柄もあるので、あくまでも参考として利用してもらいたい。こちらにも空白自由ページを設けたので、個人の活用ページとして完成させてもらいたい。

本書の見方・手引き

●本書はあくまでも現場で働くバーテンダーのメモ帳としての最高の利用法を考えて、全て日本語（カタカナ）表記を基本とした。但し、日本語の発音訳として曖昧なものに関しては、アルファベットでも表記した。オリジナル言語による表記が最も正確と思われるが、出版主旨である現場を最優先するという性格上、本書では省略した。

●同名・異レシピの場合、日本で使われるレシピを最優先したが、参考としてサボイ、ラルース他のレシピも記載した。文献等に既に存在するのにひとつのレシピしか知らないようではプロとは言えないだろう。無論、それは知識をひけらかすという意味ではなく、お客からのリクエストが最優先されるべきであるが、知らないお客に対してはプロのサポートとしての知識が優先されるべき時があると考えるからである。また、同名でごく一部だけが異なるレシピの場合（酒の分量の違い等）は、日本で多用されるレシピを優先表記した。バーテンダーとしてどのレシピを自分のものにするかは、各自の判断に委ねたい。

●古いカクテルに関しては、その記録も曖昧で、使われていたグラスの形状も定かではない。たとえばトロピカル・ドリンクに用いられるロング系のグラスは容量も様々である。外国のレシピ・ガイドには一人分で300ml以上の材料をシェイクするレシピもあるが、勝手な解釈をせずにオリジナル・レシピを重視してそのまま記載した。それらをどういった形でアレンジしていくかは、それぞれのバーテンダーの技量に委ねたいと思う。

●本書は表紙カバーを生かせば本として、カバーをはずせば、表向きは普通のメモ帳に見えるような装丁にしてある。また本当にメモ帳として活用出来るように、各項目の最後に自分のレシピやお客の好み等を書き込めるようメモのスペースを設けた。店に置くだけではなく常にポケットにしのばせて、気が付いたことや疑問に思ったことなどを、後回しにせずメモを取って貰うことを望んで、メモ帳スペースを設けた次第である。

バーテンダーの基礎知識

●Bar（と名の付く店）とは？

バーとは、日本語では「酒場」で、酒を商品として客に提供してその場で飲ませる営業形態の店舗の事をいう。つまり、拡大解釈すると酒を売っている店であれば、喫茶店や居酒屋やクラブであってもバーと呼べるのかもしれない。しかし、正確には、語源がバー・カウンターのBar（板）から来ているように、バー・カウンターを備えた店の事を言う。そして、カウンターの中にバーテンダーと呼ばれる職業の人間がいる事が前提となる。

●バーテンダーとは？その定義

バーテンダーとは、Bar（＝酒場）、Tender（＝世話人、見張り人）という英語の合成語として生まれた言葉である。(Bar-Manバーマン、Bar-Keeperバー・キーパーという呼び方が用いられる事もあるが）19世紀後半のアメリカでそれを職業とするようになり、世界的に増えていった。つまりバーテンダーとはバーの見張り人＝店の責任者や経営者であり、同時に酒をお客に提供（接客）する技術者でなくてはならない。また現代においてはお客のモチベーション（利用動機）も複雑多岐で、バーには色々なタイプの人がそれぞれ違う目的でやってくる。酒（やカクテル）を飲みに来る人、バーテンダーと話をしに来る人、友人、知人とコミュニケーションの場として利用する人、商談の場として利用する人、帰宅前の息抜きとして立ち寄る人、等々である。バーテンダーは、それらの人々を瞬時に見分けてそれなりの接客をしなくてはならない。つまり現代はバーテンダーも酒（やカクテル）を作るだけでは通用しない時代で、お客を満足させ商売を成立させ、尚且つ、自分の描く理想のバーの雰囲気を作り出していくのがプロのバーテンダーと呼べる人である。

●酒とは？

酒とは、アルコールを含む飲料の総称で、多くの国で、それぞれに法的定義と種類を明文化している。日本では、酒税法第2条に「酒類とはアルコール分1％以上の飲料をいう」とあり、アルコール分1度以上の飲料は全て酒税法上の「酒類」となる。しかし、それはあくまでも法律上の定義に他ならない。私が思うに酒とは、酔える飲み物である。人は楽しい時やめでたい時、悲しい時などに酒を飲む。軽い酒で酔えない酒豪もいれば、ほんの一滴だけでほろ酔い気分になってしまう人もいる。酒の持つ力は偉大である。人の生き死にを決めてしまう事もあるからだが、形はどうであれ、死ぬ為の力として飲む酒だけはごめんこうむりたいものだ。ヤケ酒を飲むのは飲んで嫌な事を忘れたいからであり、酔いが覚めた翌朝に、新たなる生きる力を養う為のエネルギー源であると思いたい。生きる為の酒こそ私が思う酒であり、命の水なのである。

●カクテルとは？

（カクテルの語源は諸説あり、色々な本に載っているので、本書では割愛させてもらう）
カクテルとは「酒」と「何か他の飲み物」を混ぜ合わせたひとつの飲み物のことを言い、昔は「混成飲料」と訳されて発音もコクテール、カクテールなどと様々なカタカナ表記をされていたが、現代ではカクテルという言葉で落ち着いたようである。

●バーテンダーはカクテル・アーティストか？

バーテンダーとは前述した通りであるが、それでは最近使われるようになったカクテル・アーティストとバーテンダーは同じなのか？カクテルを作るのはバーテンダーの仕事であり、新しいカクテルを創造する事もバーテンダーの使命であり喜びでもある。そういった意味では、バーテンダーはカクテル・アーティストである。しかし、カクテル・アーティストは必ずしもバーテンダーではないと私は思っている。なぜならバーテンダーにとって最も大切な事は、そのカクテルを飲む人を喜ばせる事である。人の好みが十人十色である以上、アーティストが作ったものが必ずしもうまいとは言えない。客は自分がうまいと思うものを飲みたいのである。例えばマジシャンや芸人が自分のアイデアを見せて客を喜ばせるのとは違って、客からのリクエストをこなし喝采をうける流しの芸人、歌手に近いものがある。バーの主役は客でなくてはならない。バーテンダーは常に受け身の脇役に徹する。そして客から受けたリクエストを、カウンターの中からいかにして持ち得る技術と話術を使って、その客や近くの客に見せ、喜ばせる事が出来るかで、そのバーテンダーの価値が決まってくるのである。

●お客とバーテンダーの距離

お客の心を掴むことは、バーテンダーの当然の仕事である。どんなに忙しい時でも、やってきた客に一声かけたり笑顔を見せるだけでも、客にとっては嬉しいものである。例えどんなにうまい酒やカクテルを飲ませるバーであっても、バーテンダーの対応ひとつで二度と来なくなる客もいれば、その後何度も足を運んでくれる客もいる。その見極めがバーの命であるといっても過言ではない。言うまでもないが、多くの客に幾度となく利用してもらうことが、店の発展に繋がっていくからだ。しかし一見の客をないがしろにして、常連客のみを大切に扱う店やバーテンダーが多いのも事実で余り感心できたものではない。常連客は店にお金を落としてくれる重要な収入源であり宝でもあるが、そんな常連客も最初は一見だったということを店もバーテンダーも忘れてはならない。常連客と気持ちが合って話がはずみサービスが良くなるのは当然だが、初めての客に対する接客態度と明らかに異なれば、初めての客にとっては気分が良いとは言えないからである。かといって、過剰なサービスや馴れ合いも問題である。客とどんなに仲が良くなっても、プライベートな付き合いのある友人でも無い限り、相手はあくまでもお金を落としてくれるお客である。お客にはプロのサービスの代償として、お金を落としてもらわなくてはならない。過剰サービスや馴れ合いでお金を貰う様では本当のプロとは言えないからだ。どこで客と線を引くのか？そのラインをカウンターの板の上に見つける事が出来た人こそプロのバーテンダーと呼べるのである。

●バーテンダーのサービスとは？

先ずは基本中の基本であるが、客の注文する酒（やつまみ）を作る事。そして重要な事は、それらを客にうまいと思わせる事である。しかし更に重要な事は、客のタイプに合わせた雰囲気を作るということである。人に感情がある限り、場の作り方がうまく行けば、さほどうまいと思えない物（酒）もうまくなる時がある。では、いかにして場を作るかであるが、これが一筋縄ではいかないから厄介なのである。例えば、味を求めてバーにやって来る客もいれば、酔いたいだけの客もいる。友人や恋人と一緒に来る人もいれば、一人で雰囲気を楽しむだけにやってくる人もいる。又、バーテンダーと話をしたくてやってくる人もいれば、寡黙な人もいる。プロのバーテンダーは感性と経験からその客の空気を読まなくてはならない。直接、客に聞いても良いが、答えてくれない人もいるし、聞かれる事を好まない人もいる。それぞれの客のタイプに合わせた確実な接客を暗黙の内に提供できてこそ、初めてプロのバーテンダーのサービスと言える。

●バーテンダーに必要なワインの知識は？

ソムリエのような専門的な知識は必要ではないが、あるにこした事はない。昔はワインといえば、フランス・ワインのことを指して、レストランで食事をしながら飲むのが基本であったが、現代では世界中のワインが個人の好みに合わせて単独で飲まれることも少なくない。またワインを使ったカクテルも増え、食事を提供しないバーで働くバーテンダーにとっても、最低限の知識は必要不可欠である。

例えば、お客が甘口、辛口のどちらを好むのか？又、食前にバーに来たのか、食後なのか？或いは軽いつまみ程度しか取らない人であれば、バーにあるどの食材とどのワインを合わせればいいのか？などである。それぞれの国や地域、またぶどうの品種や醸造法などによってタイプが様々に分かれるので、世界中の代表的なワインだけは少なくとも身に付けておくべきである。（※本書ではスペースの都合上、ワインについての解説は割愛した。ワイン・ブームで多くの書物が出版されているのでそれらを参考にして貰いたい。）

凡例
①

本書で使用している「略語と造語」、その意味。

★容　量……………………………………

m＝ml（ミリ・リットル）
tsp＝ティー・スプーン（tea spoon）＝4～5ml
tbsp＝テーブル・スプーン（table spoon）＝10～15ml
1d＝1ダッシュ＝1～2 ml

★グラス類……………………………………

C·G＝カクテル・グラス（90ml）＝日本で使われている標準サイズ
C·G（大）＝カクテル・グラス（120ml）
Cha·G＝ソーサー型シャンパン・グラス
フルート·G＝フルート型シャンパン・グラス
F·G＝オールド・ファッション・グラス（ロック・グラス）
L·G＝ロングタイプのグラス（形状は各店で異なる）
W·G＝ワイン・グラス
Br·G＝ブランデー・グラス
10タン（又は8タン）＝10（8）オンス・タンブラー
コリンズ＝コリンズ・グラス

★酒　類……………………………………

アイリッシュ·W＝アイリッシュ・ウイスキー
アップル·B＝アップル・ブランデー
アップル·J＝アップル・ジャック（＝アップル・ブランデー）
アプリ·B＝アプリコット・ブランデー
カカオ·L＝カカオ・リキュール
カロリック·P＝カロリック・パンチ
シャルト（G）＝シャルトリューズ・グリーン（ヴェール）
シャルト（Y）＝シャルトリューズ・イエロー（ジョーヌ）
スェディッシュ·P＝スェディッシュ・パンチ
パッション·L＝パッション・フルーツ・リキュール

凡例 ②

フォービドン・L＝フォービドン・フルーツ
ベネディク＝ベネディクティン
A・ビター＝アンゴスチュラ・ビターズ
B・ラム＝バカルディ・ラム
D・ジン＝ドライ・ジン
D・ラム＝ダーク・ラム
F・ブランカ＝フェルネット・ブランカ
O・キュラ＝オレンジ・キュラソー
P・タムール＝パルフェ・タムール
P・ワイン＝ポート・ワイン
S・ベル＝スィート・ベルモット
W・キュラ＝ホワイト・キュラソー
W・ラム＝ホワイト・ラム

★副材料＆ジュース類…………………………
シュガー＝シュガー・シロップ、ガム・シロップ、パウダー・シュガーなど。(砂糖類は全てシュガーと表記してある)
パッション・J＝パッション・フルーツ・ジュース
マラ・チェリー＝マラスキーノ・チェリー
G・J＝グレープ・ジュース
G・エール＝ジンジャー・エール
G・シロ＝グレナデン・シロップ
GF・J＝グレープ・フルーツ・ジュース
L・J＝レモン・ジュース
L・J 1/2コ＝レモン1/2コ分を絞る＝15～20ml
L・P＝レモン・ピール
L・S＝レモン・スライス
P・J＝パイナップル・ジュース
T・J＝トマト・ジュース

凡例
③

★仕上げ……………………………………………

 ➡ C・G＝ミキシング・グラスでステアしてカクテル・グラスへ注ぐ

 ➡ F・G（氷）（L・P）＝シェイクして氷を入れたオールド・ファッション・グラスへ注ぎ、L・Pを絞る（又は飾る）

 ➡ **コリンズ**（氷、ソーダUp）＝ビルド・スタイルで氷を入れたコリンズ・グラスに作り、ソーダをアップする（満たす）

 ➡ Cha・G＝材料をブレンダーにかけ、シャンパングラスに注ぐ。

 ➡ **リキュール・G**＝リキュールグラスに混ざり合わないようにフロート（プース）する

クラッシュ＝クラッシュ・アイス

コーラル＝グラスをコーラル・スタイルにする

らせんL・P＝レモン・ピールをらせん状に切って飾る（スパイラル・レモン・ピールの事で必ずしもホーセス・ネック・スタイルとは限らない）

ホーセス・L・P＝レモン・ピールをホーセス・ネック・スタイルにする（グラスの縁にレモンの皮をかけて中に垂らす）

シュガー（又は、ソルト）・スノー＝グラスの縁を果汁で湿らせてグラニュー糖（又は、塩）でスノー・スタイルにする

The Cocktail

Gin

ジンとは？

トウモロコシ、大麦、ライ麦などの穀類を蒸留して、ジェニパー・ベリー（杜松の実）やシナモンなどを溶け込ませたスピリッツの事。現在は、オランダタイプのジンとロンドンタイプのドライ・ジンが有名。無色透明で、爽やかな香りを持つスピリッツ（※）としてカクテルのベースに多用されている。

17世紀前半、オランダのライデン大学の医学部教授シルヴィス博士がヒノキ科の常緑樹杜松の実の利尿作用に注目し、有効成分をアルコール度数の高い蒸留酒で抽出して利尿剤を作り出した。これが効力もさることながらおいしいので人々が競って飲み、Genievre（杜松のフランス語）と呼ばれて大流行になった。次第に杜松の他キャラウェイ・シード、橙皮をはじめ数多くの香味植物を加え、現代のオランダ・ジンに近づき、海外貿易に熱心だったオランダ商人によって世界各地に広まった。1672～74年の第3次英蘭戦争でイギリス兵士達がジンの味を覚えたこと、77年にイギリス王家のメアリーと結婚したオラニエ公ウイレムが89年にイギリス国王を兼ねたこともあって、ジンを飲む習慣がイギリスで広まった。

※スピリッツとは？

本来は「精神（Spirit）」のことだが、酒に関して使われる場合は蒸留酒の意味になる。果実や穀類を発酵、蒸留して造った酒の総称で、アルコール度が高く長期貯蔵に耐える。果実系のブランデー、糖蜜系のラム、穀物系のウィスキー、ジン、ウォッカなどをいう。

アースクイック (別名：アブジン・カクテル)	●D·ジン、ペルノー、ウィスキー、各1/3 ➡C·G
アーティラリー	●D·ジン40 m、S·ベル20 m、A·ビター2d、➡C·G(大)氷1·2個(L·P)
アーミー&ネービー	●D·ジン1/2 オルジャー·シロ1/4、L·J 1/4、 ➡C·G
アイディール (Ideal)	●D·ジン1/2、S·ベル1/4、GFJ1/4、マラスキ3 d、➡C·G(ナツ・メグ)
青い珊瑚礁	●D·ジン2/3、ミント·G1/3、➡C·G(シュガー·スノー)(マラ·チェリを落とす)
アカシア	●D・ジン2/3、ベネディク1/3、キルッシュ2 d ➡C·G
アストリア	●ジン2/3、D·ベル1/3、O·ビター1d、➡C·G (S·オリーブ)
アダム&イブ	●D·ジン、コニャック、フォービドゥン·L、各1/3、 ➡C·G
アッタ・ボーイ	●D·ジン2/3、D·ベル1/3、G·シロ 4 d、 ➡C·G
アティ	●D·ジン2/3、D·ベル1/3、G·シロ 4 d、 ➡C·G
アテンション	●D·ジン、D·ベル、バイオレット·L、アブサン、各1/4、O·ビター2d➡C·G
アトミック・ボム	●D・ジン2/3、ベネディク1/3、キュラソー2 d、 ➡C·G
アパレント	●D・ジン1/2、デュボネ1/2、アブサン1 d、 ➡C·G
アビー（I）	●D·ジン1/2、キナ·リレー1/4、O·J1/4、A·ビター1d、(又は、S·ベル) ➡C·G

アビー（Ⅱ）		●D・ジン1/2、O・J 1/2、A・ビター1 d、➡C・G
アビー・ベル		●ジン1/2、アプリ・B1/4、O・J1/8、D・ベル1/8、G・シロ1 d、➡C・G
アビエーション		●D・ジン3/4、L・J 1/4、マラスキ1 tsp、（※リキュール・ベースもある）➡C・G
アピタイザー		●D・ジン2/4、デュボネ1/4、O・J 1/4、➡C・G
アブサン・カクテル（Ⅰ）		●アブサン2/3、冷水1/3、D・ジン2 d、➡C・G
アブサン・カクテル（Ⅱ） （※アブサン・ベース）		●アブサン2/3、冷水1/3、シュガー1 tsp、➡C・G
アブサン・スペシャル		●アブサン2/3、アニゼット1/6、D・ジン1/6、O・ビター1 d、A・ビター2 d、➡C・G（チェイサーを添える）
アフター・ワン		●D・ジン、ガリアーノ、S・ベル、カンパリ、各1/4、➡C・G（マラ・チェリ、O・P）
アペリティヴォ		●ジン4/6、サンブーカ2/6、O・ビター2 d、➡C・G（O・P）
アペンディット		●D・ジン40 m、キュラソー10m、L・J10m、卵1コ ➡C・G（大）
アムステルダム		●ジェニパー・ジン2/4、コアントロー1/4、O・J 1/4、A・ビター2 d、➡C・G
アメリカン・フィズ		●D・ジン、ブランデ、L・J、各40m、シュガー1tsp、G・シロ1 d、➡10タン（氷、ソーダup）（C・ライムを飾る）

アラウンド・ザ・ワールド	●D・ジン、ミント・G、P・J、各1/3 ➡**C・G**
アラウンド・ザ・ワールド (※ラム・ベース) (フローズン)	●W・ラム50m、ブランデ8m、O・J50m、L・J50m、アーモンド・シロ15m、(クラッシュ)➡**ゴブレ**(ストロー)
アラスカ	●D・ジン3/4、シャルト(Y)1/4、 ➡**C・G**
(※)グリーン・アラスカ (別名:エメラルド・アイル)	●D・ジン3/4、シャルト(G)1/4、 ➡**C・G**
アラバマ・フィズ	●(※)ジン・フィズにミント・リーフを飾ったもの。
(※)ジン・フィズ	●D・ジン45m、L・J15m、シュガー1tsp、➡**10タン**(氷)(L・S、マラ・チェリを飾る)
(※)トム・コリンズ	●ジンフィズと同レシピだが、シェイクしないでコリンズ・Gに**ビルド**で作る。
アリーズ	●D・ジン1/2、D・ベル1/2、 ➡**C・G**
アリエス	●D・ジン1/2、D・ベル1/2、キュンメル2d、 ➡**C・G**
アルカディア (※ウォッカ・Bもある)	●D・ジン2/5、ガリアーノ1/5、バナナ・L1/5、GF・J1/5、 ➡**C・G**(GFピール)
アルフォンソ	●D・ジン40m、D・ベル20m、G・マニエ20m、S・ベル2d、➡**C・G**(大)(氷1・2コを入れる)

アルベルマール・フィズ		●(※)ジン・フィズにラズベリー・シロップ1tsp を加える。
アレキサドラ(N・Yスタイル) (※アレキサンダーの別名)		●ジン、カカオ・L(マロン)、 生クリーム、各1/3 ➡C・G
アレキサンダー (※ブランデー・ベース)		●(※)ブランデ2/4、カカオL・1/4、 生クリーム1/4、 ➡C・G (ナツ・メグ)
アレキサンダー・シスター		●D・ジン2/4、ミント・G1/4、 生クリーム1/4、 C・G
アレキサンダー・プルネル		●ジン30m、プルネル・B20m、 生クリーム20m、➡C・G(シナモン)
アレン		●D・ジン2/3、マラスキ1/3、 L・J 1 d、 ➡C・G
アンツ・イン・ザ・パンツ		●D・ジン2/4、G・マニエ1/4、 S・ベル1/4、L・J1d、➡C・G(L・P)
アンバー・ドリーム		●D・ジン2/3、S・ベル1/3、 シャルト(Y)2d、A・ビター1d ➡C・G
イーグルズ・ドリーム		●D・ジン3/4、バイオレット・L 1/4、 シュガー1tsp、L・J 1/4コ分、 卵白1コ、➡C・G
イエスタディ		●D・ジン36m、O・キュラ12m、 ライム・J 12m、カンパリ2d、➡C・G
イエロー・グロー		●D・ジン、シャルト(Y)、 S・ベル、各1/3 ➡C・G
イエロー・ジン		●D・ジン1G (60m)、 O・ビター2d、 ➡C・G

(※)ジン・カクテル	●D・ジン1G (60m)、 O・ビター4d、 ➡C·G
イエロー・ディジー	●D・ジン25m、D・ベル25m、 G·マニエ15m、アブサン1d、➡C·G
イエロー・ラトラー	●D・ジン、S・ベル、D・ベル、 O·J、各1/4、➡C·G(P·オニオン)
イトン・ハイボール	●D·ジン60m、キルッシュ30m、シュガー1tsp、 L·J1tsp、➡ 10タン(氷、ソーダ)
インカ	●D・ジン、シェリー、D・ベル、 S·ベル、各1/4、O·ビター1d、 オルジャー・シロ1d、 ➡C·G
インカム・タックス	●D・ジン1/2、D・ベル1/4、 S・ベル1/4、A・ビター1d、 O・J1/4コ分、➡C・G
イングリシュ・ドリーム	●D·ジン3/4、バイオレット·L1/4、 シュガー1tsp、L・J1/4コ分、 卵白1コ、 ➡C・G(大)
イングリシュ・ローズ	●D·ジン1/2、T·セック1/4、 アプリ·B1/4、G·シロ1tsp、 L·J2d、 ➡C·G
インペリアル	●D·ジン1/2、D·ベル1/2、 マラスキ2d、A·ビター1d、 ➡C·G(S・オリーブ)

ウィーザー・スペシャル	●D・ジン、O・キュラ、S・ベル、D・ベル、各1/4、アブサン4d、➡C・G
ウィル・ロジャース	●ジン1/2、D・ベル1/4、O・J1/4、キュラソー4d、➡C・G
ウィンザー・ローズ	●ジン1/2、デュボネ1/3、カンパリ1/6、ノワヨー1d、➡C・G
ウィンザー・ロマンス	●ジン1/4、パッション・J 1/4、アマレット1/4、ミント・チョコ1/4、➡Cha・G（シャンパンUp）（ストロベリーを飾る）
ウェスタン・ローズ	●D・ジン2/4、アプリ・B 1/4、D・ベル1/4、L・J1d、➡C・G
ウェスト・インディアン	●ジン60m、L・J1tsp、A・ビター4d、シュガー1tsp、➡10タン(氷)
ウェスト・ブルック	●ジン35m、S・ベル15m、ウィスキー10m、キャスター・シュガー1tsp、➡C・G
ウェッブ・スター	●ジン1/2、D・ベル1/4、アプリ・B 1/8、ライム・J 1/8、➡C・G
ウェディング・ベル (※ドライとスィートはライ・Wベース)	●D・ジン2/6、O・J1/6、チェリ・B1/6、デュボネ2/6、➡C・G
ウェルカム・ストレンジャー	●ジン、ブランデ、スェディッシュ・パンチ、O・J、L・J、G・シロ、各1/6、➡C・G
ウェンブレイ(I)	●D・ジン2/3、D・ベル1/3、アップル・B2d、アプリ・B1d、➡C・G
ウェンブレイ（II）(※スコッチ・ベース)	●(※)スコッチ、D・ベル、P・J、各1/3、➡C・G
ウォー・ディズ	●D・ジン1/3、アップル・B 1/3、S・ベル1/3、シャルト1tsp、➡C・G

ウランダ	●ジン40 m、T・セック20 m、ペルノー1 tsp、 ➡C・G
エイ・ワン (A・1)	●D・ジン2/3、G・マニエ1/3、L・J1d、G・シロ1d、➡C・G(L・P)
エヴィエーター (※女性パイロットという意味)	●D・ジン、デュボネ、D・ベル、S・ベル、各1/4 ➡C・G
エール	●D・ジン60m、A・ビター1d、O・ビター3d、➡C・G(ソーダを少々足す)(L・P)
エクリプス	●D・ジン1/3、スロー・ジン2/3、➡C・G(予めS・オリーブを入れて、その高さまでG・シロを沈めておき、混ざらないように注ぐ)(O・P)
エッチ&エッチ (H&H)	●D・ジン2/3、キナ・リレー1/3、キュラソー2d、 ➡C・G
エディ・ブラウン	●D・ジン2/3、キナ・リレー1/3、アプリ・B2d、 ➡C・G(L・P)
エトン・ブレイザー	●ジン3/4、キルッシュ1/3、シュガー1/2tsp、L・J1/2コ分、➡10タン(氷、ソーダUp)
エメラルド・ジュエル (※ビジューと同)	●D・ジン、S・ベル、シャルト(G)、O・ビター1d、各1/3、➡C・G(L・P、マラ・チェリ)
エメラルド・スター	●D・ジン1/3、ライト・ラム1/3、アプリ・B1/6、L・J1/6、グリーン・キュラ1tsp、➡C・G

Gin Base

エメラルド・フィズ	●D・ジン30 m、ミント・(G) 15 m、 L・J 15 m、シュガー 1tsp、 ➡10タン（氷、ソーダUp）
エル・フリッツ (S43、サミエル・ミカイル作)	●D・ジン50m、コアントロー20 m、シュガー20m、 L・J35 m、➡10タン（ミント・リーフをつぶして氷を入れシュガー・スノーにしたグラスにマラ・ミント・チェリ、L・O・スライスを飾る）
エルク	●D・ジン 1/2 、プルネル・B 1/2 、 D・ベル 2 d 、 ➡C・G
エレガント	●D・ジン 1/2 、D・ベル 1/2 、 G・マニエ 2 d 、 ➡C・G
エレファンツ・イアー	●D・ジン、デュボネ、D・ベル、 各1/3 ➡C・G
エンジェル・フェイス	●D・ジン、アップル・B、アプリ・B、 各1/3 ➡C・G
エンパイアー	●D・ジン 1/2 、カルバドス 1/4 、 アプリ・B1/4、➡C・G（マラ・チェリ）
オーヴェルニュ	●D・ジン1/2、ヴェルヴェーヌ(G) 1/3、 ライム・J 1/6 ➡C・G
オート・モービル	●D・ジン、スコッチ、S・ベル、各1/3、 O・ビター1d 、 ➡C・G
オールド・エトニアン	●ジン1/2、リレー1/2、O・ビター2d、 ノワヨー 2d、 ➡C・G (O・P)
オクトパス・ガーデン	●ジン45m、D・ベル15m、➡C・G (BK・ オリーブ、スモークド・オクトパス)
オックスフォード	●ジン1/3、D・ベル1/6、T・セック1/6、 緑野菜汁4 d、➡C・G

オパール	●D・ジン6/10、バナナ・L2/10、L・J1/10、アーモンド・シロ1/10、B・キュラ1/10、➡C・G（シュガー・スノー）（ライム・S）
オリベート	●ジン2/3、アブサン3d、シュガー2d、O・ビター2d、➡C・G（S・オリーブ、LP）
オレンジ・カクテル	●ジン30m、D・ベル7m、O・J15m、O・ビター1d、シュガー1d、➡C・G（O・P）
オレンジ・フィズ	●ジン45m、O・J30m、L・J15m、シュガー1tsp、➡10タン（氷、ソーダUp）
オレンジ・ブルーム	●D・ジン1/2、コアントロー1/4、S・ベル1/4、➡C・G（マラ・チェリ）
オレンジ・ブロッサム	●D・ジン2/3、O・J1/3 ➡C・G
ガーズ	●D・ジン2/3、S・ベル1/3、キュラソー2d、➡C・G
カーディナル	●D・ジン6/7、D・ベル1/7、カンパリ1d、➡C・G（L・P）
カジノ（Ⅰ）	●ジン1G(60m)、マラスキ2d、O・ビター2d、L・J2d、➡C・G（マラ・チェリ）
カジノ（Ⅱ）	●D・ジン、カルバドス、アプリ・B、各1/3、➡C・G
ガスパー	●ジン30m、アブサン30m、シュガー1tsp、➡C・G
カップス・インディスペンサブル	●D・ジン5/8、D・ベル2/8、S・ベル1/8、アブサン1d、➡C・G（O・P）
ガト（フローズン）	●D・ジン40m、イチゴ5・6コ、シュガー1tsp（クラッシュ）、➡Cha・G（イチゴを飾る）

カフェ・ド・トーキョー	●D・ジン30m、カンパリ・ビター15m、ガリアーノ1tsp、L・J15m、**➡10タン**(氷、G・エールUp)(カット・Oを飾る)
カフェ・ド・パリ	●D・ジン1G (60 m)、アニゼット1 tsp、生クリーム1 tsp、卵白1コ、**➡Cha・G**(ナツ・メグ)
カマアイナ	●D・ジン30 m、W・キュラ15 m、L・J 15 m、ココナッツ・M30 m **➡10 タン**(氷、ソーダ)(L・S、ミント・リーフ
カミラ	●D・ジン40m、カミツレ茶35m、D・ベル1d、S・ベル1d、 **➡C・G(大)S・オリーブ**
カム・アゲイン	●D・ジン50m、ピーチ・ビター2d、(ミント・リーフ2枚をつぶして)**➡C・G**
カランバ	●D・ジン40m、チェリ・B10 m、フランボワ・L10m、P・J20m、GF・J20m、**➡Br・G**(クラッシュ)(マラ・チェリ、ストローを飾る)
カリン ('58、ブリュッセル大会入選)	●D・ジン2/4、デュボネ1/4、マンダリン1/4、 **➡C・G (L・P)**
カルーソー	●D・ジン2/4、D・ベル1/4、ミント(G)1/4、 **➡C・G**
枯葉	●D・ジン40m、ジンジャー・ワイン20m、ライム・J10m、 **➡C・G(L・P)**
カロス・キューマ ('92、上田和男 作)	●D・ジン3/4、ライム・J1/4、クレーム・ダブリコ1tsp、メロン・L1tsp、**➡C・G**

カクテル名		レシピ
カンガルー・ジャンプ	シェーカー	●D・ジン40m、マラスキ10m、L・J40m、シュガー1d、➡コリンズ(氷)レモネードをUpしてミント・G2d、B・キュラ1dを落とす。らせんレモン、マラ・チェリ、ストローを飾る)
カンブリッジ	シェーカー	●ジン1/3、ライム・J1/3、B・キュラ1/3、卵白1d、シュガー1d、 ➡C・G
キス・イン・ザ・ダーク	シェーカー	●D・ジン1/2、チェリ・B1/2、D・ベル1tsp、 ➡C・G
キナ・カクテル	シェーカー	●D・ジン1/2、キナ・リレー1/4、S・ベル1/4、 ➡C・G
ギブソン	ミキシング	●D・ジン(orウォッカ60m、)D・ベル3〜5d、➡C・G (P・オニオン)
ギムレット (USA)	シェーカー	●D・ジン50m、ローズ・ライム・J(コーディアル)10m、 ➡C・G
ギムレット (ラルース)	シェーカー	●D・ジン3/4、ライム・J1/4、(シュガー1tsp)、 ➡C・G
キャッツ・アイ	シェーカー	●ジン25m、コアントロー5m、D・ベル20m、L・J5m、冷水5m、 ➡C・G
キャバレー	シェーカー	●D・ジン1/2、カペリティフ1/2、A・ビター1d、アブサン1d、 ➡C・G(マラ・チェリ)
キャンプデン	シェーカー	●D・ジン1/2、コアントロー1/4、リレー1/4、 ➡C・G
キュラソー・カクテル	シェーカー	●ジン5m、ブランデ5m、D・キュラソー25m、O・J25m、➡C・G
キョウト	ミキシング	●ジン45m、メロン・L15m、D・ベル5m、L・J1/4tsp、 ➡C・G(C・メロン)
ギルロイ	シェーカー	●D・ジン1/3、チェリ・B1/3、D・ベル1/6、L・J1/6、O・ビター1d、 ➡C・G

銀河 (川越プリンス・ホテル)	●D・ジン20m、カルピス15m、P・J40m、ココナッツ・M 15m、L・J5m、シュガー5m、➡ゴブレ(クラッシュ)
クィーン・エリザベス (サボイ)	●D・ジン1/2、コアントロー1/4、L・J 1/4、アブサン1d、➡C・G
クィーン・エリザベス (※ブランデー・ベース)	●※ブランデ、S・ベル、各1/2、O・キュラ1d、➡C・G
クィーンズ	●ジン1/2、S・ベル1/4、D・ベル1/4、(パイン・Sをクラッシュして) ➡C・G
クーパーズ・タウン	●D・ジン、S・ベル、D・ベル、各1/3 ➡C・G (ミント・リーフ)
グッド・ナイト	●D・ジン2/4、アプリ・B1/4、G・シロ1/4、L・J1tsp、➡C・G
グッドナイト・レディス	●D・ジン1/2、アプリ・B1/6、G・シロ1/6、L・J1/6 ➡C・G
グライダー	●D・ジン3/4、アブサン1d、G・シロ2d、ライム・J1/4、卵白1コ、➡C・G(大)
クラウド・バースト (※どしゃ降りという意味)	●D・ジン40m、クレーム・ノワヨー30m、L・J20m、ライム・J15m、卵白少々、➡コリンズ(氷)(ソーダをUpしてP・タムール10mをフロート。)(L・S、ストロー)
グラッディール・スペシャル	●D・ジン1/4、アプリ・B1/4、B・ラム1/2、➡C・G
グラナタ	●D・ジン4/6、コアントロー1/6、カンパリ1/6、➡C・G (マラ・チェリ、らせんレモンを飾る)

クラブ	●D・ジン2/3、S・ベル1/3、シャルト（Y)1d、➡C・G(マラ・チェリ)
クラリッジ	●ジン1/3、D・ベル2/6、アプリ・B1/6、コアントロー1/6、➡C・G(マラ・チェリ)
クランティーニ	●ジン50m、クランベリー・J10m、➡C・G（※ジンを先に注ぎ、クランベリーを静かに注ぐ）
グランド・パッション	●D・ジン2/3、パッション・F・ネクター1/3、A・ビター1d、 ➡C・G
グリーン・アイ・モンスター	●D・ジン1/3、S・ベル1/3、シャルト（G)1/3、 ➡C・G
グリーン・アラスカ（別名：エメラルド・アイル）	●D・ジン3/4、シャルト（G）1/4、➡C・G
グリーン・ドラゴン	●D・ジン4/8、ミント・G2/8、キュンメル1/8、L・J1/8、Oビター4d、ピーチ・ビター4d ➡C・G
グリーン・レディ	●D・ジン5/10、シャルト（G）2/10、シャルト（Y)2/10、L・J or ライム・J1/10、 ➡C・G
（※ピンク・レディ）	●D・ジン3/4、G・シロ1/4、L・J1tsp、卵白1コ、 ➡C・G
（※ブルー・レディ）	●D・ジン1/4、B・キュラ2/4、L・J1/4、卵白1コ、 ➡C・G
（※ホワイト・レディ）	●D・ジン2/4、コアントロー1/4、L・J1/4、 ➡C・G

(※パーフェクト・レディ)		●D・ジン2/4、ピーチ・B1/4、L・J1/4、卵白1コ、 ➡C・G
クリスティ・ガール		●D・ジン1/2、ピーチ・B1/2、G・シロ1d、卵白1コ、➡C・G(マラ・チェリ)
グレート・シークレット		●D・ジン2/3、リレー1/3、A・ビター1d、 ➡C・G (O・P)
グレープ・ヴァン		●ジン1/2、L・J1/4、G・J1/4、G・シロ1d、 ➡C・G
グレープフルーツ・カクテル		●ジン40m、GF・ゼリー1/2 tsp、L・J5m、 ➡C・G
グレタ・ガルボ		●D・ジン、カロリック・P、L・J、各1/3 ➡C・G
グレナデン		●D・ジン1/3、アニゼット1/3、ミント・W1/3、ラズベリー・シロ1tsp、 ➡C・G
クローバー・クラブ (※ウォッカ・ベースもある)		●D・ジン45m、G・シロ15m、L・J1/2コ分、卵白1コ、➡C・G
(※ロイヤル・クローバー・クラブ)		●D・ジン45m、G・シロ15m、L・J 1/2コ分、卵黄1コ、➡C・G
(※グランド・ロイヤル・クローバー・クラブ)		●D・ジン60m、G・シロ30m、L・J1/2コ分、全卵1コ、➡W・G
クローバー・リーフ		●D・ジン45m、G・シロ15m、L・J1/2コ分、卵白1コ、➡C・G(ミント・リーフを飾る)
クロス・ボウ (※石弓という意味)		●D・ジン1/3、カカオ・L(マロン)1/3、コアントロー1/3、 ➡C・G
ケー・オー (K.O.)		●D・ジン、ウィスキー、ブランデ、ペルノー、各1/4、 ➡C・G

(※ノック・アウト)		●D・ジン、アブサン、D・ベル、各1/3、 ➡C・G
ケー・シー・ビー (K.C.B.)		●D・ジン 34、キルッシュ14、L・J1d、アプリ・B1d、 ➡C・G
ケープ		●D・ジン、カペリティフ、O・J、各1/3、 ➡C・G
荒城の月 (S26、市原保喜 作)		●D・ジン1/3、白ワイン1/3、卵白1コ、L・J1tsp、➡C・G(ミント3d、ウズラの卵を入れてミント・リーフを飾る)
コープス・リバイバーⅢ (※ブランデー・Bもある)		●D・ジン1/4、コアントロー1/4、キナ・リレー1/4、L・J1/4、(ペルノー1d)、 ➡C・G
コーラス・レディ		●D・ジン、D・ベル、S・ベル、各1/3、O・J1/4コ分、 ➡C・G
ゴールデン・ガール		●D・ジン2/3、シェリー1/3、A・ビター、O・J各1d、 ➡C・G
ゴールデン・クリッパー		●D・ジン、ピーチ・B、ライト・ラム、O・J、各1/4 ➡C・G
ゴールデン・グロー (※ビジューと同じ)		●D・ジン、S・ベル、シャルト(G)、各1/3、O・ビター1d、 ➡ C・G (L・P、マラ・チェリ)
ゴールデン・ゲート		●ジン1/4、オレンジ・アイスクリーム3/4、 ➡C・G
ゴールデン・スクリュー		●D・ジン40m、O・J、A・ビター、各1d、 ➡ F・G(氷)
ゴールデン・スリッパー ('69、カナダオンタリオ大会1位)		●D・ジン40m、アドボガード40m、O・J40m、シュガー1tsp、卵白1d、➡C・G(大)

Gin Base

ゴールデン・ドーン		●D・ジン、カルバドス、アプリ・B、O・J各1/4、 ➡ C・G（G・シロを数滴沈める）
ゴールデン・フィズ		●D・ジン45m、シュガー1 tsp、L・J1/2コ分、卵黄1コ、 ➡ 10タン（氷、ソーダ）
ゴールデン・マティーニ		●D・ベル1/3、O・ジン2/3、 ➡C・G
ゴールド・フィッシュ		●D・ジン1/3、G・ワッサー1/3、コアントロー1/6、L・J1/6、➡C・G
コバン・ガーデン		●ジン、チンザノ（赤）、O・J、各1/3、 ➡C・G（マラ・チェリ）
コメット		●ジン3/4、ストレガ1/6、ヴァン・ダー・ハム1/12、➡C・G
コルドバ		●D・ジン2/3、S・ベル1/3、アブサン1d、生クリーム1 tsp、➡C・G
コロニアル		●D・ジン2/3、GF・J1/3、 ➡C・G
コンカ・ドロ（※'55、アムステルダム大会）		●D・ジン5/8、チェリ・B、W・キュラ、マラスキ、各1/8、➡C・G（O・P）
コンビネーション		●D・ジン1/2、A・ピコン1/4、D・ベル1/4、O・キュラ1d、O・J1 tsp、 ➡C・G
サウザン・ジン		●D・ジン60m、O・ビター2d、キュラソー2d、 ➡C・G
サウザン・ブライド		●D・ジン2/3、GF・J1/3、マラスキ3d、 ➡C・G
サウス・サイド		●D・ジン60m、L・J1/2コ分、シュガー1/2 tsp、ミント・リーフ2・3枚、 ➡L・G（氷、ソーダUp）

サケティーニ		●ジン50m、日本酒10m、**➡C・G**(L・P、S・オリーブ)
ザザ		●D・ジン1/2、デュボネ1/2、A・ビター1d、 **➡C・G**
細雪		●ジン30m、G・J45m、水少々、**➡F・G**(クラッシュ)(生クリーム4tspを落とす。)
細雪 (※ワイン・ベース)		●白ワイン(辛口)45m、マラスキ5m、L・J5m、ライム・J5m、シュガー5m、**➡ ゴブレ**(クラッシュ)(マラ・チェリ、ストロー)
サタンズ・ウィスカーズ(カール)		●D・ジン1/5、D・ベル1/5、S・ベル1/5、O・J1/5、O・キュラ1/10、O・ビター1/10、**➡C・G**
サタンズ・ウィスカーズ(ストレート)		●D・ジン1/5、D・ベル1/5、S・ベル1/5、O・J1/5、G・マニエ1/10、O・ビター1d、**➡C・G**
サファリング・バスタード		●D・ジン、ブランデ、ライム・J(コーディアル)、各1/3、A・ビター2d、**➡10タン**(氷、G・エールUp)
サボイ・スプリングタイム		●ジン、コアントロー、ポワール・ウィリアム、O・J、各1/4、**➡Cha・G**(シャンパンUp)
サボイ・スペシャル		●D・ジン2/3、D・ベル1/3、G・シロ2d、アブサン1d、**➡C・G**(L・P)

サボイ・バレンタイン	●ジン、チェリ・B、ライム・J、各1/3、卵白1d、シュガー1d、 ➡C・G（マラ・チェリ）
サマー・クィーン （'81、露口朝子 作）	●D・ジン30m、W・キュラ20m、GF・J60m、L・J1/4、➡W・G（クラッシュ）（ミント・チェリー、ミント・リーフ、ストロー）
サマー・タイム	●ジン3/4、シトロン・シロ1/4、 ➡C・G
サマー・ドリーム	●D・ジン3/4、G・マニエ1/4、A・ビター1d、 ➡C・G
サリューション	●D・ジン2/3、ベネディク1/3、チェリ・B1d、➡C・G（マラ・チェリ）
サロメ	●D・ジン、D・ベル、デュボネ、各1/3、 ➡C・G
サン・ダウン	●D・ジン1/2、アプリ・B1/2、L・J1d、 ➡C・G
ザンジバー	●ジン10m、D・ベル30m、L・J20m、シュガー1tsp、O・ビター1d、➡C・G（L・P）
サンダー・クラップ	●D・ジン、ウィスキー、ブランデ、各1/3、 ➡C・G
ザンティア	●D・ジン、シャルト（Y）、チェリ・B、各1/3、 ➡C・G
サンド・マーティン	●D・ジン1/2、S・ベル1/2、シャルト（G）1tsp、 ➡C・G
ジ・アッシュズ	●D・ジン1/2、L・J1/4、シャルト（Y）2d、マルニック（Marnique）1/4、 ➡C・G（マラ・チェリ）

シー・エッチ・エフ (C・H・F)		●ジン1/3、アップル・B1/6、L・J 1/6、スエディッシュ・P1/6、G・シロ1/6、➡C・G
ジーン・タニー		●ジン 2/3 、D・ベル 1/3 、L・J1d 、O・J1d 、 ➡C・G
シヴァ		●D・ジン1/2、D・シェリー1/2 、ブランデ1tsp、O・ビター2d 、 ➡C・G(S・オリーブ)
ジェイ・オー・エス (J.O.S.)		●D・ジン、D・ベル、S・ベル、各1/3、ブランデ、L・J、O・ビター、各1d 、➡C・G(L・P)
ジェイブラック		●D・ジン 2/3 、Sベル 1/3 、アブサン 1 d 、 ➡C・G(L・P)
ジプシー		●プリマス・ジン 1/2 、S・ベル 1/2 、➡C・G(マラ・チェリ)
ジミー・ブランク		●D・ジン 2/3 、キナ・リレー 1/3 、デュボネ 3 d、 ➡C・G(O・P)
ジミー・ブランク (サボイ)		●D・ジン 2/3 、リレー 1/3 、デュボネ 3 d、 ➡C・G(O・P)
ジャーナリスト		●D・ジン 2/3 、D・ベル 1/6 、S・ベル 1/6 、キュラソー 2d 、L・J2d 、 ➡C・G
ジャクソン		●オレンジ・ジン 3/4 、デュボネ 1/4 、O・ビター 2 d 、 ➡C・G
ジャジェット		●ジン、ピーチ・B、S・ベル、各 1/3 、➡C・G
ジャック・カーンズ		●D・ジン 3/4 、B・ラム1/4 、L・J1d、シュガー1d 、 ➡C・G
ジャック・パイン		●D・ジン1/2 、D・ベル 1/4 、O・J1/4 、(パインをつぶして) ➡C・G(P・S)
ジャック・ラビット		●D・ジン 1/2、D・ベル 1/2、T・セック2 tsp、アプリ・B2 tsp、➡C・G

シャディ・グローブ	●D・ジン45m、L・J20m、シュガー2tsp、➡ 10タン（氷、G・ビアUp）
ジャバー・ウォック	●D・ジン、D・シェリー、デュボネ、各1/3、O・ビター2d、➡C・G(L・P)
シャルム・ド・パリ	●D・ジン1/3、S・ベル1/3、アニゼット1/6、ライト・ラム1/6、➡C・G
ジャングル	●D・ジン、D・シェリー、S・ベル、各1/3、➡C・G
ジューン・ブライド	●D・ジン50m、シュガー3d、L・J3d、卵白1/2コ分、好みのリキュール3d、➡Cha・G
ジューン・ローズ	●D・ジン2/5、ラズベリー・シロ1/5、O・J1/5、L・J1/5、ライム・J1tsp、➡C・G
ジュエル	●ジン20m、S・ベル20m、シャルト（G）20m、O・ビター1d、➡C・G（マラ・チェリ、L・P）
ジュピター	●D・ジン2/3、D・ベル1/3、バイオレット・L3d、O・J3d、➡C・G
ジュリアナ・ブルー（フローズン）	●D・ジン30m、コアントロー15m、B・キュラ15m、P・J60m、ライム・J15m、ココナッツ・L30m、（クラッシュ）➡ゴブレ（パイン、マラ・チェリ、ストロー）
ジョッキー・クラブ	●D・ジン3/4、L・J4d、クレーム・ノワヨー2d、A・ビター1d、O・ビター1d、➡C・G
シルバー	●D・ジン1/2、D・ベル1/2、O・ビター2d、マラスキ2d、➡C・G

シルバー・キング	●ジン60m、O・ビター2d、シュガー1tsp、L・J1/4コ分、卵白1コ、 ➡C・G(大)
シルバー・ジュビリー	●D・ジン2/4、バナナ・L1/4、生クリーム1/4、 ➡C・G
シルバー・スタリオン	●シルバー・フィズにD・ジン15m、バニラ・アイス30m、を加える。
シルバー・ストリーク（Ⅰ）	●D・ジン40m、キュンメル（orアニゼット）20m、 ➡F・G(氷) ステアしない
シルバー・ストリーク（Ⅱ）	●ジン40m、イエガー・マイスター20m、 ➡C・G(L・P)
シルバー・フィズ	●D・ジン45m、L・J1/2コ分、卵白1コ、シュガー1tsp、➡**10タン**（氷）ソーダ
シルバー・ブレット	●ジン1/2、キュンメル1/4、L・J1/4、 ➡C・G
シルバー・ベル	●ジン、B・ラム、L・J、各1/3、ノワヨー2d、➡C・G（シュガー・スノー）
ジン&イット （別名：バージン（Ver-gin））	●D・ジン40m、S・ベル（イタリアン・ベルモット）20m、 ➡C・G(L・P)
ジン&フレンチ	●※ジン&イットのベルモットをフレンチ・ベルモットに替える。
ジン&ケープ	●D・ジン1/2、カペリティフ1/2、 ➡C・G
ジン&ビターズ	●D・ジン60m、➡**シェリー・G**（A・ビターを湿らせておく）（P・オニオンを飾る。） ※ロック・スタイルも可

ジン・カクテル	●D・ジン1G（60m）、O・ビター2d、➡C・G（L・P）（※O・ビターを4dにするとイエロー・ジンになる）
ジン・スティンガー	●D・ジン2/3、ミント・W 1/3、➡C・G
ジン・スリング	●D・ジン60m、シュガー2tsp、➡L・G（氷、水orソーダを加える。）
ジン・ディジー	●D・ジン45m、L・J20m、G・シロ2tsp、➡ゴブレ（クラッシュ）（L・S、ストロー）
ジン・トロピカル	●D・ジン45m、L・J30m、パッション・L30m、O・J15m、➡ゴブレ（氷）（B・キュラを落とす。）（チェリ、イチゴ、オレンジ、ストロ）
ジン・バック（別名：ロンドン・バック）	●D・ジン45m、L・J20m、➡L・G（氷、G・エールUp）
ジン・フィズ	●D・ジン45～60m、L・J15m、シュガー1tsp、➡10タン（氷、ソーダをUp）（マラ・チェリ、L・S）
シルバー・フィズ	●※ジンフィズに卵白1コ分を足す。
ゴールデン・フィズ	●※ジンフィズに卵黄1コ分を足す。
ロイヤル・フィズ	●※ジンフィズに全卵1コ分を足す。
ジン・フィックス	●D・ジン45m、L・J20m、シュガー2tsp、➡ゴブレ（クラッシュ）（L・S、ストロー）

ジン・リッキー	●D・ジン45m、ライム・J1/2コ分（絞って皮もグラスに入れる）、➡**10タン**（氷、ソーダUp）（マドラーを添える。）
シンガポール・スリング （サボイ・レシピ）	●D・ジン15m、チェリ・B30m、L・J15m、➡**L・G**(氷、ソーダ Up)（パイン、マラ・チェリ、ストロー）
シンガポール・スリング （オリジナル）	●D・ジン30m、チェリ・B15m、ベネディク7.5m、コアントロー7.5 m、G・シロ10m、ライム・J15m、P・J 120m、A・ビター1 tsp、➡**L・G**(氷)(パイン、マラ・チェリ、ストロー)
ジンクス	●D・ジン2/3、P・J1/3、G・シロ1d、 ➡**C・G**
スィーティ・パイ	●D・ジン、シャルト（Y）、チェリ・B、各1/3、 ➡**C・G**
スィート・ハート	●D・ジン、アプリ・B、D・ベル、各1/3、G・シロ3d、L・J3d、 ➡**C・G**
スィート・パトティ	●D・ジン1/2、コアントロー1/4、O・J1/4、 ➡**C・G**
スー・バーカー・スペシャル (Sue Barker Special)	●ジン1/4、O・J1/4、L・J1/4、アプリ・B1/4、卵白1コ、シュガー1 tsp、➡**C・G**（大）（マラ・チェリ）
スゥイズル	●ジン60m、シュガー1tsp、A・ビター1d、ライム・J1コ、➡ **10タン**（氷）（スィズル・スティックを添える。）

カクテル名	用具	レシピ
スター	グラス	●D・ジン1/2、アップル・B1/2、D、S・ベル各1d、GF・J1 tsp、➡C・G
スター (※アップル・ブランデー・ベース)	シェーカー	●※アップル・B、S・ベル、各1/2、➡C・G
スター・ボード・ライト	シェーカー	●D・ジン1/2、ミント・G1/4、L・J1/4、➡C・G
スタンレイ	シェーカー	●ジン1/3、ラム1/3、G・シロ1/6、L・J1/6、➡C・G
ストールン・キス	シェーカー	●D・ジン3/4、アブサン1/4、シュガー1 tsp、卵白1/2コ分、➡C・G
ストライクス・オフ	シェーカー	●D・ジン1/2、カロリック・P1/4、L・J1/4、➡C・G
スナイダー	シェーカー	●D・ジン2/3、D・ベル1/3、キュラソー3d、➡C・G(O・P)
スナッパー	シェーカー	●D・ジン1/2、ミント・G1/2、➡C・G
スニッカー	シェーカー	●D・ジン2/3、D・ベル1/3、マラスキ1d、O・ビター1d、シュガー1 tsp、卵白1コ、➡C・G(大)
スネーク・イン・ザ・グラス	シェーカー	●D・ジン、コアントロー、D・ベル、L・J、各1/4、➡C・G
スノー・ボール (サボイ)	シェーカー	●D・ジン1/5、バイオレット・L1/5、ミント・W1/5、アニゼット1/5、生クリーム1/5、➡C・G
スノー・ボール (※アドボカート・ベースI)	グラス	●アドボカート45m、➡10タン(氷、ソーダで割る。)

スフィンクス	●D・ジン3/4、D・ベル1/8、 S・ベル1/8、 ➡C・G(L・S)
スプリング	●ジン3/5、カンキーナ1/5、 ベネディク1/5、➡C・G(A・ビター1d)
スプリング・フィールド	●ジン1/2、シャルト(G)1/4、 L・J1/4、 ➡C・G
スペンサー	●D・ジン2/3、アプリ・B1/3、 O・J1d、A・ビター1d、 ➡C・G(マラ・チェリ、O・P)
スポーカン	●D・ジン2/3、L・J1/3、 シュガー4d、卵白1コ、➡C・G(大)
スマイラー	●D・ジン1/2、D・ベル1/4、S・ベル1/4、 A・ビター1d、O・J1d、 ➡C・G
スラム(Ⅰ)	●D・ジン1/2、ブランデ1/2、 アプリ・B3d、L・J3d、 ➡C・G
スラム(Ⅱ) (※ブランデー・ベース)	●ブランデ1/3、コアントロー1/3、 アプリ・B1/6、ライム・J1/6、 ➡C・G
スリー	●D・ジン2/3、S・ベル1/3、 (O・Sを3枚つぶして) ➡C・G
スリー・ストライプス	●ジン30m、D・ベル15m、O・J15m、 ➡C・G
スワン	●D・ジン1/2、D・ベル1/2、 ライム・J3d、A・ビター1d、➡C・G
セイント・マーク	●ジン1/3、D・ベル1/3、チェリ・B1/6、 グロゼイユ1/6、 ➡C・G
セブンス・ヘブン(Ⅰ)	●D・ジン1/2、カペリティフ1/2、マラスキ2d、 A・ビター1d、 ➡C・G(O・P、マラ・チェリ)

セブンス・ヘブン(Ⅱ)	●ジン45m、マラスキ7.5m、GF・J7.5m、➡C・G(ミント・リーフ)
セルフ・スターター	●D・ジン1/2、リレー3/8、アプリ・B1/8、アブサン2d、➡C・G
センセーション	●D・ジン3/4、L・J1/4、マラスキ3d、ミント・リーフ3枚 ➡C・G
ソー・ソー (So-So)	●D・ジン1/3、S・ベル1/3、アップル・B1/6、G・シロ1/6、➡C・G
ソンザス・ウィルソン	●ジン1/2、チェリ・B1/2、L・J or ライム・J4d、G・シロ4d、➡C・G
ターバン	●D・ジン1/2、L・J1/4、シャルト(Y)2d、マルニック1/4、➡C・G(マラ・チェリをグラスの縁に飾る)
ダーブ	●D・ジン1/3、D・ベル1/3、アプリ・B1/3、L・J4d、➡C・G
ダウン・ユァ・ウェイ	●ジン、チンザノ・(赤)、O・J、各1/3、➡C・G(マラ・チェリ)
タキシード	●D・ジン1/2、D・ベル1/2、O・ビター2d、アブサン1d、マラスキ1d、➡C・G(マラ・チェリ、L・P)
タニー	●D・ジン1/3、アップル・B2/3、アブサン2d、シュガー1d、➡C・G
タフ (Turf)	●D・ジン1/2、D・ベル1/2、アブサン2d、シュガー1d、➡C・G
ダム・ザ・ウェザー	●D・ジン1/2、S・ベル1/4、O・J1/4、キュラソー3d、➡C・G

ダムール	●ジン1/2、アニゼット1/4、ライム・J1/4、卵白1コ、➡C・G(大)
タンゴ	●D・ジン2/5、D・ベル1/5、S・ベル1/5、O・キュラ1/5、O・J2d、 ➡C・G
チャーチ・パレード	●ジン2/3、D・ベル1/3、O・キュラ1d、O・J4d、 ➡C・G
チャールストン	●D・ジン、キルッシュワッサー、O・キュラ、マラスキ、D・ベル、S・ベル、各1/6、 ➡C・G(L・P)
チャイナ・タウン	●D・ジン、D・ベル、S・ベル、各1/3、ブランデ1d、 ➡C・G
チャンタクリアー	●D・ジン60m、L・J30m、ラズベリー・シロ30m、卵白1コ、➡W・G
チョコレート・ソルジャー	●D・ジン2/3、デュボネ1/3、ライム・J1d、 ➡C・G(L・P)
ツイン・シックス	●D・ジン3/4、S・ベル1/4、G・シロ1d、O・J4d、卵白1コ、 ➡C・G(大)
ディアボラ	●ジン1/3、デュボネ2/3、オルジャー・シロ2d、➡C・G
ディープ・シー	●ジン1/2、D・ベル1/2、アブサン1d、O・ビター1d、➡C・G(S・オリーブ、L・P)
ディープ・バレー	●D・ジン40m、B・キュラ40m、P・J60m、L・J2d、➡ **コリンズ**(氷、ソーダUp)(マラ・チェリ、らせんレモン)

ディキシー	●D・ジン 1/2、D・ベル 1/4、アブサン 1/4、(G・シロ2d、O・J 1/4コ分を加えても良い) ➡C・G
ディス・イズ・イット	●ジン 1/2、コアントロー 1/4 、L・J 1/4、卵白 1 コ、 ➡C・G(大)
ティップ・オブ・ザ・タング	●ジン、パッション・J、ミドリ・L、各1/3、卵白 1 コ、 ➡Cha・G(シャンパンUp)
ティパラリー	●D・ジン 1/3、D・ベル 1/3、G・シロ 1/6、O・J1/6、ミント・リーフ 2 枚、 ➡C・G
ティパラリー (※アイリッシュ・W・ベース)	●アイリッシュ・W、シャルト (G) S・ベル、各 1/3 、 ➡C・G
テールス・ピン	●D・ジン、シャルト (G) S・ベル、各 1/3、O・ビター1d、 ➡C・G (マラ・チェリ、L・P)
テキサス・フィズ	●D・ジン45m、O・J20m、シュガー2tsp、➡10タン(氷、ソーダ)
デザート・ドリーム	●D・ジン、カカオ・L、S・ベル、各1/3、卵白 1 コ、 ➡Cha・G (ナツ・メグ)
デザート・ヒーラー	●D・ジン30m、チェリ・B15m、O・J30m、➡10タン(氷、G・ビアUp)
テックス・コリンズ	●D・ジン45m、GF・J1/2 コ分、ハニー3tsp、➡ コリンズ(氷、ソーダ)
デビュタント	●ジン1/3、クレーム・ノワヨー1/6 、L・J1/3、ライム・J1/6 、卵白 1 コ、 ➡C・G
デビュタント (※テキーラ・ベース) ('90.森 康成 作)	●テキーラ 1/2、ピーチ・B2/5、ミント・W 1/10、L・J1tsp、➡C・G (マラ・チェリをグラスの縁に飾る)

名称	道具	レシピ
デプス・チャージ	シェーカー	●D・ジン1/2、リレー1/2、アブサン2d、 ➡C・G(O・P)
デボニア	シェーカー	●ジン20m、サイダー40m、O・ビター2d、 ➡C・G
デュ・バリー	ミキシンググラス	●D・ジン2/3、D・ベル1/3、ペルノ1/2tsp、A・ビター1d、 ➡C・G(O・S)
デュボネ・カクテル	ミキシンググラス	●D・ジン1/2、デュボネ1/2、 ➡C・G
※ザザ	ミキシンググラス	●D・ジン1/2、デュボネ1/2、A・ビター1d、 ➡C・G
※デュボネ・マンハッタン (※ライ・W・ベース)	ミキシンググラス	●ライ・W1/2、デュボネ1/2、A・ビター1d、 ➡C・G
デルビー	シェーカー	●D・ジン60m、ピーチ・ビター2d、 ➡C・G（ミント・リーフ）
デンプシー	ミキシンググラス	●D・ジン1/2、カルバドス1/2、ペルノ1/2 tsp、G・シロ2d、 ➡C・G(キューブ・アイス1コ)
D.O.M.カクテル	シェーカー	●D・ジン4/6、ベネディク1/6、O・J1/6、 ➡C・G
ドッジ・スペシャル	シェーカー	●ジン1/2、コアントロー1/2、G・J1d、 ➡C・G
ドライ・マティーニ	ミキシンググラス	●D・ジン50m、D・ベル10m、 ➡C・G(S・オリーブ、L・P)
ドラッカール (※スカンジナビア語でドラゴンという意味)	シェーカー	●D・ジン40m、フランボワ・L20m、L・J2d、卵白1コ、 ➡C・G(大) (きいちごを飾る。)

トランスバール	●ジン1/2、カペリティフ1/2、O・ビター3d、➡C・G
ドリー・オダール	●D・ジン1/2、D・ベル1/2、アプリ・B6d、➡C・G(O・P)
トリニティ	●D・ジン、D・ベル、S・ベル、各1/3、➡C・G(L・P)
トリルビー	●D・ジン1/2、S・ベル1/2、O・ビター2d、➡C・G(バイオレット・Lをフロート)
トリルビー (※スコッチ・ベース)	●スコッチ、P・タムール、S・ベル、各1/3、アブサン2d、O・ビター2d、➡C・G
トルペド	●ブランデ1/3、アップル・B2/3、D・ジン1d、➡C・G
トロピカル・フィズ	●D・ジン60m、パイン・シロ3tsp、卵白1コ、ライム・J1/2コ分、➡ **10タン**(氷、ソーダ)(ミント・リーフ)
ナイト・メアー	●ジン40m、マデラ・ワイン10m、チェリ・B10m、➡C・G(O・P)
ナイン・ピック	●ジン1/3、アブサン2/3、A・ビター1d、O・ビター1d、シュガー1d、➡C・G
ナインティーン	●D・ジン1/6、キルッシュ1/6、D・ベル2/3、アブサン1d、シュガー4d、➡C・G
ナインティーン・ピック・ミー・アップ	●D・ジン1/3、アブサン2/3、A・ビター1d、O・ビター1d、シュガー1d、➡C・G(ソーダを1d落とす)
ナポレオン	●D・ジン60m、デュボネ1d、キュラソー1d、F・ブランカ1d、➡C・G(L・P)

ナンバー・スリー	●D・ジン3/4、D・ベル1/3、アニゼット1d、O・ビター1d、➡C・G
ニュー・アライバル	●D・ジン1/2、O・ビター1/2、リレー2d、クレーム・イベット（Yvette）2d、➡C・G(L・P)
ニューバリィ	●D・ジン1/2、S・ベル1/2、キュラソー3d、➡C・G(L・P、O・P)
ネグローニ	●D・ジン30m、カンパリ30m、S・ベル30m、➡F・G(氷)O・S
ノック・アウト	●D・ジン、アブサン、D・ベル、各1/3、➡C・G
※ケーオー(K.O)	●D・ジン、ウィスキー、ブランデ、アブサン(or ペルノー)、各1/4、➡C・G
ヴァージン (Virgin)	●D・ジン、ミント・W、フォービドゥン・L、各1/3、➡C・G
※ヴァー・ジン (別名：ジン&イット) (Ver・Gin)	●ジン40m、D・ベル20m、➡C・G(L・P)(※ヴァージンとはVermouthとGinという意味)
ヴァージン・スペシャル	●ジン10m、ブランデ10m、レッド・カラント・J10m、グースベリー・J5m、ラズベリー5・6コをつぶして➡C・G(ラズベリーor レッド・カラントを飾る)
ヴァン・デュサン	●D・ジン2/3、D・ベル1/3、G・マニエ2d、➡C・G
バーテンダー	●D・ジン、D・シェリー、D・ベル、デュボネ、各1/4、G・マニエ1d、➡C・G

バード・オブ・パラダイス	●D・ジン45m、G・シロ1 tsp、シュガー1 tsp、L・J1/2コ分、卵白1コ、➡**10タン**(氷、ソーダ)
バーナム	●ジン50m、アプリ・B10m、L・J3d、A・ビター3d、 ➡**C・G**
バーバリー・コースト	●D・ジン、スコッチ、カカオ・L、生クリーム、各1/4、 ➡**C・G or F・G**(クラッシュ)
パーフェクト	●D・ジン、S・ベル、D・ベル、各1/3、 ➡**C・G**
パーフェクト・マティーニ	●ジン45m、D・ベル7.5m、S・ベル7.5m、➡**C・G**(S・オリーブ)
パーフェクト・レディ	●D・ジン2/4、ピーチ・B 1/4、L・J1/4、卵白1コ ➡**C・G**
パーム・ビーチ	●D・ジン、B・ラム、P・J、各1/3、 ➡**C・G**
パール・ティア (S59、塩田貴志 作)	●D・ジン30m、シャルト(Y)15m、コアントロー10m、➡**C・G**(L・P)
ハイ・フライヤー	●ジン2/3、ストレガ1/4、ヴァン・ダー・ハム1/12、➡**C・G**
パシフィック	●D・ジン1/2、コアントロー1/4、チェリ・B 1/4、 ➡**C・G**
ハスティ	●D・ジン2/3、D・ベル1/3、G・シロ4d、アブサン1d、➡**C・G**
ハッカム	●D・ジン1/2、S・ベル1/2、キュラソー2d、O・ビター1d、➡**C・G**
バックス・フィズ	●D・ジン45m、O・J1コ、シュガー1tsp、➡**10タン**(氷、ソーダ)

バックス・フィズ（Ⅱ） （別名：シャンパン・フィズ）	●O・J60m、➡10タン（氷、シャンパンをUp）
パッツ・スペシャル	●ジン20m、シェリー20m、キニーネ20m、カシス・L1d、アプリコット2コ、➡C・G（マラ・チェリ、O・P）
ハッピー・リターン	●ジン1/2、コアントロー1/4、チェリ・B1/6、L・J1/12、➡C・G（マラ・チェリ）
バトラー	●D・ジン1/2、P・J1/2、アプリ・B3d、➡C・G
バトリング・ジョー	●D・ジン3/10、メロン・ウォーター・メロン3/10、P・J4/10、➡C・G
花笠 （S45、鈴木清吉 作）	●D・ジン2/3、クレーム・ド・サクラ1/6、コアントロー1/6、➡C・G（マラ・チェリ、桜の花びらの塩漬けをフロート）
パナマ・カクテル	●D・ジン、カカオ・L、生クリーム、各1/3 ➡C・G
バニー・ハグ	●D・ジン、アブサン、バーボン、各1/3、➡C・G
ハバナ	●D・ジン1/4、スェディッシュ・P1/4、アプリ・B1/2、➡C・G
バミューダー・ローズ	●D・ジン2/3、アプリ・B1/6、G・シロ1/6、L・J1tsp、シュガー1tsp、➡C・G
パラダイス	●D・ジン2/4、アプリ・B1/4、O・J1/4、➡C・G
バランタインズ	●プリマス・G1/2、D・ベル1/2、O・ビター2d、アブサン1d、➡C・G

バリア・リーフ (※フローズン)	●D・ジン30m、コアントロー20m、A・ビター1d、バニラ・アイス適量、➡ Cha・G（B・キュラをドロップする）
ハリーズ	●D・ジン2/3、D・ベル1/3、G・シロ4d、アブサン1d、➡C・G
ハリケーン	●D・ジン、ウィスキー、ミント・W、各1/3、L・J1/2コ分、➡C・G
パリジャン (別名：パリジャン・マティーニ)	●D・ジン、D・ベル、カシス・L、各1/3、➡C・G
パリジャン・ブロンド (※ラム・ベース)	●J・ラム、O・キュラ、生クリーム、各1/3、➡C・G
バルセロナ・フィズ	●D・ジン30m、シェリー20m、シュガー1tsp、L・J2tsp、➡10タン(氷、ソーダ)
ハロヴィアン	●D・ジン50m、O・J7m、L・J1d、A・ビター1d、➡C・G(※ステアも可)
バロン	●D・ジン2/3、D・ベル1/3、S・ベル2d、O・キュラ1tsp、➡C・G(L・P)
ハワイアン	●D・ジン1/2、O・J1/2、O・キュラ1tsp、➡C・G
※フーラ・フーラ	●D・ジン2/3、O・J1/3、O・キュラ1tsp、➡C・G
ハワイアン (※ラルース)	●D・ジン（or W・ラム）40m、P・J40m、卵白1コ、➡サワー・G
ハンキー・パンキー	●D・ベル2/3、S・ベル1/3、F・ブランカ2d、➡C・G
バンジーノ	●ジン1/2、O・J1/2、バナナ・L1d、➡C・G

バンパイヤー		ジン30m、D・ベル30m、ライム・J15m、 ➡C・G
ヴィー・ローズ		D・ジン1/3、キルッシュ1/3、G・シロ1/6、L・J1/6、 ➡C・G
ビー・ヴィ・ディー (B・V・D)		D・ジン、B・ラム、D・ベル、各1/3、 ➡C・G
ビーズ・ニーズ		D・ジン4/5、L・J1/5、ハニー（蜂蜜）1tsp、 ➡C・G
ピーターパン		D・ジン、D・ベル、ピーチ・B、O・J、各1/4、 ➡C・G
ピカード		D・ジン1/2、カペリティフ1/2、A・ビター3d、 ➡C・G(L・P)
ピカデリー		D・ジン2/3、D・ベル1/3、G・シロ1d、卵白1コ、➡C・G(大)
ビクターズ・スペシャル		ジン1/2、コアントロー1/4、L・J(orライム・J) 1/4、卵白1コ、 ➡C・G(大)
ビジュー		D・ジン、S・ベル、シャルトト・(G)、各1/3、O・ビター1d、➡C・G(L・P、マラ・チェリ)
ビター・カクテル		ジン1/2、シャルトト(G)1/4、L・J1/4、アブサン1d、 ➡C・G
ビフィ		D・ジン1/2、スェディッシュ・P1/4、L・J1/4、 ➡C・G
ビミニ・クーラー		D・ジン30m、カカオ・L30m、生クリーム30m、➡10タン(氷、ソーダ)
白夜 (HBA木原均 作)		シルバー・ジン20m、ウォッカ20m、P・タムール10m、L・J10m、➡C・G

ピュア・ラブ ('80上田和男 作)	●D・ジン30m、フランボワ・L15m、ライム・J15m、➡**10タン**（氷、G・エールUp）（ライム・Sを飾る）
ビューティ・スポット	●D・ジン2/4、D・ベル1/4、S・ベル1/4、O・J1tsp、➡**C・G**（G・シロ1/2 tspを先に入れておく）
ピューリタン	●ジン1/2、リレー1/2、O・J2d、アプリ・B1d、 ➡**C・G**(L・J)
ビルトン・ドライ	●ジン1/4、カペリティフ1/2、デュボネ1/4、 ➡**C・G**
ピンキー	●D・ジン1/2、G・シロ1/2、卵白1コ、 ➡**Cha・G**
ピンク・ガーター（Ⅰ）	●D・ジン2/3、G・シロ1/3、O・J3d、L・J3d、 ➡**C・G**
ピンク・ガーター（Ⅱ）	●D・ジン60m、G・シロ15m、L・J15m、A・ビター2d、➡**10タン**(氷、ソーダ)(L・P)
ピンク・ジン	●D・ジン1G（60m）、A・ビター1d、 ➡**C・G**
（※イエロー・ジン）	●D・ジン1G（60m）、O・ビター4d、 ➡**Cha・G**
ピンク・パイナップル	●D・ジン2/3、P・J1/3、G・シロ2tsp、 ➡**C・G**
ピンク・パンサー	●D・ジン20m、D・ベル20m、O・J30m、カカオ・L(マロン)15m、卵白1コ➡**Cha・G**
ピンク・パンサー (※ウォッカ・ベース)	●※ウォッカ1/2、ピンク・パーティ1/4、GF・J1/4、G・シロ1tsp、 ➡**C・G**

ピンク・ベィビー	●ジン1/2、G・シロ1/4、シトロン・シロ1/4、卵白1コ、 ➡C・G(大)
ピンク・レディ	●D・ジン3/4、G・シロ1/4、卵白1コ、L・J1tsp、 ➡Cha・G
ピンク・ローズ	●D・ジン2/3、G・シロ、L・J、生クリーム、各1 tsp、卵白1コ、 ➡C・G(大)
ファイン&ダンディ	●プリマス・G 1/2、コアントロー 1/4、L・J1/4、A・ビター1d、 ➡C・G
ファイン&ダンディ	●ジン40m、L・J10 m、T・セック10m、 ➡C・G(O・ビター1d)
ファシネーター	●D・ジン2/3、D・ベル1/3、アブサン2d、ミント・リーフ1枚 ➡C・G
ファンタジア	●D・ジン1/3、ブランデ1/3、マラスキ1/6、ミント・W1/6、 ➡C・G(マラ・チェリ)
プーバー	●D・ジン、カロリック・P、ライト・ラム、各1/3、アプリ・B1d、 ➡C・G
フーラ・フーラ	●D・ジン2/3、O・J1/3、O・キュラ1 tsp、 ➡C・G (※ハワイアンの量をかえたもの)
※ハワイアン	●D・ジン1/2、O・J1/2、O・キュラ1tsp、 ➡C・G
フェア・バンクス(I)	●D・ジン、D・ベル、アプリ・B、各1/3、G・シロ1tsp、L・J1d、➡C・G(マラ・チェリ)
フェア・バンクス(II)	●D・ジン2/3、D・ベル1/3、O・ビター2d、ノワヨー2d、 ➡C・G
フェアリー・ベル	●D・ジン3/4、アプリ・B1/4、G・シロ1tsp、卵白1コ、➡P・ワイン・G
フェイヴァリット	●D・ジン、D・ベル、アプリ・B、各1/3、L・J1d、 ➡C・G

フェニックス・ジン・スリング		●D・ジン60m、チェリ・B10m、L・J10m、シュガー10m、➡コリンズ(氷、ソーダUp)(L・S、マラ・チェリ)
フェルネ・ブランカ・カクテル		●D・ジン2/4、S・ベル1/4、F・ブランカ1/4、➡C・G(マラ・チェリ)
フェルネ・ブランカ・ピック・ミー・アップ		●D・ジン1/2、F・ブランカ1/4、S・ベル1/4、➡C・G
フォース・ディグリー		●ジン、D、S・ベル、各1/3、アブサン4d、➡C・G
フォーリン・エンジェル		●ジン3/4、L・J1/4、ミント・W2d、A・ビター1d、➡C・G
フォグ・カッター		●D・ジン15m、ブランデ30m、ラム60m、L・J45m、O・J30m、シュガー15m、➡コリンズ(氷、シェリーをフロート)
プチ・シャトー (S56、井山計一 作)		●D・ジン30m、コアントロー10m、L・J5m、キルッシュ15m、ミント・G30m、➡W・G(ミント・G 2・3dを落としておく)カット・レモン
ブックセラーズ・スペシャル・プライド		●ジン1/2、アップル・B1/4、O・J1/4、➡C・G(O・キュラに漬けたグリーン・チェリーを落とす)
ブライダル		●D・ジン2/3、S・ベル1/3、O・ビター1d、マラスキ1d、➡C・G(O・P)
ブラウン		●ジン40m、ライト・ラム20m、D・ベル10m、➡C・G(キンカン)

プラザ	●D・ジン、D、S・ベル、各1/3、 ➡C・G(パイン・S)
ブラック・ジャック	●D・ジン1/2、カシス・L1/4、キルッシュ1/4、 ➡C・G (L・P)
ブラック・ドラゴン (ブース)	●①カルーア1/3、②ミント・シュナップス(オランダ・ジン)1/3、③スコッチ1/3、 ➡リキュール・G
ブラッディ・サム	●ジン45～60m、➡10タン(氷、T・JをUp)(カット・レモン、セロリ等を飾り、タバスコ、ウスター・ソース、食塩等を添えて出す)
ブラッド・ハウンド	●D・ジン1/2、S・ベル1/4、D・ベル1/4、イチゴ2・3コ ➡C・G
フラミンゴ	●D・ジン3/5、アプリ・B1/5、L・J1/5、G・シロ1tsp、➡C・G
プラヤ・ディライト	●D・ジン2/12、W・ラム2/12、ガリアーノ1/12、ライム・J1/12、O・J6/12、 ➡C・G(ライム・S)
フラワー・サントリー (S29、大槻孝行 作)	●D・ジン2/4、D・ベル1/4 S・ベル1/4、キュラソー2d、➡C・G
フランケン・ジャック (別名:フランケン・シュタイン)	●D・ジン1/3、D・ベル1/3、コアントロー1/6、アプリ・B1/6、➡C・G (マラ・チェリ)
フランシス・アルバート (バー・ラジオ、オリジナル)	●タンカレー・ジン30m、W・ターキー30m、 ➡C・G

カクテル名	器具	レシピ
ブリーズ・プレイ	シェーカー	●タンカレー・ジン30m、G・マニエ20m、L・J5m、G・ティ・L5m、　→C・G
ブリイング・フィールズ	グラス	●D・ジン30m、ミント・G1tsp、A・ビター1d、→10タン(氷、ジンジャー・ビアUp)(マラ・チェリ、アップル・S、ミント・リーフ)
ブリテッシュ・フェスティバル	シェーカー	●ジン1/2、ドランブイ1/4、ライム・J1/4、　→C・G
プリンス・オブ・ウェールズ	シェーカー	●D・ジン2/3、P・J1/3、卵白1コ、→C・G
プリンスズ・スマイル	シェーカー	●D・ジン1/2、カルバドス1/4、アプリ・B1/4、L・J1d、→C・G
プリンストン	タンブラー	●D・ジン2/3、P・ワイン1/3、A・ビター1d、→C・G(L・Pを落とす)
プリンストン	タンブラー	●ジン2/3、P・ワイン1/3、O・ビター2d、　→C・G(L・P)
プリンセス・メリー	シェーカー	●D・ジン2/4、カカオ・L1/4、生クリーム1/4、→C・G(ナツ・メグ)
ブルー・ジャケット	タンブラー	●D・ジン2/3、B・キュラ1/3、A・ビター1d、→C・G
ブルー・スター	シェーカー	●D・ジン1/3、B・キュラ1/3、キナ・リレー1/6、O・J1/6、→C・G
ブルー・デビル	シェーカー	●D・ジン1/2、L・J(orライム・J)1/4、マラスキ1/4、緑野菜汁1d、→C・G
ブルー・トレイン	シェーカー	●D・ジン1/2、コアントロー1/4、L・J1/4、緑野菜汁1d、→C・G

ブルー・トレイン・スペシャル (※ブランデー・ベース)	●※ブランデ20m、P・J10m、➡Cha・G(シャンパンUp)
ブルー・バード	●ジン45m、O・キュラ5 d、A・ビター4 d、➡C・G
ブルー・ボトル	●D・ジン1/2、B・キュラ1/4、パッション・J1/4、➡C・G
ブルー・ボトル (ラルース)	●D・ジン2/4、B・キュラ1/4、パッション・J1/4、➡C・G
ブルー・マンデー	●D・ジン2/3、B・キュラ1/6、ライム・J1/6、➡C・G
ブルー・マンデー (※ウォッカ・ベース)	●※ウォッカ3/4、コアントロー1/4、緑野菜汁 1 d、➡C・G
ブルー・レディ	●D・ジン1/4、B・キュラ2/4、L・J1/4、卵白1コ、➡C・G(大)
ブルドッグ (ハイボール)	●ジン60m、O・J1コ、➡10タン(氷、G・エールUp) (ストロー)
ブルドッグ (※ウォッカ・ベース)	●※ウォッカ45~60m、➡F・G(氷、GF・JをUp)(※塩抜きのソルティードッグの事)
プルノー	●ジン20m、シェリー20m、プルネル・シロ10m、O・J10m、➡F・G(クラッシュ)
ブレック・ファースト	●D・ジン2/3、G・シロ1/3、卵白1コ、➡ワイン・G
ブレリオット	●ジン1/2、D・ベル1/4、チェリ・B 1/8、ピーチ・ビター1/8、➡C・G(マラ・チェリ)
フレンチ・ローズ	●D・ジン1/2、キルッシュ1/4、チェリ・B 1/4、➡C・G
フレンチ75 (別名:ダイヤモンド・フィズ)	●D・ジン60m、L・J20m、シュガー1tsp、➡10タン(氷、シャンパンUp)

フレンチ95 (※バーボン・ベース)	●※バーボン60m、L・J20m、シュガー1tsp、➡10タン(氷、シャンパンUp)
フレンチ125 (※ブランデー・ベース)	●※コニャック60m、L・J20m、シュガー1tsp、➡10タン(氷、シャンパンUp)
ブレントン	●ジン2/3、D・ベル1/3、A・ビター1d、➡C・G
ブロークン・スパー	●ジン1/6、S・ベル1/6、P・ワイン(白)2/3、卵黄1コ、アニゼット1tsp、➡C・G
フロス・ブローワー	●ジン60m、G・シロ7m、卵白1コ、➡ポート・W・G
ブロンクス	●D・ジン3/6、D、S・ベル、O・J各1/6、➡C・G
ブロンクス・ドライ	●D・ジン3/6、D・ベル2/6、O・J1/6、➡C・G(O・S)
ブロンクス・エンプレス	●D・ジン3/6、D・ベル2/6、O・J1/6、アブサン1d、➡C・G(O・S)
ブロンクス・テラス	●D・ジン3/6、D・ベル2/6、ライム・J1/6、➡C・G
ブロンクス・シルバー	●D・ベル3/6、D、S・ベル、O・J、各1/6、卵白1コ、➡C・G(大)(パイン・Sを飾る)
ブロンクス・ゴールデン	●D・ベル3/6、D、S・ベル、O・J、各1/6、卵黄1コ、➡C・G(大)(パイン・Sを飾る)
ブロンクス・スィート	●ジン1/4、D、S・ベル、O・J、各2/10、➡C・G
ブロンクス・パイナップル	●D・ジン1/2、S・ベル1/4、P・J1/4、➡C・G
ブロンド・ビーナス	●D・ジン1/2、アプリ・B1/6、G・シロ1/6、L・J1/6、➡C・G

ペギー	●D・ジン2/3、D・ベル1/3、 デュボネ1d、アブサン1d、➡C・G
ペグ・クラブ	●D・ジン2/3、キュラソー1/3、ライム・J1tsp、 O・ビター1d、A・ビター1d、 ➡C・G
ベスト・ホーム・メイド	●D・ジン3/4、O・J1/4、 ➡C・G
ペト	●ジン1/2、S・ベル1/6、D・ベル1/6、 O・J1/6、マラスキ2d、 ➡C・G(L・P)
ベネット	●D・ジン3/4、ライム・J 1/4、 A・ビター2d、 ➡C・G
ベビーズ・スペシャル	●アプリ・B 2/3、生クリーム1/3、 ジン1d、 ➡C・G
ベリー・ウォール	●D・ジン1/2、S・ベル1/2、 キュラソー4d、 ➡C・G(L・P)
ベルモント	●D・ジン2/3、G・シロ1/3、 生クリーム1tsp、 ➡C・G
ベロシティ	●D・ジン1/3、S・ベル2/3、 ➡C・G(O・S)
ペンデニス	●D・ジン2/4、アプリ・B1/4、ライム・J1/4、 ペイション・ビター1d、 ➡C・G
ポエッツ・ドリーム（I）	●D・ジン2/3、D・ベル1/3、 O・ビター2d、ベネディク2d、➡C・G
ポエッツ・ドリーム（II）	●D・ジン、D・ベル、ベネディク、 各1/3、 ➡C・G(L・P)
ボー・アーツ	●D・ジン、A・ピコン、D.S・ベル、 フォービドゥン・L、各1/5、➡C・G
ホーム・ステッド	●D・ジン2/3、S・ベル1/3、 ➡C・G(O・P)

名称	技法	レシピ
ホーランド・ハウス	シェーク	D・ジン2/3、D・ベル1/3、マラスキ4d、L・J1/4コ、→C・G(P・S)
ポール・モール	ステア	D・ジン、D・ベル、S・ベル、各1/3、ミント・W 1tsp、A・ビター2d→C・G
ホット・ジン	ホット	D・ジン45m、角砂糖1・2コ、L・J1/2コ、→Hot・G(湯)(ナツ・メグ)
ホテル・プラザ・カクテル	シェーク	ジン、D・ベル、S・ベル、各1/3、→C・G(マラ・チェリ)
ホノルル	シェーク	D・ジン1G(60m)、O・J、P・J、L・J、A・ビター、シュガー、各1d、→C・G
ホノルル (IBA)	シェーク	D・ジン、マラスキ、ベネディク、各1/3、→C・G
ポピー (ポリー)	シェーク	D・ジン2/3、カカオ・L 1/3、→C・G
ポロ (I)	シェーク	D・ジン、D・ベル、S・ベル、各1/3、L・J1/4コ(orライム・J1/2コ)、→C・G
ポロ (II)	シェーク	D・ジン2/3、GF・J1/6、O・J1/6、→C・G
ホワイト	ステア	D・ジン60m、アニゼット2tsp、O・ビター2d、→C・G(L・P)
ホワイト・ウィングス	シェーク	D・ジン2/3、ミント・W 1/3、→C・G
ホワイト・カーゴ	シェーク	D・ジン1/2、バニラ・アイス1/2、白ワイン適量で落かし(氷抜きシェイグ)→C・G
ホワイト・スレイブ	シェーク	ジン、シェリー、シャンパン、各1/3、卵白1コ、→C・G(大)
ホワイト・ブラッシュ	シェーク	ジン60m、マラスキ30m、ミルク200m、→L・G(氷)

ホワイト・フレーム	●D・ジン60m、コアントロー30m、➡10タン(氷、シャンパンをUp)(季節のフルーツを飾る)
ホワイト・ヘザー	●D・ジン3/6、コアントロー1/6、D・ベル1/6、P・J1/6、パスティス1d、➡C・G
ホワイト・ベビー	●ジン1/2、コアントロー1/4、シトロン1/4、➡C・G
ホワイト・リリー	●D・ジン、W・ラム、W・キュラ、各1/3、ペルノー1d、➡C・G
ホワイト・レディ	●D・ジン2/4、コアントロー1/4、L・J1/4、C・G
サイド・カー (※ブランデー・ベース)	●※ブランデ2/4、コアントロー1/4、L・J1/4、➡C・G
マルガリータ (※テキーラ・ベース)	●※テキーラ2/4、コアントロー1/4、L・J1/4、➡C・G(ソルト・スノー)
バラライカ (※ウォッカ・ベース)	●※ウォッカ2/4、コアントロー1/4、L・J1/4、➡C・G
サイレント・サード (※スコッチ・ベース)	●※スコッチ2/4、コアントロー1/4、L・J1/4、➡C・G
ホワイト・ローズ	●D・ジン45m、マラスキ、L・J、O・J、各15m、卵白1コ、➡Cha・G
マーガレット・ローズ	●D・ジン1/3、カルバ1/3、コアントロー1/6、L・J1/6、G・シロ1d、➡C・G
マージャン	●D・ジン2/3、B・ラム1/6、コアントロー1/6、➡C・G
マーニー	●D・ジン2/3、G・マニエ1/3、➡C・G

マーブル・ヒル	●D・ジン1/2、デュボネ1/4、O・J1/4、 ➡C・G
マーマレード	●ジン40m、L・J15m、オレンジ・マーマレード5m、➡C・G(O・P)
マイフェア・レディ	●ジン1/2、O・J1/4、フレーズ・L1tsp、卵白1コ、 ➡C・G(大)
マウント・フジ (帝国ホテル・オリジナル)	●ジン45m、マラスキ1.5tsp、L・J15m、P・J1tsp、生クリーム1tsp、卵白1/3コ、シュガー1tsp、 ➡Cha・G(マラ・チェリ)
マウント・フジ (※ラム・ベース)	●※W・ラム1/3、S・ベル2/3、L・J2tsp、O・ビター1d、 ➡C・G
マウント大雪	●D・ジン1/2、DOM1/4、ライム・J1/4、マラスキ2d、 ➡C・G(ソルト・スノー)
マキシム	●D・ジン2/3、S・ベル1/3、カカオ・L1d、 ➡C・G
マグリア・ブロッサム	●D・ジン2/4、L・J1/4、生クリーム1/4、G・シロ1d、 ➡C・G
マザーズ・ミルク	●D・ジン1/2、生クリーム1/2、シュガー1/2tsp、➡C・G(ナツ・メグ)
マッカ	●D・ジン、S、D・ベル、各20m、カシス・L1d、➡10タン(氷、ソーダ)(O・S)
マティーニ	●D・ジン1/2、D・ベル1/2、 ➡C・G(S・オリーブ、L・P)
マティーニ (ミディアム)	●D・ジン4/6、D・ベル1/6、S・ベル1/6、 ➡C・G(S・オリーブ、L・P)
マティーニ (スィート)	●D・ジン2/3m、D・ベル1/3、 ➡C・G(マラ・チェリ、L・P)

マティーニ（ドライ）	●D・ジン3/4、D・ベル1/4、➡C・G(S・オリーブ、L・P)
マティーニ (エキストラ・ドライ)	●D・ジン60m、D・ベル2d、➡C・G(S・オリーブ、L・P)
マティーニ (スペシャル・ドライ)	●D・ジン4/5、D・ベル1/5、ペルノー1/2 tsp、➡C・G(P・オニオン)
マティーニ・ロック (オン・ザ・ロック)	●※好きなレシピのマティーニをロックにる。
マニーアン	●ジン1/2、カペリティフ1/2、キュラソー2d、L・J1コ、➡ポート・W・G
マルガリット	●D・ジン2/3、D・ベル1/3、O・ビター1d、➡C・G（O・P）
マルチネ・カクテル	●ジン40m、S・ベル20m、マラスキ10m、A・ビター1d、シュガー1tsp、➡F・G(氷)
マルツニア	●ジン50m、D・ベル10m、S・ベル10m、➡C・G(エディブル・フラワーをフロート)
ミシシッピー・ミュール	●D・ジン2/3、L・J1/6、カシス・L1/6、➡C・G
ミスター・マンハッタン	●ジン60m、O・J、L・J、各1d、シュガー1tsp、ミント・リーフ3・4枚をつぶして、➡C・G
ミスティ	●D・ジン、アイリッシュ・ミスト、D・ベル、各1/3、➡C・G
ミッドナイト	●D・ジン、D・ベル、S・ベル、各1/3、アブサン1d、O・J3d、➡C・G
ミッドナイト (※アプリコットB・ベース)	●※アプリ・B60m、T・セック1tsp、L・J1tsp、➡C・G

ミネハハ	●D・ジン1/2、D・ベル、S・ベル、各1/4、O・J1/4コ、 ➡**C・G**
ミミ	●D・ジン3/5、アプリ・B1/5、L・J1tsp、G・シロ2d、ブランデ2d、卵白1コ、➡**W・G**(ソルト・スノー)
ミュールズ・ハイド・レッグ	●ジン、ベネディク、アップル・J、アプリ・B、メイプル・シロ、各1/5、 ➡**C・G**
ミリオネーア	●D・ジン2/3、アブサン1/3、アニゼット1d、卵白1コ、➡**C・G**(大)
ミリオン・ダラー	●D・ジン3/5、S・ベル1/5、P・J1/5、G・シロ1tsp、卵白1コ、 ➡**Cha・G**
ミリオン・ダラー (オリジナル) (1915、ラッフルズ、H)	●ジン30m、S・ベル7.5m、D・ベル7.5m、P・J120m、卵白1d、A・ビター1d、 ➡**Cha・G**
ミルビー ('51アイルランド大会)	●D・ジン2/4、バナナ・L1/4、サン・ラファエル1/4、生クリーム1d、➡**C・G**(マラ・チェリ)
ムーラン・ルージュ	●O・ジン1/4、アプリ・B1/2、L・J1/4、G・シロ3d、 ➡**C・G**
ムーラン・ルージュ (※ブランデー・ベース)	●※ブランデ30m、P・J120m、➡**コリンズ**(氷、シャンパンUp)(マラ・チェリ、パイン・Sを飾る)
ムーン・ライト	●ジン20m、キルッシュ5m、白ワイン20m、GF・J15m、 ➡**C・G**(L・P)

ムーン・ライト（クーラー） （※ブランデー・ベース）	●※アップル・B60m、L・J1コ、シュガー2tsp、 ➡ コリンズ（氷、ソーダ）（フルーツ飾る）
ムーン・リバー	●D・ジン20m、アプリ・B20m、 コアントロー20m、ガリアーノ10m、 L・J10m、➡C・G（マラ・チェリ）
メイドゥンズ・ブラッシュ（I）	●D・ジン60m、G・シロ4d、 O・キュラ4d、L・J1d、 ➡C・G
メイドゥンズ・ブラッシュ（II）	●D・ジン2/3、アブサン1/3、 G・シロtsp、 ➡C・G
メイドゥンズ・プレイヤー（I）	●D・ジン3/8、コアントロー3/8、 L・J1/8、O・J1/8、 ➡C・G
メイドゥンズ・プレイヤー（II）	●D・ジン1/3、キナ・リレー1/3、 カルバドス1/6、アプリ・B1/6、➡C・G
メイフェア	●D・ジン1/2、O・J1/4、アプリ・B1/4、 グローブ・シロ1d、 ➡C・G
メッカ	●D・ジン2/3、S・ベル1/3、 カカオ・L1d、 ➡C・G
メリー・ウィドウ（I）	●D・ジン1/2、D・ベル1/2、ベネディク、 ペルノー、A・ビター、各1d、➡C・G（L・P）
メリー・ウィドウ（II）	●D・ジン1/2、ビイル（Byrrh）1/2、 ➡C・G
メリー・ウィドウ（III） （※ベルモット・ベース）	●D・ベル1/2、デュボネ（赤）1/2、 ➡C・G（L・P）
メリー・ウィドウ（IV） （※リキュール・ベース）	●※チェリ・B1/2、マラスキ1/2、 ➡C・G（マラ・チェリ）
メロン	●ジン1/2、マラスキ3/8、L・J1/8、 ➡C・G

メロン・スペシャル	●D・ジン30m、メロン・L15m、ライム・J15m、O・ビター1d、➡C・G(ミント・チェリ、L・P)
モーリス (※P・ワイン・ベースもある)	●D・ジン1/2、D・ベル1/4、S・ベル1/4、O・J1/4コ、アブサン1d、➡C・G
モール	●ジン20m、スロー・G20m、D・ベル20m、O・ビター2・3d、➡C・G
モール・フランダース	●ジン30m、スロー・G15m、D・ベル15m、A・ビター3d、➡C・G
モダー・リバー	●D・ジン1/2、カペリティフ1/4、D・ベル1/4、➡C・G
モンキー・グラント	●D・ジン2/3、O・J1/3、G・シロ3d、アブサン3d、➡C・G
モンテカルロ (サボイ)	●D・ジン1/2、ミント・W1/4、L・J1/4、➡フルート・G(シャンパンUp)
モンテカルロ (※ウィスキー・ベース)	●※ライ・W3/4、ベネディク1/4、A・ビター2d、➡C・G(L・P or O・P)
モンテカルロ・インペリアル	●D・ジン60m、ミント・W15m、L・J15m、➡10タン(氷、シャンパンUp)
ヤンキー・プリンス	●D・ジン3/4、G・マニエ1/4、O・J1/4コ、➡C・G
ユニオン・ジャック	●D・ジン2/3、バイオレット・L1/3、➡C・G
ユニオン・ジャック (プース)	●①G・シロ、②マラスキ、③シャルト・G、各1/3、➡リキュール・Gに順に注ぐ
ヨコハマ	●D・ジン2/6、ウォッカ1/6、O・J2/6、G・シロ1/6、ペルノー1d、➡C・G

ラ・ヴィ・アン・ローズ	D・ジン1/2、キルッシュ1/2、G・シロ1tsp、L・J1/4コ、 ➡C・G(マラ・チェリ)
ラウド・スピーカー	D・ジン3/8、ブランデ3/8、コアントロー1/8、L・J1/8、➡C・G
ラケット・クラブ	ジン45m、D・ベル15m、O・ビター3d、 ➡C・G
ラスキー	D・ジン、スェディッシュ・P、GF・J、各1/3、 ➡C・G
ラスト・ラウンド	D・ジン1/2、D・ベル1/2、ブランデ2d、アブサン2d、 ➡C・G
ラズベリー・カクテル	スライスしたラズベリーをジン25mに漬けておく。白ワイン(D)25m、キルッシュ5m、➡C・G(ラズベリーを沈める)
ラトキンズ・スペシャル	D・ジン1/2、D・ベル1/2、アプリ・B2d、O・J2d、 ➡C・G
ランデブー	ジン40m、チェリ・B15m、カンパリ5m、➡C・G(フレッシュ・チェリー)
リーグ・オブ・ネーション	ジン1/2、D or S・ベル1/4、キュラソー1/4、卵白1コ、➡C・G〈大〉
リーブ・イット・トゥ・ミー	D・ジン1/2、アプリ・B1/4、D・ベル1/4、L・J1d、G・シロ1d、 ➡C・G
リープ・イヤー	ジン2/3、G・マニエ1/6、S・ベル1/6、L・J1d、➡C・G(L・P)
リープ・フロッグ	ジン60m、L・J1/2コ、➡L・G(氷、G・エールUp)
リゾルート	D・ジン1/2、アプリ・B1/4、L・J1/4、 ➡C・G

リッチモンド	●ジン2/3、リレー1/3、 ➡C・G(L・P)
リトリート・フローム・モスクワ	●D・ジン1/2、キュンメル1/4、 L・J1/4、 ➡C・G
リトル・キング	●D・ジン1/2、アップル・B1/4、 アプリ・B1/4、L・J1/4コ、 ➡C・G
リトル・デビル	●D・ジン1/3、B・ラム1/3、 コアントロー1/6、L・J1/6、➡C・G
リバリー	●ジン1/2、デュボネ1/4、 ヴァン・ダー・ハム1/4、O・J1d、➡C・G
リリー	●D・ジン、キナ・リレー、クレーム・ノワヨー、 各1/3、 ➡C・G
ル・シャントクレール	●ジン1/3、L・J1/3、ベネディク1/6、 ノワヨー(白)1/6、 ➡C・G
ルイジ	●D・ジン1/2、D・ベル1/2、 コアントロー1d、G・シロ1tsp、 タンジェリン・J1/2コ、➡C・G
レガッタ	●D・ジン4/10、マンダリン・L3/10、 D・ベル2/10、バナナ・L1/10、 ➡C・G(マラ・チェリ、ミント・リーフ、L・S)
レッド・フラッグ	●D・ジン、B・ラム、L・J、P・J、 各1/4、G・シロ1d、 ➡C・G
レッド・ライオン	●D・ジン1/3、O・キュラ1/3、 O・J1/6、L・J1/6、➡C・G (※シュガー・スノーにするレシピもある)

レディ・フィンガー		●D・ジン1/2、キルッシュ1/4、チェリ・B 1/4、➡C・G
ロイヤル		●ジン、D・ベル、チェリ・B、各1/3、マラスキ1d、➡C・G(マラ・チェリ)
ロイヤル・アライバル		●ジン1/2、L・J1/4、ノワヨー1/8、キュンメル1/8、緑野菜汁1d、卵白1コ、➡C・G
ロイヤル・スマイル（Ⅰ）		●D・ジン2/3、カルバドス1/3、G・シロ3d、L・J3d、➡C・G(マラ・チェ)
ロイヤル・スマイル（Ⅱ）		●D・ジン1/2、G・シロ1/2、L・J2d、➡C・G
ロイヤル・ディライト		●ジン、ライム・J、フレーズ・L、各1/3、卵白1d、シュガー1d、➡F・G（クラッシュ）（ストロベリー、ライム・S）
ロイヤル・フィズ		●ジン・フィズに全卵を足す。（※ジン・フィズ参照）
ロイヤル・リッキー		●D・ジン60m、S・ベル30m、ラズベリー・シロ1/2tsp、ライム・J1/2コ、➡10タン（氷、G・エールUp）
ロイヤル・ロマンス		●D・ジン2/4、G・マニエ1/4、パッション・L1/4、G・シロ1d、➡C・G
ローズ（サボイ）		●D・ジン1/2、D・ベル1/4、アプリ・B1/4、G・シロ4d、L・J1d、➡C・G
ローズ（ラルース）		●D・ジン2/4、D・ベル1/4、チェリ・B1/4、➡C・G（マラ・チェリ）

ローズ (※ベルモット・ベース)	●※D・ベル4/6、チェリ・B1/6、キルッシュ1/6、➡C・G(マラ・チェリ)
ローズ・リン	●D・ジン2/3、D・ベル1/3、G・シロ2d、 ➡C・G(O・P)
ロード・サフォーク	●D・ジン5/8、マラスキ1/8、コアントロー1/8、S・ベル1/8、➡C・G
ロード・スター	●D・ジン、G・マニエ、O・J、各1/3、 ➡C・G(L・P)
ローマ	●ジン1/6、カンパリ1/6、D・ベル1/3、S・ベル1/3、ストレガ1d、➡C・G
ローマン・スリング	●D・ジン45m、ブランデ10m、G・マニエ10m、O・J20m、L・J20m、➡ **コリンズ**(氷)(O・S、マラ・チェリ、ストロー)
ロールス・ロイス(Ⅰ)	●D・ジン1/2、D・ベル1/4、S・ベル1/4、DOM 1d、 ➡C・G
ロールス・ロイス(Ⅱ) (※ブランデー・ベース)	●※ブランデ1/2、D、S・ベル、各1/4、DOM 1d、 ➡C・G
ロールス・ロイス(Ⅲ) (※ブランデー・ベース)	●ブランデ、コアントロー、O・J、各1/3、 ➡C・G
ロールス・ロイス(Ⅳ)	●ブランデ、コアントロー、O・J、各1/3、卵白1コ ➡ **サワー・G**
ローン・ツリー	●D・ジン、D、S・ベル、各1/3、O・ビター2d、 ➡C・G
ロカ・コー	●D・ジン1/2、シェリー1/2、 ➡C・G(マラ・チェリ)
ロシントン	●D・ジン2/3、S・ベル1/3、 ➡C・G(O・P)

ロライン	●ジン1/2、リレー1/4、G・マニエ1/4、 ➡C・G
ロンディーノ	●ジン1/4、O・J1/4、D・ベル1/4、カンパリ1/8、アプリ・B1/8、➡C・G
ロンドン	●D・ジン60m、アブサン、シュガー、O・ビター、各2d、➡C・G(L・P)
ロンドン・カクテル	●D・ジン60m、A・ビター2d、シュガー1/2tsp、マラスキ1/2tsp、 ➡C・G(L・P)
ロンドン・プラザ	●ジン、アマレット、パッション・J、生クリーム、各15m、 ➡C・G
ワールド・レディ (サボイ)	●D・ジン30m、アプリ・B15m、G・シロ15m、L・J10m、➡10タン(氷、ソーダ)(O・S)
ワックス (ラルース)	●ジン60m、O・ビター3d、 ➡C・G
ワックス	●D・ジン40m、パスティス40m、卵白1コ、シュガー10m、➡C・G(大)
ワルドーフ	●D・ジン1/4、スェディッシュ・P1/2、L・J1/4、 ➡C・G
ワン・エキサイティング・ナイト	●ジン、S・ベル、D・ベル、各1/3、O・J1d、➡ポート・W・G(シュガー・スノー)(L・P)
ワンダー・バー	●D・ジン、コアントロー、P・J、各1/3、 ➡C・G

Martini

マティーニとは？

洋の東西を問わず「カクテルの王様」として今もその頂点に立っている。基本型はジンとベルモットの2種類の酒を混ぜ合わせただけだが、ウォッカやラムをベースにしたものやギムレットやロブロイ、マンハッタンなどのように違う名前のものまで入れると、そのバリエーションは限りなくあって、バーテンダーの数だけマティーニがあると言っても良い。アメリカではマティーニのことを「シルバー・ブレット(銀の弾丸)」と呼ぶこともある。

オリジナル説は幾つもあり、それぞれが伝説となっている。(例えば、19世紀半ばにイタリアのマルティーニ・ロッシ社が、自社のベルモットの販促用にジン・アンド・イットを作ったのが最初とか、カリフォルニアのマルティネ(Martinez)で作られてその名前がついた。あるいはN.Y.のホフマン・ハウスで1880年に作られたのが最初と言う説など)。いずれにしても、簡単なレシピゆえに誰にでも作れるのがその人気の秘密である。

※本書では、その数の多さからジンとウォッカ・ラム・ベースのマティーニという名前の付いたものだけを、マティーニの項目として別に取り上げている。ギムレットやマンハッタン、ジャマイカ・マティーニなどはそれぞれのベース分けを参照してもらいたい。

FDR's マティーニ	ジン 45m、D・ベル 15m、オリーブ・ブリン1 tsp、➡C・G(L・P)
アイディール・マティーニ	ジン45m、D・ベル15m、マラスキ 1/2 tsp、L・J1tsp、 ➡C・G(L・P)
インペリアル・マティーニ	ジン 45m、D・ベル 15m、マラスキ1/2tsp、A・ビター3d、➡C・G
ウェンブリー・マティーニ	ジン45m、D・ベル 5m、アプリ・B1tsp、カルバドス 1 tsp、 ➡C・G(L・P)
オパール・マティーニ	ジン 45m、コアントロー5m、O・J10m、シュガー 1/4tsp、 ➡C・G
オペラ・マティーニ	ジン 40m、デュボネ(白)10m、マラスキ10m、 ➡C・G(L・P)
オレンジ・マティーニ(※サボイ・スタイル)	ジン 30m、D・ベル 20m、S・ベル 10m、以上の材料にオレンジの皮を 1 ～ 2 h 漬けて、取り除き、 ➡C・G(O・ビター、O・P)
オレンジ・マティーニ(※ウォッカ・ベース)	※ウォッカ 50m、T・セック10m、O・ビター1 d、 ➡C・G(O・P)
カップス・インディスペンサブル・マティーニ	ジン 45m、D・ベル 7.5m、S・ベル 7.5m、 ➡C・G(O・P)
キャバレー・マティーニ	ジン 40m、デュボネ(赤)20m、A・ビター、ペルノー、各 3 d、➡C・G(ライム・P)
クィーン・エリザベス・マティーニ	ジン 45m、D・ベル 10m、ベネディク 2 tsp、 ➡C・G
クランティーニ	ジン 45m、クランベリ・J15m、➡C・G(混ざらないように注ぐ)
グリーン・マティーニ	ジン 50m、シャルト(G)10m、➡C・G(アーモンド・オリーブ)

Martini (Gin Base)

クリスマス・マティーニ	●ジン60m、D・ベル10m、ミント・シュナップス1 tsp、➡C・G(キャンディ・Cane を落とす)(※ジンをウォッカにしてもよい)
クリムソン・マティーニ	●ジン50m、ポート・W(赤)10m、G・シロ1 tsp、ライム・J2 tsp、➡C・G(ライム・P)
ゴルフ・マティーニ	●ジン50m、D・ベル10m、A・ビター3d、➡C・G(S・オリーブ)
コロニー・クラブ・マティーニ	●ジン60m、ペルノー1 tsp、O・ビター3d、➡C・G(O・P)
サード・ディグリー・マティーニ	●ジン40m、D・ベル15m、ペルノー5m、➡C・G(スター・アニス)
サウザン・マティーニ	●ジン50m、T・セック10m、O・ビター3d、➡C・G(L・P)
サケティーニ	●ジン50m、日本酒10m、➡C・G(S・オリーブ、L・P)
シークレット・マティーニ	●ジン45 m、リレー(白)15m、A・ビター2 d、➡C・G
ジェームス・ボンド・マティーニ	●ジン60m、ウォッカ20m、キナ・リレー(白)10m、➡Cha・G
ジプシー・マティーニ	●ジン50m、S・ベル10m、➡C・G(マラ・チェリ)
ジャーナリスト・マティーニ	●ジン40m、D・Sベル、T・セック、ライム・J各1tsp、A・ビター1d、➡C・G
ジャマイカン・マティーニ	●ジン45m、赤ワイン10m、D・ラム1 tsp、O・ビター3d、➡C・G(ペッパー・チェリ)

マティーニ(ジン・ベース)

カクテル名		レシピ
シュリンプティーニ	シェイカー	●ジン or ウォッカ45m、D・ベル15m、→C・G(クックド・シュリンプ、タバスコ)
スゥイーティ・マティーニ	シェイカー	●ジン45m、D・S・ベル、各7.5m、→C・G(L・P)
スゥイート・マティーニ	ミキシンググラス	●ジン45m、S・ベル15m、O・ビター1d、→C・G(O・P)
スモーキー・マティーニ	ミキシンググラス	●ジン45m、D・ベル10m、スコッチ1tsp、→C・G(L・P)
ダーティ・マティーニ	シェイカー	●ジン40m、D・ベル15m、オリーブ・ブリン5m、→C・G
タフ・マティーニ	シェイカー	●ジン30m、D・ベル15m、ペルノー7.5m、L・J7.5m、→C・G(アーモンド・オリーブ)
タンゴ・マティーニ	シェイカー	●ジン25m、D・ベル15m、S・ベル15m、T・セック5m、→C・G(L・P)
チャーチルズ・マティーニ	シェイカー	●ジン60m、→C・G(S・オリーブ)(D・ベルを見ながら飲む)
チャーチレディ・マティーニ	シェイカー	●ジン30m、D・ベル15m、O・J15m、→C・G(レモン、ライム、オレンジの皮を飾る)
ディープ・シー・マティーニ	ミキシンググラス	●ジン45m、D・ベル15m、ペルノー1/2tsp、O・ビター1d、→C・G
デスパレイト・マティーニ	シェイカー	●ジン40m、D・ベル10m、ブラック・ベリー・L10m、→C・G(B・ベリー)
ネィキッド・マティーニ 別名:アルティメット・マティーニ	グラス	●(フリーザーで冷やした)ジン60m、→C・G(S・オリーブ)
パーク・アヴェニュー・マティーニ	シェイカー	●ジン45m、S・ベル、パイン・J、各7.5m、→C・G
パーム・ビーチ・マティーニ	ミキシンググラス	●ジン30m、S・ベル1tsp、GF・J25m、→C・G

Martini (Gin Base)

ハスティ・マティーニ	●ジン45m、D・ベル10m、G・シロ1 tsp、ペルノー3d、 ➡C・G
バッキィ・マティーニ	●ジン50m、D・ベル10m、 ➡C・G（ブラック・オリーブ）
ハリウッド・マティーニ	●ジン50m、G・ワッサー5m、D・ベル5m、➡C・G（チーズ・オリーブ）
パリジャン・マティーニ	●ジン45m、D・ベル10m、カシス・L 5m、 ➡C・G
バレンシア・マティーニ	●ジン40m、アモンティラッド・シェリー20m、 ➡C・G（S・オリーブ）
ピカデリー・マティーニ	●ジン45m、D・ベル15m、ペルノー1/2tsp、G・シロ1d、 ➡C・G（マラ・チェリ）
ピンク・ジン・マティーニ	●ジン60m、A・ビター1d、➡C・G（A・ビターを先にグラスに回してジンを注ぐ）
ファーマーズ・マティーニ	●ジン40m、D・ベル10m、S・ベル10m、A・ビター3d、➡C・G
フィーノ・マティーニ	●ジンorウォッカ60m、フィーノ・シェリー1tsp、➡C・G（L・P）
フィフティ・マティーニ	●ジン30m、D・ベル30m、 ➡C・G（S・オリーブ）
ブーメラン・マティーニ	●ジン45m、D・ベル15m、A・ビター1d、マラスキ1d、 ➡C・G（キュウイ・S）
フェア・スリー・ウェル・マティーニ	●ジン50m、D・ベル10m、S・ベル1d、コアントロー1d、 ➡C・G
プラザ・マティーニ	●ジン、D、S・ベル、各20m、 ➡C・G
プリンス・エドワード・マティーニ	●ジン50m、ドランブイ10m、 ➡C・G（L・P）

名称		レシピ
ブルームーン・マティーニ	シェイク	●ジン50m、B・キュラ10m、➡C・G(L・P)
フレットフル・マティーニ	シェイク	●ジン50m、B・キュラ10m、A・ビター1d、➡C・G(S・オリーブ)
フローズン・マティーニ	シェイク	●ジン50m、D・ベル10m、(シェイカーをフリーザーに入れて凍らせて)➡C・G(アーモンド・オリーブ2コ)
ブロードウェイ・マティーニ	シェイク	●ジン50m、ミント・W10m、➡C・G(ミント・リーフ)
ペイスレイ・マティーニ	シェイク	●ジン55m、D・ベル1/2tsp、スコッチ1/2tsp、➡C・G(S・オリーブ)
ペギーズ・マティーニ	ステア	●ジン45m、S・ベル10m、デュボネ1/2tsp、ペルノー1/2tsp、➡C・G
ホームステッド・マティーニ	ステア	●ジン45m、S・ベル15m、➡C・G(O・P)
ポール・モール・マティーニ	ステア	●ジン40m、D・ベル8m、S・ベル8m、ミント・W1tsp、O・ビター1d、➡C・G
ホフマン・ハウス・マティーニ	ステア	●ジン55m、D・ベル5m、O・ビター3d、➡C・G
ポンパノ・マティーニ	ステア	●ジン40m、D・ベル5m、GF・J15m、O・ビター1d、➡C・G
マティーニ・ミラノ	シェイク	●ジン40m、D・ベル7.5m、白ワイン7.5m、カンパリ1tsp、➡C・G(ライム・P)
マティーニズ・フォー・フォー (4人分)	ステア	●ジン220m、D・ベル20m、➡C・G(S・オリーブ) 4コのグラスに注ぐ
マリタイム・マティーニ	シェイク	●ジン45m、D・ベル15m、➡C・G(アンチョビ・オリーブ)

マティーニ(ジンベース)

リゾルーション・マティーニ		●ジン45m、アプリ・B10m、L・J5m、➡C・G
ルネッサンス・マティーニ		●ジン50m、フィーノ・シェリー10m、➡C・G（ナツ・メグ）
ロンドン・マティーニ		●ジン55m、マラスキ1/2 tsp、シュガー1/2 tsp、O・ビター3d、➡C・G（L・P）

Vodka

ウォッカとは？

無色、無味無臭のロシアの国民酒ともいえるスピリッツで、12世紀頃からロシアで造られるようになり、ジーズナヤ・ヴァダー（命の水）のヴァダーがヴォドカ（＝ウォッカ）に変わったと言われている。

麦類、芋類、トウモロコシなどの原料からアルコール度数95度以上の強いグレーン・スピリッツを造り、加水して40～60度に薄め、白樺や椰子を焼いた活性炭で作られた濾過槽を通過させて造る。レギュラータイプの他に、果実や草などの香りをつけたフレーバード・ウォッカもある。特に有名なのがズブロッカで、中にズブロッカ草が1本入っているのが特徴。他にペルツォッカやザペケンカ、ナリウカ、スタルカなどがある。

アネスタシア	●ウォッカ30m、パッソア30m、T・セック30m、L・J15m、➡C・G(マラ・チェリ、O・S)
アブ・ドゥーグ	●ウォッカ30m、プレーン・ヨーグルト60m、塩少々、➡ゴブレ(氷、ソーダ)
アフター・ミッドナイト	●ウォッカ3/5、カカオ・L 1/5、ミント・G 1/5、➡F・G(氷)
アプレ・スキー	●ウォッカ20m、ミント・G20m、ペルノー20m、➡サワー・G（氷、ソーダ）（L・S、ミント・リーフ、ストロー）
アルカディア ('93、バー・ロオジエ、新橋清作)	●フィンランド・ウォッカ2/6、カルーア1/6、ミドリ1/6、生クリーム2/6、卵黄1コ、➡C・G(チョコ・チップ、ミント・リーフ)
アンジェロ	●ウォッカ30m、ガリアーノ10m、S・コンフォート10m、O・J45m、P・J45m、➡C・G
アンパイネン	●ウォッカ30m、バナナ・L30m、➡10タン(氷、G・エールUp)(O・S)
イースト・ウィング	●ウォッカ40m、チェリ・B15m、カンパリ5m、➡C・G(L・P)
ウォッカ・アイスバーグ	●ウォッカ60m、ペルノー1d、➡F・G(氷)
ウォッカ・アップル・ジュース	●ウォッカ45m、➡10タン(氷、アップル・JをUp)

ウォッカ・インペリアル	●➡ **ジョッキ**(リンゴ、梨、メロン、パイン等を細かく切ってジョッキへ入れ、ウォッカを満たし冷やす。
ウォッカ・カクテル	●ウォッカ 2/3 、チェリ・B1/3、L・J1tsp、 ➡C・G
ウォッカ・ギブソン	●ウォッカ 5/6 、D・ベル 1/6 、 ➡C・G(P・オニオン)
ウォッカ・ギムレット	●ウォッカ 3/4、ライム・J(コーディアル)1/4、(生ライムの時はシュガー1tsp を加えてもよい) ➡C・G
ウォッカ・スティンガー (別名：ホワイト・スパイダー)	●ウォッカ 2/3、ミント・W 1/3、➡C・G(※ホワイト・スパイダーは各1/2)
ウォッカ・スマッシュ	●➡F・G(シェイブド・アイス) でミント・リーフをつぶし、シュガー1tsp とウォッカ 60m(ミント・リーフ、L・S)
ウォッカ・マティーニ	●ウォッカ 4/5 、D・ベル 1/5 、 ➡C・G(S・オリーブ)
M-45	●ウォッカ4/6、プオルッカ or スロー・G1/6、ライム・J1/6、 ➡C・G
M30 レイン (※上田和男 作)	●ウォッカ 4/6、パンプルムーゼ 1/6 、ライム・J1/6、B・キュラ1/2tsp、➡C・G
エス・ダブリュー・アイ	●ウォッカ、カンパリ、O・J各 1/3 、卵白 1 コ、 ➡C・G
エレガンス・マリエ	●ウォッカ30m、メロン・L15m、GF・J10m、Gシロ5m、 ➡C・G(ソルト・スノー)

Vodka Base

オーサカ・ドライ	●ウォッカ50m、日本酒10m、➡C・G(ピクルド・プラム)
オールド・イングランド	●ウォッカ1/2、シェリー1/2、➡C・G
オールド・クロック	●ウォッカ2/3、B・キュラ1/6、マラスキ1/6、➡C・G(マラ・チェリ)
オーレ	●シャンパン1/2、ウォッカ1/5、D・ジン1/5、コアントロー1/10、➡Cha・G
オムニア	●ウォッカ20m、ブランデ15m、D・ベル5m、マンダリン・L5m、オレンジ・L5m、➡C・G(マラ・チェリ)
オークランド・カクテル	●ウォッカ2/4、D・ベル1/4、O・J1/4、➡C・G
カチンカ (※エカテリーナの愛称)	●ウォッカ1/2、アプリ・B1/4、ライム・J1/4、➡C・G(氷1・2コ)(ライム・S)
カバリエ	●ウォッカ4/7、D・ベル2/7、アマーロ・コーラ1/7、➡C・G(L・P)
カバリエリ (※ラム・ベース)	●※W・ラム10m、G・マニエ10m、D・ベル20m、ストロベリー・J60m➡8タン(氷、G・エールUp)(イチゴ、O・S)
カミカゼ	●ウォッカ3/4、W・キュラ1tsp、ライム・J1/4、➡F・G(氷)
ガルフ・ストリーム	●ウォッカ2/10、ピーチ・L2/10、B・キュラ1/10、GF・J4/10、P・J1/10、➡F・G(氷)
カンカン	●ウォッカ45m、➡Cha・G(シャンパンUp)(L・P)

キッス・オブ・ファイヤー ('53 石岡賢司 作)	●ウォッカ、スロー・G、D・ベル、各1/3、L・J2d、 ➡C・G(シュガー・スノー)
キャシー・ローズ (中村健太郎 作)	●ウォッカ2/6、ローズ・L3/6、D・シェリー1/6、G・シロ1tsp、 ➡C・G(L・P)
グラン・プリ	●ウォッカ40m、D・ベル30m、コアントロー10m、L・J1tsp、G・シロ2・3d、 ➡Cha・G
グランド・ダッチス	●ウォッカ1/2、J・ラム1/4、ライム・J1/4、G・シロ2tsp、➡C・G
グリーン・ファンタジー	●ウォッカ2/5、D・ベル2/5、メロン・L1/5、ライム・J1d、➡C・G
クレッチマ	●ウォッカ2/5、カカオ・L2/5、L・J1/5、Gシロ1d、 ➡C・G
クローバー・リーフ (※ジン・ベースもある)	●ウォッカ45m、G・シロ2d、L・J1/4コ、ライム・J1/4コ、卵白1コ、➡C・G (ミント・リーフをフロート)(マラ・チェリ、クローバーを飾る)
ケープ・コッダー	●ウォッカ、クランベリ・J、各1/2、➡F・G(氷) (※ソーダとライム・Jを加えても良い)
ゴールデン・スクリュー (※別名:ゴールデン・スパイク)	●ウォッカ45m、O・J90m、 ➡10タン(氷)
ゴールデン・タング ('69、アイルランド大会1位)	●ウォッカ4/7、ストレーガ2/7、バナナ・L1/7、オレンジ・シロ1tsp、➡C・G(マラ・チェリ)
ゴールド・フィンガー	●ウォッカ4/10、ガリアーノ3/10、P・J3/10、 ➡C・G
コザック	●ウォッカ2/5、ブランデ2/5、ライム・J1/5、シュガー1tsp、➡C・G
コスモポリタン	●ウォッカ3/6、W・キュラ1/6、クランベリ・J1/6、ライム・J1/6、➡C・G

Vodka Base

コミッサー	●ウォッカ1/2、T・セック1/2、➡C・G(L・P)
コロニィ	●ウォッカ1/2、S・コンフォート1/2、ライム・J1/2コ、➡C・G
ザ・ホック	●ウォッカ30m、パッション・F 20m、アプリ・B5m、チェリ・B5m、➡C・G
桜 (HBA 木原 均 作)	●ウォッカ2/5、バロック2/5、卵白1/5、G・シロ1tsp、L・J1tsp、➡C・G
桜小町 (※長崎のバー・ビクター、創作)	●ズブロッカ20m、GF・J30m、チェリ・B5m、G・シロ5m、➡C・G
サザン・ウィスパー ('91 上田和男作)	●ウォッカ20m、オルデスローエ・フィルジッヒ(桃のリキュール)20m、G・シロ10m、桃のシロップ漬け1/2コ、➡ サンデー・G(ストロー、スプーン)
サマー・ブリーズ	●シトラス・ウォッカ40m、メロン・L15m、D・ベル5m、L・J1/4tsp、➡C・G(メロン・ボール)
シーブリーズ	●ウォッカ、クランベリ・J、GF・J、各1/3、➡F・G(氷)
ジェインズ・ピック・ユー・アップ	●ウォッカ30m、O・J15m、D・ベル10m、リカール5m、➡C・G
ジプシー (別名：ジプシー・クィーン)	●ウォッカ4/5、ベネディク1/5、A・ビター1d、➡C・G
ジャマイカ・レディ (HBA 木原 均 作)	●ウォッカ30m、カルーア20m、O・J適量、➡ ワイン・G(クラッシュ)(ストロー)
春雷 ('92、上田和男 作)	●ウォッカ1/3、梅酒1/3、クランベリー・J1/3、カルピス1tsp、➡ サワー・G(氷1コ)(ライム・S)

シルバー・ウィング	●ウォッカ1/2、コアントロー1/4、D・ベル1/4、 ➡C・G
シルバー・バルーンズ	●ウォッカ20m、GF・J30m、P・ウィリアム5m、ノワヨー5m、➡C・G(シュガー・スノー)
スカネスク ('72、ストックホルム世界大会1位)	●ウォッカ1/4、エレル・L(すのき)1/4、L・J1/4、シュガー1/4、G・シロ1d、➡C・G
スクリュー・ドライバー	●ウォッカ45m、O・J適量、➡10タン(氷)
スコッチ・フロッグ ('57、アメリカ西海岸大会入賞)	●ウォッカ3/6、ガリアーノ1/6、コアントロー1/6、ライム・J1/6、A・ビター1d、マラスキ1 tsp、➡C・G
ステンガラージン ('57、大塚伊都子 作)	●ウォッカ1/2、D・ベル1/4、O・キュラ1/4、A・ビター1d、➡C・G
ストロベリー・ブロンド	●ストロベリ・ウォッカ45m、リレー(白)15m、➡C・G(ストロベリー)
スノー・フレーク	●ウォッカ30m、ガリアーノ10m、S・コンフォート10m、アドボカート15m、O・J 60m、➡ **コリンズ**(氷、レモネードUp)(O・S、マラ・チェリ)
スプリング・タイム	●ウォッカ45m、コアントロー15m、O・J 30m、➡ **コリンズ**(氷、G・エールUp)(らせんオレンジ、マラ・チェリ)
スマッシュ ('71、フィンランド大会1位)	●ウォッカ、ブラックベリー・ブランデ、マンダリン・L、L・J、各1/4、➡C・G

Vodka Base

スリム・ファンタジー ('83、上田和男 作)	●ウォッカ20m、ポワール・シロ20m、L・J10m、B・キュラ1 tsp、➡**サワー・G**
スレッジ・ハンマー	●ウォッカ5/6、ライム・J(コーディアル)1/6、➡**C・G**
スレッジ・ハンマー (※ブランデー・ベース)	●※ブランデ、アップル・B、ライト・ラム、各1/3、アブサン1 d、➡**C・G**
セクシー・デビル	●ウォッカ40m、クランベリー・J20m、D・ベル10m、➡**C・G**(L・P、ストロベリー)
セックス・オン・ザ・ビーチ	●ウォッカ30m、クランベリー・J30m、P・J20m、➡ **ゴブレ**(クラッシュ、ピーチ・L10mをフロート)(パイン、ストロー)
セント・ピーターズ・バーグ	●ウォッカ60m、O・ビター3 d、➡**C・G**(O・P)
ソビエト	●ウォッカ2/3、シェリー1/6、D・ベル1/6、➡**C・G**
そめいよしの (HBA木原 均 作)	●ウォッカ20m、カンパリ10m、GF・J30m、➡**C・G**(B・キュラを落とす)
タキシード	●ウォッカ35m、D・ベル20m、O・ビター3d、マラスキ1/2 tsp、➡**C・G**(L・P)
タワー・リシチ	●ウォッカ2/4、キュンメル1/4、ライム・J 1/4、➡**C・G**
チチ	●ウォッカ30m、P・J80m、ココナッツ・L45m、➡**ゴブレ**(クラッシュ)(パイン、マラ・チェリ)

チチ (※ラルース・レシピ)	●ウォッカ45m、P・J60m、ココナッツ・L30m、G・シロ1d、L・J20m、➡ピルスナー・G(氷)
チチ (※フローズン・スタイル)	●ウォッカ45m、P・J90m、ココナッツ・L30m、L・J1tsp、(クラッシュ)➡ゴブレ
茶摘み乙女 ('63, 荻野 政孝 作)	●ウォッカ1/2、玉露・L(モンゾフ)1/4、P・J1/4、L・J1d、➡C・G(マラ・チェリ)
ツァリーヌ	●ウォッカ2/4、D・ベル1/4、アプリ・B1/4、A・ビター1d、➡C・G
テイク・ファイブ	●ウォッカ30m、シャルト(G)15m、ライム・J15m、➡C・G
デロバード	●ウォッカ3/10、P・ウィリアム2/10、T・セック2/10、フレーズ・ド・ボルドー2/10、ライム・J1/10、➡C・G(ライム・S、マラ・チェリ)
トキオ (上田和男 作)	●ウォッカ3/6、ベルモット・(ロゼ)2/6、パンプル・ムーゼ1/6、ライム・J1tsp、➡C・G(マラ・チェリ)
トロイカ	●ウォッカ1/4、シャルト・(オレンジ)2/4、ライム・J10m、➡C・G
トロピカル・ストーム (※フローズン)	●ウォッカ10m、G・ラム30m、O・J20m、ライム・J10m、P・J10m、A・ビター1d、G・シロ1d、(クラッシュ)➡Br・G(パイン、バナナ、マラ・チェリ)
ニニチカ	●ウォッカ3/5、カカオ・L1/5、L・J1/5、➡C・G

Vodka Base

ニノチャカ	●バニラ・ウォッカ3/4、 ホワイト・チョコ・L1/4、L・J1tsp、➡C・G
バーバラ (別名：ルシアン・ベア)	●ウォッカ2/4、カカオ・L1/4、 生クリーム1/4、 ➡C・G
バーブド・ワイヤー	●ウォッカ50m、S・ベル1tsp、 ペルノー1/2tsp、 シャンボール・L1/2tsp、 ➡C・G(L・P)
ハーベイ・ウォール・バンガー	●ウォッカ45m、O・J適量、➡10タン(氷、ガリアーノ2tspをフロート)(O・S、ストロー)
ハイ・ライフ	●ウォッカ45m、W・キュラ10m、 P・J10m、卵白1コ、 ➡Cha・G
パイル・ドライバー	●ウォッカ50m、キュラソー3d、 O・ビター2d、 ➡F・G(氷)
バサラ	●ウォッカ40m、マラスキ10m、 ライム・J10m、 ➡C・G
パトリシア	●ウォッカ、T・セック、S・ベル、 各1/3、 ➡C・G(L・P)
パナシェ (ラルース)	●ウォッカ5/10、チェリ・B 2/10、 D・ベル3/10、➡C・G(マラ・チェリ)
パナシェ (※ビール・ベース)	●※ビール1/2、透明炭酸飲料(レモネード or G・エール) 1/2、 ➡ゴブレ(氷なし)
バニラ・ツイスト	●バニラ・ウォッカ3/4、D・ベル1/8、 コアントロー1/8、➡C・G(バニラ・ビーン)
バラライカ	●ウォッカ2/4、W・キュラ1/4、 L・J1/4、 ➡C・G
ビッグ・アップル	●ウォッカ60m、アップル・J適量、 ➡10タン(氷)

ビッグ・アップル (※アップル・ブランデー・ベース)	●※アップル・B60m、アマレット15m、アップル・J90m、アップル・ソース1tsp、(クラッシュ) ➡L・G(シナモン・パウダーをふりかける)
ピンク・パンサー	●ウォッカ1/2、ピンク・パーティ1/4、GF・J 1/4、G・シロ 1 tsp、➡C・G
ピンク・パンサー・フリップ	●O・J200m、G・シロ20m、卵黄1コ、A・ビター2d、(クラッシュ) ➡ ゴブレ(マラ・チェリ)
ファンタジア	●ウォッカ30m、シャルト・(オレンジ)30m、チェリ・B10m、GF・J20m、➡10タン(シュガー・スノー)(氷)(オレンジ、チェリー)
フーシアー	●バッファロー・グラス・ウォッカ30m、ライト・ラム20m、D・ベル10m、➡C・G
フェストルス ('73アメリカ・L.A.大会1位)	●ウォッカ、G・マニエ、ビター・チンザノ、各1/3、➡C・G(マラ・チェリ、O・S)
フライング・グラスホッパー	●ウォッカ、ミント・G、カカオ・L、各1/3、➡C・G
グラスホッパー (※リキュール・ベース)	●※ミント・G、カカオ・W、生クリーム、各1/3、➡C・G
ブラック・クラウド	●ウォッカ40m、ティア・マリア40m、➡F・G(氷)
ブラック・ルシアン	●ウォッカ45m、カルーア15m、➡F・G(氷)
※ホワイト・ルシアン	●ウォッカ40m、カルーア20m、➡F・G(氷、生クリームを落とす)

※ルシアン	●ウォッカ、D・ジン、カカオ・L、各1/3、 ➡C・G
※ロイヤル・ルシアン	●ウォッカ30m、ミント・G30m、G・シロ1d、生クリーム20m、 ➡Cha・G(マラ・チェリ)
ブラッディ・ブラッディ・マリー	●ウォッカ45m、L・J15m、T・J 90m、塩、ウスター・ソース2d、➡F・G(氷)
ブラッディ・ブル	●ウォッカ45m、L・J or ライム・J15m、T・J適量、ビーフ・ブイヨン適量、➡10タン(氷)
ブラッディ・ブル・ショット	●ウォッカ45m、ビーフ・ブイヨンorコンソメ適量、T・J60m、 ➡F・G(氷)(コショウ、ウスター・S、タバスコ)
ブラッディ・メアリー	●ウォッカ45m、T・J適量、➡10タン(氷)(カット・レモン、タバスコ、塩等、マドラー)
ストロー・ハット (※テキーラ・ベース)	●※テキーラ45m、T・J適量、➡ 10タン(氷)(カット・レモン、タバスコ、塩等、マドラー)
ブラッディ・サム (※ジン・ベース)	●※ジン45m、T・J適量、➡ 10タン(氷)(カット・レモン、タバスコ、塩等、マドラー)
ブラッディ・シーザー	●ウォッカ45m、クラマト・J適量、➡10タン(氷)(カット・レモン)
フラミンゴ	●ウォッカ30m、カンパリ10m、➡フルート・G(シャンパンをUP)(1/2O・S)
フランシス・レイ (HBA木原 均 作)	●ウォッカ35m、キルッシュ15m、ライム・J10m、カルピス1tsp、➡C・G(ソルト・スノー、ミント・チェリー)

ブル・ショット (※IBAレシピ)		●ウォッカ45m、 ビーフ・ブイヨンorコンソメ適量、 ➡**F・G**(氷)(コショウ、ウスター・S、タバスコ)
ブル・ショット		●ウォッカ3/10、B・ブイヨン6/10、L・J1/10、 ➡**10タン**(氷)(※ホットにしても良い)
ブルー・ヘイズ		●ウォッカ1/2、コアントロー1/4、D・ベル1/4、B・キュラ1d、 ➡**Cha・G**(クラッシュ)(マラ・チェリ、O・S、L・S)
ブルー・マンデー (※ジン・ベースもある)		●ウォッカ3/4、コアントロー1/4、 緑野菜汁1d、 ➡**C・G**
ブルー・ラグーン		●ウォッカ30m、B・キュラ20m、L・J20m、 ➡ **フルート・G**(氷)(O・S、L・S、マラ・チェリ、ストロー)
ブレット		●ウォッカ1/2、コアントロー1/4、 L・J1/4、 ➡**C・G**(マラ・チェリ)
フローズン・ステップス		●ウォッカ30m、 カカオ・L(マロン)30m、 バニラ・アイス適量、(クラッシュ) ➡**Br・G**(マラ・チェリ)
フローズン・ピーチ		●ウォッカ30m、ピーチ・B20m、 L・J10m、G・シロ15m、(クラッシュ) ➡**Cha・G**(マラ・チェリ、ストロー)

Vodka Base

フロスティ・アムール	●ウォッカ30m、S・コンフォート30m、アプリ・B30m、P・タムール1d、バナナ・L1d、➡ **コリンズ**(氷、セブン・アップをUp)(ストロー)
ヘップ・キャット	●ベリー・ウォッカ50m、D・ベル10m、S・ベル1d、コアントロー1d、➡CG
ベラドンナ	●ウォッカ、オー・ド・ノワ、生クリーム、各1/3、 ➡C・G
ベルニス	●ウォッカ2/4、ガリアーノ1/4、ライム・J1/4、ビター3d、➡C・G
ベリティーニ	●カラント・ウォッカ50m、ラズベリー・ウォッカ10m、➡C・G(ラズベリー)
ポリネシアン	●ウォッカ2/3、チェリ・B1/3、ライム・J1コ、➡C・G(ソルト・スノー)
ボルガ	●ウォッカ4/6、ライム・J1/6、O・J1/6、O・ビター1d、➡C・G(G・シロ2dを入れておく)
ボルガ・ボートマン(Ⅰ)	●ウォッカ、チェリ・B O・J、各1/3、 ➡C・G
ボルガ・ボートマン(Ⅱ)	●ウォッカ4/6、キルッシュ1/6、O・J1/6、 ➡C・G
ポルト・コーヒア	●ウォッカ1/2、O・J1/6、アプリ・B1/6、G・シロ1/12、卵黄1/12、 ➡C・G
ホワイト・ルシアン	●ウォッカ40m、カルーア20m、➡F・G(氷)生クリームを落とす
ボンバー	●ウォッカ1/3、ブランデ1/3、コアントロー1/6、アニゼット1/6、➡C・G

ボード・ウォーク	●ウォッカ2/3m、D・ベル1/3m、マラスキ1/2tsp、L・J1tsp、➡C・G(L・P)
マカルーン	●ウォッカ50m、チョコレート・L10m、アマレット10m、➡C・G(O・P)
マギー・ブルー (※マーガレット・サッチャーの事)	●ウォッカ15m、フランボワ・L7m、ライム・J20m、シュガー1d、B・キュラ1d、➡C・G
マグパイ (フローズン)	●ウォッカ30m、メロン・L30m、カカオ・W15m、生クリーム20m、(クラッシュ) ➡W・G(ストロー)
マッド・スライド	●ウォッカ、ベイリーズ、カルーア、各1/3、 ➡C・G
マリリン・モンロー	●ウォッカ3/4、カンパリ1/8、S・ベル1/8、 ➡サワー・G
メトロポリタン（Ⅰ）	●カラント・ウォッカ50m、リレー10m、ライム・J1/2tsp、 ➡C・G(L・P)
メトロポリタン（Ⅱ） (※ブランデー・ベース)	●※ブランデ2/3、S・ベル1/3、シュガー1/2tsp、A・ビター1d、➡C・G
メトロポリタン（Ⅲ） (※ブランデー・ベース)	●※ブランデ、デュボネ、ミント・W、各1/3 ➡C・G
メランコリー (HBA木原 均 作)	●ウォッカ30m、フレイズ・L15m、P・タムール10m、ライム・J5m、➡C・G
メロン・ボール	●ウォッカ30m、メロン・L60m、O・J120m、 ➡ゴブレ(氷)
モスコー	●ウォッカ2/3、S・ベル1/3、A・ビター1d、➡C・G(マラ・チェリ)
モスコー・ミュール	●ウォッカ45m、ライム・J15m、➡10タン(氷、G・エールUp)(ミント・リーフ)

雪国 (YUKIGUNI)	●ウォッカ2/3、W・キュラ1/3、ライム・J2 tsp、➡C・G(シュガー・スノー)(ミント・チェリー)
雪椿 (YUKITSUBAKI) ('94, 上田和男 作)	●ウォッカ3/6、フランボワ・L1/6、カシス・L1/6、➡C・G(生クリーム1/6をフロートする)
吉野 ('94, 上田和男 作)	●ウォッカ60m、キルッシュ1/2 tsp、G・ティー・L 1/2 tsp、➡C・G(桜の花をフロートする)
ラッキー・ディップ ('82, ガスライト毛利隆雄 作)	●ウォッカ40m、バナナ・L20m、L・シロ10m、卵白1コ、➡C・G
ラピュタ	●ウォッカ6/12、バロック4/12、カルピス1/12、L・J1/12、➡C・G (B・キュラを沈める)
ルシアン	●ウォッカ、D・ジン、カカオ・L、各1/3、➡C・G
ルシアン・クェィルード	●ウォッカ15m、フランジェリコ20m、ベイリーズ20m、➡C・G
ルシアン・ローズ	●ストロベリー・ウォッカ3/4、D・ベル1/8、G・シロ1/8、O・ビター1d、➡C・G
レイク・クィーン	●ウォッカ1/3、G・ティ・L1/3、P・J1/6、生クリーム1/6、➡C・G
レッド・ブースター	●ウォッカ1/3、T・J 2/3、➡C・G

レッド・リップス	●ウォッカ4/6、G・マニエ1/6、カンパリ1/6、卵白1tsp、A・ビター1d、➡C・G
レナ	●ウォッカ1/2、シャンパン1/2、G・シロ2d、➡C・G(L・P)
ロイヤル・ルシアン	●ウォッカ30m、ミント・G30m、生クリーム20m、G・シロ1d、➡Cha・G(マラ・チェリ)
ローズ・オブ・ワルシャワ	●ウォッカ3/6、チェリ・B2/6、コアントロー1/6、A・ビター1d、➡C・G
ロード・ランナー ('76, アメリカ大会1位)	●ウォッカ2/4、キュンメル1/4、ライム・J1/4、➡C・G (ナツ・メグ)
ロベルタ ('63,世界大会1位、セント・ビンセント作)	●ウォッカ、D・ベル、チェリ・B、各1/3、カンパリ1d、バナナ・L1d、➡C・G(O・P)

Martini (Vodka Base)

アイリッシュ・マティーニ	●バッファロー・ウォッカ50m、D・ベル10m、➡C・G(アイリッシュ・WでC・Gをリンスしておく)(L・P)
アップルパイ・マティーニ	●バニラ・ウォッカ60m、カルバドス1 tsp、D・ベル1 tsp、 ➡C・G(アップル・S)
アブソルート・マティーニ	●ウォッカ30m、T・セック10m、L・J 20m、O・ビター1d、➡C・G
アルターネィティニ	●ウォッカ50m、カカオ・L(白)10m、S、D・ベル、各1/2 tsp、➡C・G(ココア・パウダーを振る)
アルマダ・マティーニ	●ウォッカ50m、シェリー10m、➡C・G (O・P)
イート・マイ・マティーニ	●ハニー・ウォッカ50m、アモンティラド・シェリー10m、➡C・G (アーモンド、S・オリーブ)
イン＆アウト・マティーニ	●ウォッカ60m、➡C・G(D・ベルでリンスしておく)(ブルー・チーズ・オリーブ)
ウー・ウー・マティーニ	●クランベリー・ウォッカ50m、ピーチ・シュナップス10m、➡C・G(L・P)
エクストラ・ドライ・ウォッカマティーニ	●ウォッカ55m、L・J1/8コ、D・ベル3d、 ➡C・G(L・P)
エメラルド・マティーニ	●シトラス・ウォッカ45m、シャルトト(G)15m、➡C・G (L・P、ライム・P)
オイスター・マティーニ	●ウォッカ50m、D・ベル10m、➡C・G(スモークド・オイスター)

オールド・カントリー・マティーニ	●ウォッカ30m、マデラ・ワイン15m、チェリ・B 15m、 ➡C・G(O・P)
オレンジ・マティーニ	●ウォッカ50m、T・セック10m、O・ビター1d、 ➡C・G(O・P)
カリブ・マティーニ	●(コーヒー・フレーバー)ウォッカ40m、➡C・G(シャンパン適量をUPして軽くステア)(L・Pを飾り、コーヒー豆を2・3コフロート)
カリフォルニア・マティーニ	●ウォッカ50m、カリフォルニア・ワイン(赤)10m、D・ラム1 tsp、O・ビター3d、 ➡C・G(O・P)
カンパリ・マティーニ	●ウォッカ50m、カンパリ10m、 ➡C・G(ライム・Pを飾る)
ギルロイ・マティーニ	●バッファロー・グラス・ウォッカ40m、D・ベル20m、ガーリック・J2d、 ➡C・G(ガーリック・オリーブ)
クォーター・デック・マティーニ	●ベリー・ウォッカ45m、マラスキ7.5m、GF・J7.5m、 ➡C・G(ミント・リーフ)
クリスマス・マティーニ	●ウォッカ50m、D・ベル10m、ペパーミント・シュナップス1 tsp、➡C・G(キャンディCaneを落とす)(※ウォッカをジンにしてもよい)
グレート・シーザーズ・マティーニ	●ウォッカ50m、D・ベル10m、 ➡C・G(アンチョビ・オリーブ)
ケージャン・マティーニ	●ペッパー・ウォッカ60m、D・ベル1d、 ➡C・G(赤唐辛子をフロート)

Martini (Vodka Base)

コーヒー・ラバーズ・マティーニ		●コーヒー・ウォッカ 40m、D・ベル 10m、フランジェリコ 10m、➡C・G(コーヒー豆)
ゴールド・コンフォート・マティーニ		●レモン・ウォッカ 30m、ハニー・ウォッカ 30m、➡C・G(L・P)
コンフォータブル・マティーニ		●ウォッカ 50m、S・コンフォート 10m、➡C・G(L・P)
ジェイミーズ・マティーニ		●ウォッカ 40m、T・セック 5m、O・J15m、シュガー1/4tsp、➡C・G
ジッピー・マティーニ		●ウォッカ 50m、D・ベル 10m、タバスコ 3 d、➡C・G(ハラピーノ・ペッパー・ピクルス)
シトラス・マティーニ		●レモン・ウォッカ 60 m、G・マニエ 1tsp、ライム・J1tsp、➡C・G(L・P)
ジャック・ロンドン・マティーニ		●カラント・ウォッカ45m、デュボネ(白)10m、マラスキ5m、➡C・G(L・P)
スィート&スパイシー・マティーニ		●シナモン・ウォッカ45m、S・ベル7.5m、オレンジ・L7.5m、➡C・G(シナモン・スティック)
スティトン・アイランド・マティーニ		●コーヒー・ウォッカ42m、D・ベル7m、ライム・J13m、➡C・G(マラ・チェリ)
スパイスド・トリート・マティーニ		●シナモン・ウォッカ45m、チョコレート・L7.5m、コーヒー・L7.5m、➡C・G (チョコレート・ストロー)
スプリング・タイム・マティーニ		●バッファロー・グラス・ウォッカ45m、リレー(白)15m、➡C・G(アスパラ)

セナ・マティーニ	●ハニー・ウォッカ50m、バッファロー・ウォッカ10m、リレー（白）1 tsp、➡C・G（アスパラ・ピクルス）
ソビエト・マティーニ	●アッシュベリー・ウォッカ（or）カラント・ウォッカ45m、D・ベル7.5m、シェリー7.5m、➡C・G（L・P）
ダーティ・ウォッカ・マティーニ	●ウォッカ40m、D・ベル20m、オリーブ・ブリン10m、➡C・G（オリーブ2コ）
ダブル・ファッジ・マティーニ	●ウォッカ40m、チョコレート・L10m、コーヒー・L10m、➡C・G（チョコレート、ストロー）
チョコレート・マティーニ	●ウォッカ50m、チョコレート・L 10 m、➡C・G（チョコレート・カールを飾る）
ディ・ドリーム・マティーニ	●シトラス・ウォッカ40m、T・セック10m、O・J20m、シュガー1/4tsp、➡C・G
デリシャス・マティーニ	●コーヒー・ウォッカ50m、G・マニエ10m、➡C・G（O・P）
トートゥシー・ロール・マティーニ	●ウォッカ45m、チョコレート・L7.5m、G・マニエ7.5m、➡C・G（O・P）
トラッフル・マティーニ	●ストロベリー・ウォッカ45m、チョコレート・ウォッカ7.5m、G・マニエ7.5m、➡C・G（O・P）

Martini (Vodka Base)

ナッティ・マティーニ	●ウォッカ50m、フランジェリコ10m、➡C・G（L・P）
ニュー・オルリアンズ・マティーニ	●バニラ・ウォッカ50m、D・ベル10m、ペルノー10m、A・ビター1d、➡C・G（ミント・リーフ）
ノーザン・エクスポージャームース・マティーニ	●カラント・ウォッカ60m、シャンボール1tsp、➡C・G（ジェニパー・ベリー）
ハニー・ドゥ・マティーニ	●ウォッカ40m、T・セック10m、ミドリ10m、➡C・G（L・P）
ピーチ・ブロッサム・マティーニ	●ピーチ・ウォッカ45m、デュボネ(赤)7.5m、マラスキ7.5m、➡C・G（ピーチ・S）
ピーチィ・マティーニ	●ストロベリー・ウォッカ45m、ピーチ・B15m、➡C・G（L・P）
ファージー・マティーニ	●バニラ・ウォッカ50m、コーヒー・ウォッカ10m、ピーチ・シュナップス1tsp、➡C・G（ピーチ・S）
フィフティ・フィフティ・ウォッカ・マティーニ	●ウォッカ1/2、D・ベル1/2、➡C・G（S・オリーブ）
ブラック＆ホワイト・マティーニ	●バニラ・ウォッカ50m、カカオ・L10m、➡C・G（黒白のリコライス・キャンディを入れる）
プリティ・マティーニ	●ウォッカ40m、G・マニエ、アマレット、D・ベル、各10m、➡C・G（O・P）
ブルー・オン・ブルー・マティーニ	●ウォッカ50m、B・キュラ10m、A・ビター1d、➡C・G（S・オリーブ）

ペパーミント・マティーニ	●ペッパー・ウォッカ45m、ミント・W15m、➡C・G（ミント・リーフ）
ベビーフェイス・マテーィニ	●ストロベリー・ウォッカ50m、D・ベル50m、マラスキ1/2tsp、➡C・G（ストロベリー）
ホット＆ダンディ・マティーニ	●ペッパー・ウォッカ50m、D・ベル10m、オリーブ・ブリン1 tsp、➡C・G（オリーブ）
ホワットイズザットマティーニ?	●ウォッカ50m、サンブーカ10m、➡C・G（リコライス・ピール、コーヒー豆2・3粒）
マティーニ・ナヴラティロバ	●ウォッカ45m、D・ベル15m、O・ビター3d、➡C・G
ママズ・マティーニ	●バニラ・ウォッカ5 0m、アプリ・B10m、A・ビター、L・J各3d、➡C・G
モッカ・ブランカ・マティーニ	●コーヒー・ウォッカ45m、チョコレート・L15m、➡C・G（チョコレート・カール白）
リープ・イヤー・マティーニ	●シトラス・ウォッカ45m、S・ベル7.5m、G・マニエ7.5 m、L・J1/2tsp、➡C・G
ルシアン・マティーニ	●ウォッカ25m、ジン25m、チョコ・L10m、➡C・G
レッド・ドッグ・マティーニ	●ウォッカ50m、ポート・W（ルビー）10m、ライム・J 2tsp、G・シロ1tsp、➡C・G（ライム・P）
レモン・ドロップ・マティーニ	●レモン・ウォッカ50m、D・ベル10m、➡C・G（シュガー・スノー）（L・P）
ロー・タイド・マティーニ	●ウォッカ50m、D・ベル10m、クラム・J1 tsp、➡C・G（スモーク・クラム）
ロード・ランナー・マティーニ	●ペッパー・ウォッカ45m、D・ベル7.5m、ゴールド・テキーラ7.5m、➡C・G（S・オリーブ）

ワイキキ・マティーニ	●パイン・ウォッカ45m、D・ベル7.5m、リレー（白）7.5m、➡C・G（カット・パイン）
ワルシャワ・マティーニ	●ポテト・ウォッカ 45m、D・ベル7.5m、ブラックベリー・ウォッカ7.5m、L・J1 tsp、➡C・G

Rum

ラムとは？

サトウキビを原料にして造られる蒸留酒。１７世紀の初め、西インド諸島のバルバドス島にやってきたイギリス人がサトウキビを蒸留して造った。この酒を初めて飲んだ原住民達が酔って興奮（Rumbullion）した。このランバリョンという言葉がラムという名前になったと言われている。現在、産地や製法によって、様々なタイプが造られている。風味によってライト・ラム、ミディアム・ラム、ヘビー・ラムに分けられ、色はホワイト、ゴールド、ダークに分けられる。カクテルのベースとしてもっとも使われるのはライト・ラムである。

アイ・オープナー	●ラム30m、ペルノー、ノワヨー、O・キュラ、各2d、シュガー1tsp、卵黄1コ、 ➡C・G
アカプルコ	●ラム4/7、コアントロー2/7、L・J1/7、シュガー1 tsp、 ➡C・G
アカプルコ・ゴールド	●ラム20m、テキーラ20m、P・J40m、ココナッツ・L20m、 ➡ 10タン（氷）
アストロノート	●ラム20m、ウォッカ20m、L・J20m、パッション・L1d、 ➡F・G（氷）（L・S）
アダム	●ライト・ラム1/2、G・シロ1/4、L・J1/4、 ➡C・G
アップル・パイ・カクテル	●B・ラム1/2、S・ベル1/2、アプリ・B4d、G・シロ2d、L・J4d、 ➡C・G
アディオス・アミゴス	●W・ラム20m、D・ベル20m、ブランデ20m、D・ジン20m、ライム・J20m、 ➡C・G（大）
アプリコット・ダイキリ（フローズン）	●ラム40m、L・J40m、アプリ・B20m、あんず3コ、（クラッシュ）➡Cha・G（ミント・チェリ、マラ・チェリ）
アプリコット・ノッグ（フローズン）	●ラム40m、アプリ・B20m、ネクター20m、生クリーム10m、（クラッシュ） ➡ コリンズ〈ストロー〉
アフロディーテ（木原 均 作）	●W・ラム35m、チャールストン・F15m、ストロベリー・シロ10m、L・J1tsp、 ➡C・G（マラ・チェリ）

アメリカン・フライヤー	●W・ラム 40m、ライム・J40m、シュガー1/2 tsp、➡ フルート・G（シャンパンUp）
アラウンド・ザ・ワールド（ラルース）（フローズン）	●W・ラム 50m、ブランデ 8m、O・J50m、L・J50m、アーモンド・シロ 15m、（クラッシュ）➡ ゴブレ（ストロー）
アラウンド・ザ・ワールド（※ジン・ベース）	●※D・ジン、ミント・G、P・J、各1/3、➡C・G
アレキサンダー・ベィビー	●ラム、カカオ・D、生クリーム、各1/3、➡C・G（ナツ・メグ）
アレキサンダー（※ブランデー・ベース）	●※ブランデ2/4、カカオ・L（D）1/4 生クリーム 1/4➡C・G（ナツ・メグ）
アロマチック・ビーナス（木原 均 作）	●W・ラム 30m、メロン・L10m、アプリ・B10m、O・J10m、➡C・G
アンティール	●W・ラム2/3、デュボネ・ブロンド1/3、➡C・G（O・P）
イスラ・デ・ピノス	●W・ラム45m、GF・J45m、シュガー1tsp、G・シロ1tsp、➡ ワイン・G（氷）
インデアン・サマー（フローズン）	●W・ラム 40m、D・ジン 40m、ココナッツ・J120m、ココナッツ・L30m、生クリーム 30m、（クラッシュ）➡ ゴブレ（ココナッツ、ストロー）
ヴァージン・ロード	●W・ラム 20m、シトロン・ジュネバー20m、GF・J30m、ライム・J10m、➡ ゴブレ（クラッシュ）（G・シロ1 tspを落とす）（ストロー、白い花を飾る）

ウェディング・マーチ	●ライト・ラム60m、ライム・J1/2コ、A・ビター2d、卵白2コ、➡Cha・G
ウォーター・ルー	●W・ラム40m、O・J120m、➡ゴブレ(氷)(マンダリン・Lをフロート)
エス・オー・エス	●J・ラム、アプリ・B、スロー・G、L・J、各1/4、G・シロ1d、➡C・G
エストリル81	●W・ラム60m、アマレット10m、L・J20m、アーモンド・シロ10m、➡10タン(氷、ソーダ)(L・S)
エックス・ワイ・ゼット (X・Y・Z)	●ライト・ラム2/4、W・キュラ1/4、L・J1/4、➡C・G
エル・コンキスタドール (※フローズン)	●151デメララ・ラム20m、W・ラム30m、T・セック10m、ココナッツ・L10m、マイタイ・ミックス10m、L・J10m、(クラッシュ)➡Cha・G(O・S、マラ・チェリ、ストロー)
エル・ジャルディネロ	●W・ラム50m、サンブーカ30m、ライム・J20m、➡フルート・G(ストロー)
エル・ゾルザル	●W・ラム30m、アニゼット30m、O・J60m、G・シロ1d、➡サワー・G(氷)(O・S、マラ・チェリ)
エル・プレジデンテ	●ライト・ラム2/4、D・ベル1/4、O・キュラ1/4、G・シロ1d、➡C・G
エル・プレジデンテ (※キューバ・スタイル)	●ライト・ラム3/4、D・ベル1/4、G・シロ1d、➡C・G(O・P)
エル・プレジデント (※アメリカ・スタイル)	●ライト・ラム3/5、D・ベル1/5、O・キュラ1/5、G・シロ1d、➡C・G

エル・ペピーノ	●G・ラム 40m、T・セック 20m、O・J60m、P・J60m、G・シロ 1d、➡クールジュ容器（ストロー、パラソル）
エンジェル・ティアーズ （木原 均 作）	●W・ラム 20m、B・キュラ10m、ピーチ・L10m、GF・J10m、L・J10m、 ➡C・G（L・P）
オーシャン・ブルー	●ラム 6/11、ウォッカ 3/11、コアントロー 2/11、➡C・G（B・キュラを沈める）
オーロラ	●W・ラム 3/5、マンダリン・インペリアル 1/5、フランボワーズ 1/5、➡C・G（L・S、O・S、マラ・チェリ）
オリンピア	●D・ラム 3/5、チェリ・B 2/5、ライム・J 1/2コ、 ➡C・G
オレンジ・ダイキリ （フローズン）	●W・ラム40m、レモン 20m、シュガー 20m、G・シロ 1d、（クラッシュ） ➡Cha・G
カサブランカ （フローズン）（ラルース）	●W・ラム 40m、P・J60m、ココナッツ・L 20m、G・シロ 2d、A・ビター 1d、（クラッシュ） ➡サワー・G（ストロー）
カサブランカ （※バー「八月の鯨」オリジナル）	●※スコッチ 45m、サクラ・L15m、 ➡F・G（氷）
カップ・クリヨン	●W・ラム 40m、G・マニエ 10m、カシス・L10m、L・J1d、➡コリンズ（氷、G・エール Up）（らせんレモン、チェリー）

ラム・ベース

カナディアン	●キュラソー 30m、L・J1/4 コ、シュガー1/4 tsp、ラム3d、➡C・G
ガバリエリ	●W・ラム 10m、G・マニエ 10m、D・ベル20m、ストロベリー・J60m、➡10 タン(氷、G・エール Up)(ストロベリー、L・S)
カリビアン・アイスバーグ	●G・ラム30m、ディタ10m、サーファーズ・ファイネスト・キウイ30m、P・J45m、➡L・G(氷、B・キュラ10mを落とす)(レッド・チェリを飾る)。
カリブ・インディアンズ・ラブ	●ライト・ラム 50m、L・J 1 tsp、シュガー 1 tsp、➡C・G
カルロス	●B・ラム、アプリ・B、リレー、L・J、各1/4、➡C・G
キッカー	●B・ラム 2/3、アップル・B 1/3、S・ベル 2 d、➡C・G
キャプテン・ブラッド	●J・ラム 3/4、ライム・J 1/4、A・ビター 3 d、➡C・G
キャリオカ	●ライト・ラム 2/5、チェリ・B2/5、L・J 1/5、➡C・G
キューバ・リバー (※キューバ・リブレとも言う)	●ライト・ラム 45m、ライム・J10m、➡10タン(氷、コーラUp)(ライム・S)
キューバ・リバー・クーラー	●B・ラム60m、ライム・J1/2 コ、➡L・G (氷、コーラ Up)
キューバ・リバー・シュプレーム (※リキュール・ベース)	●※S・コンフォ45m、ライム・J10m、➡10タン (氷、コーラUp) (ライム・S)
キューバン (I)	●ライト・ラム 3/5、アプリ・B 1/5、ライム・J1/5、➡C・G

キューバン（Ⅱ）	●ライト・ラム2/3、ライム・J1/6、P・J1/6、 ➡C・G
キューバン・カクテル	●W・ラム2/3、ライム・J1/3、➡C・G(※マラスキーノ or キュラソー3d、A・ビター1d、G・シロ3dを加えても良い)
キングストン	●J・ラム2/6、W・キュラ2/6、G・シロ1/6、L・J1/6、 ➡C・G
キングストン (サボイ)	●ラム1/2、キュンメル1/4、O・J1/4、ピメント・ドラム1d、 ➡C・G
キングストン (ラルース)	●B・ラム4/10、コアントロー3/10、バナナ・L1/10、P・J2/10、 ➡C・G（カット・ライム）
クェーカーズ	●ラム1/3、ブランデ1/3、L・J1/6、ラズベリー・シロ1/6、 ➡C・G
クォーター・デッキ	●ラム2/3、シェリー1/3、ライム・J1tsp、 ➡C・G
グラッディール	●ライト・ラム1/2、D・ジン1/4、アプリ・B1/4、 ➡C・G
グリーン・アイズ (フローズン)	●G・ラム30m、メロン・L25m、P・J45m、ココナッツ・M15m、ライム・J15m、(クラッシュ) ➡ゴブレ(レモン・S、ストロー)
グリーン・ツリー	●ライト・ラム7/8、ミント・G1/8、L・J1/2コ、 ➡C・G

ラム・ベース

クリスタル・ハート (木原 均 作)	●W・ラム30m、マラスキ20m、T・セック15m、L・J10m、➡F・G(氷)(L・S、マラ・チェリ)
クレオパトラ	●W・ラム1/3、クレーム・モカ1/3、➡C・G(生クリーム1/3をフロート、ナツ・メグ)
グロッグ	●D・ラム45m、L・J15m、角砂糖1コ、➡ホット・G(お湯を満たして、シナモンSを添える)
ゴールディ	●W・ラム30m、チェリ・B20m、コアントロー20m、O・J30m、➡10タン(氷、オレンジ・ソーダを満たす)(O・P)
ゴールデン・ゲート	●W・ラム5/6、D・シェリー1/6、➡C・G(L・P)
ゴールデン・フリング	●G・ラム30m、ガリアーノ30m、P・J40m、➡10タン(氷、ビターレモンUp)(P・S)
ゴールド・タイム	●ラム40m、P・J40m、卵黄1コ、L・J1d、➡サワー・G(L・S、マラ・チェリ、ストロー)
ココ・ロコ (フローズン)	●W・ラム30m、アプリ・B30m、ココヤシ・J120m、ココナッツ・M30m、(クラッシュ)➡ココヤシの容器(シナモン・S、ストロー)
ココナット・タンブル	●マイヤーズ・ラム40m、コアントロー20m、ココナッツ・L30m、G・シロ1d、➡ココヤシの容器(ストロー)
ザ・ボディ・スナッチャー	●D・ラム25m、カンパリ15m、S・ベル7.5m、ライム・J7.5m、チェリ・B5m、➡C・G

サー・ウォルター (※スォルターともいう)	●ラム 1/3、ブランデ 1/3、L・J、キュラソー、G・シロ、各 1 tsp、➡C・G
サード・レール(Ⅰ)	●B・ラム、アップル・B、ブランデ、各 1/3、アブサン 1 d、➡C・G
サード・レール(Ⅱ) (※ベルモット・ベース)	●※D・ベル 1G(60m)、キュラソー 1 d、ミント・W 1d、➡C・G
サーファー・ガール (木原 均 作)	●W・ラム 30m、アプリ・B10m、ピーチ・L10m、L・J5m、O・J5m、チェリー・B 1 tsp、➡C・G
サーフィン ('81、仏ナント大会3位)	●G・ラム30m、アプリ・B30m、卵黄 1 コ、シュガー 1d、➡Cha・G(ナツ・メグ)
サクソン	●ライト・ラム45m、ライム・J1/2 コ、G・シロ 2 d、➡C・G(O・P)
サマー・タイム	●W・ラム50m、G・ラム 10m、P・J 40m、O・J40m、L・J20m、G・シロ 1d、➡ コリンズ(クラッシュ)(ミント・リーフ)
サン・オン・ザ・ビーチ	●ライト・ラム 3/5、ミント・W 2/5、L・J1tsp、➡C・G
サン・クリストバル	●G・ラム 40m、O・J40m、P・J40m、ライム・J20m、G・シロ 40m、シュガー 1tsp、A・ビター 1 d、➡ コリンズ(氷)(パイン・S、O・S)
サン・シャイン	●B・ラム1/2、D・ベル1/2、カシス・L2d、L・J1/4 コ、➡C・G

サンセット	●G・ラム45m、アプリ・B15m、シュガー30m、フルーツ・パンチ90m、ライム・J15m、➡ **コリンズ**（氷）
サンタクルズ・フィックス	●ラム30m、チェリ・B15m、L・J 1/2 コ、シュガー1tsp、➡ **フィックス・G**（氷）（L・S、ストロー）（※ブランデー・フィックスのブランデーをラムに替えたもの）
サンタクルズ・ラム・ディジー	●ラム60m、L・J 1/2 コ、マラスキ or キュラソー 2d、シュガー 3d、➡ **10タン**（氷、冷水をUp）
サンチャゴ	●ライト・ラム1G（60m）、G・シロ2d、レモン・J 2 d、➡**C・G**
サンバ	●ラム3/4、L・J1/4、S・ベル2d、A・ビター1d、➡**C・G**
ザンバ	●ラム3/4、L・J1/4、A・ビター1d、S・ベル1d、➡**C・G**
シー・ナイン・ジェイ・パンチ（'80、仏エピナル大会3位）（C9J punch）	●W・ラム50m、コアントロー20m、ピーチ・J20m、シュガー10m、G・シロ2d、➡**Cha・G**
ジェロニモ・パンチ	●W・ラム45m、P・J30m、O・J30m、ライム・J15m、G・シロ2d、A・ビター1d、➡ **ゴブレ**（氷）（パイン、オレンジ）
シックス・フィート・アンダー	●B・ラム、カルバドス、カロリック・P、各1/3、➡**C・G**（O・P）

シップ		●ラム 1/5 、ウィスキー 1/5 、シェリー 2/5、プルネル・シロ1/5、O・ビター 1 d 、 ➡C・G
シャークス・トゥース（Ⅰ）		●G・ラム 40m、G・シロ 1 d 、シュガー 1 d 、ライム 1/2 コ、➡ **コリンズ**（氷、ソーダ Up）（L・S、ミント・リーフ）
シャークス・トゥース（Ⅱ）		●G・ラム 4/5、D・ベル、スロー・G、L・J、パッション・F、各 1 tsp、A・ビター 1d 、➡C・G
シャズーム		●B・ラム 60m、O・J60m、マリブ 30m、➡**10 タン**（クラッシュ、レモネードを Up してペルノー 2・3d をフロート）
ジャック・ター（※横浜、ウインド・ジャマーオリジナル）		●ロンリコ151ラム30m、S・コンフォート 15m、ライム・J15m、 ➡F・G（氷）
ジャマイカ・ジョー		●W・ラム、ティア・マリア、アドボカート、各 1/3 、➡C・G（G・シロ 1 d をドロップしてナツ・メグをかける）
シャンソンド・キューバ		●ライト・ラム、D・ジン、各 1/2 、コアントロー 2 d、➡C・G（S・オリーブ）
シャンハイ		●J・ラム 4/8 、アニゼット 1/8 、L・J 3/8 、G・シロ 2d 、➡C・G
ジョーバーグ		●B・ラム、カペリティフ、各 1/2 、O・ビター4d 、 ➡C・G（L・P）

シルビア	●B・ラム 20m、G・マニエ 20m・P・J20m、O・J40m、G・シロ 3 d 、卵黄 1 コ、➡F・G（パイン、マラ・チェリ）
スウィング	●B・ラム、D・ジン、コアントロー、各 1/3 、アブサン 1d 、➡C・G
スカイ・ダイビング	●W・ラム 1/2 、B・キュラ 1/3 、ライム・J（コーディアル）1/6、➡C・G
スコーピオン（サボイ）	●ライト・ラム 45m、ブランデ 30m、O・J、L・J、各 20m、ライム・J（コーディアル）15m、➡ ゴブレ（クラッシ）（オレンジ、マラ・チェリ、ストロー）
スコーピオン（ラルース）	●W・ラム 40m、ブランデ 10m、O・J、L・J、各30m、アーモンド・シロ 1d 、➡Cha・G
ストロベリー・ダイキリ（フローズン）	●W・ラム30m、ストロベリー・L20m、L・J15m、イチゴ 5・6 コ、（クラッシュ）➡Cha・G（イチゴ）
スパニッシュ・タウン	●ラム1G（60m）、O・キュラ 3d 、➡C・G（ナツ・メグ）
スパニッシュ・タウン（サボイ）	●ラム 50m、O・キュラ 15m、➡C・G（ナツ・メグ）
スピード・バード	●D・ラム、D・ベル、S・ベル、コアントロー、各1/4 、A・ビター 1 d 、➡C・G（O・P）
スリー・ミラー	●B・ラム、ブランデ、L・J、各 1/3 、G・シロ 1 stp、➡C・G

ラム・ベース

スリム・アンド・トリム	●W・ラム45m、GF・J120m、シュガー少々、**➡GFで作った器に注ぎ**（ストローを添える）
セヴィラ（Ⅰ）	●B・ラム、S・ベル、各1/2、**➡C・G**（O・P）
セヴィラ（Ⅱ）	●B・ラム、P・ワイン、各1/2、全卵1コ、シュガー1/2 tsp、**➡C・G**
セプテンバー・モーン	●ラム4/5、ライム・J1/5、G・シロ1 tsp、卵白1コ、**➡C・G**
セレブレーション25 （木原 均 作）	●レモン・ハート・W・ラム40m、チェリー・H20m、L・J 1 tsp、カルピス1 tsp、**➡C・G**
ソノラ	●ライト・ラム1/2、アップル・B 1/2、アプリコット・B2d、L・J 1d、**➡C・G**
ソル・イ・ソンブラ	●G・ラム30m、W・ラム15m、アプリ・B 45m、P・J 60m、L・J 15m、A・ビター2 d、**➡パイナップル1/2の器**（ストロー）
ゾンビー （Ⅰ）	●G・ラム（86p）60m、ラム（90p）30m、W・ラム（86p）30m、P・J30m、ライム・J1コ、**➡コリンズ**（大）（シェイクの氷も入れ、デメララ・ラム151pをフロートして、パウダー・シュガーを振りかける）（パイン・チェリー）
ゾンビー （Ⅱ）	●プエルトリカン・ラム45m、J・ラム30m、デメララ・ラム（151p）15m、Oキュラ30m、O・J30m、L・J30m、G・シロ15m、アブサン1d、**➡コリンズ**（大）（ステアした氷も入れ、ストローを添える）

名称		内容
ゾンビー (Ⅲ)	シェイク	●G・ラム(86p)60m、J・ラム30m、W・ラム30m、アプリ・B2tsp、P・J45m、ライム・J15m、シュガー1tsp、➡**コリンズ(大)**(シェイクの氷も入れ、デメララ・ラム151pを1tspフロートして、ミントリーフ、O・S、L・S、チェリー、パインを飾りパウダー・シュガーを振りかける)
ダイキリ	シェイク	●W・ラム3/4、ライム・J1/4、シュガー1tsp、 ➡C・G
ダブル・オー・セブン (007)	シェイク	●W・ラム4/10、マルティーニ・ルージュ2/10、O・J1/10、L・J2/10、シュガー1d、➡C・G(マラ・チェリ、O・S、ミント・リーフ)
タングル・フット	シェイク	●B・ラム1/3、スェディッシュ・P1/3、L・J1/6、O・J1/6、 ➡C・G
ダンロップ	ステア	●ラム2/3、シェリー1/3、A・ビター1d、 ➡C・G
チャイニーズ	シェイク	●ラム1G(60m)、G・シロ、マラスキ、O・キュラ、各2d、A・ビター1d、 ➡C・G(マラ・チェリ、L・P)
チャイニーズ (サボイ)	シェイク	●ラム2/3、G・シロ1/3、マラスキ3d、O・キュラ3d、A・ビター1d、 ➡C・G(マラ・チェリ、L・P)
チャイニーズ・イッチ (フローズン)	ブレンダー	●G・ラム30m、パッション・F・ネクター30m、ライム・J20m、アーモンド・シロ1d、(クラッシュ)➡Cha・G(ライム・S)

ディ・ドリーマー (木原 均 作)	●W・ラム、コアントロー、カルーア、各1/3、L・J 1 tsp、 ➡C・G
ディス・イズ・ニューヨーク	●ライト・ラム2/3、ブラックベリー・B1/6、ライム・J1/6、 ➡C・G
ティップ・レディ・ダイキリ (フローズン)	●W・ラム30m、L・J20m、ライム・J15m、シュガー1 tsp、(クラッシュ) ➡Cha・G(ピーチ一切れを飾る)
ディビス	●ラム1/4、D・ベル1/2、G・シロ2d、L・J 1/2コ、➡C・G
デルモント	●ライト・ラム50m、L・J3d、G・シロ3d、 ➡C・G
トゥエルブ・マイル・アウト (木原 均 作)	●B・ラム、スェディッシュ・P、アップル・B、各1/3、➡C・G(O・P)
常夏娘(サマー・ガール)	●W・ラム25m、カシス・L15m、ピーチ・J30m、L・J10m、 ➡C・G(G・シロ1tspを落とす) (ライム、オレンジ、ストローを飾る)
トビー・スペシャル	●B・ラム、アプリ・B、G・シロ、L・J、各1/4、 ➡C・G
トム・アンド・ジェリー	●D・ラム30m、ブランデ15m、シュガー2tsp、卵1コ、➡ホット・G(お湯を満たして、ナツ・メグをかける)
ドラゴン・レディ	●W・ラム45m、O・J60m、G・シロ10m、キュラソー1d、➡F・G(氷)(O・S、マラ・チェリ)

ラム・ベース

トラピッシュ	●ラム60m、トラピッシュ・シロ90m、ライム・J1d、➡サワー・G(サトウキビを飾りストローを添える)
トリニダット	●トリニダッド・ラム50m、ライム・J1/2コ、シュガー1tsp、A・ビター3d、➡C・G
ドロッシー (※別名:ドロッシー・ギッシュ)	●ライト・ラム3/4、P・J1/8、O・J1/8、アプリ・B2d、➡C・G
トロピカル・イッチ	●W・ラム30m、G・ラム30m、ウォッカ30m、G・マニエ30m、ライム・J10m、マンゴー・J120m、➡ゴブレ(氷)(O・S、ライム・S、マラ・チェリ、ミント・リーフ、ストロー)
トロピカル・キス	●パイナップル1/2を絞り、器を作り、W・ラム30m、マラスキ30m、P・J90m、G・シロ2d、➡パイナップルの器(マラ・チェリ、ミント・リーフ)
トロピカル・ミモザ	●W・ラム30m、O・J90m、G・シロ1d、➡フルート・G(シャンパンUp)(らせんオレンジ)
トロピック・オブ・カプリコン	●W・ラム45m、カカオ・L(D)20m、O・J120m、卵白1コ、➡10タン(氷、B・キュラ1dをドロップ)(マラ・チェリ、ストロー)

ドローレス (※ブランデ・Bもある)	●J・ラム1/2、D・シェリー1/4、 デュボネ1/4、 ➡C・G(L・P)
トワイライト・ゾーン ('84、毛利隆雄 作)	●W・ラム30m、GF・J30m、アプリ・B1tsp、 カシス・L1/2tsp、 ➡C・G
ニッカ・ボッカー	●ラム45m、L・J、O・J、ラズベリー・シロ、 各1tsp、P・J2d、 ➡C・G
ニッカ・ボッカー・マティーニ (※ジンベース)	●※ジン45m、D・ベル15m、 S・ベル1/2tsp、 ➡C・G(L・P)
ニッカ・ボッカー・スペシャル	●ラム45m、L・J、O・J、 ラズベリー・シロ、各1tsp、 O・キュラ2d、➡C・G(パイン・S)
ネイキッド・レディ	●ライト・ラム1/2、S・ベル1/2、 アプリ・B、L・J、各4d、G・シロ2d、➡C・G
ネィビィ	●B・ラム3/4、S・ベル1/4、 O・J1/4コ、A・ビター1d、➡C・G
ネバダ	●ライト・ラム3/5、ライム・J1/5、 GF・J1/5、シュガー1tsp、 A・ビター1d、 ➡C・G
ノー・コメント	●ライト・ラム、カロリック・P、 アップル・B、各1/3、➡C・G
ノット・トゥー・バッド	●B・ラム5/10、バナナ・L3/10、 マンダリン・L1/10、B・キュラ1/10、 ➡C・G(バナナ・S、マラ・チェリ)
パーム・ビーチ	●ライト・ラム、D・ジン、P・J、各1/3、 ➡C・G

パイナップル・フィズ	●ライト・ラム 45m、P・J20m、 シュガー1tsp、➡10 タン(氷)ソーダ
ハイビスカス	●ラム 1 G (60m)、G・シロ 1 d 、 ライム・J 1/2 コ、 ➡C・G
パイレーツ	●J・ラム 2/3 、S・ベル 1/3 、 A・ビター 1 d 、 ➡C・G
パウリン	●ラム、L・J、各 1/2、A・ビター1 d、 ➡C・G(ナツ・メグ)
パウリン (サボイ)	●ラム、L・J(コーディアル)、各1/2、 アブサン1 d、➡C・G(ナツ・メグ)
バカルディ	●B・ラム(白) 3/4 、ライム・J1/4 、 G・シロ 1tsp 、 ➡C・G
バカルディー・シルバー	●B・ラム、D・ジン、P・J、各1/3、L・J3d、 卵白 1/2 コ、 ➡C・G(マラ・チェリ)
バカルディー・スペシャル	●B・ラム 2/3 、D・ジン 1/3 、 ライム・J1/2コ、G・シロ1tsp、➡C・G
バナナ・カウ (I) (フローズン)	●W・ラム 40m、ミルク 120m、 バナナ 1 本、シュガー 1tsp、 ミント1d 、A・ビター1d 、(クラッシュ) ➡1 0タン(ストロー)
バナナ・カウ (II) (フローズン)	●G・ラム 45m、バナナ 1 本、 ココナッツ・L120m、 シュガー 1tsp 、(クラッシュ) ➡ ゴブレ(ストロー)
バナナ・ダイキリ (I) (フローズン)	●W・ラム 30m、バナナ・L10m、 W・キュラ1tsp、L・J10m、シュガー1tsp 、 バナナ 1/3 本、(クラッシュ) ➡ ワイン・G(ストロー)

バナナ・ダイキリ（Ⅱ） （フローズン）	●G・ラム30m、バナナ・L15m、L・J15m、バナナ1/2本、シュガー2 tsp、（クラッシュ） ➡Cha・G
バナナ・ロワイヤル （フローズン）	●G・ラム45m、ココナッツ・L45m、P・J90m、生クリーム15m、バナナ1本、（クラッシュ） ➡ゴブレ（ナツ・メグ）
パナマ	●J・ラム1/2、カカオ・L1/4、生クリーム1/4、 ➡C・G
パナマ (N・Yスタイル)(※ブランデーベース)	※ブランデ1/2、カカオ・L(白) 1/4、生クリーム1/4、 ➡C・G
ハニー・サックル	●W・ラム3/4、L・J 1/4、ハニー1tsp、 ➡C・G
ハニー・ビー	●ライト・ラム2/3、ハニー1/6、L・J 1/6、 ➡C・G
パパイヤ・ロワイヤル （フローズン）	●W・ラム30m、パパイヤ150 g、ミルク90m、シュガー1tsp、（クラッシュ） ➡ゴブレ
ハバナ（Ⅰ）	●ライト・ラム3/7、L・J3/7、S・シェリー1/7、 ➡C・G
ハバナ（Ⅱ）	●ライト・ラム3/5、P・J2/5、L・J1tsp、 ➡C・G
ハバナ・ビーチ	●W・ラム、P・J、各1/2、シュガー1tsp、 ➡C・G
バハマ	●W・ラム、S・コンフォート、L・J、各1/3、バナナ・L1d、 ➡C・G

名称	器具	材料
バヒア (フローズン)	ブレンダー	●G・ラム 40m、P・J 40m、ココナッツ・L 20m、(クラッシュ) → ピルスナー・G (ミント・リーフ、パイン・S)
バラクーダ	シェーカー	●G・ラム 30m、ガリアーノ 20m、P・J 40m、ライム・J 2d、シュガー 2d、→ ゴブレ (シャンパン Up)(ライム・S、マラ・チェリ)
パリジャン・ブロンド	シェーカー	●J・ラム、O・キュラ、生クリーム、各1/3、 →C・G
パルメット (I)	シェーカー	●ラム、S・ベル、各1/2、O・ビター 2d、 →C・G
パルメット (II)	グラス	●D・ラム 1/2、S・ベル 1/2、O・ビター 2d、 →C・G
ハワイアン・コーヒー (フローズン)	ブレンダー	●W・ラム 20m、P・J 40m、アイス・コーヒー 120m、(クラッシュ) → ゴブレ
ハワイアン・ルーム	シェーカー	●ライト・ラム 1/2、アップル・B、T・セック、P・J、L・J、各1/8、 →C・G
ビー・ブイ・ディー (B・V・D)	シェーカー	●B・ラム、D・ベル、デュボネ、各1/3、 →C・G
ビーズ・キッス	シェーカー	●ラム 45m、ハニー 1 tsp、生クリーム 1 tsp、 →C・G
ビーチ・コンバー (I)	シェーカー	●ライト・ラム 3/4、コアントロー 1/4、G・シロ 2d、ライム・J 1/2コ、 →C・G
ビーチ・コンバー (II)	シェーカー	●ライト・ラム 2/3、マラスキ 1/6、L・J 1/6、 →C・G

ピーチ・ダイキリ (フローズン)	●W・ラム30m、ピーチ・L15m、L・J15m、桃1コ、マラスキ2d、(クラッシュ) ➡**Cha・G**(桃、マラ・チェリ)
ビギン・ザ・ビギン	●W・ラム20m、G・マニエ20m、O・J30m、G・シロ1 tsp、L・J1 tsp、 ➡**C・G**
ビッグ・バンブー	●G・ラム、O・J、P・J、各30m、L・J10m、G・シロ1 tsp、➡ **10タン**(氷)(O・S、ミント・リーフ)
ピニャ・コラーダ	●ライト・ラム30m、P・J80m、ココナッツ・M30m、➡**L・G**(クラッシュ、パイン、チェリー、ストロー
ピニャ・コラーダ (フローズン)	●W・ラム30m、P・J60m、ココナッツ・M20m、生クリーム10m、(クラッシュ) ➡ **コリンズ**(パイン、ストロー)
チチ (※ウォッカ・ベース)	●※現在はピニャ・コラーダのラムをウォッカに替えたものをチチとしているが、昔はラム・ベースだった。
ビューティフル	●B・ラム1/4、J・ラム1/4、L・J1/4、コアントロー1/8、G・シロ1/8、 ➡**C・G**

フィエスタ(Ⅰ)	●W・ラム45m、コアントロー10m、L・J15m、シュガー1 tsp、G・シロ1 tsp、➡ **ゴブレ**(クラッシュ)(ソーダUp、らせんレモン)
フィエスタ(Ⅱ)	●W・ラム2/4、カルバドス1/4、D・ベル1/4、 ➡**C・G**
フィロメル	●ラム10m、シェリー25m、カンキーナ10m、O・J15m、➡**C・G**(ペパーミル)
フー・マンチュー	●W・ラム2/5、ミント・W1/5、O・キュラ1/5、L・J1/5、➡**C・G**(O・S)
フェア & ウォーマー	●B・ラム2/3、S・ベル1/3、キュラソー2d、 ➡**C・G**
フォー・フラッシュ	●B・ラム1/2、スェディッシュ・P1/4、D・ベル1/4、G・シロ1d、➡**C・G**
フォックス・トロット	●B・ラム1G(60m)、O・キュラ2d、L・J1/2コ、 ➡**C・G**
プッシー・フット (フローズン)	●W・ラム45m、生クリーム30m、P・J30m、ライム・J30m、チェリ・B30m、(クラッシュ) ➡ **コリンズ**(マラ・チェリ、O・S)
プッシー・フット (※ノン・アルコール)	●O・J3/4、L・J1/4、G・シロ1 tsp、黄卵1コ ➡**C・G**
ブッシュ・レンジャー	●B・ラム1/2、カペリティフ1/2、A・ビター2d、 ➡**C・G**
プティ・フュテ ('80,仏エピナル大会2位)	●W・ラム50m、パッション・L20m、マルティーニ(白、辛口)20m、マルティーニ(白、甘口)10m、➡**C・GCha・G**(砂糖漬けイチゴ、らせんレモン)

カクテル名	技法	レシピ
プライベート・ビーチ (木原均作)	シェーク	●W・ラム、O・キュラ、O・J、各1/3、→F・G（クラッシュ）B・キュラを沈めてオレンジを飾る。
フライング・ソーサー	シェーク	●ライト・ラム1/2、D・ベル1/4、S・ベル1/4、G・シロ1d、→C・G
プラチナ・ブロンド	シェーク	●ライト・ラム、W・キュラ、生クリーム、各1/3、→C・G
ブラック・ウィドウ	シェーク	●W・ラム40m、S・コンフォート20m、ライム・J15m、シロップ1d、→C・G(大)
ブラック・ドッグ	ビルド	●ライト・ラム5/6、D・ベル1/6、→C・G（S・オリーブ）
ブラッド・トランス・フュージョン	シェーク	●ラム、ライム・J、各1/2、G・シロ1 tsp、→C・G
フラッフィ・ラッフルズ	シェーク	●B・ラム、S・ベル、各1/2、ライム・P or L・P、→C・G
フラナガン	シェーク	●J・ラム1/2、S・ベル1/2、シュガー1/2 tsp、A・ビター1d、→C・G
フランク・モーガン	ビルド	●ラム1/2、カロリック・P1/4、D・ベル1/4、G・シロ1d、→C・G
プランターズ（Ⅰ）	シェーク	●ライト・ラム1/2、O・J1/2、L・J3d、→C・G
プランターズ（Ⅱ）	シェーク	●ラム1/2、L・J1/4、シュガー1/4、→C・G

ラム・ベース

プランターズ・パンチ（I）	●J・ラム60m、W・キュラ20m、シュガー 2 tsp、**➡10タン**（クラッシュ）（ライム・S、ミント・リーフ、ストロー）
プランターズ・パンチ（II）	●W・ラム40m、O・J30m、L・J20m、マラスキ1d、キュラソー1d、P・J2d、**➡ コリンズ**(氷)(パイン、マラ・チェリ、G・ラム1d)
プランターズ・パンチ（III）	●G・ラム40m、L・J40m、A・ビター1d、G・シロ4d、**➡ コリンズ**(氷、ソーダUp)(O・S、マラ・チェリ)
プランターズ・パンチ・クーラー	●J・ラム60m、L・J30m、シュガー15m、A・ビター1d、**➡C・G**（パイン・S、O・S、ストロー）
プランテーション	●J・ラム2/4、O・J1/4、L・J1/4、（※プランターズと材料は同じだが量が異なる）**➡C・G**
フランボワイヤン	●G・ラム45m、P・J60m、O・J30m、ライム・J10m、ココナッツ・M45m、G・シロ1d、**➡ コリンズ**(氷)(パイン、ストロー)
ブルー・シー	●B・ラム40m、B・キュラ30m、コアントロー20m、L・J10m、ペルノー1d、卵白1コ、**➡ コリンズ**(氷、レモネードUp)(L・S、ミント・リーフ)

ブルー・ハワイ		●W・ラム30m、B・キュラ15m、P・J30m、L・J15m、➡ ゴブレ（クラッシュ）（カット・パイン）
ブルー・ハワイアン		●W・ラム30m、B・キュラ15m、P・J30m、ココナッツ・M2 tsp、➡ ゴブレ（クラッシュ）（カット・パイン）
ブルー・ハワイアン（フローズン）		●W・ラム30m、B・キュラ15m、P・J60m、ココナッツ・M30m、（クラッシュ） ➡ ゴブレ（バナナ1切れを飾る）
ブルー・ホライズン（木原 均 作）		●W・ラム40m、コアントロー25m、カルピス5m、GF・J1 tsp、➡ フルート・G（シュガー・スノー）B・キュラ1 tspを落とす。
フルハウス		●W・ラム2/4、D・ベル1/4、スェディッシュ・P1/4、➡C・G
フルハウス（※カルバドス・ベース）		●※アップルB1/3、シャルト（Y）1/3、ベネディク1/3、A・ビター1d ➡C・G
プレジテント		●ラム3/4、O・J1/4、G・シロ2d、➡C・G
フローズン・ダイキリ		●W・ラム60m、マラスキ1 tsp、ライム・J10m、シュガー1 tsp、（クラッシュ）➡Cha・G（ストロー）

フローズン・ダイキリ (ラルース)	●W・ラム30m、L・J15m、マラスキ1d、シュガー15m、(クラッシュ) ➡Cha・G(マラ・チェリ、ミント・リーフ)
フローズン・パイナップル・ダイキリ	●W・ラム30m、パイン2・3切れ、ライム・J15m、T・セック10m、シュガー1 tsp (クラッシュ) ➡Cha・G
フローズン・バナナ・ダイキリ	●W・ラム6/10、バナナ・L3/10、G・シロ1/10、バナナ1/2本、(クラッシュ)➡ゴブレ(ストロー)
フローズン・ミント・ダイキリ	●W・ラム30m、ミント・W15m、ライム・J15m、(クラッシュ) ➡Cha・G(ミント・リーフ)
ヘプマイストス	●B・ラム3/5、ストロベリー・L2/5、L・J1d、 ➡C・G(ラズベリー)
ベルベーヌ・クレオル (ホット・ドリンク)	● ➡Hot・G(ベルベーヌ茶1パックを200mの湯で煎じて以下の材料を入れる。(L・J1コ、ラム1d、シナモン・P少々、シュガー2tsp)
ホイスト	●B・ラム1/4、S・ベル1/4、アップル・B1/2、 ➡C・G
ポーカー	●B・ラム、S・ベル、各1/2、 ➡C・G
ポーラー・ショート (※北極回りの近道の意味)	●D・ラム、W・キュラ、チェリ・B、D・ベル、各1/4、 ➡C・G

名称		内容
ボストン・クーラー	シェーカー	●W・ラム45m、L・J20m、シュガー1 tsp、 ➡ **10タン**(氷、ソーダ or G・エール Up)
ホッチャ	タンブラー	●ラム2/3、シェリー1/3、 ➡**C・G**
ホット・スパイス・ラム・トディ	グラス	●ラム60m、シュガー1 tsp、クローブ2・3コ、L・P、➡**トディ・G**
ホット・バタード・ラム	グラス	●➡(角砂糖を入れた)**10タン**(ホット用)にG・ラム45m注ぎ、お湯を7分目まで入れてステア。バターをフロートしてシナモン・スティックを添える。
ホット・バタード・ラム・カウ	シェーカー	●ホット・バタード・ラムのお湯をミルクに替える。
ホテル・ガゼット	シェーカー	●ライト・ラム2/3 L・J1/3、コアントロー2d、➡**C・G**
ボレロ	タンブラー	●ライト・ラム2/3、カルバドス1/3、S・ベル2d、➡**C・G**
ボロ	シェーカー	●B・ラム30m、 L・J1/4コ or ライム・J1/2コ、 O・J1/4コ、シュガー1tsp、 ➡**C・G**
ホワイト・ウィッチ	シェーカー	●W・ラム30m、カカオ・L(白)15m、コアントロー15m、ライム・J15m、 ➡ **10タン**(氷、ソーダ Up)(ミント・リーフ、ライム・S)

ホワイト・コーラル・リーフ (木原 均 作)	●W・ラム30m、W・カカオ10m、バナナ・L10m、生クリーム10m、➡C・G (G・ミントを沈める)
ホワイト・ライオン	●D・ラム45m、L・J1/2コ、シュガー1 tsp、A・ビター3d、ラズベリー・シロ3 d、➡C・G
マーベル	●ラム3/4、シトロン・シロ1/8、G・シロ1/8、➡C・G
マイ・マミー	●W ・ラム50m、コアントロー10m、メロン・L2d、➡C・G
マイアミ	●ライト・ラム2/3、ミント・W 1/3、L・J1/2 tsp、➡C・G
マイアミ・ビーチ	●ライト・ラム2/3、W・キュラ1/3、L・J1/2 tsp、➡C・G
マイアミ・ビーチ (※スコッチ・ベース)	●※スコッチ、D・ベル、G・F・J、各1/3 ➡C・G
マイタイ	●W・ラム45m、W・キュラ、P・J、O・J、L・J、各1 tsp、➡F・G(クラッシュ、デメララ151ラム2 tspをフロート)(O・S、L・S、P・S、ミント・リーフ、ストロー)
マウイ・フィズ (フローズン)	●W・ラム45m、全卵1コ、P・J120m、シュガー1 tsp、(クラッシュ) ➡ コリンズ (パイン、ストロー)
マウント・フジ	●W・ラム1/3、S・ベル2/3、L・J2tsp、O・ビター1d、➡C・G

ラム・ベース

マウント・フジ （※ジン・ベース） （帝国ホテル・オリジナル）	●※ジン45m、マラスキ1.5tsp、L・J15m、P・J1tsp、卵白1/3コ、シュガー1tsp ➡Cha・G（マラ・チェリ）
マニラ・サンセット	●W・ラム30m、G・ラム30m、マンダリン・L20m、O・J20m、 ➡ピルスナー・G（クラッシュ） （O・S、ミント・リーフ）
マヤ （フローズン）	●W・ラム45m、G・ラム15m、コアントロー10m、P・J60m、シュガー1 t sp、（クラッシュ）➡ゴブレ （パイン、マラ・チェリ、ミント・リーフ）
マラゲイト・スペシャル	●B・ラム、D・ベル、S・ベル、各1/3、キルッシュ1d、L・J 1/2コ（orライム・J1/3コ）、シュガー2tsp、➡C・G
マリア・ボニタ	●W・ラム45m、コアントロー15m、P・J 90m、➡サワー・G（パイン）
ミリオネーア （サボイ）	●ライト・ラム、スロー・G、アプリ・B、ライム・J、各1/4、G・シロ1d、➡C・G
ミリオネーア （※ウィスキー・ベース）	●※ライ・W 3/4、W・キュラ1/4、G・シロ2 tsp、卵白1コ ➡C・G
ミリオネーア （※ジン・ベース）	●※D・ジン2/3、アブサン1/3、アニゼット1D、卵白1コ➡C・G（大）
ミリオネーア （※ブランデー・ベース）	●※ブランデ8/9、コアントロー1/9、クレーム・ノワヨー2d、アーモンド・シロ1d、Aビター1d➡C・G
ミルク・パンチ	●W・ラム40m、ミルク160m、シュガー1 tsp、ミント1d、➡10タン（ナツ・メグ）

ミルク・パンチ (サボイ)	●ブランデ568m、J・ラム568m、アラック142m、G・ティー1カップ、お湯1136m、L・J4コ、レモンの皮2コ、シュガー1/2B、パインの皮とスライス、クローブ6コ、コリアンダー・シード20m、シナモン・スティック1コ、良くかき混ぜて6h程置いて、ミルク1136mを加えてステア、レモン2コを加えて、➡パンチ・Gへ注ぐ。
ミルク・パンチ (1人分) (サボイ)	●ラム (or ウィスキー) 60m、ミルク1G (60m)、シュガー1/2tsp、➡ 10タン(氷)(ナツメグ)
ムーン・イン・ナイト	●ライト・ラム1/2、コアントロー1/4、L・J1/4、➡C・G(ミント・チェリー)
ムーンバ	●W・ラム2/7、G・マニエ2/7、O・J2/7、G・シロ1/7、➡C・G(O・P)
ムカロ	●G・ラム30m、ティア・マリア30m、生クリーム60m、➡C・G(O・P)
メアリー・ピックフォード	●ライト・ラム1/2、P・J1/2、G・シロ1tsp、マラスキ1d、➡C・G
メルバ	●B・ラム30m、スェディッシュ・P30m、L・J1/4コ (orライム・J1/2コ)、G・シロ2d、アブサン2d、➡C・G
モーニング・イン・レイク	●ライト・ラム1/3、マンダリン・L1/3、O・J1/6、L・J1/6、➡C・G
モキャンボ	●ライト・ラム2/5、P・J2/5、D・ジン1/5、➡C・G

モヒート	●G・ラム45m、ライム・J1/2コ(絞って皮ごと落とす)、シュガー1tsp、➡ **10タン**(クラッシュ)(ミント・リーフ、ストロー)
ラ・フロリダ・ダイキリ (フローズン)	●W・ラム30m、マラスキ1 tsp、ライム・J15m、シュガー1 tsp、(クラッシュ) ➡Cha・G
ラテン・マンハッタン	●ラム2/3、D・ベル1/6、S・ベル1/6、 ➡C・G(L・P)
ラム・アレキサンダー	●J・ラム、カカオ・L、生クリーム、各1/3、 ➡C・G
ラム・カクテル	●ラム3/4、S・ベル1/4、 ➡C・G
ラム・クーラー	●ライト・ラム45m、ライム・J20m、G・シロ1tsp、➡**コリンズ**(氷、ソーダ)
ラム・コリンズ	●D・ラム45m、L・J20m、シュガー2tsp、➡ **コリンズ**(氷、ソーダUp)(L・S、マラ・チェリ)
ラム・サワー	●G・ラム40m、ライム・J20m、シュガー1d、➡ **サワー・G**(ライム・S)
ラム・ジュレップ	●W・ラム30m、D・ラム30m、シュガー2 tsp、➡ **コリンズ**(氷、水を足して、ミント・リーフとストローを飾る)
ラム・デュボネ	●ライト・ラム、デュボネ、各1/2、ライム・J1/2コ、 ➡C・G

ラム・バック (別名：スージー・テイラー)	●ラム45m、L・J20m、➡L・G（氷、GエールUp）
ラム・パンチ （25人分）	●ラム1B（ボトル）、ブランデ1B、L・J9コ、シュガー12tsp、ソーダ1B、パンチ・ボウルで**ステア**して➡P・グラスへ。
ラム・ファーフェ (Rumfurfe)	●B・ラム30m、パッション・J10m、ライム・J10m、アマレット10m、卵白1d、シュガー1d、➡**10タン**（氷、ソーダUp）（マラ・チェリ、O・S、L・S）
ラム・フリップ	●ラム60m、シュガー1/2tsp、全卵1コ、➡C・G(大)(ナツ・メグ)(※ブランデ、P・ワイン、シェリー、ウイスキーなどのフリップも可)
ラム・フロート	●ライム1/2コ、シュガー1tsp、➡**10タン**(氷、G・ラム40mをフロート)
リコリアーノ	●W・ラム40m、ガリアーノ10m、ライム・J15m、シュガー1tsp、➡**コリンズ**（氷、ソーダUp)(O・S、マラ・チェリ、ストロー)
リトル・プリンセス (別名：ポーカー)	●ライト・ラム1/2、S・ベル1/2、➡C・G
リトル・マーメイド (木原 均 作)	●W・ラム20m、P・J20m、ココナッツ・M10m、G・シロ1tsp、シュガー10m、➡C・G
リバティ	●B・ラム1/3、アップル・J2/3、シュガー1d、➡C・G
ルーレット	●B・ラム1/4、アップル・B1/2、スェディッシュ・P1/4、➡C・G

レ・ド・プール（I） (Lait de Poule)	●ラム40m、卵黄１コ、シュガー1tsp、ミルク120m、**➡10タン**（※好みでバニラ・L、オレンジ・L、チェリー・L、バナナ・L等を20m入れてもよい。ホットも可）
レ・ド・プール（Ⅱ） （※ブランデー・ベース）	●※ブランデー30m、バナナ・L15m、ミルク60m、卵黄１コ、**➡C・G**（大）（ナツ・メグ）
レッド・フラッグ	●B・ラム、D・ジン、L・J、P・J、各1/4、G・シロ1d、　**➡C・G**
ロイヤル・ココ・パンチ （'81、仏ナント大会１位）	●G・ラム30m、コアントロー20m、カカオ・L（D）20m、アイス・コーヒー30m、ココナッツ・M 1 tsp、**➡ フルート・G**（チョコレートを振りかけ、マラ・チェリ、グリーン・シトロンを飾る）
ローマン・パンチ	●ラム1136m、シャンパン1136m、O・ビター15m、L・J 10コ、O・J3コ、シュガー1 b、卵白10コ、**パンチ・Bでステアして ➡ P・グラス**へ注ぐ。
ロブソン	●ラム1/2、G・シロ1/4、O・J1/8、L・J1/8、　**➡C・G**
ワタラム	●W・ラム45m、D・ベル20m、G・シロ4d、**➡ サワー・G**（L・S）
ファジーチャーリー	●キャプテンM30m、P・J20m、ココナッツM10m、O・J40m、**➡10タン**（氷、C・オレンジを飾る）

フォーリングスター	●キャプテン・M30m、ライム・J10m、 O・J50m、➡10タン（氷）Soda 30m up
キャプテンMジンジャー	●キャプテン・M30m、➡10タン（氷、Gエール90mをupしてライム・Sを飾る）
インディファレントミス	●キャプテン・M30m、ライム・J15m、シュガー10m、➡10タン（氷、Soda 65mをup）
キャプテン・ブロントー	●キャプテン・M、Oキュラ、生クリーム、各1/3、➡C・G
キャプテン&コーラ	●キャプテン・M30m、コーラ90m、ライム・J10m、ライム飾る➡10タン
キャプテン モヒート	●キャプテン・M30m、ライム・J15m、シュガーシロップ1TSP、ミント適量、ミントの葉飾る ➡10タン
キャプテン ビーチクルーザー	●キャプテン・M30m、パイナップル・J45m、クランベリー・J30m➡10タン
キャプテン・フローズン・コーラ	●キャプテン・M40m、ゴディバ30m、ハチミツ10m、コーラ40m、ミントの葉飾る➡C・G
キャプテン スパイスドアイスティー	●キャプテン・M30m、アイスティー45m、G・エール45m、L・J1/2TSP、L・S飾る➡10タン
キャプテンモルガン R&B	●キャプテン・M30m、オレンジジュース45m、パイナップル・J45m、G・シロ10m➡10タン
キャプテンモルガン ノースサイドスペシャル	●キャプテン・M30m、オレンジジュース45m、L・J15m、ソーダ30m➡10タン

Martini (Rum Base)

アイランド・マティーニ	●G・ラム6/10、D・ベル2/10、S・ベル2/10、 ➡C・G(L・P)
ガムドロップ・マティーニ	●レモン・ラム30mm、ウォッカ15m、S・コンフォート10m、D・ベル1/2tsp、L・J10m、➡C・G(シュガー・スノー)(L・S、ガムドロップを飾る)
キューバン・マティーニ	●ライト・ラム5/6、D・ベル1/6、➡C・G(シュガー・スノー)(ライム・P)
ジャマイカン・マティーニ	●ジン1/6、赤ワイン1/6、D・ラム1 tsp、O・ビター3 d、➡C・G(ペッパー・チェリー)
ラム・マティーニ	●ライト・ラム5/6、D・ベル1/6、O・ビター1d、➡C・G(S・オリーブ)

Tequila

テキーラとは？

メキシコ産の蒸留酒。アロエを大きくしたような竜舌蘭というビガンバナ科に属する多肉植物の一種が原料で、その茎を糖化、発酵、蒸留して造られる。メキシコでは竜舌蘭のことをマゲイ（Maguey）あるいは植物学者リンネの命名に従い、アガベ（Agave）と呼んでいる。そして、竜舌蘭のうち酒の原料として使われるものはアガベ・アメリカーナ、アガベ・アトロビレンス、アガベ・アスール・テキラーナの３品種だが、テキーラはアガベ・アスール・テキラーナから造られる。シャープな香りが漂い、トロピカルなカクテルを作る際のベースに用いられることが多い。

カクテル名	道具	レシピ
アースクィック (フローズン)(ラルース)	ブレンダー	●テキーラ40m、G・シロ20m、イチゴ2・3コ、A・ビター2d、(クラッシュ)➡C・G(大)(イチゴ、ストロー)
アースクィック (※ジン・ベース)	シェーカー	●※D・ジン、ウィスキー、アブサン、各1/3、➡C・G
アイス・ブレーカー (フローズンも可)	シェーカー	●テキーラ2/5、W・キュラ1/5、GF・J2/5、G・シロ1tsp、➡F・G(氷)
アカプルコ	シェーカー	●テキーラ30m、W・ラム30m、P・J60m、GF・J30m、ココナッツ・M30m、➡ゴブレ(氷)(パイン、マラ・チェリ)
アカプルコ・ゴールド	シェーカー	●テキーラ30m、D・ラム30m、P・J60m、GF・J60m、➡コリンズ(氷、パイン)
アステカ (フローズン)	ブレンダー	●テキーラ40m、ライム・J15m、シュガー1/2tsp、マンゴー1切れ、(クラッシュ)➡Cha・G(ライム・S、ストロー)
アメリカン・リージャン・マルガリータ	シェーカー	●テキーラ4/8、コアントロー2/8、L・J1/8、ライム・J1/8、➡C・G(ソルト・スノー)
アンバサダー	グラス	●テキーラ45m、シュガー1tsp、➡10タン(氷、O・JをUp)(O・S)
アンバサダー (※ブランデー・ベース)	シェーカー	※ブランデ2/3、キュラソー1/3、G・シロ1tsp、卵白1/2コ➡C・G

ウィキ・ウィキ ('82,上田和男 作)	●テキーラ30m、バナナ・L30m、グァバ・J80m、L・J10m、カンパリ10m、➡Br・G（花、ストロー）
エクソシスト	●テキーラ1/2、B・キュラ1/4、L・J1/4、➡C・G
エバ・グリーン	●テキーラ30m、ミント・G15m、ガリアーノ10m、P・J90m、➡10タン（氷）（ミント・リーフ）
エル・ディアブロ	●テキーラ60m、カシス・L45m、➡コリンズ（氷、G・エールUp）（カット・ライム）
エル・ディアブロ（ラルース）	●テキーラ30m、カシス・L15m、ライム1/2コ（絞って皮を入れる）、➡10タン（氷、G・エールUp）（ストロー）
ココナッツ・テキーラ（フローズン）	●テキーラ30m、L・J15m、ココナッツ・M15m、マラスキ15m、（クラッシュ）➡Cha・G（L・S）
コルコバード	●テキーラ、B・キュラ、ドランブイ、各1/3、➡10タン（クラッシュ、レモネードUp）
コンチータ	●テキーラ、GF・J、各1/2、L・J 2d、➡C・G
サムシング・スペシャル	●テキーラ1/2、ミドリ1/4、マリブ1/4、➡C・G

サンライズ	●テキーラ2/5、ガリアーノ1/5、バナナ・L1/5、生クリーム1/5、G・シロ1d、L・J1d、**➡C・G**
シクラメン	●テキーラ30m、コアントロー10m、O・J10m、L・J10m、**➡C・G**（G・シロを沈めてL・P）
シルク・ストッキングス	●テキーラ2/4、カカオ・L1/4、生クリーム1/4、G・シロ1tsp、**➡C・G**（マラ・チェリ）
シルク・ストッキングス（フローズン）	●テキーラ30m、カカオ・L（D）10m、G・シロ10m、ミルク60m、（クラッシュ）**➡サワー・G**（シナモン・P、マラ・チェリ、O・S）
ストロー・ハット	●テキーラ45m、**➡10タン**（氷、T・JをUp）（※ブラッディ・マリーのウォッカをテキーラに替えたもの）
スロー・テキーラ	●テキーラ30m、スロー・G15m、L・J15m、**➡F・G**（クラッシュ）（きゅうり、セロリ、ストロー）
チャパラ	●テキーラ30m、L・J、O・J、G・シロ、各15m、オレンジ・F・ウォーター2d、**サワー・G**（L・S、O・S、ストロー）

ティー・エヌ・ティー（T.N.T） （※別名:テコニック、テキーラ・トニック）		●テキーラ40m、➡10タン（氷とライム1/2コを絞り皮を入れ、トニックWをUp）
ティー・エヌ・ティー （※ライ・W・ベース）（T・N・T）		●ライ・W、アブサン、各1/2、➡C・G
ティー・エヌ・ティー （※ブランデーベース）（ラルース）（T・N・T）		●※ブランデ2/3、コアントロー1/3、A・ビター1d、パスティス1d、➡C・G
ディサリータ		●テキーラ1/2、アマレット1/4、ライム・J 1/4、➡C・G
テキーニ		●シルバー・テキーラ50m、D・ベル10m、O・ビター1d、➡C・G（L・P）
テキーニ （ラルース）		●テキーラ3/4、D・ベル1/4、➡C・G（S・オリーブ、L・P）
テキーラ・ア・ラ・メキシケーヌ		●テキーラ30～45m➡ショット・G（カット・レモン or カット・ライム1/4コと塩を入れたソーサーをグラスと一緒に出す）
テキーラ・カクテル		●テキーラ40m、ライム・J15m、シュガー1d、G・シロ1d、（クラッシュ）➡C・G（大）（L・S）
テキーラ・サンセット		●テキーラ30m、L・J30m、G・シロ2tsp、クラッシュでシェイク➡F・G（クラッシュ、L・S）、

テキーラ・ベース

テキーラ・サンセット (ラルース)	●テキーラ40m、L・J20m、 ➡ **コリンズ**(氷、ソーダUp) G・シロ、カシス・L、各1tspを落とす。(L・S、ストロー)
テキーラ・サンセット (フローズン)	●テキーラ30m、L・J30m、 G・シロ1tsp、(クラッシュ) ➡ **ゴブレ**(ライム・S、マドラー)
テキーラ・サンライズ	●テキーラ30m、O・J60m、 ➡**L・G**(氷、G・シロ20mを沈める)(O・S、ストロー)
テキーラ・ディジー	●テキーラ40m、ライム・J15m、G・シロ2tsp、➡ **サワー・G**(クラッシュ、ソーダUp)
デビュタント ('90、森 康之 作)	●テキーラ1/2、ピーチ・L 2/5、ミント・W 1/10、L・J 1tsp、 ➡**C・G**(マラ・チェリ)
デビュタント (※ジン・ベース)	●※ジン・1/3、クレーム・ノワヨー1/6、L・J1/3、ライム・J卵白1コ➡**C・G**
ドゥランゴ	●テキーラ40m、GF・J90m、アーモンド・シロ1 tsp、➡ **コリンズ**(氷、ソーダUp)(GF、マラ・チェリ、ミント・リーフ、ストロー)
パロットヘッド・マティーニ	●シルバー・テキーラ50m、T・セック10m、ライム・J 1tsp、➡**C・G**(ライム・P)

パンチョ・ビラ	●テキーラ2/3、ティア・マリア1/3、コアントロー1tsp、➡C・G（L・S、マラ・チェリ、コーヒー豆1コ）
ピカドール	●テキーラ、カルーア、各1/2、➡C・G（L・P）
ブラッディ・ブル	●テキーラ40m、L・J1tsp、T・J80m、ビーフ・ブイヨン（コールド）80m、➡F・G（氷）（L・S、セロリ）
ブルー・マルガリータ	●テキーラ2/4、B・キュラ1/4、ライム・J1/4、➡C・G（シュガー・スノー）
ブレイブ・ブル	●テキーラ40m、カルーア20m、➡F・G（氷）
フレーズ・マルガリータ	●テキーラ2/4、フレイズ・L1/4、L・J1/4、➡C・G（ソルト・スノー）
フレンチ・カクタス	●テキーラ40m、W・キュラ20m、➡F・G（氷）
フローズン・ストロベリー（ラルース）	●テキーラ30m、フレーズ・L30m、イチゴ4コ、L・J1tsp、（クラッシュ）➡Cha・G（L・S、イチゴ）
フローズン・ストロベリー・マルガリータ	●テキーラ30m、ストロベリー・L15m、ライム・J15m、シュガー1tsp、イチゴ2・3コ、（クラッシュ）➡Cha・G（ソルト・スノー）（ストロー）

フローズン・マルガリータ	●テキーラ30m、コアントロー15m、ライム・J15m、シュガー1tsp、(クラッシュ)➡Cha・G(ソルト・スノー)(ストロー)
ブロードウェイ・サースト	●テキーラ2/4、O・J1/4、L・J1/4、シュガー1tsp、➡C・G
フロスト・バイト	●テキーラ、カカオ・L(W)、生クリーム、各1/3、➡C・G(ナツ・メグ)
ヘルメス ('71、今井 清 作)	●テキーラ20m、コーバイ・L(プラム・L)20m、ライム・J10m、アニゼット1tsp ➡C・G
マタドール	●テキーラ30m、P・J45m、ライム・J15m、➡F・G(氷)
マタドール (ラルース)	●テキーラ30m、P・J60m、L・J1tsp、➡Cha・G(キューブド・アイス2・3コ、ストロー)
マリア・テレサ	●テキーラ40m、ライム・J20m、クランベリー・J20m、➡Cha・G
マルガリータ	●テキーラ1/2、コアントロー1/4、ライム(orレモン)・J1/4、➡C・G(ソルト・スノー)
マルガリータ (オリジナル)	●テキーラ45m、ライム・J30m、レモン・J30m、W・キュラ7m、➡Cha・G(ソルト・スノー)

Tequila Base

ミドリ・マルガリータ	●テキーラ45m、メロン・L20m、L・J20m、➡C・G（大）（ソルト・スノー）
メキシ・コーラ	●テキーラ30m、➡L・G（氷、コーラをUp）（L・S）
メキシカン	●テキーラ、P・J、各1/2、G・シロ1d、➡C・G
モッキン・バード	●テキーラ2/4、ミント・G1/4、ライム・J1/4、➡C・G
モッキン・バード（ラルース）	●テキーラ40m、GF・J80m、ライム・J1d、➡F・G（氷）（マラ・チェリ）
ライジング・サン（'63、今井 清 作）	●テキーラ40m、シャルト・（Y）20m、ライム・J（コーディアル）10m、➡Cha・G（ソルト・スノー）（マラ・チェリを入れてスロー・G1tsp を沈める）

Whisky

ウィスキーとは？

大麦、ライ麦、トウモロコシなどを発酵させ、更に蒸留して造られる酒。原料の麦の種類、蒸留方法（ポット・スチルと呼ばれる単式蒸留器と、パテントスチルと呼ばれる連結式蒸留器の使用方法の違い）、熟成期間などにより味わいが異なり、それぞれの個性が生まれる。主要なウィスキーとしては、アイリッシュ、スコッチ、バーボン、カナディアンがあげられる。
日本のウィスキーはスコッチ・ウィスキーに似たタイプで、モルト・ウィスキーをベースに風味が作られている。スコッチに比べスモーキー・フレイバーは少なく、香味が穏やかでコクがあるため「水割り」にしても伸びの効く香味がある。

Scotch Whisky

スコッチ・ウィスキーとは？

イギリス北部のスコットランドで蒸留、熟成されたウィスキーの総称。スコッチの特徴は、麦芽を乾燥させる際にピートを使用するため、独特のスモーキー・フレーバーがついていること。穀物を原料として、酵母により発酵させ、95度未満で蒸留を行い、木樽で3年以上熟成させたものをいう。現在、製造法上から3つに分類される。

①モルト・ウィスキー　Malt Whisky

大麦麦芽（モルト）だけが原料で、通常は発酵後、単式蒸留器で2回蒸留して、ホワイト・オークの樽で熟成させる。他の蒸留所のものとブレンドしないで、個々の蒸留所内だけのバッティングのみで商品化したものをシングル・モルトという。

②グレーン・ウィスキー　Crane Whisky

大規模な蒸留所でトウモロコシ、又は小麦と大麦麦芽を原料に、連続式蒸留器で造られる。ピート香はつけず、高いアルコール濃度で蒸留されるので、風味はソフトでマイルドである。

③ブレンデッド・ウィスキー *Blended Whisky*

様々なタイプのモルト・ウィスキーの粗削りな味を、グレーン・ウィスキーのニュートラルな軽い味でまとめて、多くの人に受け入れられるウィスキーに仕上げたもの。一般的にハイランド産の複雑でエレガントなモルト・ウィスキーをベースにして、アイラやローランドの個性をアクセントにしてバッティッド・モルトを造り、ニュートラルなグレーン・ウィスキーをブレンドしてバランスの取れたウィスキーを造る。

Irish Whisky

アイリッシュ・ウィスキーとは

アイルランドで製造されているウィスキー。ウィスキー製造ではスコットランドよりも古く、1172年アイルランドに遠征したイギリスのヘンリー二世の軍隊が、ウィスキーの前身と見られる蒸留所を見たと記録されている。スコッチ・ウィスキーのようにピートを使用しないので、軽い風味と味わいがある。

Scotch, Irish Whisky Base

アースクィック	●ウィスキー、D・ジン、アブサン、各1/3、➡C・G
アーティスト・スペシャル	●ウィスキー1/3、シェリー1/3、L・J1/6、シュガー1/6、➡C・G
アイリッシュ	●アイリッシュ・W30m、アブサン2d、キュラソー2d、マラスキ1d、A・ビター1d、➡C・G(S・オリーブ、O・P)
アイリッシュ・チアー	●アイリッシュ・W4/5、S・ベル1/5、➡C・G
アフィニティ	●スコッチ、D・ベル、S・ベル、各1/3、A・ビター1d、➡C・G(L・P)
アフィニティ(ラルース)	●スコッチ、P・ワイン(赤)、D・シェリー、各1/3、A・ビター2d、➡F・G(氷)
アフィニティ・パーフェクト(ラルース)	●スコッチ4/6、D・ベル1/6、S・ベル1/6、A・ビター(or ベネディクティン)2d ➡C・G(L・P)
アリス	●スコッチ、キュンメル、S・ベル、各1/3、➡C・G
イングリッシュ・ブラック・ソーン(※リキュール・ベース)	●※スロー・G2/3、S・ベル1/3、O・ビター1d、➡C・G
インペリアル・フィズ	●ウィスキー45m、W・ラム15m、L・J20m、シュガー2tsp、➡10タン(氷、ソーダUp)

Scotch, Irish Whisky Base

ウィスキー・カクテル	●ウィスキー1G（60m）、A・ビター1d、シュガー（orW・キュラ）1d、➡C・G
ウィスキー・コブラー	●スコッチ40m、シュガー1tsp、T・セック2・3d、➡Br・G（氷）（季節のフルーツ、ストロー）
ウィスキー・サンガリー	●スコッチ40m、シュガー1tsp、M・ウォーター40m、➡F・G（氷）（ナツ・メグ、ストロー）
ウィスキー・スペシャル	●ウィスキー30m、D・ベル20m、O・J5m、➡C・G（S・オリーブ、ナツ・メグ）
ウィスキー・フロート	●➡10タン（氷、水を7分目まで入れて、ウィスキー45mをフロートする。）
ウィスキー・マック	●スコッチ40m、ジンジャー・ワイン20m、➡F・G（氷）
ウイスキー・ミスト（スコッチ・ミスト）（※バーボン、ブランデー等も可）	●シェイカーにグラス1杯分のクラッシュ・アイスを入れて、スコッチ60mをシェイク➡F・G（クラッシュ、L・P、ストロー）（※ビルドの処方もある）
ウィスキー・ミント・カクテル	●ミント60mをお湯で出して冷ます。スコッチ40m、ライム・J1/2コ、➡Cha・G（ミント・リーフをフロート）
ウィスパー（※別名:ウェストミンスター）	●ウィスキー、D・ベル、S・ベル、各1/3、➡C・G

Scotch, Irish Whisky Base

ウィッツ・バング	●スコッチ3/4、D・ベル1/4、 ペルノー2d、G・シロ2d、 A・ビター2d、➡C・G
ウエンブレイ(Ⅰ)	●スコッチ、D・ベル、P・J、各1/3、 ➡C・G
ウエンブレイ(Ⅱ) (※ジン・ベース)	●ジン2/3、D・ベル1/3、アップルB2d、アップルB1d、➡C・G
ウォルターズ	●スコッチ1/2、O・J 1/4、L・J 1/4、 ➡C・G
ウッド・ウォード	●スコッチ、D・ベル、GF・J、各1/3、 ➡C・G
エクスプレス	●スコッチ、S・ベル、各1/2、 O・ビター1d、 ➡C・G
エブリボディズ・アイリッシュ	●I・W1G(60m)、シャルト・(G)6d、 ミント・G3d、➡C・G(S・オリーブ)
オー・ヘンリー	●ウィスキー、ベネディク、G・エール、 各1/3、➡C・G or F・G(氷)
オートモービル	●スコッチ、S・ベル、D・ジン、 各1/3、O・ビター1d、➡C・G
カール・K・キッチン	●スコッチ3/4、G・J(白)1/4、 G・シロ4d、 ➡C・G
キス・ミー・アゲイン	●スコッチ45m、アブサン1d、 卵白1コ、 ➡Cha・G
キャメロンズ・キック	●スコッチ1/3、アイリッシュ・W 1/3、L・J1/6、 オルジャー・シロ1/6 ➡C・G

Scotch, Irish Whisky Base

カクテル名	技法	レシピ
キング・ジョージ五世	シェーク	●スコッチ、D・ジン、コアントロー、カカオ・(W)、L・J、各1/5、➡C・G
キングス・バレイ ('86、上田和男 作)	シェーク	●ウィスキー4/6、W・キュラ1/6、ライム・J1/6、B・キュラ1tsp、➡C・G
グラスゴー	シェーク	●スコッチ、D・ベル、各1/2、アブサン、A・ビター、各3d、➡C・G
グリーン・アイド・モンスター	シェーク	●アイリッシュ・W、D・ベル、各1/2、アブサン、A・ビター、各3d、➡C・G
グレイス・デライト	シェーク	●ウィスキー20m、D・ベル25m、ラズベリー・B5m、O・J1/2tsp、ジェニパー・ベリー1コ、➡C・G(シナモン、ナツ・メグ)
クロンダイク・クーラー		●ウィスキー45m、O・J20m、➡コリンズ(氷、G・エールUp)(オレンジの皮をホーセス・ネックスタイルにする)
ゴールデン・スランバー		●スコッチ1/2、G・マニエ1/3、チンザノ(白)1/6、O・ビター1d、➡C・G(マラ・チェリを飾る)
ゴッド・ファーザー		●スコッチ45m、アマレット15m、➡F・G(氷)
ゴッド・マザー (※ウォッカ・ベース)		●※ウォッカ45m、アマレット15m、➡F・G(氷)(※ゴッド・ファーザーのスコッチをウォッカに替える)
サイレント・サード (※スコッチ・サイドカー)	シェーク	●スコッチ、コアントロー、L・J、各1/3、➡C・G

Scotch, Irish Whisky Base

サンダー・クラップ	●ウィスキー、D・ジン、ブランデ、各1/3、 ➡C・G
シスル	●スコッチ、S・ベル、各1/2、A・ビター1d、➡C・G(L・P)
シップ	●ウィスキー1/5、シェリー2/5、ラム1/5、プルネル・シロ1/5、O・ビター1d、 ➡C・G
シャムロック	●アイリッシュ・W12、D・ベル1/2、ミント・(G) 3d、シャルト・G3d、 ➡C・G
ジョン・ウッド	●アイリッシュ・W2/9、S・ベル4/9、L・J2/9、キュンメル1/9、A・ビター1d、 ➡C・G
ジョン・コリンズ	●ウィスキー60m、L・J20m、シュガー2tsp、➡ **コリンズ** (氷、ソーダUp)(L・S、マラ・チェリ)
カーネル・コリンズ (※バーボン・ベース)	●バーボン60m、L・J20m、シュガー2tsp、➡ **コリンズ** (氷、ソーダUp)(L・S、マラ・チェリ)(※ジョン・コリンズのウィスキーをバーボンに替える)
スコッチ・キルト	●スコッチ2/3、ドランブイ1/3、O・ビター2d、➡C・G (L・P)
スター・バック	●スコッチ2/3、D・ベル1/6、G・シロ1/6、O・ビター1d、➡C・G

名称		材料
ストーン・フェンス	(ビルド)	●ウィスキー45m、→10タン (氷、シードルUp)(A・ビター)
ストーン・フェンス (サボイ)	(ビルド)	●スコッチ1G(60m)、A・ビター2d、 →コリンズ(氷、ソーダUp)
セイント・アンドリュース	(シェーク)	●スコッチ、ドランブイ、O・J、 各1/3、→C・G
ダービー・フィズ	(シェーク)	●ウィスキー45m、O・キュラ1 tsp、 L・J1/2コ、シュガー1 tsp、 全卵1コ、→10タン(氷、ソーダUp)
チャーチル	(シェーク)	●スコッチ3/6、コアントロー1/6、 S・ベル1/6、ライム1/6、→C・G
チャーチル (ラルース)	(シェーク)	●スコッチ4/6、コアントロー1/6、 S・ベル1/6、L・J2tsp、→C・G
チャンセラー	(シェーク)	●スコッチ4/6、D・ベル1/6、 P・ワイン(赤)1/6、A・ビター2d、 →C・G(マラ・チェリ)
チョーカー	(シェーク)	●ウィスキー2/3、アブサン1/3、 アブサン・ビター1d、→C・G
ティパラリー	(シェーク)	●アイリッシュ・W、シャルト(G)、 S・ベル、各1/3、→C・G
ティパラリー (※ジン・ベース)	(シェーク)	●D・ジン1/3、D・ベル1/3、 G・シロ1/6、O・J1/6、 →C・G(ミント・リーフ)
デューピィ	(シェーク)	●ウィスキー45m、キュラソー15m、 O・ビター1d、クローブ1コ、→C・G

Scotch, Irish Whisky Base

トリルビー （※ジン・ベースもある）	●スコッチ、S・ベル、P・タムール、各1/3、アブサン、O・ビター、各2d、➡C・G
トレブル・チャンス	●スコッチ、D・ベル、コアントロー、各1/3、➡C・G
ニューヨーク	●ウィスキー3/4、ライム・J 1/4、G・シロ1 tsp、シュガー1 tsp、➡C・G（O・P）
バーバリー・コースト	●スコッチ、D・ジン、カカオ・W、生クリーム、各1/4、➡C・G（※W・ラムを加えて各1/5にするレシピもある）
バービカン	●スコッチ3/4、好みのフルーツ・J1/4、ドランブイ2d、➡C・G
ハイランド・クーラー	●スコッチ45 m、L・J 15 m、シュガー1 tsp、A・ビター2d、➡10タン（氷、G・エールUp）
ハイランド・ミルク・パンチ	●スコッチ40 m、ミルク120 m、シュガー1 tsp、➡Br・G（ナツ・メグ）
パディ	●アイリッシュ・W40m、S・ベル20m、A・ビター1d、➡F・G（氷）（C・Gも可）
ハリー・ローダー （サボイ）	●スコッチ、S・ベル、各1/2、G・シロ2d、➡C・G
ハリー・ローダー	●スコッチ、S・ベル、各1/2、シュガー1 tsp、➡C・G

ビードル・ストーン	●スコッチ45m、D・ベル15m、➡C・G
ビールズ	●スコッチ3/5、D・ベル1/5、S・ベル1/5、➡C・G
ヒルデ・ブランデ	●スコッチ60m、A・ビター2d、シュガー1tsp、➡スモール・ステム・G（氷）（L・P、O・S、ミント・リーフ）
フィッツ・バング	●スコッチ2/3、D・ベル1/3、O・J、G・シロ、アブサン、各2d、➡C・G
フーツ モン	●スコッチ1/2、S・ベル1/4、リレー1/4、➡C・G
ブラーニー・ストーン（サボイ）	●アイリッシュ・W45m、シャルト（G）6d、ミント・G 3d、➡C・G
フライング・スコッツマン（ラルース）	●スコッチ30m、S・ベル25m、ビター5m、シュガー5m、➡C・G
フライング・スコッツマン	●スコッチ、S・ベル、各1/2、A・ビター1d、シュガー1/2 tsp、➡C・G
ブラック・ウォッチ	●スコッチ40m、カルーア20m、➡F・G（氷）（L・P）
ブラック・ソーン（※スロー・ジン・ベースもある）	●アイリッシュ・W、D・ベル各1/2、ペルノー3d、A・ビター3d、➡C・G
ブラッド アンド サンド	●スコッチ、S・ベル、チェリ・B、O・J、各1/4、➡Br・G（O・S1/2、マラ・チェリ）

Scotch, Irish Whisky Base

ブルー・ブレイザー	●ウィスキー60m、お湯60mを2つのマグカップに入れてウィスキーに火を点け、炎のあるうちにお湯のカップに移して、シュガー1tspを入れたタンブラーに移してL・Pを添える。
ブルース	●ウィスキー40m、キュラソー10m、プルネル・シロ1d、 ➡C・G
ブレイン・ストーム	●アイリッシュ・W1G（60m）、ベネディク、D・ベル、各2d、 ➡C・G
フローズン・スコッチ	●スコッチ40m、L・J30m、シュガー1/2tsp、コアントロー1d、A・ビター1d、パイン1切れ（クラッシュ）➡F・G（パイン、ストロー）
ヘア・オブ・ザ・ドッグ	●スコッチ2/4、生クリーム1/4、ハニー・シロップ1/4、 ➡C・G
ヘア・オブ・ザ・ドッグ（サボイ）	●スコッチ1/2、ハーベイ・クリーム（シェリー）1/4、ハニー1/4、（シェーブド・アイス） ➡C・G
ベネディクト	●スコッチ、ベネディク、各1/2、➡F・G（氷、G・エールUp）
ペリー・（シャンパン）サイダー・ハイボール	●スコッチ60m、➡コリンズ（氷、サイダー or ペリエ Up）
ホール・イン・ワン	●スコッチ2/3、D・ベル1/3、L・J2d、O・ビター1d、➡C・G
ホップ・スコッチ	●ウォッカ、ジンジャー・ワイン、D・ベル、各1/3、 ➡C・G

ボニー・スコット	●スコッチ1/2、ドランブイ1/4、L・J1/4、 ➡C・G
ボビー・バーンズ	●スコッチ2/3、S・ベル1/3、ベネディク1tsp、➡C・G（L・P）
ポリーズ・スペシャル	●スコッチ1/2、キュラソー1/4、GF・J1/4、 ➡C・G
マイアミ・ビーチ	●スコッチ、D・ベル、GF・J、各1/3、 ➡C・G
マイアミ・ビーチ（ラルース）	●スコッチ30m、D・ベル30m、GF・J15m、➡Cha・G（L・S1/2、マラ・チェリ）
マイアミ・ビーチ（※ラム・ベース）	●※ライト・ラム2/3、W・キュラ1/3、L・J1/2 tsp ➡C・G
マイ東京	●ウィスキー30m、O・キュラ20m、ライム・J（コーディアル）10m、➡C・G（シュガー・スノー）（マラ・チェリ、L・P）
マミー・テイラー（別名：スコッチ・バック）	●スコッチ45m、L・J（orライム・J）20m、➡ 10タン（氷、G・エールUp）
（※）スージー・テイラー	●※ラム・バックの別名
マミーズ・サザン・シスター	●※バーボン・バックの別名
マミーズ・シスター	●※ジン・バックの別名

Scotch, Irish Whisky Base

カクテル名	技法	レシピ
ミスティ・クーラー	ステア	●I・ミスト45m、➡10タン (氷、G・エールUp)
ミスティ・ネール	ステア	●アイリッシュ・W 2/3、 I・ミスト1/3、➡F・G(氷)
ミッキー・ウォーカー	シェーク	●スコッチ3/4、S・ベル1/4、 L・J1d、G・シロ1d、➡C・G
ミルク・パンチ	シェーク	●ウィスキーorラム60m、シュガー1tsp、 ミルク60m、➡10タン(氷)ナツ・メグ
ミント・クーラー	ステア	●ウィスキー45m、ミント・W 3d、 ➡10タン(氷、ソーダUp)
モーニング・グローリー (ラルース)	シェーク	●スコッチ40m、卵白1コ、 シュガー1tsp、➡コリンズ(氷、 ソーダUp)
モーニング・グローリー (サボイ)	ミキシンググラス	●ウィスキー30m、ブランデ30m、 アブサン1d、A・ビター2d、キュラソー2d、シュガー1tsp、L・P1コ、 ➡8タン(ソーダUp)
モーニング・グローリー・フィズ	シェーク	●スコッチ40m、L・J30m、卵白1コ、 アニゼット1d、シュガー1tsp、 ➡コリンズ(氷、ソーダUp)(L・S、 マラ・チェリ)
モダン (I)	シェーク	●スコッチ1G(60m)、ラム2d、 アブサン1d、O・ビター1d、 L・J2d、➡C・G

Scotch, Irish Whisky Base

モダン（Ⅱ）	●スコッチ1/3、スロー・G 2/3、アブサン1d、O・ビター1d、G・シロ1d、 ➡C・G
ラスティ・ネール	●スコッチ6/10m、ドランブイ4/10m、 ➡F・G（氷）
ラスティ・ネール（サボイ）	●スコッチ、ドランブイ、各1/2、 ➡C・G or F・G（氷）
リトル・クラブ	●スコッチ2/3、ドランブイ1/3、 ➡F・G（クラッシュ）
リンステッド（ラルース）	●スコッチ、GF・J、各1/2、パスティス1d、➡C・G（L・P）
リンステッド（サボイ）	●ウィスキー、P・J（コーディアル）、各1/2、A・ビター1d、➡C・G
レモン・パイ・カクテル	●スコッチ1G（60m）レモネード1d、 ➡C・G
ロック・ローモンド	●スコッチ40m、シュガー30m、A・ビター2・3d、 ➡F・G（氷）
ロバート・バーンズ	●スコッチ2/3、S・ベル1/3、A・ビター1d、ペルノー1d、➡C・G
ロブ・ロイ	●スコッチ2/3、S・ベル1/3、A・ビター1d、➡C・G（マラ・チェリ）
パーフェクト・ロブロイ	●スコッチ4/6、D、S・ベル各1/6、 ➡C・G（らせんレモン）
ワイルド・アイド・ローズ	●アイリッシュ・W 4/5、G・シロ1/5、ライム・J1/2コ、 ➡F・G（氷、ソーダUp）

ワン・アイルランド （フローズン）	●アイリッシュ・W40m、 ミント・G1tsp、 バニラ・アイス適量、（クラッシュ） ➡Cha・G（マラ・チェリ、ストロー）

バーボン・ウィスキーとは？ Bourbon Whisky

穀物を原料として、トウモロコシが51％以上、80％以下で使用され（81％以上使うとコーン・ウィスキーとなる）、ホワイト・オークの新樽の内側を焦がしたもので最低2年以上熟成する。蒸留は160プルーフ（80度）以下で蒸留して、125プルーフ（62.5度）以下で熟成して、市場に出す時は80プルーフ（40度）以上であることが義務付けられている。

ライ・ウィスキーとは？ Rye Whisky

アメリカン・ウィスキーの1タイプで、原料にライ麦を51％以上使っているウィスキー。

カナディアン・ウィスキーとは？ Canadian Whisky

穀物を原料にして、酵母により発酵して、カナダで蒸留し、最低3年間180リットル以下の樽で貯蔵したもの。ライ麦を主体とした香りの高いフレーバリング・ウィスキーと、トウモロコシを主体としたグレーン・ウィスキーに近いベース・ウィスキーをブレンドする。

アメリカン・ウィスキーとは？ American Whisky

穀物を原料にして、アルコール分95度未満で蒸留したのち、オーク樽で熟成して、アルコール40度以上でビン詰めされたもの。

アーティスト・スペシャル	●バーボン1/3、D・シェリー1/3、L・J1/6、シュガー1/6、➡C・G
アップ・ツー・デイト	●ライ・W、シェリー、各1/2、G・マニエ2d、A・ビター2d、➡C・G
アドリー	●バーボン4/5、O・キュラ1/5、➡C・G(マラ・チェリ)
アルゴンキン	●ライ・W 2/4、D・ベル1/4、P・J 1/4、➡F・G(氷)
アロウ・ヘッド	●バーボン40m、D・ベル1tsp、S・ベル1tsp、L・J1tsp、卵白1コ、➡C・G
インク・ストリート	●ライ・W、O・J、L・J、各1/3、➡C・G
ウィスキー・カクテル	●ライ・W1G (60m)、シュガー2d、A・ビター1d、➡C・G(S・オリーブ、マラ・チェリ)
ウィスキー・ミスト (※スコッチ、バーボン、ライ等も可)	●ウィスキー60m、➡F・G(クラッシュ)(L・P、ストロー)(※クラッシュ・アイスでシェイクする処方もある)
ウィスパーズ・オブ・ザ・フロスト	●ライ・W or バーボン、シェリー、P・ワイン、各1/3、シュガー1tsp、➡C・G(L・S)
ヴェイル	●ライ・W1/2、ベネディク1/4、D・ベル1/4、➡C・G

ウエスト・ミンスター (※ウィスパーも同レシピ)	●バーボン、D・ベル、各1/2、 オーラム(or S・ベル)3 d、 A・ビター1 d、 ➡C・G
ウェディング・ベル (スィート)	●ライ・W 1/2、O・J 1/3、 リレー1/6、O・ビター1 d、➡C・G
ウェディング・ベル (ドライ)	●ライ・W 1/3、O・J 1/3、 リレー1/6、O・ビター1/6、➡C・G
ウェディング・ベル (※ジン・ベース)	●※D・ジン2/6、O・J1/6、 チェリ・B1/6、デュボネ2/6、➡C・G
エス・ジー・カクテル	●ライ・W、L・J、O・J、各1/3、 G・シロ1 tsp、 ➡C・G
エスプリ・カルテジアン	●バーボン40m、オー・ド・ノワ25m、 カカオ・(W) 10m、 ➡F・G(氷)
エバンズ	●ライ・W 4/6、アプリ・B 1/6、 T・セック1/6、 ➡C・G
エルクス・オウン	●ライ・W、P・ワイン、各1/2、 L・J1/2コ、卵白1コ、 シュガー1tsp、➡ ワイン・G(パイン)
エンジェリック	●バーボン1/2、カカオ・L 1/6、 G・シロ1/6、生クリーム1/6、 ➡C・G(ナツ・メグ)
エンバシー・ロイヤル	●バーボン2/4、ドランブイ1/4、 S・ベル1/4、オレンジ・シロ2 d、➡C・G
オー・ヘンリー	●バーボン、ベネディク、 G・エール、各1/3、 ➡C・G

オープニング	●ライ・W 1/2、S・ベル1/4、G・シロ1/4、 ➡C・G
オープニング (※オッペンハイムも同レシピ)	●バーボン40m、S・ベル20m、G・シロ20m、➡F・G（氷）orC・G
オールド・ニック	●ライ・W40m、ドランブイ20m、O・J10m、L・J10m、A・ビター2d、➡F・G（氷）（マラ・チェリ）
オールド・パル	●ライ・W、D・ベル、カンパリ、各1/3、 ➡C・G
オールド・ファッションド	●バーボン(orライ・W)45m、A・ビター2d、角砂糖1コ、➡F・G（O・S、L・S、マラ・チェリ）
ニュー・ファッションド (※ブランデー・ベース)	●※オールド・ファッションドのバーボンをブランデーに替える。
オリエンタル	●ライ・W 2/5、S・ベル、W・キュラ、ライム・J、各1/5、 ➡C・G
オルレアニアン	●ライ・W 5/6、ペルノー 3 d、シュガー1tsp、A・ビター2d、➡C・G（L・P）
カーネル・コリンズ	●バーボン60m、L・J20m、シュガー2tsp、➡コリンズ（氷、ソーダUp）（L・S、マラ・チェリ）
カゥ・ボーイ	●バーボン2/3、生クリーム1/3、➡C・G

Bourbon Rye Canadian Whisky Base

カシス・カクテル	●バーボン 2/3、D・ベル 1/3、 カシス・L1tsp 、 ➡C・G
カナディアン・ウィスキー・カクテル	●ライ・W1G(60m)、シュガー2tsp 、 A・ビター2d、 ➡C・G
カナディアン・サンセット	●ライ・W2/6、ガリアーノ1/6、 ストレガ1/6、L・J2/6、 A・ビター2d、G・シロ1tsp 、 ➡C・G(G・シロを沈める)
カリフォルニア・レモネード	●バーボン45m、L・J20m、 ライム・J10m、G・シロ1tsp 、 シュガー1tsp 、 ➡コリンズ(氷、ソーダUp)
キッチン・シンク	●ライ・W、D・ジン、O・J、L・J、 各1/4、アプリ・B1tsp 、 シュガー1/2tsp 、全卵1コ、 ➡Cha・G
キャプテン・コリンズ	●カナディアン・W40m、 ライム・J20m、G・シロ1d、 ➡ゴブレ(氷、ソーダUp)
キング・コール	●ライ・W1G(60m)、シュガー2d、 F・ブランカ1d、 ➡C・G(O・S、パイン・S) or F・G(氷)(O・S、パイン・S)
クエーカー	●ライ・W1/2、ブランデ1/2、 ラズベリー・シロ1tsp 、 ライム・J1/2コ、 ➡C・G

クレオール		●ライ・W、S・ベル、各1/2、ベネディク2d、A・ピコン2d、➡C・G(L・P)
クロウ		●ライ・W1/3、L・J2/3、G・シロ1d、➡C・G
ケープタウン		●ライ・W、カペリティフ、各1/2、キュラソー3d、A・ビター1d、➡C・G(L・P)
ケーブル・グラム		●ライ・W45m、L・J20m、シュガー1tsp、➡ 10タン(氷、G・エールUp)
ケーブル・グラム (サボイ)		●ライ・W60m、L・J1/2コ、シュガー1/2tsp、➡10タン(氷、G・エールUp)
ケベック		●カナディアン・W5/6、D・ベル、A・ピコン、マラスキ、各2tsp、➡C・G
ケンタッキー・カーネル		●バーボン3/4、ベネディク1/4、➡C・G(らせん・レモン)
ケンタッキー・サンセット		●バーボン40m、ストレーガ13m、アニゼット13m、➡Br・G(氷)(O・P)
ケンタッキー・ダービー		●バーボン2/3、ベネディク1/3、➡F・G(クラッシュ)(L・P)
コモドール		●バーボン2/3、L・J1/3、シュガー1tsp、A・ビター2d、➡C・G

コモドール (サボイ)	●ライ・W1G（60m）、L・J1/4コ（or ライム1/2コ）、O・ビター2d、シュガー1tsp、 ➡C・G
サウザン・ミント・ジュレップ	●➡タンブラー（クラッシュ）にミントリーフを入れてつぶしてバーボンor ライ・W60mを注ぐ。
サウス・パシフィック	●バーボン3/5、J・ラム1/5、P・ワイン1/5、A・ビター1d、O・ビター1d、➡C・G
ザザラック (サボイ)	●ライ・Wor バーボン2/5、アニゼット1/5、ライト・ラム1/5、シュガー1/5、アブサン3d、A・ビター1d、O・ビター1d、 ➡C・G（L・P）
サザン・ジンジャー	●バーボン40m、L・J20m、 ➡10タン（氷、G・エールUp）
サザン・ベル	●バーボン2/5、生クリーム2/5、ミント・（G）1 tsp、カカオ・（W）1 tsp、➡C・G
サゼラック (ラルース)	●ライ・W40m、シュガー1tsp、➡F・G（ペルノー1dを湿らせておく）（グラス・ウォーターを添える）

サゼラック (サボイ)	●ライ・W1G(60m)、シュガー1tsp、A・ビター1d、➡C・G(アブサンを1d入れておく)or F・G(氷)(L・P)
サタン	●バーボン45m、ペイショー・ビター3d、アブサン1d、S・ベル1d、➡C・G
サン・モリッツ	●ライ・W、G・ワッサー、D・ベル、各1/3、O・ビター1d、➡C・G
サンタ・バーバラ	●バーボン2/3、GF・J1/3、アプリ・B2d、シュガー2d、➡C・G
シドニー	●ライ・W、シャルト(Y)、各1/2、D・ベル1tsp、➡C・G(S・オリーブ)
シャーキー・パンチ	●ライ・W1/4、アップル・B3/4、シュガー1tsp、➡L・G(氷、ソーダUp)
ジャスト・ア・ソング・アット・トワイライト	●バーボン2/3、S・ベル1/3、G・シロ1d、L・J1d、➡C・G
ジョッキー・クラブ	●バーボン、S・ベル、各1/2、マラスキ2d、➡C・G
ショット・ガン(Ⅰ)	●ジム・ビーム15m、ジャック・D15m→ショット・G(1) W・ターキー30m→ショット・G(2) (1)と(2)を交互に飲み干す。
ショット・ガン(Ⅱ)	●バーボン(他各スピリッツ)15m、➡ショット・G(ソーダ15mを足して、カット・レモンorライムをグラスに乗せる)

Bourbon Rye Canadian Whisky Base

カクテル名		レシピ
スカイ・ロケット	シェーカー	●ライ or バーボン、カロリック・P、D・ベル、各1/3、L・J2d、A・ビター1d、　　　　➡C・G
スコッフ・ロウ	シェーカー	●ライ・W1/3、D・ベル1/3、L・J1/6、G・シロ1/6、O・ビター1d、　➡C・G
スワジィ・フリーズ	ブレンダー	●ライ・W1/3、カペリティフ2/3、ピーチ・B1d、　➡C・G
セブンティ・シックス (76)	シェーカー	●バーボン1/2、シャルト(Y)1/4、ライム・J1/4、卵白2d、 ➡C・G(マラ・チェリ)
セント・パトリックス・デイ	シェーカー	●ライ・W or バーボン、シャルト・(G)、ミント・G、各1/3、A・ビター1d、　➡C・G
ソウル・キス	シェーカー	●ライ・W1/3、D・ベル1/3、デュボネ1/6、O・J1/6、➡C・G
ソウル・キス (※ベルモット・ベース)	シェーカー	●D・ベル1/3、S・ベル1/3、デュボネ1/6、O・J1/6、➡C・G
ダイナ	シェーカー	●ミント・リーフをシェイカー内でつぶして、ライ・W、L・J(コーディアル)、各1/2　➡C・G
ダウン・ザ・ハッチ	シェーカー	●バーボン45m、ブラック・ベリー・B3d、O・ビター2d、　➡C・G

カクテル名	技法	レシピ
タバスコ・スペシャル	ビルド	●ジャック・D60m、L・J60m、シュガー1d、➡10タン(氷、G・ビール適量を満たしてタバスコ4・5d落とす)
ダンディ	シェーク	●ライ・W、デュボネ、各1/2、A・ビター1d、コアントロー3d、O・P、L・P、 ➡C・G
チェリオ	ビルド	●バーボン、キュラソー、各1/2、マラスキ2d、 ➡C・G
ティー・エヌ・ティー (T.N.T) (サボイ)	シェーク	●ライ・W、アブサン、各1/2、 ➡C・G
デイリー・メール (※'48ロンドン世界大会1位)	シェーク	●ライ・W、A・ピコン、オレンジ・シロ、各1/3、A・ビター3d ➡C・G
デキシー・ウィスキー	シェーク	●バーボン2/3、キュラソー1tsp、ミント・W 2tsp、シュガー1tsp、A・ビター1d、 ➡C・G
デキシー (※ジン・ベース)	シェーク	●D・ジン1/2、D・ベル1/4、アブサン1/4、 ➡C・G
テネシー	シェーク	●バーボン、マラスキ、L・J、各1/3、➡C・G(マラ・チェリ)
デュボネ・マンハッタン	ビルド	●ライ・W1/2、デュボネ1/2、A・ビター1d、 ➡C・G
テンプテーション	シェーク	●ライ・W1G (60m)、キュラソー2d、アブサン2d、デュボネ2d、➡C・G(L・P、O・P)
ドゥ・リグール	シェーク	●ライ・W1/2、GF・J1/4、ハニー1/4、 ➡C・G

ナイト・シェード	●バーボン2/4、S・ベル1/4、O・J1/4、シャルト・(Y)2・3d、 ➡C・G
ネビンズ	●バーボン40m、GF・J40m、アプリ・B20m、L・J20m、A・ビター2d、 ➡10タン(氷)
バーボネラ	●バーボン1/2m、D・ベル1/4m、O・キュラ1/4m、G・シロ1d、 ➡C・G
バーボン・クーラー	●バーボン40m、ミント・W3d、G・シロ2tsp、A・ビター2・3d、シュガー1tsp、➡コリンズ(氷、ソーダUp)(マラ・チェリ、パイン、O・S)
パーマー (サボイ)	●ライ・W60m、A・ビター1d、L・J1d、➡C・G
パーマー	●ライ・W45m、A・ビター1d、L・J1d、 ➡C・G
バナナ・バード	●バーボン30m、生クリーム30m、バナナ・L10m、W・キュラ10m、 ➡サワー・G
バニー・ハグ	●バーボン、D・ジン、アブサン、各1/3、 ➡C・G
ハビタント	●ライ・W2/3、D・ベル1/6、メイプル・シロ1/6、A・ビター1d、 ➡C・G
ハリケーン	●バーボン2/5、D・ジン1/5、ミント・W1/5、L・J1/5、➡C・G
パン・アメリカン	●ライ・W2/3、L・J15m、シュガー1tsp、 ➡10タン(氷)

ハンター	●バーボン（or ライ・W）2/3、 チェリ・B 1/3、 ➡C・G
ビィル・カクテル (Byirh)	●ライ・W、ビィル、D・ベル、 各1/3、 ➡C・G
ピック・アップ	●ライ・W 2/3、F・ブランカ1/3、 アブサン3d、➡F・G（氷）（L・P）
ヒロシマ	●バーボン 2/3、D・ベル 1/3、 アブサン1d、 ➡C・G（L・P）
ファンシー	●バーボン45m、シュガー1/2tsp、 キュラソー1d、A・ビター1d、➡C・G
ブーメラン	●ライ・W、スェディッシュ・P、D・ベル、 各1/3、A・ビター、L・J、各1d、➡C・G
フォックス・リバー	●ライ・W 3/4、カカオ・L 1/4、 ピーチ・ビター4d、氷1コ、 ➡ワイン・G（L・P）
ブラック・ホーク	●バーボン、スロー・G、各1/2、 ➡C・G（マラ・チェリ）
ブラック・ローズ	●ライ・W50m、 ペイション・ビター2d、 G・シロ2d、 ➡Cha・G（氷1コ）（L・P）
ブラッド・トランスフューザー	●バーボン1/3、GF・J 2/3、 ➡C・G
フリスコ	●バーボン 2/3、ベネディク1/3、 ➡C・G（L・P）
ブリンカー	●ライ・W1/3、GF・J1/2、 G・シロ1/6、 ➡C・G

フルー (Flu)	●ライ・W1G (60m)、 ジンジャー・ブランデー7m、 キャンディ・シロ7m、ジンジャー1d、 ➡タンブラー (No Ice)
ブルックリン	●ライ・W 2/3 、D・ベル1/3 、 A・ピコン1d、マラスキ1d、➡C・G
ブルックリン (ラルース)	●ライ・W、S・ベル、各1/2、 A・ピコン1d、マラスキ1d、➡C・G
ブルネット	●ライ・W or バーボン30m、 モカ・L30m、生クリーム30m、 シュガー1/2tsp 、➡サワー・G
ブルボネラ	●バーボン3/5 、T・セック1/5、 D・ベル1/5、G・シロ1d、➡C・G
フレンチ・キス	●バーボン2/3 m、アプリ・B 1/3 m、 L・J1tsp 、G・シロ2tsp、➡C・G
ヘヴン・トゥナイト	●バーボン10m、アマレット10m、 カルーア10m、バナナ・L5m、 ココナッツ・L10m、 ➡フルート・G
ペリー(シャンパン)・ サイダー・ハイボール	●スコッチ60m、➡ゴブレ（氷、 サイダー or ペリエUp）
ポート・ライト (フローズン)	●バーボン40m、L・J20m、 ハニー・シロ2tsp 、卵白1コ、 （クラッシュ）➡ピルスナー・G （ミント・リーフ、ストロー）

ボストン・フリップ	●ライ・W30m、マデラ・ワイン30m、 シュガー 1tsp 、卵黄 1 コ、 ➡ワイン・G（氷）（ナツ・メグ）
ボストン・フリップ （ラルース）	●ライ・W40m、マデラ・ワイン 40m、シュガー 2tsp、卵黄1コ、➡Cha・G（ナツ・メグ）
ホット・デッキ	●ライ・W 3/4、S・ベル 1/4、 ジンジャー 1 d、 ➡C・G
マウンテン	●ライ・W 3/6、D、S・ベル、L・J、 各 1/6、卵白 1 コ、➡Cha・G
マッキンレーズ・デライト	●ライ・W or バーボン 2/3、 S・ベル 1/3、チェリ・B 2 d、 アブサン 1 d、 ➡C・G
マミーズ・サザン・シスター （別名：バーボン・バック）	●バーボン 4 5 m、 L・J（or ライム・J）20m、 ➡10 タン（氷、G・エール Up）
マミー・テイラー （別名：スコッチ・バック）	●※スコッチ・バックの別名。
マミーズ・シスター （※別名：ジン・バック）	●※ジン・バックの別名。
スージー・テイラー （別名：ラム・バック）	●※ラム・バックの別名。
マンハセット	●ライ・W50m、S、D・ベル、 各 5 m、L・J 1tsp 、 ➡C・G
マンハッタン	●ライ・W 3/4、S・ベル1/4 、 A・ビター1 d、➡C・G（マラ・チェリ）

マンハッタン (ミディアム)	●ライ・W 2/3、D・ベル 1/6、S・ベル 1/6、➡C・G(マラ・チェリ)
パーフェクト・マンハッタン	●ライ・W 3/4、D、S・ベル、各 1/8、➡C・G(マラ・チェリ)
マンハッタン・フレンチ	●ライ・W2/3、D・ベル1/3、コアントロー1d、A・ビター1d、➡C・G(マラ・チェリ)
ミリオネーア (USA)	●バーボン(or ライ・W) 3/4、W・キュラ1/4、G・シロ 2tsp、卵白1コ、➡C・G(大)
ミリオネーア (サボイ)(※ラム・ベース)	●※ライト・ラム、スロー・G、アプリ・B、ライム・J、各1/4、G・シロ1d、➡C・G
ミリオネーア (※ブランデー・ベース)	●※ブランデ8/9、コアントロー1/9、クレーム・ノワヨー2d、アーモンド・シロ1d、A・ビター1d、➡C・G
ミリオネーア (※ジン・ベース)	●※D・ジン2/3、アブサン1/3、アニゼット1d、卵白1コ ➡C・G
ミント・ジュレップ	●➡コリンズ(シュガー2tsp を入れてミント・リーフをつぶして氷とバーボン60m を入れ、ソーダをUpする)(L・S、マラ・チェリ、ミント・リーフ、ストローを飾る)
メープル・リーフ	●バーボン4/5、L・J1/5、メープル・シロ 1tsp、➡C・G

モーニング・グローリー（サボイ）	●ライ・W30m、ブランデ30m、キュラソー2d、アブサン1d、シュガー1tsp、A・ビター2d、L・P1コ ➡**8タン**（ソーダUp）
モーニング・グローリー（ラルース）（※スコッチ・ベース）	●※スコッチ40m、卵白1コ、シュガー1tsp、➡**コリンズ**（氷、ソーダUp）
モーニング・グローリー（※ブランデー・ベース）	●※ブランデ30m、L・J15m、キュラソー15m、A・ビター2d、パスティス2d、シュガー1tsp、➡**10タン**（氷、ソーダUp）（らせんレモン）
モーニング・グローリー・フィズ（※スコッチ・ベース）	●※スコッチ40m、L・J30m、卵白1コ、シュガー1tsp、アニゼット1d、➡**コリンズ**（氷、ソーダUp）（L・S、マラ・チェリ）
モンテカルロ	●ライ・W3/4、ベネディク1/4、A・ビター2d、➡**C・G**（L・P or O・P）
モンテカルロ（サボイ）（※ジン・ベース）	●※D・ジン1/2、ミント・1/4、L・J1/4、➡**フルート・G**（シャンパンUp）
ライ・アンド・ライ	●ライ・W40m、D・ベル40m、A・ビター2d、➡**F・G**（氷）
ライ・ウィスキー・カクテル	●ライ・W1G（60m）、シュガー1tsp、A・ビター1d、➡**C・G**（マラ・チェリ）
ライ・レーン	●ライ・W、T・セック、O・J、各1/3、ノワヨー2d、➡**C・G**
ラッセル・ハウス	●ライ・W1G（60m）、ブラック・ベリー・ブランデー3d、シュガー2d、O・ビター2d、➡**C・G**

ラトル・スネーク	●ライ・W40m、 L・J（コーディアル）10m、 卵白1/2コ、アブサン1d、 ➡C・G or F・G（氷）
リシュリュー	●バーボン2/3、 デュボネ（ブロンド）1/3、 ベェイュ・キュール1tsp、 ➡F・G（氷）（O・P）
リベラル	●ライ・W2/3、S・ベル1/3、 A・ピコン1d、 ➡C・G
ルビー	●バーボン3/10、チェリ・B3/10、 D・ベル4/10、A・ビター2d、 ライム・J2d、 ➡C・G（ライム・S、マラ・チェリ）
レッド・スキン	●バーボン2/3、D・ベル1/3、 A・ビター2d、 ➡C・G
レディ・ベル	●ライ・W or バーボン1/3、 生クリーム1/3、アプリ・B1/6、 カカオ・L1/6、G・シロ2tsp、 ➡C・G
レディーズ (Ladies)	●バーボン40m、ペルノー1/2tsp、 アニゼット1/2tsp、 A・ビター1d、 ➡C・G〈G・フルーツ〉
レディーズ・ドリーム	●バーボン3/10、 コアントロー3/10、 フレーズ・デ・ボワ3/10、 生クリーム1/10、 ➡C・G

レディズ・カクテル	●ライ・W1G（60m）、アブサン、アニゼット、A・ビター、各2d、➡C・G（パイン）or F・G（パイン）
ロゥ・ヒル	●ライ・W2/3、D・ベル1/3、アブサン1d、マラスキ1d、A・ビター1d、➡C・G
ローズ・マリー	●ライ or バーボン 1/2、D・ベル1/2、➡C・G
ローン・レイン・クーラー	●ライ・W60m、O・J1/2コ、L・J 1/2コ、A・ビター1d、マルニック（Marnique）1/4メジャー、➡ 10タン（氷、G・エールUp）
ロス・アンジェルス	●ライ・W3/4、L・J1/4、S・ベル1d、シュガー1tsp、全卵1コ、➡Cha・G
ロス・アンジェルス（ラルース）	●バーボン3/4、L・J1/4、シュガー1tsp、全卵1コ、➡Cha・G
ロック・アンド・ライ（Ⅰ）	●ライ・W1G（60m）、ロック・キャンディ1コを溶かす、（L・J1コ）、➡C・G
ロック・アンド・ライ（Ⅱ）	●ライ・W1G（60m）、ロック・キャンディ・シロ2tsp、➡ ショット・G
ワード・エイト	●ライ・W1/2、L・J1/4、O・J 1/4、G・シロ2d、➡C・G
ワイキリ（フローズン）	●バーボン40m、T・セック10m、L・J20m、G・シロ1tsp、（クラッシュ）➡Cha・G
ワン・ツー・スリー（※別名：オルソン）	●バーボン2/3、生くりーム1/3、ハニー1tsp、C・G（ナツ・メグ）

Brandy

ブランデーとは?

本来はブドウを発酵して蒸留した酒に付けられた名称であったが、現在では果実を発酵させ、蒸留した酒全般を指す。狭義ではフルーツを蒸留した酒はフルーツ・ブランデーと呼ばれ、一般的にはワインを蒸留させ熟成させた酒のことをいう。中でもフランスのコニャック地方で厳しい統制のもとに造られるブランデーはコニャックと呼ばれ、最高級のブランデーとして世界中で愛飲されている。サイドカーをはじめ、有名カクテルの材料として欠かせないスピリッツである。

他にアルマニャック、フレンチ・ブランデー、オー・ド・ヴィー・ド・ヴァン、マール、イタリアのグラッパ、ギリシャのメタクサなどが有名。

アダム・アンド・イブ	●コニャック、D・ジン、フォービドン・フルーツ・L、各1/3、　➡C・G
アトム・ボム	●ブランデ、アブサン、各1/2、➡C・G
アトランティック・コニャック	●ブランデ30m、クレーム・カフェ15m、➡コリンズ（氷、O・JをUp）
アフタヌーン	●ブランデ20m、マラスキ20m、F・ブランカ20m、➡10タン（氷、ソーダUp）（O・S、ストロー）
アメリカン・ビューティ（サボイ）	●ブランデ、D・ベル、G・シロ、O・J、各1/4、ミント・W1d、➡C・G（P・ワインをフロート）
アメリカン・ビューティ（ラルース）	●ブランデ、D・ベル、O・J、G・シロ、各1/4、ミント・G1d、➡C・G（P・ワインをフロート）
アメリカン・ビューティ・スペシャル（ラルース）	●ブランデ、コアントロー、ラム、各1/3、➡Cha・G（L・P）
アメリカン・ローズ	●ブランデ1G（60m）、ペルノー1d、G・シロ1d、桃1/2コ、➡フルート・G（クラッシュ、シャンパンUp）
アラゴ	●ブランデ、バナナ・L、生クリーム、各1/3、➡C・G

アレキサンダー	●ブランデ2/4、カカオ・L（D）1/4、生クリーム1/4、➡C・G（ナツ・メグ）
アレキサンダー（ラルース）	●ブランデ、カカオ・L（D）、生クリーム、各1/3、➡C・G（ナツ・メグ or ココア・パウダー）
アレキサンダー・シスター（※ジン・ベース）	●※D・ジン2/4、ミント・G 1/4、生クリーム1/4、➡C・G（ナツ・メグ）
アレキサンダー・シスター（ラルース）	●ブランデ2/4、コーヒー・L1/4、生クリーム1/4、➡C・G（ナツ・メグ）
アレキサンダー・ベービー	●※アレキサンダーのブランデーをラムに替える。
バーバラ（※ウォッカ・ベース）	●※アレキサンダーのブランデーをウォッカに替える。
プリンセス・メリー（※ジン・ベース）	●※アレキサンダーのブランデーをジンに替える。
アレキサンダー・ボーイ（HBA 木原 均 作）	●コニャック1/2、カルーア1/4、生クリーム1/4、➡C・G
アレキシス・ヘック	●コニャック2/5、G・マニエ1/5、ペール・ブラン1/5、D・ベル1/5、➡C・G
アンバサダー	●ブランデ2/3、キュラソー1/3、G・シロ1tsp、卵白1/2コ、➡C・G
アンバサダー（※テキーラ・ベース）	●※テキーラ45m、シュガー1tsp、➡10タン（氷、O・JをUp）（O・S）

イースト・インディア（Ⅰ）	●ブランデ5/6、P・J1tsp、O・キュラ1tsp、A・ビター3d、（ラム1tsp を加えても良い） ➡C・G
イースト・インディア（Ⅱ）	●D・ベル、S・シェリー、各1/2、A・ビター1d、➡C・G
イエス・アンド・ノー	●ブランデ60m、キュラソー4d、卵白1コ、➡Cha・G（ナツ・メグ）
イオランス	●ブランデ1/3、リレー1/3、G・マニエ1/6、O・J1/6、O・ビター3d、➡C・G
イッチビーン (Ichbien)	●ブランデ3/4、O・キュラ1/4、卵黄1コ、ミルク60m、 ➡ワイン・G（ナツ・メグ）
インターナショナル	●ブランデ、シャルト（G）、各1/2、D・ジン1tsp、P・J1tsp、➡C・G（L・P）
ウィープ・ノー・モァ (Weep no more)	●ブランデ、デュボネ、各1/2、マラスキ3d、ライム・J1/2コ、➡C・G
ウイッチ・ウェイ (Which way)	●ブランデ、アニゼット、アブサン、各1/3、➡C・G
ウイップ (Whip)	●ブランデ1/2、S・ベル1/4、D・ベル1/4、アブサン1d、キュラソー3d、➡C・G

名称		材料
ウイリー・スミス	シェーカー	●ブランデ2/3、マラスキ1/3、L・J1d、 ➡C・G
ウォーター・バリィ	シェーカー	●ブランデ60m、L・J1/4コ、G・シロ2d、卵白1コ、 ➡C・G
ウォリックス・スペシャル	シェーカー	●ブランデ、生クリーム、各1/2、シュガー1/2tsp、G・シロ2d、卵白1コ、 ➡C・G
エスキモー	シェーカー	●ブランデ2/3、バニラ・アイス1/3、マラスキ1d、キュラソー1d、 ➡ワイン・G
エッグ・ノッグ	シェーカー	●ブランデ30m、D・ラム15m、全卵1コ、シュガー2tsp、 ➡10タン(ミルクUp)
エピキュリアン	シェーカー	●ブランデ4/7、D・ベル2/7、キュンメル1/7、A・ビター1d、➡C・G
エリス	グラス	●ブランデ60m、A・ビター2d、ストレーガ1d、➡10タン(氷、G・エールUp)(らせんレモン)
エンジェル・ハーベスト (H.B.A 木原均 作)	シェーカー	●コニャック30m、アプリ・B15m、GF・J15m、G・シロ1tsp ➡C・G (マラ・チェリ)

オールドマンズ・ミルク Auld Man's milk	●コニャック30m、ラム30m、全卵1コ、シュガー1tsp、H・ミルク120m、シェーカーを（暖めておく）➡H・G(ナツ・メグ)
オッド・マッキンティル	●ブランデ、コアントロー、リレー、L・J、各1/4、 ➡C・G
オリンピック (1900年ホテルリッツ創作)	●ブランデ、O・キュラ、O・J、各1/3、 ➡C・G
カカトゥズ	●ブランデ4/10、バナナ・L 1/10、マンダリン・L2/10、O・J 2/10、L・J1/10、G・シロ1d、➡C・G（O・S、マラ・チェリ、ミント・リーフ）
ガゼット	●ブランデ、S・ベル、各1/2、L・J3d、シュガー3d、 ➡C・G
カフェ・キルッシュ	●コニャック、キルッシュ、アイス・コーヒー、各1/3、➡C・G
カリメロ	●ブランデ30m、G・マニエ10m、ティア・マリア10m、O・J30m、L・J3d、卵白1tsp、➡Cha・G（O・S）
カルナバル ('48、イギリス大会入賞)	●ブランデ30m、アプリ・B 20m、リレー（or D・ベル）30m、キルッシュ1d、O・J1d、➡サワー・G
カレドニア	●ブランデ、カカオ・L、ミルク、各1/3、ビター1d、卵黄1コ、L・P1コ、➡Cha・G（シナモン）

キオキ・コーヒー	●ブランデ15m、H・コーヒー120m、コーヒー・L30m、➡ **コーヒー・カップ**（軽くステアしてホイップ・クリームをフロートする）
キス・フローム・ヘブン	●ブランデ、ドランブイ、D・ベル、各1/3、 ➡C・G
キック・イン・ザ・パンツ	●ブランデ1/3、バーボン1/3、L・J1d、コアントロー1d、➡C・G
キャロル（別名：ブランデー・マンハッタン）	●ブランデ2/3、S・ベル1/3、 ➡C・G（マラ・チェリ）
キューバン・カクテル	●ブランデ2/4、アプリ・B1/4、ライム・J1/4、 ➡C・G
キューバン（ラルース）	●ブランデ4/7、アプリ・B2/7、ライム・J 1/7、 ➡ C・G
キュラソー・カクテル	●ブランデ5m、ジン5m、ダーク・キュラ25m、O・J25m、 ➡C・G（O・ビター）
キンダン(別名：ヒミコ)（1983、上田和男 作）	●コニャック5/6、アマレット1/6 ➡ **ゴブレ**（クラッシュ）
クィーン・エリザベス	●ブランデ、S・ベル、各1/2、O・キュラ1d、 ➡C・G
クィーン・エリザベス（※ジン・ベース）	●※D・ジン1/2、コアントロー1/4、L・J1/4、アブサン1d ➡C・G
クィックリー	●ブランデ、アニゼット、各1/2、キュラソー3d、A・ビター1d、C・G

カクテル名	技法	レシピ
クェーカーズ・カクテル	シェーク	ブランデ2/6、W・ラム2/6、L・J1/6、ラズベリー・シロ or G・シロ1/6、 ➡ C・G
クラシック	シェーク	ブランデ3/6、O・キュラ1/6、マラスキ1/6、L・J1/6、➡ C・G（シュガー・スノー）
グリーン・グラス (HBA木原 均 作)	シェーク	コニャック30m、メロン・L10m、B・キュラ10m、GF・J10m、L・J 1tsp、 ➡ C・G
グリーン・ルーム	シェーク	ブランデ1/3、D・ベル2/3、キュラソー2d、➡ F・G（氷）(or C・G)
クリス	ビルド	ブランデ50m、D・ベル10m、アマレット10m、L・J5m、シュガー1/2tsp、 ➡ コリンズ（氷、トニック・WUp）(L・S、マラ・チェリ)
グレナディア	シェーク	ブランデ2/3、ジンジャー・ビール1/3、ジンジャー1d、シュガー1tsp、 ➡ C・G
クロース・エンカウンターズ (フローズン)	ブレンダー	ブランデ30m、O・キュラ15m、O・J120m、イチゴ4コ、A・ビター1d、(クラッシュ) ➡ ゴブレ(O・S、イチゴ)

|---|---|---|
クロス・オーバー・ラブ (HBA 木原均 作)	シェーカー	レミー VSOP 30m、O・キュラ 15m、G・シロ 5m、L・J 10m、➡C・G (マラ・チェリを飾る)
ケル・ヴィー	ステア	ブランデ 2/3、キュンメル 1/3、➡C・G
コーヒー・カクテル	シェーカー	ブランデ、コアントロー、コーヒー、各 1/3、➡C・G
コーヒー・カクテル (サボイ)	シェーカー	ブランデ 1/6、P・ワイン 1/3、O・キュラソー 1d、卵黄 1コ、シュガー 1tsp、➡C・G(ナツ・メグ)
コープス・リバイバー (I)	ステア	ブランデ 2/4、カルバドス 1/4、S・ベル 1/4、➡C・G (L・P を飾る)
コープス・リバイバー (II) (ラルース)	シェーカー	ブランデ 30m、L・J 30m、O・J 30m、G・シロ 2d、➡ サワー・G(シャンパン Up)(L・S)
コープス・リバイバー (III) (ラルース)(※ジン・ベース)	シェーカー	※D・ジン、コアントロー、キナ・リレー、L・J、各 1/4、ペルノー 1d、➡C・G
コープス・リバイバー (IV) (ラルース)(※ジン・ベース)	シェーカー	※D・ジン、コアントロー、キナ・リレー、L・J、各 1/4、➡C・G
コープス・リバイバー (V) (ラルース)(※リキュール・ベース)	シェーカー	※F・ブランカ、ミント・W、各 1/2、➡C・G
ゴールデン・グリーム	シェーカー	ブランデ 30m、G・マニエ 30m、L・J 15m、O・J 15m、サワー・G

コールデン・メダイヨン	●ブランデ、ガリアーノ、O・J、各1/3、卵白1d、➡C・G(O・P)
コールド・デッキ	●ブランデ1/2、ミント・W1/4、S・ベル1/4、➡C・G
コニャック・オレンジ	●コニャック40m、O・J80m、➡F・G(クラッシュ)(O・S、ストロー)
コニャック・カクテル	●コニャック、L・J、各1/2、コアントロー、A・ビター、各1d、➡C・G
コニャック・ペリノ	●コニャック40m、バナナ・L20m、パッション・L20m、ファラナム10m、O・J10m、フロジー2d、➡Cha・G
コニャック・ミント・フラッペ	●コニャック、ミント・G、各30m、➡10タン(クラッシュ)(ミント・リーフ)
コロネーション	●ブランデ2/3、キュラソー3d、ピーチ・ビター1d、ミント1d、➡C・G
コロネーション (シェリー・ベース)	●※シェリー、D・ベル、各1/2、O・ヒッター2d、マラスキ1d、➡C・G
サー・ウォルター	●ブランデ1/3、ラム1/3、G・シロ、キュラソー、L・J、各1tsp、➡C・G
サード・レール(I) (※ベルモット・ベース)	●※D・ベル1G(60m)、キュラソー1d、ミント・W1d、➡C・G
サード・レール(II)	●ブランデ、アップル・B、B・ラム、各1/3、アブサン1d、➡C・G
サイドカー	●ブランデ2/4、コアントロー1/4、L・J1/4、➡C・G

酒とバラの日々 (HBA木原 均 作)	●マーテルVSOP 30m、 チンザノ・ロゼ20m、 カシス・L10m、L・J 1tsp 、 ➡C・G
サマー・ファン	●ブランデ30m、バナナ・L15m、 P・J 90m、O・J90m、 ➡ 10タン(氷)(イチゴ、スト ロー)
サラトガ	●ブランデ60m、マラスキ2d、 A・ビター2d、P・J5m、 ➡Cha・G (ソーダを少々加え る)
サンセット	●オレンジの実、ピーチ、アプリコッ ト1コをブランデ10m、キルッシュ 1dに漬けておき、シェイカーに入 れ、W・ワイン5m、ジン15m、 D・ベル10mを加えて、 ➡C・G
サンダー	●ブランデ1G(60m)、 シュガー1tsp 、卵黄1コ、 カイエン・ペッパー(唐辛子)1巻き、 ➡C・G
サンダー・アンド・ライトニング	●ブランデ1G(60m)、 シュガー1tsp 、卵黄1コ、➡C・G (カイエン・ペッパーをフロート)
サンダー・クラップ	●ブランデ、ウィスキー、D・ジン、 各1/3、C・G

カクテル名		レシピ
シカゴ	シェーカー	●ブランデ45m、O・キュラ2d、A・ビター1d、(シュガー・スノー) ➡ フルート・G(シャンパンUo)
シティ・スリッカー	シェーカー	●ブランデ2/3、キュラソー1/3、アブサン1d、 ➡C・G
ジャージー・ライトニング	シェーカー	●ブランデ1/2、アップル・B 1/4、S・ベル1/4、A・ビター1d、➡C・G
シャンゼリゼ	シェーカー	●コニャック3/5、シャルト(Y)1/5、L・J1/5、A・ビター1d、 ➡C・G
シャンパン・カップ	グラス	●ブランデ5m、W・キュラ1tsp、マラスキ1d、G・マニエ1d、シュガー1d、 ➡Cha・G(シャンパンUp)
シャンパン・サイドカー	シェーカー	●ブランデ2/4、コアントロー1/4、L・J1/4、➡ Cha・G(シャンパンUp)
ジョージア・ミント・ジュレップ	グラス	●ブランデ40m、アプリ・B 40m、シュガー2tsp、➡ ミント・リーフをグラスでつぶし タンブラー(クラッシュ)(ミント・リーフ、L・S、ストロー)
スィート・エデン	シェーカー	●ブランデ4/10、ティア・マリア3/10、B・キュラ1/10、O・J 2/10、➡C・G(O・S1/2、マラ・チェリ)
スウィーニーズ	シェーカー	●ブランデ3/4、P・J1/4、A・ビター3d、マラスキ1d、➡C・G
ズーム・カクテル	シェーカー	●ブランデ2/4、ハニー1/4、生クリーム1/4、➡C・G

スクープ	●ブランデ、アップル・B、ライト・ラム、各1/3、G・シロ2tsp、アプリ・B1d ➡Cha・G（クラッシュ）
スティンガー	●ブランデ2/3、ミント・W1/3、➡C・G
スティンガー・ロイヤル	●ブランデ2/3、ミント・W 1/3、ペルノー2d、➡C・G
ウォッカ・スティンガー（※ウォッカ・ベース）	●※スティンガーのブランデーをウォッカに替える。(別名：ホワイト・スパイダー)
ホワイト・ウィングス（※ジン・ベース）	●※スティンガーのブランデーをジンに替える。(別名：ホワイト・ウェイ)
ストマック・リバイバー	●ブランデ1/3、キュンメル1/3、F・ブランカ1/6、A・ビター1/6、➡C・G
ストロベリー・カクテル	●ブランデ45m、イチゴ・J(12コ分)、O・J1d、➡C・G(イチゴ)
スペシャル・ラフ	●ブランデ、アップル・J、各1/2、アブサン1d、➡C・G
スマイリング	●ブランデ10m、ドライ・ワイン70m、G・エール30m、➡Cha・G（O・S、マラ・チェリ、マドラー）
スラム（Ⅱ）	●ブランデ1/3、コアントロー1/3、アプリ・B1/6、ライム・J1/6、➡C・G
スラム（Ⅰ）（※ジン・ベース）	●※D・ジン、1/2、ブランデ1/2、アプリ・B、3d、L・J3d、➡C・G
スリー・ミラー	●ブランデ2/3、B・ラム1/3、L・J 1d、G・シロ1tsp、➡C・G

Brandy Base

スリーピー・ヘッド	●ブランデ60m、ミント・リーフ4枚、O・P1コ、➡10タン（氷、G・エールUp）
スレッジ・ハンマー	●ブランデ、アップル・B、ライト・ラム、各1/3、アブサン1d、➡C・G
スレッジ・ハンマー（※ウォッカ・ベース）	●※ウォッカ5/6、ライム・J（コーディアル）1/6、➡C・G
スロー・ブランデー	●ブランデ60m、スロー・G10m、➡F・G（氷）（L・P）
スロッピー・ジョー	●ブランデ、P・ワイン、P・J、各1/3、G・シロ1d、キュラソー1d、➡C・G
スワン・ソング	●ブランデ、アップル・B、O・J、各1/3、G・シロ2d、➡C・G
惜秋（'81、上田和男 作）	●コニャック2/4、ミラベル（すもも・L）1/4、ライム・J1/4、B・キュラ1tsp、➡C・G（もみじの葉）
ソーシー・スー	●ブランデ、アップル・B、各1/2、アブサン、アプリ・B、各1d、➡C・G（O・P）
ソワイオー・シャンパン	●アイスクリーム30m、ブランデ、マラスキ、キュラソー、各2d、➡10タン（シャンパンUp）（P・S or O・S、チェリー or イチゴ）
ダイナマイト	●G・マニエ30m、ブランデ30m、O・J60m、➡フルート・G（シャンパンUp）（O・S、マラ・チェリ）

ダブル・トラブル	ブランデ2/3、D・ベル1/3、G・シロ4 d、A・ビター1 d、➡C・G
タンタラス	ブランデ、フォービドン・F・L、L・J、各1/3、➡C・G
ダンヒル'71 (ラルース)('91、ロンドン大会1位)	ブランデ30m、ロイヤル・オレンジ・チョコレート・L30m、バナナ・L30m、➡Cha・G
チェリー・ブロッサム	ブランデ、チェリ・B、各1/2、O・キュラ、G・シロ、L・J、各2d、➡C・G
チェリー・ブロッサム (サボイ)	ブランデ20m、チェリ・B 30m、G・シロ5m、L・J5m、キュラソー5m、➡Cha・G
チャールス	ブランデ、S・ベル、各1/2、A・ビター1 d、➡C・G
チョコレート・ソルジャー(ラルース) ('49イギリス、トーキー大会入賞)	ブランデ、D・ベル、カカオ・L、各1/3、O・ビター2 d、➡C・G
ティア・エッグ・ノッグ	コニャック15m、ティア・マリア30m、ミルク30m、全卵1コ、➡ 10タン(氷)(ナツ・メグ)
ディアボロ	ブランデ、D・ベル、各1/2、キュラソー3 d、A・ビター2 d、➡C・G(マラ・チェリー)
ティー・エヌ・ティー(T.N.T)	ブランデ2/3、コアントロー1/3、A・ビター1d、パスティス1d、➡C・G

Brandy Base

ディビス・ブランデー	●ブランデ2/3、D・ベル1/3、G・シロ4d、A・ビター1d、➡C・G
デビル	●ブランデ2/3、ミント・G1/3、➡C・G(レッド・ペッパーをフロート)
デプス・チャージ・ブランデー	●ブランデ25m、アップル・B25m、G・シロ5m、L・J10m、➡C・G
デプス・ボム	●ブランデ、カルバドス、各1/2、L・J1tsp、G・シロ4d、➡C・G
デュービル	●ブランデ、アップル・B、コアントロー、L・J、各1/4、➡C・G
トゥルー・ラブ (H.B.A 木原均 作)	●コニャック30m、マルティーニ・ロゼ10m、ドルフィン・フレーズ10m、L・J10m、G・シロ1tsp、➡C・G
トッパー	●ブランデ、アプリ・B、ミント・W、各1/3、アブサン1d、➡C・G
トップス・スマイル	●ブランデ6/8、チェリ・B1/8、ドランブイ1/8、アニゼット1d、O・J2d、L・J2d、➡C・G
トム・アンド・ジェリー	●ブランデ30m、ラム30m、全卵1コ、シュガー2tsp、➡**H・グラス**(お湯を足す)(ナツ・メグ)
ドラゴン	●ブランデ2/4、アマレット1/4、プンテメス1/4、ピーチ・B2d、➡C・G(マラ・チェリ、O・S)

ドリーム	●ブランデ2/3、O・キュラ1/3、ペルノー1d、➡C・G
トルペド	●ブランデ1/3、アップル・B2/3、ジン1d、➡C・G
ドローレス (※ラム・ベースもある)	●ブランデ、チェリ・B、カカオL、各1/3、卵白1コ、➡C・G(マラ・チェリ)
ナイト・キャップ	●ブランデ、アニゼット、O・キュラ、各1/3、卵黄1コ、➡C・G(※ブランデーをラムにしてホットも可)
ナンシー	●ブランデ1/4、ベネディク1/4、P・ワイン(白)1/2、➡F・G(氷)(O・P)
ニコラスキー (※ニコラシカともいう)	●ブランデ1G(60m)、ショット・G(L・Sにグラ糖を盛ってグラスに乗せる)
ニックス・オウン	●ブランデ、S・ベル、各1/2、A・ビター1d、➡C・G(マラ・チェリ、L・P)
ニュー・ファッションド	●ブランデ50m、➡F・G(先に氷を入れ、A・ビターで湿らせてソーダを少々、注いでおく)(O・S、L・S、マドラー)
ニュートンズ・スペシャル	●ブランデ3/4、コアントロー1/4、A・ビター1d、➡C・G
ハーキュリーズ	●ブランデ30m、アマレット30m、G・シロ10m、O・J60m、➡10タン(氷)(O・S、L・P、マラ・チェリ)

バーニー・バルナット	●ブランデ、カペリティフ、各1/2、キュラソー1d、A・ビター1d、➡C・G
ハーバード (別名：ムーン・ライト)	●ブランデ、S・ベル、各1/2、 A・ビター2d、シュガー1d、➡C・G
バイ ライン	●ブランデ2/3、スロー・G1/3、 ➡C・G（L・P）
ハイ・ライフ	●ブランデ1/2、 コーディアル・メドック1/4、 アプリ・B1/8、ライム・J1/8、 ➡C・G
ハイハット	●ブランデ、GF・J、各1/2、 シュガー3d、➡C・G
パッセンジャー・リスト	●ブランデ、シャルト（Y）、 バイオレット・L、D・ジン、 各1/4、アブサン1d、➡C・G
バナナ・ブリス	●ブランデ30m、バナナ・L 30m、 ➡F・G（氷）
バナナ・ブリス (ラルース)	●ブランデ、バナナ・L、各1/2 ➡C・G （※生クリームを足すとアラゴというカクテルになる）
バルティモア・ブレイザー	●ブランデ、アニゼット、 各1/2、卵白1コ、➡C・G
バンダービルト (ラルース)	●ブランデ、チェリ・B、各1/2、 A・ビター2d、シュガー2d、 ➡C・G（L・P、マラ・チェリ）

バンダー・ビルト (サボイ)	●ブランデ3/4、チェリ・B 1/4、A・ビター2 d、シュガー3 d、**➡C・G**
ビー・アンド・ビー (B&B)(ブース)	●ベネディク、ブランデ、各1/2、**➡ リキュール・G**
ピーター・タワー	●ブランデ2/3、ライト・ラム1/3、キュラソー1tsp 、G・シロ 1tsp 、L・J 1tsp 、 **➡C・G**
ビッグ・バッド・ウルフ	●ブランデ2/3、O・J 1/3、G・シロ 1tsp、卵黄 1 コ、**➡C・G**
ビッグ・ボーイ	●ブランデ1/2、コアントロー1/4、シトロン・シロ1/4、 **➡ C・G**
ピック・ミー・アップ	●ブランデ30m、G・マニエ10m、O・J 1/2コ、G・シロ 1d 、**➡ フルート・G**(シャンパンUp)(C・オレンジ、C・レモン、マラ・チェリ、ストロー)
ビトゥイン・ザ・シーツ	●ブランデ、W・ラム、W・キュラ、各1/3、L・J1tsp 、 **➡C・G**
ピピ・ロング・ドリンク	●コニャック40m、アプリ・B 40m、クレマンティーヌ・J (O・J) 1 コ、卵白 1 コ、**➡10 タン**(氷、L・スカッシュ Up)
ビリー・ハミルトン	●ブランデ、O・キュラ、カカオ・L(D)、各1/3、卵白1コ、 **➡C・G**
ファンシー	●コニャック50m、A・ビター1/2tsp、シャンパン少々、**➡ フルート・G**(L・P でグラスの縁を濡らしてレモン・シロを1/2tsp を入れておく)

フィービ・スノウ	●ブランデ、デュボネ、各1/2、アブサン1d、➡C·G
ブースター	●ブランデ60m、キュラソー4d、卵白1コ、➡Cha·G（ナツ·メグ）
フーピー	●ブランデ、A・ジャック、アブサン、各1/3、➡C·G
プープ・デッキ	●ブランデ1/4、P・ワイン1/4、ブラックベリー・B 1/2、➡C·G
フープラ	●ブランデ、コアントロー、リレー、L・J、各1/4、➡C·G（※フランク・サリバンと同レシピ）
フェイバリット	●ブランデ30m、D·ジン30m、L·J30m、G·シロ10m、➡Cha·G（L·S）
フェルネ	●ブランデ、F·ブランカ、各1/2、A·ビター1d、シュガー2d、➡C·G
フォー・スコア	●ブランデ1/2、キナ·リレー1/3、シャルト（Y）1/6、➡C·G（L·P）
ブザム・カレッサー	●ブランデ2/3、O·キュラ1/3、G·シロ1tsp、卵黄1コ、➡C·G
ブラック·パコダ	●ブランデ1/2、マラガ・ワイン1/2、➡C·G
フランク・サリバン	●ブランデ、コアントロー、リレー、L・J、各1/4、➡C·G（※フープラと同レシピ）

ブランデー・ベース

ブランデー・アレキサンダー・ミルク・パンチ	●コニャック30m、カカオ・L15m、ミルク180m、➡**コリンズ**（氷）（ナツ・メグ、ストロー）
ブランデー・エッグ・ノッグ	●ブランデ4/10、ミルク5/10、シュガー1/10、卵黄１コ、➡**10タン**（ナツ・メグ）
ブランデー・カクテル（Ⅰ）	●ブランデ1G（60m）、W・キュラ2d、A・ビター1d、➡**C・G**
ブランデー・カクテル（Ⅱ）（ラルース）	●ブランデ1G（60m）、O・キュラ1d、A・ビター1d、➡**C・G**（らせんレモン、マラ・チェリ）
ブランデー・カクテル（Ⅲ）（ラルース）	●ブランデ3/4、ベネディク1/4、A・ビター1d、➡**C・G**（マラ・チェリ）
ブランデー・ガンプ	●ブランデ4/5、L・J1/5、G・シロ2d、➡**C・G**
ブランデー・クラスタ	●ブランデ60m、マラスキ1tsp、L・J1tsp、A・ビター1tsp、➡**ワイン・G**（シュガー・スノー）（らせんレモン）
ブランデー・コブラー	●ブランデ60m、O・キュラ1tsp、シュガー1tsp、➡**ゴブレ**（クラッシュ、水を少量加える）（季節のフルーツ、ストロー）

※ウィスキー・コブラー (※ウィスキー・ベース他)	●※ブランデー・コブラーのブランデーをウィスキーに替える。(ジン、ラム、シェリー、ワイン等に替えても良い)
ブランデー・シャンパレル	●ブランデ40m、キュラソー40m、A・ビター3d、➡Cha・G
ブランデー・スカッファ	●ブランデ、マラスキ、各1/2、➡ リキュール・G(先にA・ビターを湿らせておく)
ブランデー・ディジー	●ブランデ60m、L・J15m、G・シロ10m、➡F・G(氷)(リンゴ、桃、杏を各1/4コ、飾る)
ブランデー・トディ	●ブランデ80m、シュガー1tsp、水10m、➡F・G(氷)(L・S)
ブランデー・フィックス (Ⅰ)	●ブランデ30m、チェリ・B 30m、L・J 1/2コ、シュガー1tsp、水1tsp、➡F・G(氷)(L・S、ストロー)
ブランデー・フィックス (Ⅱ)	●ブランデ30m、チェリ・B 30m、L・J20m、シュガー1tsp、➡ ゴブレ(クラッシュ)(L・S、ストロー)
ブランデー・フリップ	●ブランデ45m、卵黄1コ、シュガー1tsp、➡Cha・G(ナツ・メグ)
ブランデー・フリップ (ラルース)	●ブランデ60m、全卵1コ、シュガー1tsp、➡ サワー・G(ナツ・メグ)

ブランデー・ブレイザー	ブランデ1G(60m)、シュガー1tsp、O・P、L・P、➡**F・G**(火を点けて消した後、➡Br・Gに移す)
ブランデー・ブレイザー (サボイ)	ブランデ60m、L・P1コ、O・P 1コ、角砂糖1コ、➡**リキュール・G**(火を点けてステアする)
ブランデー・ブレイザー (ラルース)	ブランデ45m、カルーア60m、ザラメ1tsp、O・PとL・Pを軽く火に通して➡**サワー・G**(H・コーヒーをUp)
ブランデー・ベルモット	ブランデ2/3、S・ベル1/3、A・ビター1d、➡**C・G**
ブランデー・ミルク・パンチ	ブランデ40m、ミルク120m、シュガー1tsp、➡**ゴブレ**(氷)(ナツ・メグ)
プリンス・オブ・ウェールズ	ブランデ20m、マデラ・ワイン20m、キュラソー1tsp、A・ビター1d、➡**ワイン・G**(シャンパンUp)(O・S、マラ・チェリ)
プリンス・チャールズ	ブランデ30m、ドランブイ30m、L・J30m、➡**Cha・G**(L・S)
ブル・フロッグ	ブランデ、カカオ・L、ミント・G、生クリーム、各1/4、➡**C・G**
ブルー・トレイン (※ジン・ベース)	※D・ジン、コアントロー1/4、L・J1/4、緑野菜汁1d、➡**C・G**

Brandy Base

ブルー・トレイン・スペシャル		●ブランデ20m、P・J10m、➡Cha・G（シャンパンUp）
プレイメイト		●ブランデ20m、アプリ・B 20m、G・マニエ20m、オレンジ・シロ20m、卵白1コ、A・ビター1d、➡F・G（氷）(O・P)
ブレイン・ダスター		●ブランデ、アブサン、各1/2、A・ビター3d、➡C・G
プレスト		●ブランデ2/3、S・ベル1/6、O・J1/6、アブサン1d、➡C・G
ブレックファースト・エッグ・ノッグ		●ブランデ30m、O・キュラ15m、全卵1コ、➡10タン(ミルクUp)
ブレックファースト・ノッグ		●ブランデ40m、G・マニエ40m、全卵1コ、ミルク40m、➡10タン（氷）（ナツ・メグ）
フレンチ・ウォルナッツ		●コニャック30m、ノチェロ（クルミ・L）30m、➡Br・G（氷）
フレンチ125		●ブランデ45m、L・J 20m、シュガー1tsp、➡コリンズ（氷、シャンパンUp）
フレンチ75（※ジン・ベース）		●※フレンチ125のブランデーをD・ジンに替える。
フレンチ95（※バーボン・ベース）		●※フレンチ125のブランデーをバーボンに替える。
フロープ		●ブランデ、S・ベル、各1/2、ベネディク3d、➡C・G

名称		材料
ブロック・アンド・フォール	シェーカー	ブランデ2/6、W・キュラ2/6、アップル・B1/6、ペルノー1/6、➡C・G
ベッツィ・ロス	グラス	ブランデ、P・ワイン、各1/2、A・ビター2d、L・J1d、➡C・G
ベネディクティン・カクテル	シェーカー	ブランデ1/2、ベネディク1/4、L・J1/4、➡C・G
ベランダ	グラス	ブランデ60m、D・ベル30m、➡コリンズ(氷、O・JをUp)(O・P)
ヘル	シェーカー	コニャック、ミント・G、各1/2、➡C・G(レッド・ペッパーを飾る)
ペンギン	グラス	ブランデ30m、コアントロー15m、L・J30m、O・J30m、➡ピルスナー・G(氷)(C・オレンジ、C・レモン、ストロー)
ホイップ	シェーカー	ブランデ、D・ベル、キュラソー、パスティス、各1/4、➡C・G
ホーセズ・ネック	グラス	ブランデ45m、➡コリンズ(らせんレモン、クラッシュ、G・エールUp)(※ブランデー以外のアルコールも可)
ホーセズ・ネック・ハイボール	グラス	ブランデ45m、A・ビター2d、➡10タン(氷、G・エールUp)(らせんレモン)
ボザム・カレッサー	シェーカー	ブランデ60m、G・マニエ30m、卵黄1コ、G・シロ1tsp ➡Cha・G

Brandy Base

ボストン・エッグ・ノッグ （※フローズン）	●マデラ・W60m、コニャック10m、ラム1tsp、シュガー1tsp、ミルク80m、（クラッシュ）➡**ゴブレ**（ナツ・メグ、ストロー）
ホット・ブランデー・エッグ・ノッグ	●ブランデ30m、D・ラム15m、シュガー 2tsp 、全卵1コ（泡立てる）➡**タンブラー**（ホット・ミルクUp）
ボニー・プリンス	●ブランデ2/3、ドランブイ1/3、ライム・J1/2コ、**C・G**（ナツ・メグ）
ボルチモワ・エッグ・ノッグ	●マデラ・ワイン30m、ブランデ15m、D・ラム15m、全卵1コ、シュガー 2tsp 、➡**10タン**（ミルクUp）
ホワイ・マリー	●ブランデ1/2、コアントロー、D・ジン、L・J、各1/6、➡**C・G**
ボンベイ	●ブランデ2/4、D・ベル1/4、S・ベル1/4、O・キュラ2d、ペルノー1d、➡**C・G**
ボンベイ （ラルース）	●ブランデ30m、D・ベル15m、S・ベル15m、O・キュラ2d、パスティス1d、➡**F・G**（氷）
ボンベイ （※リキュール・ベース）	●※カロリック・P3/4、L・J1/4、➡**C・G**

摩天楼 (HBA 木原 均 作)	●コニャック30m、コアントロー15m、L・J5m、ドルフィン・ピーチ20m、G・シロ1tsp、➡C・G
ミカド	●ブランデ45m、オルジャー・シロ、ノワヨー、キュラソー、A・ビター、各2d、➡C・G
ミセス・ソロモン	●ブランデ45m、キュラソー2d、A・ビター2d、➡C・G(ソルト・スノー)
ミリオネーア (ラルース)	●ブランデ8/9、コアントロー1/9、クレーム・ノワヨー1d、アーモンド・シロ1d、A・ビター1d、➡C・G
ミリオネーア (※ライ・ウィスキー・ベース)	●※ライ・W 1/4、W・キュラ1/4、卵白1コ、➡C・G
ミリオネーア (※ラム・ベース)	●※ライト・ラム、スロー・G、アプリ・B、ライム・J、各1/4、G・シロ1d、➡C・G
ムーラン・ルージュ	●ブランデ30m、P・J120m、➡ **コリンズ**(氷、シャンパンUp)(P・S、マラ・チェリ)
ムーン・レイカー	●ブランデ、カンキーナ(デュボネ)、ピーチ・B、各1/3、アブサン1d、➡C・G

メトロポリタン (Ⅱ)	●ブランデ2/3、S・ベル1/3、シュガー1/2tsp、A・ビター1d、➡C・G
メトロポリタン (Ⅲ)	●ブランデ、デュボネ、ミント・W、各1/3、➡C・G
モーニング	●ブランデ、D・ベル、各1/2、キュラソー、マラスキ、O・ビター、各2d、➡C・G(L・P、マラ・チェリ)
モーニング・カクテル	●ブランデ、D・ベル、各1/2、ペルノー、W・キュラ、マラスキ、O・ビター、各2d、➡C・G（マラ・チェリ、L・P）
モーニング・グローリー (Ⅰ)	●ブランデ30m、キュラソー15m、L・J 15m、A・ビター2d、パスティス2d、シュガー1tsp、➡10タン(氷、ソーダUp)（らせんレモン）
モーニング・グローリー (Ⅱ)	●コニャック20m、ライ・W 20m、キュラソー1tsp、パスティス(or ペルノー) 1tsp、シュガー1tsp、A・ビター3d、➡F・G(氷、ソーダUp)(L・P)
モーニング・グローリー (Ⅲ) (※スコッチ・ベース)	●スコッチ40m、卵白1コ、シュガー1tsp、➡コリンズ(氷、ソーダUp)
モカ・アレキサンダー	●ブランデ1/2、コーヒー・L 1/4、生クリーム1/4、➡C・G（※アレキサンダー、シスター（ラルース）と同じレシピ）
モンタナ	●ブランデ、P・ワイン、D・ベル、各1/3、➡C・G

モンタナ （ラルース）	●ブランデ40m、黒ビール330m、砂糖漬け生姜2切れ、弱火にかけて ➡H・G（お湯を足して、シナモン・Sを添える）
ヤングマン	●ブランデ3/4、D・ベル1/4、O・キュラ2d、A・ビター1d、➡C・G（マラ・チェリ）（※サボイはD・ベルの替わりにS・ベルを使う）
ユナイテッド・ネィションズ	●コニャック、スコッチ、カロリック・P、アップル・J、ラム、ジン、各1/6、（※ウォッカを加えて各1/7にしても良い） ➡C・G
ラスト・オーダー	●ブランデ40m、黒ビール330m、干しブドウ1tsp、砂糖漬け生姜2切れ、弱火にかけて、➡H・グラス（シナモン・スティック）
ラバーズ・デライト	●ブランデ1/2、コアントロー1/4、フォービドン・F・L1/4、➡C・G
ラバーズ・ムーン （HBA木原 均 作）	●コニャック30m、赤ワイン20m、L・J1tsp、ドルフィン・ピーチ20m、➡C・G
リエゾン （'81、仏ナント大会1位） （ラルース）	●ブランデ45m、コアントロー20m、カカオ・L（D）15m、A・ビター1d、➡サワー・G（氷）
リリアン	●ブランデ、キルッシュ、カカオ・L、各1/3、G・シロ3d、➡C・G

Brandy Base

リリー・マルレーン (HBA 木原 均 作)	●コニャック30m、ピーチ・ツリー35m、ミント・W1d、➡C・G(マラ・チェリ)
リリパット	●ブランデ、リレー、L・J、各1/3、W・キュラ1d、➡C・G
ルジタニア	●ブランデ1/3、D・ベル2/3、O・ビター1d、アブサン1d、➡C・G
レ・ド・プール	●ブランデ30m、クレーム・バニーユ15m、ミルク60m、卵黄1コ、➡C・G(ナツ・メグ)
レイ・ロング	●ブランデ2/3、S・ベル1/3、アブサン4d、A・ビター1d、➡C・G
レイク・サイド	●ブランデ、コアントロー、カカオ・L、ミント・W、各1/4、➡C・G
レッツ・スライド	●ブランデ1/2、ブラックベリー・B1/4、P・ワイン1/4、➡C・G
レッド・ハックル (ラルース) ('61、アイルランド大会入選)	●ブランデ2/4、デュボネ1/4、G・シロ1/4、➡C・G
レディ・オブ・メイ	●ブランデ15m、チェリ・B15m、パッション・F・J30m、➡Cha・G(シャンパンUp)
レディ・ビー・グッド	●ブランデ1/2、S・ベル1/4、ミント・W1/4、➡C・G
ロイ・ハワード	●ブランデ1/4、O・J1/4、リレー1/2、G・シロ2d、➡C・G
ロールス・ロイス (II)	●ブランデ1/2、D・S・ベル各1/4、DOM1d、➡C・G (※ステアしても可)

ロールス・ロイス（Ⅲ）	●ブランデ、コアントロー、O・J、各1/3、➡C・G
ロールス・ロイス（Ⅳ）	●ブランデ、コアントロー、O・J、各1/3、卵白1コ、➡**サワー・G**
ロス・ロイヤル （'69、イギリス大会入選） （ラルース）	●ブランデ、バナナ・L、ロイヤル・ミント・チョコレート、各1/3、➡C・G
ロンリー・ナイト・ロンリー・ウェイ （HBA 木原均 作）	●W・ブランデ35m、ピーチ・ツリー15m、B・キュラ10m、カルピス1tsp、 L・J 2tsp、➡C・G
ワーズ （ブース）	●①シャルト（G） 30 m、②ブランデ30 m、**F・G**（先にクラッシュとサークル・ピール・（オレンジor レモンを入れ）①②を➡ **プース**する。
ワシントン	●ブランデ1/3、D・ベル2/3、シュガー2d、A・ビター2d、➡C・G

Calvados

カルバドスとは？

りんごを原料にしたブランデーで、フランスのノルマンディー地方の特産酒である。中でも中心部の優良産地、ペイ・ドージュ地区で生産されるものは別格扱いされ、ボルドー・ワインやコニャックなどと同様にＡＣ法の規制を受けて造られ、ラベルにはカルバドス・デュ・ペイ・ドージュＡＣの表記をされている。これが、カルバドスの中でも一級品である。単式蒸留器での蒸留が義務付けられている。コニャックと同じ熟成年数によってＶＳＯＰ、XOなどと称される。

アップル・ブランデーとは？ Apple Brandy

(又は、アップル・ジャック)

カルバドスのアメリカでの呼称。

オー・ド・ヴィー・ド・シードルとは？ Eaux-de-Viede

カルバドス生産地域の外辺のノルマンディー、ブルターニュ、メーヌの各地方で造られるりんごのブランデーの事。こちらは連続式蒸留器の使用が認められている。

カクテル名	技法	レシピ
アップル・カクテル	シェーカー	●カルバドス2/6、シードル(D) 2/6、D・ジン1/6、コニャック1/6、➡C・G
アップル・ジャック	シェーカー	●A・ジャック4/6、L・J1/6、G・シロ1/6、➡C・G（※L・Jをライム・Jに替えるとジャック・ローズというカクテルになる）
アップル・ジャック (サボイ)	シェーカー	●アップル・B、S・ベル、各1/2、A・ビター1d、➡C・G
アップル・ジャック・スペシャル	シェーカー	●アップル・B 2/3、G・シロ1/6、L・J1/6、➡C・G
アップル・ジャック・ダイヤモンド	シェーカー	●アップル・J、シードル、各1/2、G・シロ1d、➡C・G
アップル・ジャック・ラビット	シェーカー	●アップル・B 1/4、O・J、L・J、メープル・シロ、各1/4、➡C・G
アップル・ブランデー・ハイボール	グラス	●カルバドス40m、➡10タン（氷、G・エールorソーダをUp）(L・P)
アップル・ブランデー・カクテル	シェーカー	●カルバドス4/5、G・シロ1 tsp、L・J1 tsp、➡C・G
アップル・ブロー・フィズ	シェーカー	●アップル・B60m、シュガー1 tsp、L・J4d、卵白1コ、➡ ロング・G（氷、ソーダUp）
アップル・ブロッサム	シェーカー	●カルバドス、S・ベル、各1/2、➡C・G
アント	ミキシンググラス	●カルバドス1/2、コアントロー1/2、デュボネ1/4、A・ビター1d、➡C・G

アンブローザ	🍸	● カルバドス20m、コニャック20m、フランボワーズ・シロ2d、 ➡ フルート・G（シャンパンUp） （フランボワーズを飾る）
イヴズ・アップル	🍸	● アップル・B、カロリック・P、GF・J、各1/3、 ➡C・G
ウィドウズ・キス	🍸	● カルバドス2/4、ベネディク1/4、シャルト(Y)1/4、A・ビター1d、 ➡C・G
ウィドウズ・ドリーム (※ベネディクティン・ベース)	🍸	● ※ベネディク30m、全卵1コ、 ➡Cha・G（生クリームをフロート）
ウォー・デイズ	🥃	● アップル・B、D・ジン、S・ベル、各1/3、シャルト(G)1tsp、 ➡C・G
ウッド・ストック	🥃	● アップル・B 2/3、D・ベル1/3、 ➡C・G
エー・ジェイ (A.J)	🍸	● カルバドス、GF・J、各1/2、G・シロ1d、 ➡C・G
エンジェル・フェイス (ラルース)	🍸	● カルバドス2/5、D・ジン2/5、アプリ・B 1/5、➡C・G
エンジェル・フェイス (※ジン・ベース)	🍸	● ※D・ジン、アップル・B、アプリ・B各1/3、 ➡C・G
オーム・ポム	🍸	● アップル・B1/2、カペリティフ1/2、A・ビター1d、➡C・G
オールド・ペイント	🍸	● カルバドス、ブランデ、キュラソー、O・J、各1/4、➡C・G
オフ・ショー	🍸	● アップル・B、カロリック・P、ライト・ラム、各1/3、➡C・G
カルバドス・カクテル	🍸	● アップル・B2/6、W・キュラ1/6、O・J2/6、O・ビター1/6、C・G

カルバドス・カクテル (ラルース)	●カルバドス30m、コアントロー15m、A・ビター15m、O・J 30m、➡ 10タン(氷)(O・S、ストロー)
カルバドス・クーラー	●カルバドス40m、L・J15m、シュガー1tsp、➡F・G(クラッシュ、ソーダUp)
カルバドス・サワー	●カルバドス40m、シュガー1/2tsp、L・J15m、➡サワー・G(O・S、マラ・チェリ)
カルバドス・リッキー	●カルバドス40m、L・J15m、➡F・G(氷、ソーダUp)(L・S)
カントリー・ジェントルマン	●アップル・B 2/3、キュラソー1/3、L・J 1 d、シュガー1tsp、➡C・G
キャッスル・ディップ	●アップル・B、ミント・W、各1/2、アブサン3 d、➡C・G
クライマックス	●カルバドス、D・ベル、各1/2、G・シロ3 d、L・J 3 d、卵白1コ、➡Cha・G(ナツ・メグ)
ケープコッド・ジャック	●カルバドス30m、スノキ(エレル)・J 30m、シュガー2tsp、➡F・G(氷)(マドラー)
ゴールデン・スリッパー	●オー・ド・ヴィー・ダンジング1/2、シャルト(Y)1/2、卵黄1コ、➡C・G

Calvados, Apple Brandy, Eau-de-Vie de Cider Base

ゴールデン・ドーン	●カルバドス、アプリ・B、O・J、各1/3、➡C・G（G・シロ1tspを落とす）
サボイ・タンゴ	●アップル・B、スロー・G、各1/2、➡C・G
シャーキー・パンチ	●アップル・B 3/4、ライ・W 1/4、シュガー1tsp、➡ 10タン（氷、ソーダUp）
ジャック・ラビット	●カルバドス2/5、メープル・シロ1/5、L・J 1/5、O・J 1/5、➡C・G
ジャック・ローズ	●アップル・B 2/4、ライム・J 1/4、G・シロ1/4、➡C・G
スター（※ジン・ベース）	●※D・ジン、アップル・B、各1/2、D、S・ベル、各1 d、GF・J 1tsp、➡C・G
スター	●アップル・B、S・ベル、各1/2、➡C・G
セントルイス	●カルバドス2/3、G・シロ1/6、L・J 1/6、➡C・G
チューリップ	●アップル・B 1/3、S・ベル1/3、アプリ・B 1/6、L・J 1/6、➡C・G
ディキ・ディキ	●アップル・B 4/6、GF・J 1/6、スェディッシュ・P（orジン）1/6、➡C・G
ティントン	●カルバドス2/3、P・ワイン1/3、➡C・G
デボンシャー・プライド	●アップル・B 2/3、スエディッシュ・P 1/3、L・J 1 d、➡C・G
トロァ・サン・トラント・トロヮ	●カルバドス、コアントロー、GF・J、各1/3、➡C・G（L・S、マラ・チェリ）

ノルマンディー・ゴールデン・ドーン	●カルバドス30m、D・ジン30m、アプリ・B30m、O・J30m、G・シロ1d、➡ゴブレ(氷)(L・S)
バートン・スペシャル	●カルバドス1/2、スコッチ1/4、D・ジン1/4、 ➡C・G(L・P)
ハーバード・クーラー	●アップル・B45m、L・J25m、シュガー1tsp、➡コリンズ(氷、ソーダUp)
ハネムーン (別名：ファーマーズ・ドーター)	●アップル・B、ベネディク、L・J、各1/3、O・キュラ3d、 ➡C・G
ハワイアン・ブランデー (ラルース)	●カルバドス2/7、P・J 1/7、マラスキ2/7、L・J 2/7、シュガー1/2 tsp、➡C・G
ハワイアン・ブランデー	●アップル・B 2/3、P・J 1/3、マラスキ1d、L・J 1d、シュガー1/2tsp、 ➡C・G
ビーズ・ニーズ	●カルバドス、L・J、各1/2、ハニー1tsp、 ➡C・G
ビッグ・アップル (フローズン)	●アップル・B 60m、アマレット15m、アップル・J 90m、アップル・ソース1tsp、(クラッシュ) ➡サンデー・G(シナモン・パウダ)
ファーマーズ・ワイフ	●アップル・B 2/3、D・ベル1/3、A・ビター1d、 ➡C・G(L・P)
フィラレルディフィア・スコッチマン	●A・ジャック60m、P・ワイン60m、O・J1コ、➡10タン(氷、G・エールUp)
ブラック・ボンバー	●カルバドス1/2、カロリック・P 1/4、B・ラム1/4、 ➡C・G

プリンセス・プライド	●カルバドス2/4、デュボネ1/4、S・ベル1/4、➡C・G
プリンセス・プライド（ラルース）	●カルバドス2/4、デュボネ1/4、S・ベル1/4、➡C・G
フル・ハウス	●アップル・B、シャルト（Y）、ベネディク、各1/3、A・ビター1d、➡C・G
フル・ハウス（※ラム・ベース）	●※W・ラム2/4、D・ベル1/4、スエディッシュ・P 1/4➡C・G
ベロニカ	●A・ジャック2/3、O・J1/3、O・ビター3d、➡C・G
ベントレイ	●カルバドス、デュボネ、各1/2、➡C・G
ベントレイ（サボイ）	●アップル・B、デュボネ、各1/2、➡C・G
ポ・ポム	●カルバドス30m、チェリ・B 20m、A・ビター2d、➡ **10タン**（氷、シードルUp）（スライス・アップル、チェリーを飾る）
ホイスト	●カルバドス、ラム、S・ベル、各1/3、➡C・G
ムーンライト・クーラー	●カルバドス40m、L・J20m、シュガー1/2tsp、➡ **コリンズ**（氷、ソーダUp）（リンゴ、オレンジ、レモン、チェリーを飾る）
リバティ	●カルバドス2/3、ライト・ラム1/3、シュガー1d、➡C・G
ルーレット	●アップル・B 1/2、B・ラム1/4、スェディッシュ・P 1/4、➡C・G

ロイヤル・スマイル	●カルバドス1/2、D・ジン1/4、G・シロ1/4、L・J 2tsp、➡C・G

Liqueur

リキュールとは？

「液体の宝石」と呼ばれるカラフルで甘い酒のことで、蒸留酒（スピリッツ）に果実や草根木皮などの香味や糖蜜などのエキスを配合したもの。醸造酒や蒸留酒とは違い、既に出来上がっている蒸留酒をベースにして、新たに付加価値の高い酒に仕立てたものである。

作り方は浸漬法、蒸留法、エッセンス法の3つの方法があり、ひとつの方法だけで造られているものは少なく、殆どが二つ以上の製法を併用している。

◆分類

①薬草・香草系＝シャルトリューズやアニゼット、カンパリなど香草、薬草を加えたもの。

②果実系＝キュラソー、カシスなど果実を加えたタイプ。

③ナッツ・種子・核系＝アマレットやカカオ、コーヒーなどのナッツや種子を加えたもの。

④特殊系＝それら以外のタイプで、クリーム・リキュール、エッグ・ブランデーなど。

熟成期間は短くて1ヶ月。普通は数ヶ月で、3年以上熟成させるものもある。尚、クレーム・ド・○○という名称のものは、英語のクリームに当たるフランス語で、アルコール分の割合より、エキス分(殆どが糖分)の割合が多い酒に付けられている名称。

|---|---|---|
アーモンド・アイ	シェーカー	●マルサラ、カカオ・L（D）、生クリーム、各1/3、➡C・G
アクアビット・フィズ	シェーカー	●アクアビット40m、チェリ・B10m、L・J10m、卵白1コ、シュガー2tsp、➡コリンズ（氷、ソーダUp）
アソール・ブローズ	シェーカー	●スコッチ30m、ハニー・シロ30m、生クリーム30m、ボールに注ぎかき混ぜて、➡Cha・G（冷やして出す）
アッティラ	グラス	●バニュルス40m、ウォッカ20m、➡サワー・G（ソーダ60mを満たす）
アディングトン	グラス	●D・ベル40m、S・ベル40m、➡F・G（氷、ソーダUp）
アドミラブル	シェーカー	●D・ベル40m、バーボン20m、➡タンブラー（氷、L・J1/2コを絞る）
アビエーション (ラルース)	グラス	●デュボネ30m、ミディアム・シェリー30m、➡C・G（O・P）
アビエーション (※ジン・ベース)	シェーカー	※D・ジン3/4、L・J1/4、マラスキ1tsp、➡C・G
アブサン・カクテル	グラス	●ペルノー（or アブサン）5/6、アニゼット1d、アーモンド・シロ1d、A・ビター2d、➡C・G

カクテル名	器具	レシピ
アブサン・スペシャル	シェーカー	●ペルノー (orアブサン)、D・ジン、各1/2、G・シロ1d、A・ビター1d、　→C・G
アブサン・ドリップ	グラス	●→F・Gにクラッシュ・アイスを詰めて、その上に氷を乗せたスプーンを置きアブサン40mを注ぎ落とす。ミネラル・Wを添える。
アフター・エイト	シェーカー	●ベイリーズ、カルーア、ミント・W、各1/3、　→C・G
アフター・ディナー (I)	シェーカー	●アプリ・B 2/5、O・キュラ 2/5、ライム・J 1/5、　→C・G
アフター・ディナー (II) (ヨーロッパ・スタイル)	シェーカー	●アプリ・B 2/5、O・キュラ 2/5、ライム・J 1/5、プルネル・B、チェリ・B、L・J、各4d、→C・G
アフター・ディナー (III)	シェーカー	●アプリ・B、T・セック、ライム・J、各1/3、　→C・G
アフター・ディナー (IV)	ミキシンググラス	●マラスキ30m、キルッシュ30m、キュラソー2d、A・ビター2d、→Br・G (氷、パイン・J Up) (L・P)
アプリコット・カクテル	シェーカー	●アプリ・B 1/2、L・J 1/4、O・J 1/4、D・ジン 1tsp、→C・G
アプリコット・クーラー	シェーカー	●アプリ・B 45m、L・J 20m、G・シロ 1tsp、→ コリンズ (氷、ソーダUp)

Liqueur Base

アプリコット・ブランデー・クーラー	●アプリ・B30m、L・J15m、シュガー20m、➡タンブラ(氷)(ピュレ状のアプリコットを入れる)
アプリコット・レディ(フローズン)	●ラム30m、アプリ・J(ネクター)45m、キュラソー10m、卵白1コ、(クラッシュ)➡Br・G
アマビーレ・ベオーネ	●ドランブイ1/3、ミント・G 2/3、ペルノー1d、シュガー1 tsp、➡C・G(シュガー・スノー)
アメール・ピコン・カクテル	●A・ピコン、S・ベル、各1/2、➡C・G
アメール・ピコン・クーラー	●A・ピコン40m、D・ジン25m、L・J1d、シュガー1d、➡10タン(氷、ソーダUp)
アメール・ピコン・ハイボール	●A・ピコン45m、G・シロ3d、➡10タン(氷、ソーダ)
アメール・ピコン・ハイボール(ラルース)	●A・ピコン40m、G・シロ20m、➡サワー・G(氷、ソーダUp)
アメリカーノ	●カンパリ30m、S・ベル30m、➡F・G(氷、ソーダUp)(O・S)
アモンティラード・カクテル	●ミディアム・シェリー(アモンティラード)30m、デュボネ30m、➡F・G(氷)

名称	器具	レシピ
アラック・クーラー	シェーカー	アラック30m、W・ラム10m、L・J1tsp、シュガー1tsp、→ コリンズ(氷、ソーダ or シャンパン Up)
アラバマ・スラマー	シェーカー	S・コンフォート30m、アマレット30m、スロー・G15m、L・J15m、→C・G
アルハンブラ (H.B.A.木原 均 作)	シェーカー	クレーム・ペシェ40m、L・J15m、シュガー10m、サングリア10m、→ コリンズ(氷、ソーダ Up)
アンゴスチュラ・フィズ	シェーカー	A・ビター30m、G・シロ1tsp、生クリーム1tsp、卵白1コ、ライム・J20m、→ コリンズ(氷、L・S)
アンティシペーション	ブレンダー	アイリッシュ・ベルベット60m、アイス・クリーム(バニラ他)適量、→Cha・G(チョコレートを飾る)
アントワーヌ	カクテルグラス	モナン・トリプル・ライム40m、カシス・L2d、→Br・G(氷、O・J Up)
イースト・インディア (II)	シェーカー	D・ベル、S・シェリー、各1/2、A・ビター1d、→C・G
イースト・インディア (I) (※ブランデー・ベース)	ミキシンググラス	※ブランデ5/6、P・J1tsp、O・キュラ1tsp、A・ビター3d

イエロー・パロット	●アプリ・B、シャルト（Y）、ペルノー、各1/3、 ➡C・G
イエロー・パロット （ラルース）	●アプリ・B、シャルト(Y)、パスティス、各1/3、 ➡C・G
イタリアン・サーファー	●マリブ30m、アマレット30m、 ➡コリンズ（氷、P・J Up）
ウィドウズ・ドリーム	●ベネディク60m、全卵1コ、➡Cha・G（生クリームをフロート）
ウェディング・ローズ （H.B.A.木原 均 作）	●チャールストン・F30m、チェリー・H20m、ピーチ・B5m、ライム・J15m、➡C・G（マラ・チェリ、花を飾る）
エクスポジション	●S・ジン、チェリ・B、D・ベル各1/3、 ➡C・G
エル・メトラーヤ	●ラム15m、ティア・マリア30m、蔗糖（サトウキビのシュガー）90m、➡サワー・G（サトウキビを飾る）
エンジェル （88、上田和男作）	●コアントロー10m、GF・J30m、G・シロ1tsp、➡フルート・G（シャンパンUp）
エンジェル・ウィング（Ⅰ） （プース）	●①カカオ・L 1/2 ②プルネル・B 1/2 ③生クリーム適量 ➡リキュール・G
エンジェルズ・ウィング（Ⅱ） （プース）	●①カカオ・L ②コニャック ③生クリーム、各1/3、P・カフェ・G

エンジェル・キス (プース)(Ⅰ)	●①カカオ・L(D)4/5、②生クリーム1/5、➡**リキュール・G**(生クリームをフロートしてカクテル・ピンに刺したマラ・チェリーを乗せる)
エンジェル・キス (プース)(Ⅱ)	●①カカオ・L ②バイオレット・L ③コニャック ④生クリーム、各1/4、➡**P・カフェ・G**
エンジェルズ・ティップ (プース)(Ⅰ)	●①カカオ・L、②プルネル・B、③バイオレット・L、④生クリーム、各1/4、➡**リキュール・G**
エンジェルズ・ティップ (プース)(Ⅱ)	●①カカオ・L 3/4 ②生クリーム1/4、➡**P・カフェ・G**
エンジェルズ・ティット (プース)	●①マラスキ 2/3 ②生クリーム 1/3 ➡**P・カフェ・グラス**(マラ・チェリをピンに刺してグラスに乗せる)
エンジェルズ・ディライト (プース)	●①G・シロ ②T・セック ③クレーム・イベット ④生クリーム、各1/4、➡**P・カフェ・G**
エンジェルズ・ドリーム (プース)	●①マラスキ②クレーム・イベット ③コニャック、各1/3 ➡**P・カフェ・G**
エンパイア・ワルツ (H.B.A.木原 均 作)	●モーツァルト・リキュール30m、カカオ・W20m、➡**C・G**(生クリームをフロート)

Liqueur Base

名称		材料
オーガスタ・セブン (オーガスタ(大阪)のオリジナル)	シェーカー	パッソア 45m、P・J 100m、L・J 10m、➡10タン(氷)
オーガズム	グラス	①カルーア ②アマレット ③ベイリーズ、各20m、➡リキュール・G
オーシャン・グラス (渡辺薯作)	シェーカー	ディタ1/4、ミドリ1/4、GF・J 2/4、➡C・G(マラ・チェリ)
オーシャン・ショア	シェーカー	スロー・G 2/3、D・ジン1/3、オルジャー・シロ1/2tsp、L・J 1d、卵白1/2コ、➡C・G
オーラム	ミキシング	オーラム(イタリアのオレンジ・L) 15m、D・ジン15m、S・ベル30m、➡C・G(大)(氷を入れる)
カフェ・キュラソー	グラス	カルーア30m、T・セック30m、➡F・G(氷)(O・P、ストロー)
カプリ	ミキシング	カンパリ15m、S・ベル15m、コニャック15m、➡サワー・G(氷)(L・P)
ガリバルディ (※別名:カンパリ・オレンジ)	グラス	カンパリ3/10、O・J 7/10、➡10タン(氷) or F・G(氷)(O・S)
カルーア・アレキサンダー	シェーカー	D・ジン、カルーア、生クリーム、各1/3、➡C・G
※アレキサンダー (※ブランデー・ベース)	シェーカー	※ブランデ、カカオ・L(D)、生クリーム、各1/3、C・G(ナツ・メグ、orココア・パウダー)
風と共に去りぬ	グラス	Sコンフォート30m、クランベリー・J 15m、P・J 15m、➡コリンズ(氷、ソーダ Up)(マドラー)

カレン	●アニゼット3/10、マンダリン・アンペリアル3/10、O・J4/10、➡C・G（ライム・S、ミント・リーフ、マラ・チェリ）
カンパリ・オレンジ	●カンパリ45m ➡10タン（氷、O・J Up）（O・S）
カンパリ・シェーカラット	●カンパリ40m、➡C・G
カンピエール	●パスティス3/5、チェリ・B 2/5、➡C・G
カンペイ	●カンパリ30m、D・ジン30m、GF・J2d、シュガー1tsp、➡C・G（らせんレモン）
キス・ミー・クイック	●ペルノー40m、キュラソー2・3d、A・ビター2・3d➡10タン（氷、ソーダUp）
キャリオカ（フローズン）	●コニャック30m、カルーア15m、生クリーム20m、卵黄1コ、（クラッシュ）➡Cha・G（シナモン・パウダー、ストロー）
キューカンバー・フラッペ（フローズン）	●ミント・G30m、カカオ・W 30m、生クリーム30m、（クラッシュ）➡Cha・G（ストロー）
キューバ・リバー・シュプレーム	●S・コンフォート40m、ライム1/2コ、➡コリンズ（氷、コーラUp）
キルッシュ・カシス	●キルッシュ30m、カシス30m、➡10タン（氷、ソーダUp）

Liqueur Base

キング・アルフォンソ （ｏｒ アルフォンス）	●①カカオ・L 3/4 、②生クリーム1/4 ➡ リキュール・G
クィーン・ロワイヤル (H.B.A.木原 均 作)	●チェリ・マニエ2/3、L・J 1/3、G・シロ 1tsp 、 ➡ フルート・G（シャンパン Up）
クール・カリビアン	●マリブ30m、バナナ・L15m、➡ タンブラー（氷、O・J を満たす）(O・S、マラ・チェリ)
クール・バナナ	●バナナ・L4 /11、キュラソー 3 /11、生クリーム 4 /11、卵白 1tsp 、 ➡C・G（マラ・チェリ）
グラスホッパー	●ミント・G 、カカオ・W、生クリーム、各 1 / 3 、 ➡C・G
グラッド・アイ	●ペルノー 2/3 、ミント・G 1/3 、➡C・G
グラン・ノール	●シャルト(G) 30m、ウォッカ30m、➡F・G（氷）
グランド・スラム	●スェディッシュ・P 2/4 、D・ベル1/4、S・ベル 1/4、➡C・G
グリーン・ドラゴン	●D・ジン 4 / 8 、ミント・G 2 / 8 、キュンメル1/8、L・J 1/8、➡C・G
グリーン・パラダイス	●ウォッカ 20m、グリーン・バナナ・L10m、➡ サワー・G(T・ウォーターUp)
グリーン・フィールズ (※サントリーのオリジナル)	●グリーン・ティー・L30m、ウォッカ 15m、ミルク15m、➡C・G

クリヨン	●カンパリ15m、ミラベル15m、D・ベル40m、➡F・G(氷)(O・S、L・P)
グルーム・チェイサー	●キュラソー、G・マニエ、L・J、G・シロ、各1/4、➡C・G
コート・ダ・ジュール (H.B.A.木原 均 作)	●ディタ1/2、スーズ1/6、B・キュラ1/4、L・J1/6、➡C・G(シュガー・スノー)
コーヒー・エッグ・ノッグ	●カルーア45m、ミルク90m、アイス・コーヒー30m、シュガー1/2tsp、全卵1コ、➡10タン(氷、ナツ・メグ)
コーヒー・グラスホッパー	●カルーア、ミント・W、生クリーム、各1/3、➡C・G
コープス・リバイバー(V)	●F・ブランカ、ミント・W、各1/2、➡C・G
ゴールデン・キャデラック	●ガリアーノ、カカオ・W、生クリーム、各1/3、➡C・G
ゴールデン・スリッパー(I)	●シャルト(Y)、G・ワッサー、各1/2、卵黄1コ、➡Cha・G
ゴールデン・スリッパー(II)	●シャルト(Y)40m、アプリ・B、各1/2、卵黄1コ、➡C・G(大)
ゴールデン・ドリーム ('59、USA西海岸大会入賞)	●ガリアーノ、コアントロー、O・J、生クリーム、各1/4、➡C・G

ゴールド・ココナッツ ('59, USA 西岸大会入賞)	シェーカー	●マリブ1/4、コニャック1/4、O・J2/4、卵白1tsp、G・シロ1d、 ➡**C・G**（マラ・チェリ）
コキート (フローズン)	ブレンダー	●W・ラム30m、チェリ・B15m、ココナッツ・M15m、生クリーム90m、（クラッシュ） ➡タンブラー（ストロー）
ゴッド・チャイルド	シェーカー	●カシス・L45m、L・J15m、 ➡コリンズ（氷、ソーダUp。ステアしないで層を作る）（カット・レモン）
ゴディバ・イタリアーノ	ステア	●ゴディバ(カカオ)、アマレット、各1/2、 ➡**C・G**（シュガー・スノー）（O・P）
ゴディバ・モカ・アーモンド	シェーカー	●ゴディバ・L30m、ミルク40m、アマレット10m、コーヒー・パウダー1tsp、➡**F・G**（氷）（ミント・リーフorO・S）
コバドンガ	シェーカー	●カンパリ45m、S・ベル30m、O・J30m、G・シロ10m、A・ビター4・5d、 ➡**C・G**（大）（O・S）
コビノ	ステア	●D・ベル、コニャック、各1/2、 ➡**C・G**（L・P）
コルシカン・バウンティ	シェーカー	●マリブ2/5、マンダリン・インペリアル1/5、L・J2/5、アーモンド・シロ1d、卵白1tsp、➡**C・G**（L・S、マラ・チェリ）

コンフォート・マンハッタン		S・コンフォート3/4、S・ベル1/4、A・ビター1d、➡C・G（マラ・チェリ）
サニー・ドリーム（フローズン）		アプリ・B30m、コアントロー15m、O・J90m、L・J1d、バニラ・アイス適量、（クラッシュ）➡Br・G（O・S、マラ・チェリ）
サボイ90		アマレット30m、ライム・J 30m、オレンジ・フラワー・ウォーター1d、（シュガー・スノー）➡サワー・G（シャンパンUp）
サマー・ミント（フローズン）		ミント・G10m、コアントロー10m、ガリアーノ10m、P・J30m、L・J30m、GF・J30m、（クラッシュ）➡フルート・G（ミント・リーフ、マラ・チェリ、ストロー）
サン・ジェルマン		シャルト（G）30m、L・J30m、GF・J30m、卵白1コ、➡タンブラー（氷）
サンクチュアリー		デュボネ1/2、A・ピコン1/4、コアントロー1/4、➡C・G
サンジェルマン		シャルト（G）45m、L・J20m、GF・J20m、卵白1コ、➡Cha・G
サンブーカ・コン・モスカ		サンブーカ1G（60m）、➡リキュール・G（コーヒー豆3・4粒をフロートして、火を点ける）
シェリー・カクテル		D・シェリー50m、O・ビター2d、ピーチ・B1d、➡C・G

シェリー・コブラ	●ミディアム・シェリー80m、シュガー1tsp、G・シロ1d、T・セック1d、➡**ゴブレ**（氷）（季節のフルーツ、ストロー）
シシリアン・キス	●アマレット、S・コンフォート、各1/2、➡**ショット・G**
シシリアン・マティーニ	●ウォッカ4/5、ブラック・サンブーカ1/5、➡**C・G**（L・P）
シトロン・ウェディング	●シトロン・ジュネバ45m、L・J10m、➡**10タン**（氷、ソーダUp）
シトロン・スゥイング	●シトロン・J30m、バーボン20m、W・キュラ10m、L・J 1tsp、➡**C・G**（らせんL・P）
シャノン・シャンディー	●アイリッシュ・ミスト40m、A・ビター1d、➡**タンブラー**（氷、G・エールUp）
ジャマイカ・カウ	●ミルク30m、卵1コをよく泡立てて混ぜ、ティア・マリア40mを足す。➡**L・G**（氷）
ジャマイカ・ジョー （'48、ロンドン大会入選）	●レモン・ハート（白）、ティア・マリア、アドボカート、各1/3、➡**C・G**（Gシロ1dを落として、ナツ・メグをかける）
シャルトリューズ・トニック	●シャルト（G）40m、ライム・J20m、➡**F・G**（氷、T・ウォーターUp）

ジャングル・ファンタジー	●グリーン・バナナ・L 1/4、P・J 3/4、➡10タン（氷）
シャンプレル （プース）	●①キュラソー ②アニゼット ③シャルト④コニャック、各1/4、➡P・カフェ・G
シュライナー	●S・ジン、ブランデ、各1/2、O・ビター 2d、シュガー 1/2tsp➡C・G（L・P）
照葉樹林	●G・ティ・L 45m、➡10タン（氷、ウーロン茶Up）
白雪姫 （H.B.A.木原 均 作）	●G・マニエ 5/7、カルピス 1/7、ミルク1/7、➡C・G（シュガー・スノー）
ジン・アレキサンダー	●D・ジン2/4、カカオ・L（D）1/4、生クリーム、1/4、➡C・G（ナツ・メグ）
シンデレラ・ハネムーン	●ライチ・L 2/6、W・キュラ 1/6、GF・J 2/6、ライム・J16、➡C・G
スイッセス	●ペルノー 3/4、アニゼット 1/4、卵白1コ、➡Cha・G
スイッセス （ラルース）	●ペルノー40m、アニゼット1d、ミント・W1d、卵白1コ、O・フラワー・ウォーター2・3d、➡C・G
スイッセス（ロング）	●ペルノー45m、L・J20m、卵白1コ、➡10タン（氷、ソーダ）
スウィート・ハーモニー （H.B.A.木原 均 作）	●G・マニエ20m、生クリーム10m、モーツァルト・リキュール30m、➡C・G
スーズ・カシス	●スーズ30m、カシス・L10m、➡サワー・G（氷）（ミネラル・Wを足しても良い）

Liqueur Base

カクテル名	グラス	レシピ
スカーレット・オハラ	カクテルグラス	● S・コンフォート、L・J、クランベリー・J、各1/3、➡ C・G
スカーレット・オハラ	シェーカー	● S・コンフォート40m、ライム・J15m、クランベリ・J20m、➡ ピルスナー・G
スターズ・アンド・ストライプ（プース）	リキュールグラス	● ①カシス・L ②マラスキ ③シャルト・G ➡ リキュール・G
ストレガ・クーラー	タンブラー	● ストレガ（or ガリアーノ）45m、➡ 10タン（氷、GF・J を Up）
ストレガ・サワー	カクテルグラス	● ストレガ（or ガリアーノ）45m、L・J20m、➡ サワー・G（O・S、マラ・チェリ）
ストロベリー・シトラス	シェーカー	● ストロベリー・クリーム2/3、シトロン・ジュネバ1/3、➡ C・G
ストロベリー・ミルク	シェーカー	● ストロベリー・クリーム1/3、ミルク2/3、➡ L・G（氷）
スネーク・イン・ザ・グラス	カクテルグラス	● コアントロー、D・ベル、D・ジン、L・J、各1/4、➡ C・G
スノー・ボール（Ⅰ）	シェーカー	● アドボカート45m、➡ 10タン（氷、ソーダUp）
スノー・ボール（Ⅱ）	カクテルグラス	● アドボカート40m、ライム・J 1 d、シュガー1 d、➡ タンブラ（氷、ソーダUp）
スプモーニ	カクテルグラス	● カンパリ30m、GF・J45m、➡ 10タン（氷、T・ウォーターUp）（GF・S）
スロー・ジン・カクテル	オールドファッション	● スロー・G 2/4、D・ベル1/4、S・ベル1/4、➡ C・G

スロー・ジン・マティーニ	●スロー・G45m、D・ベル15m、A・ビター3d、➡**C・G**（L・P）
スロー・ドライバー ('96、ホテルJAL City仙台、佐藤成一 作)	●S・ジン45m、 ➡**10タン**（氷、O・J適量をUp）
ソチミルコ （プース）	●カルーア8/10、➡**リキュール・G**（生クリームをフロート）
ダージリン・クーラー ('96、ホテルJAL City仙台、佐藤成一 作)	●ティフィン30m、シャンボール（orフランボワーズ・L）20m、L・J10m、 ➡**コリンズ**（氷、G・エールUp）
ターニング・ポイント （プース）	●カハナ・ロイヤル（マカデミア・ナッツ・L）3/4、➡**リキュール・G**（生クリーム1/4をフロート）（ジェリー・ビーンズ・グリーンを飾る）
ダイアナ	●ミント・G90m、コニャック1tsp、➡**10タン**（シェイブド・アイスをつめてコニャックをフロート）（ストローを添える）
タイダル・ウェイブ	●マンダリン・L40m、L・J 1tsp、 ➡**タンブラ**（氷、ビターレモンUp）
タンピコ	●カンパリ30m、コアントロー30m、L・J30m、 ➡**Cha・G**（トニック・Wを足す）（マラ・チェリ、O・S）
チェリー・ブロッサム	●チェリ・B、ブランデ、各2/5、L・J、G・シロ、O・キュラ、各2d、➡**C・G**

チェリー・ブロッサム (ラルース)	●コニャック30m、チェリ・B 15m、キュラソー1tsp、G・シロ1tsp、L・J15m、 **➡サワー・G**（シュガー・スノー）
チャーリー・チャップリン	●S・ジン3/7、アプリ・B 3/7、ライム・J 1/7、**➡C・G or F・G**(クラッシュ)
チャールストン	●D・ジン、キルッシュ、O・キュラ、マラスキ、D・ベル、S・ベル、各1/6、**➡C・G**(L・P)
チャイナ・グリーン (※パライソのオリジナル)	●ライチ・L 3/10、GF・J 6/10、メロン・L 1/10、**➡C・G**
チャイナ・ブルー（Ⅰ）	●ライチ・L30m、GF・J30m、B・キュラ15m、**➡フルート・G**（氷、トニック・W Up）
チャイナ・ブルー（Ⅱ）	●ライチ・L30m、GF・J適量、**➡10タン**（氷、B・キュラを落とす）
チャイニーズ・ピーチ (別名：レゲェ・パンチ)	●ピーチ・L40m、**➡コリンズ**（氷、ウーロン茶Up）(L・S)
ディスガバリー	●アドヴォカート60m、**➡10タン**（氷、G・エールUp）
ディタ・アンペリアル	●ディタ30m、**➡フルート・G**（S・ワインUp）
ディタ・シベリア	●ディタ20m、ウォッカ15m、GF・J25m、L・J10m、**➡F・G**(氷)(L・S)

ディタ・フェアリー	●ディタ30m、ハバナ・クラブ10m、ミント・G 10m、GF・J 10m、➡**L・G**（氷、T・ウォーターUp）（ミント・リーフ）
ディタ・ブルー・トニック	●ディタ45m、B・キュラ1tsp、➡**10タン**（氷、T・ウォーターUP）（カット・ライム）
ティフィン・タイガー	●ティフィン90m、O・J適量、➡**コリンズ**（氷）
デューク	●ドランブイ30m、O・J15m、L・J 15m、全卵1コ、➡**サワー・G**（シャンパンUp）
デュボネ・フィズ	●デュボネ（赤）60m、チェリ・B1tsp、L・J10m、➡**F・G**（氷、ソーダUp）
テンプター	●アプリ・B30m、P・ワイン（赤）30m、➡**F・G**（氷）
トウキョウ・サンセット	●メロン・W・メロン、T・ウォーター、各1/2、➡**タンブラ**（氷）
トマト	●パスティス40m、G・シロ3d、➡**C・G**（大）（ミネラル・WをUP）（チェリ・B）
ドライ・アメリカーノ	●カンパリ30m、D・ベル30m、➡**C・G**（ミネラル・Wを加える）（O・S、L・P）
ドランブイ・エッグ・ノッグ	●卵黄1/2コ、シュガー1tspを泡立てて、ドランブイ20m、シェリー20m、バニラ・アイス40m、ミルク80m、卵白1/2コを加えて ➡**ゴブレ**（氷）

Liqueur Base

ドランブイ・スィズル	●ドランブイ30m、ライム・J15m、シュガー1tsp、➡コリンズ（クラッシュ、ソーダUp）（ミント・リーフ）
ナップ・フラッペ	●①キュンメル15m ②シャルト・G15m ③ブランデ15m ➡Cha・G（クラッシュ） ※①②③を順に注ぐ。
ノチェロ・シェーク	●ノチェロ30m、ミルク90m、➡タンブラ（氷）（ナツ・メグ）
バイユー	●コニャック4/5、ライム・J1/5、ピーチ・B1tsp、マンゴ・J1tsp、➡C・G
バタフライ	●アドヴォカート45m、チェリ・B20m、➡10タン（氷、ソーダUp）
バハミアン・デライト	●カンパリ60m、P・J60m、➡Cha・G（氷）マラ・チェリ
パラダイス	●D・ジン2/3、アプリ・B1/3、O・J1tsp、➡C・G
バレンシア	●アプリ・B2/3、O・J1/3、O・ビター4d、➡C・G
バレンシア（日本スタイル）	●アプリ・B2/3、O・J1/3、O・ビター4d、➡Cha・G（シャンパンUp）
バンシー（フローズン）	●バナナ・L30m、カカオ・L（D）30m、生クリーム30m、シュガー1d、（クラッシュ）➡C・G（大）

ビー・52 (ブース)		●①コーヒー・L 20m ②アイリッシュ・クリーム 20m ③G・マニエ ➡ リキュール・G
ピーチ・ツリー・クーラー		●P・ツリー 45m、➡10タン(氷、T・ウォーター or 7 up を満たす)
ピーチ・ツリー・ダイキリ		●P・ツリー 3/5、W・ラム 1/5、生クリーム 1/5、➡C・G
ビィル・カクテル		●ビィル、D・ベル、ライ・W(or ジン、コニャックも可)、各1/3、➡C・G
ビィル・カシス		●ビィル 40m、カシス・L 3 d、➡F・G(氷)
ピコン・アンド・グレナデン		●A・ピコン 30m、G・シロ 15m、➡L・G(氷、ソーダ Up)
ピコン・カクテル		●A・ピコン、S・ベル、各1/2、➡C・G
ピスコ・パンチ		●ピスコ 2/4、P・J 1/4、ライム・J 1/4、マラスキ 2 d、シュガー 2 d、➡C・G
ビター・ハイボール		●A・ビター 30m、➡タンブラー(氷、ソーダ or G エール U p)(L・P)
ピムズ No,1		●ジン・スリングの瓶詰。(※ 1840 年ロンドンのジェームズ・ピムがジン・スリングを作り公表を博して、その瓶詰めを発売した)
ピムズ No,2		●※ピムズのジンをウィスキー(スコッチ)に替える。

ピムズ No, 3	●※ピムズのジンをブランデーに替える。
ピムズ No, 4	●※ピムズのジンをラムに替える。
ピムズ No, 5	●※ピムズのジンをライ・Wに替える。
ピムズ No, 6	●※ピムズのジンをウォッカに替える。
ピムズ・No,1.カップ	●ピムズ60m、➡タンブラ(氷、ソーダ)(きゅうり、O・S、マラ・チェリ、ストローを飾る)
ピンク・エクスプロージョン	●G・マニエ20m、ペルノー15m、D・ベル20m、生クリーム45m、G・シロ1d、A・ビター1d、➡Cha・G(イチゴ)
ピンク・スクァーレル	●クレーム・ノワヨー2/4、カカオ・L1/4、生クリーム1/4、➡C・G
ビンク・スクァーラル(ラルース)	●ノワヨー(アーモンド・L)30m、カカオ・W30m、生クリーム30m、➡Cha・G
ピンク・プッシー	●カンパリ40m、ピーチ・L20m、➡タンブラ(氷、ビター・レモンUp)
ピンポン	●スロー・G、バイオレット・L、各1/2、L・J1tsp、➡C・G
ピンポン・カクテル	●スロー・G1/2、D・ベル1/4、S・ベル1/4、➡C・G(P・オニオン)

|---|---|---|
ピンポン・スペシャル	シェーク	●スロー・G30m、S・ベル30m、A・ビター1d、シュガー（or キュラソー）1d、➡C・G（L・P、マラ・チェリー）
ファジー・ネーブル	グラス	●ピーチ・L45m、O・J適量、➡ゴブレ（氷）or F・G（氷）
フィフス・アベニュー (プース)	プース	●①カカオ・L ②アプリ・B ③生クリーム ➡リキュール・G
プース・ラ・ムール (プース)	プース	●①マラスキ ②ホイップした卵黄 ③ベネディク ④コニャック、各1/4、➡P・カフェ・G
フェ・ド・メール	シェーク	●チャールストン・F1/2、ミルク1/3、B・キュラ1/6、ミント・G 1tsp、➡C・G（ミント・チェリー）
フライア・タック	シェーク	●フランジェリコ2/3、L・J1/3、G・シロ1tsp、➡C・G（O・S）
プラチナ・ブロンド	シェーク	●G・マニエ2/5、ラム2/5、生クリーム1/5、➡C・G
ブラックソーン (※アイリッシュ・W・ベースもある)	ステア	●スロー・G、S・ベル、各1/2、O・ビター2d、➡C・G（L・P）
※イングリッシュ・ブラックソーン	ステア	●スロー・G 2/3、S・ベル1/3、O・ビター1d、➡C・G
プランタン・フェシル (H.B.A.木原 均 作)	シェーク	●ディタ、コアントロー、L・J、各1/3、G・シロ1tsp、➡C・G

フランペ	●D・ベル30m、L・J30m、➡Cha・G（クラッシュ）（カット・レモン1/4を飾り、ガリアーノ30mを温めて火をつけ、グラスに注ぐ）
ブリュネット	●カルーア30m、バーボン30m、生クリーム30m、シュガー1/2tsp、➡サワー・G
ブルー・レディ	●B・キュラ2/4、D・ジン1/4、L・J1/4、卵白1コ、➡C・G
ブルドッグ	●チェリ・B3/6、ライト・ラム2/6、ライム・J1/6、➡C・G
ブルドッグ・ハイボール	●D・ジン60m、O・J30m、➡10タン（氷、G・エールUp）
プレリュード	●D・ベル4/10、ピーチ・L2/10、D・ジン1/10、ピーチ・J3/10、ストロベリー・J1d、ハニー1/2tsp、➡C・G（G・シロに漬けた桃を飾る）
フレンチ・ウィスパー	●アリーゼ30m、G・シロ1tsp、L・J1/2tsp、バニラ・アイス25g、➡ワイン・G（ストローを添える）
フレンチ・ブリーズ	●アリーゼ45m、クランベリー・J30m、➡10タン（氷、ソーダUp）
フローズン・サザンコンフォート	●S・コンフォート40m、マラスキ1d、ライム・J15m、シュガー1tsp、（クラッシュ）➡Cha・G（ストロー）

フローズン・フォーリーズ	●チャールストン・F30m、W・ラム10m、P・J10m、G・シロ10m、（クラッシュ） ➡L・G（ミント・リーフ、ストロー）
フロスティ・ドーン （'54.USA西海岸大会入賞作）	●W・ラム2/6、O・J2/6、マラスキ1/6、ファレルナム（ライムと生姜をベースにしたシロップ）1/6、➡C・G
ブロック・アンド・フォール （ラルース）	●アプリ・B2/6、コアントロー2/6、カルバドス1/6、アニゼット1/6、➡C・G
ブロック・アンド・フォール （※ブランデー・ベース）	●ブランデー2/6、W・キュラ2/6、アップル・B1/6、ペルーノ1/6、➡C・G
ベイリーズ・オーレ	●ベイリーズ1/3、ミルク2/3、 ➡タンブラ（氷）（ココア・パウダー）
ベネディクティン・カクテル	●コニャック2/4、ベネディク1/4、L・J1/4、➡C・G
ベネディクティン・スキャファ （ブース）	●D.O.M、ウィスキー（or ジン、ラム）、各1/2、A・ビター1d、 ➡リキュール・G
ベネディクティン・フラッペ	●ベネディク40m、（クラッシュ） ➡フラッペ・G（ストロー）
ベビー・フィンガーズ	●S・ジン2/3、D・ジン1/3、A・ビター2d ➡C・G
ペルノー・ビター・レモン	●ペルノー40m、➡タンブラ（氷、ビター・レモンUp）
ペルノー・リビエラ	●ペルノー40m、A・ビター1d、 ➡コリンズ（氷、ソーダUp）（L・S）

ベルベット・ハンマー	●W・キュラ、ティア・マリア、生クリーム、各1/3、➡C・G
ペロケ（※オウムという意味）	●パスティス40m、ミント・シロ3d、➡タンブラ（氷、ミネラル・W Up）（きゅうりスティック、ミント・リーフ）
ペロケ（ラルース）	●ペルノー40m、ミント・G1tsp、➡10タン(氷、M・ウォーターUp)
ポート・アンド・スターボード（ブース）	●①G・シロ、②ミント・G、各1/2、➡P・カフェ・グラス
ボッチ・ボール（別名：スプラッシュ）	●アマレット30m、O・J30m、➡L・G（氷、ソーダ）
ボワ・ローズ（バラの森）	●D・ベル2/4、カシス・L1/4、ベネディク1/4、➡C・G（マラ・チェリ）
ホワイト・クラウド	●サンブーカ30～45m、➡10タン（氷、ソーダUp）
ホワイト・サテン	●カルーア、ガリアーノ、生クリーム、各1/3、➡C・G
ホワイト・サテン（ラルース）	●コアントロー2/3、D・ジン1/3、L・J1d、➡C・G
マウント・フジ（帝国ホテルオリジナル）	●ジン45m、マラスキ1.5tsp、L・J15m、P・J1tsp、生クリーム1tsp、卵白1/3コ、シュガー1tsp、➡Cha・G（マラ・チェリ）
マウント・フジ（IBA、1939年創作）	●S・ベル2/3、W・ラム1/3、L・J2tsp、O・ビター1d、➡C・G

マウント・フジ (フローズン)	●カルバドス 30m、W・ラム 30m、S・コンフォ30m、ライム・J15m、シュガー 3tsp 、(クラッシュ) ➡F・G (ストロー)
マゼル・トゥ	●D・ジン 3/10、サブラ・L 3/10、生クリーム 3/10、フランボワ・L1/10、 ➡C・G(キュウイ、きいちごを飾る)
マッカ	●D ・ ベル 20m、S ・ ベル 20m、D ・ ジン 20m、カシス・L 1 d、 ➡ タンブラ(氷、ソーダ U p) (L ・ P)
マリア・カフェ (H.B.A.木原 均 作)	●ティア・マリア(or カルーア) 30m、H・コーヒー適量、➡ ワイン・G (ホイップ・クリームをフロート)
マリアージュ (H.B.A.木原 均 作)	●チャールストン・F 20m、カカオ・W10m、ガリアーノ 10m、O・J20m、➡C・G (G・シロ 1tsp を沈める)
マリブ・ダンサー	●マリブ 30m、GF・J80m、L・J20m、➡L・G(氷、チェリ・B を落とす)(G ・ F を飾る)
マリブ・ビーチ	●マリブ 30m、➡10 タン(氷、O・J を Up)

ミッシェル	●モナン・トリプル・ライム2/3、D・ジン1/3、ストロベリー・シロ1d、➡C・G（L・P）
ミッドナイト（※ジン・ベースもある）	●アプリ・B60m、L・J 1tsp、T・セック1tsp、➡C・G
ミント・フラッペ	●ミント・G60m、➡Cha・G（クラッシュ・アイスをつめてミント・G を注ぎ、ミント・リーフ、ストローを飾る）
メキシコ・エスパーニャ	●シェリー（ミディアム）30m、テキーラ30m、➡シェリー・G（オリーブ）
メリー・ウィドウ(Ⅲ)	●D・ベル1/2、デュボネ（赤）1/2、➡C・G（L・P）
メリー・ウィドウ(Ⅳ)	●チェリ・B1/2、マラスキ1/2、➡C・G（マラ・チェリ）
メリー・ウィドウ(Ⅰ)（※ジン・ベース）	●※D・ジン、D・ベル、各1/2、ベネディク、ペルノー、A・ビター、各1d、➡C・G（L・P）
メリー・ウィドウ(Ⅱ)（※ジン・ベース）	●ビィル1/2、D・ジン1/2、➡C・G
メロン・ボール	●メロン・L40m、ウォッカ20m、O・J 80m、➡ゴブレ（氷）
モーツァルト・ミルク	●モーツァルト・L30m、➡10タン（氷、ミルクUp）
モーツァルト・ミント	●モーツァルト・L45m、ミント・W15m、➡F・G（氷）（ミント・リーフ）

モーニング・グローリー・ディジーズ	●ラム（or ウィスキー、ジン、コニャック、カルバドス可）45m、卵白15m、ペルノー2tsp 、シュガー1tsp 、➡ **コリンズ**（氷、ソーダor トニック・WUp）
モーニング・デュー（※ウィスキー・ベース）	●※アイリッシュ・W30m、バナナ・L 20m、B・キュラ10m、GF・J 40m、卵白1コ、➡**Cha・G**（O・S、マラ・チェリ、ミント・チェリ）
モーレスク	●パスティス40m、アーモンド・シロ10m、➡ **タンブラ**（氷、ミネラル・WUp）
モナリザ	●シャルト・オレンジ30m、カンパリ10m、D・ジン10m、➡ **サワー・G**（クラッシュ、G・エールUp）（O・S、L・P、ストロー）
モンブラン	●山型のバニラ・アイスクリームをCha・Gに盛り、シャルト（G）20mを注ぎ、点火して出す。
ヤッファ	●コアントロー30m、ミント・G 30m、➡ **コリンズ**（氷、コーラUp）（らせんレモン、マラ・チェリ）
ゆずカクテル	●ゆず・L40m、L・J1tsp 、シャルト（Y）5m、➡**L・G**（氷、ソニックUp）
ユニオン・ジャック（プース）	●①G・シロ ②マラスキ③シャルト（Y） ➡ **リキュール・G**
ラクエン（八重洲ブリック、山本義隆 作）	●チャールストン・F、O・J、ペシェ、各1/3、ミント1tsp ➡**C・G**

ラズベリー・エンジェル	●フランボワ・L45m、プレーン・ヨーグルト45m、M・ウォーター45m、(クラッシュ) ➡ ワイン・G(マラ・チェリ、ストロー)
ラビン・ユー (銀座オールド・ムービー 黒沢聡 作)	●ピーチ・L30m、GF・J20m、ライム・J10m、➡C・G(ミント・チェリ)
ラルク・アン・シエル (プース) (ラルース)	●①G・シロ ②アニゼット ③ミント・G ④B・キュラ⑤バイオレット・L ⑥リキュール・ドール ⑦コニャック、各1/7、➡P・カフェ・G
リトル・マーメイド (H.B.A.木原 均 作)	●W・ラム20m、P・J20m、ココナッツ・ミルク10m、G・シロ1tsp、シュガー10m、➡C・G
ル・ソレイユ	●ディタ30m、O・J80m、G・シロ10m、➡F・G(氷)
ルビー・フィズ	●スロー・G 45m、L・J20m、ラズベリー・シロ2tsp、シュガー1tsp、卵白1コ、➡10タン(氷、ソーダUp)
レインボー (ラルース)	●アドボカート30m、O・J1tsp、➡タンブラ〈氷、B・キュラ15m、チェリ・B15mをプースする〉
レインボー (プース)	●①G・シロ ②メロン・L③カカオ・L④ミント・W⑤スロー・G⑥ウォッカ⑦ブランデー ➡リキュール・G

レット・バトラー	●S・コンフォート1/3、O・キュラ1/3、L・J 1/6、ライム・J1/6、➡**C・G**
レニングラード	●ベルベーヌ・ベレー（Y）40m、ウォッカ40m、➡**F・G**（クラッシュ）
ローズ	●D・ベル4/6、チェリ・B 1/6、キルッシュ1/6、➡**C・G**（マラ・チェリ）
ローズ（サボイ）（※ジンベース）	●※D・ジン1/2、D・ベル1/4、アプリ・B 1/4、G・シロ4d、L・J1d、➡**C・G**
ローズ（ラルース）（※ジンベース）	●※D・ジン2/4、D・ベル1/4、チェリ・B1/4、➡**C・G**（マラ・チェリ）
ロング・グリーン	●ミント・G40m、➡**タンブラ**（氷、ソーダUp）（ミント・リーフ、ストロー）

Absinthe

アブサンとは？

スピリッツにニガヨモギ、アニシード、フェンネル、レモン、コリアンダー、アンジェリカの根、ビター、アーモンド、月桂丁字などの香味を配して造られる。アブサンは別名緑の魔酒と呼ばれていた。それは瓶の中にある時は澄んだ薄い緑色だが、一旦氷や水に合うとたちまち乳白色に変化してしまうからだ。ニガヨモギに神経系統をおかす毒素が発見されて1915年以降、日本でも製造販売が禁止され、今は一般的にペルノーを代用品としている。(注：チェコ共和国では法律規制が無く今も製造・販売されている)

ワインとは？ Wine

一般的には果物から造った醸造酒を指すが、正確にはブドウを醸造して造った酒をワインといっている。ワイン (Wine) とは英語で、フランス語でヴァン (Vin)、ドイツ語でヴァイン (Wein)、イタリア語、スペイン語でヴィノ (Vino)、ポルトガル語でヴィニョ (Vinho) であるが、いずれもラテン語のヴィヌム (Vinum) から来ている。

ワインは生鮮ブドウの果実をそのまま発酵させて造る醸造酒で、一年に一回、収穫後のわずかな間しか造る事が出来ない。生産地の気候条件、ブドウの適性品種、土壌、地形、栽培方法、醸造法などによってワインの風味が影響される他、その年の天候にも左右される。

シェリーとは？ *Sherry*

　スペインのアンダルシア地方の西南部、カディス県の中央に位置する都市ヘレス・デラ・フロンテーラ、サンルカール・デ・バラメダ、プエルト・デ・サンタ・マリアの3つの町の周辺地区で生産されているアルコール強化ワインのこと。

　シェリーの名はヘレスが英語風に訛ったものといわれている。シェリーの香味の秘密はフロールにあるとされている。フロールとは発酵の時、樽を満杯にせず上部に空間を残す。しばらくすると、ワインの表面にかびのような白い膜が張ってくる。これがフロール（花）で、シェリー特有の香気をもたらす働きをする。

◆シェリーには次の5種類がある。

・**フィーノ＝**味わいはシェリーの中で最も軽く、辛口。

・**アモンティリヤード＝**フィーノを熟成させたもので、中甘口から辛口まである。

・**オロロソ＝**独特な香味を持ちコクがある。クリーム・シェリーは､オロロソをベースに甘口ワインをブレンドして造る。

・**ペドロ・ヒメネス＝**ブドウの品種名でもあるが、甘口ワインの中ではより高価なもの。

・**マンサニーリャ＝**サンルカール・デ・バラメダ産のフィーノタイプの辛口。

ベルモットとは？ *Vermouth*

　ドイツ語のヴェルムート（Wermut＝ニガヨモギ）から来たもので、18世紀末から商品化され、現在の主産地はイタリアとフランス。白ワインをベースに、ニガヨモギをはじめ、15～40種の香草薬草を配合して、更にスピリッツを加えて造る。色はカラメルなどでつけるが、その量によって赤にも白にもなる。

チンザノ、マルティーニ、ノイリー・プラット、バルベロ、フィリペッテイ、リカドーナ、ガンチア、シャンベリー・コモス、ドリン、エギュベル等が輸入されている。

アースクイック (別名：タイガー・キラー)	●アブサン、ウィスキー、D・ジン、各1/3、➡C・G
アテンション	●アブサン、バイオレット・L、D・ベル、D・ジン、各1/4、O・ビター2d、➡C・G
アトム・ボム	●アブサン、ブランデ、各1/2、➡C・G
アブサン・イタリアーノ	●アブサン4/7、アニゼット2/7、冷水1/7、マラスキ3d、➡C・G
アブサン・スペシャル	●アブサン2/3、アニゼット1/6、D・ジン1/6、O・ビター1d、A・ビター2d、➡C・G（チェイサーを添える）
アブサン・フレンチ	●➡C・G（シェイブド・アイス1/2を入れ、角砂糖1コ乗せ、アブサン30mをドロップする）（L・P、ストロー）
アブサン・カクテル（Ⅱ）	●アブサン2/3、冷水1/3、シュガー1tsp、➡C・G
アブサン・カクテル（Ⅰ）	●アブサン2/3、冷水1/3、D・ジン2d、➡C・G
オールド・モラリティ	●アブサン、カルバドス、各1/2、A・ビター1d、➡C・G
グラッド・アイ	●アブサン2/3、ミント・W1/3 ➡C・G
シッ・ダウン・ストライカー	●アブサン、ベネディク、L・J、各1/3、➡Cha・G（ソーダを満たす）

スイス		●アブサン40m、アニゼット4 d、 卵白1コ、 ➡C・G
スイッセス		●アブサン3 0 m、アニゼット5 m、 ➡Cha・G（ソーダUp）
ゼロ		●アブサン45m、O・J 2tsp 、 G・シロ 1tsp 、➡C・G
ダッチズ		●アブサン、D、S・ベル、各1/3、 ➡C・G
ナイン・ピック		●アブサン、ブランデ、キュラソー、 各1/3、卵黄1コ、➡C・G
ナインティーン・ピック・ミー・アップ		●アブサン2/3、D・ジン1/3、 A・ビター、O・ビター、 シュガー、各1 d、 ➡C・G（ソーダ1 dをドロップ）
ノック・アウト (or ノック・ダウン)		●アブサン、D・ジン、D・ベル、 各1/3、ミント・W 1tsp 、➡C・G
パンジー		●アブサンorアニゼット45 m、 G・シロ1tsp、A・ビター2d、➡C・G
ビクトリー		●アブサン20m、G・シロ20m、➡Cha・G or L・G(氷)（ソーダを満たす）
ブールバード (BoulVard)		●アブサン、S・ベル、各1/2、 A・ビター2 d、 ➡C・G（L・P）
ブルネル		●アブサン1/4、L・J3/4、 シュガー1/2tsp 、 ➡C・G
ボタン・ホック		●アブサン、ブランデ、アプリ・B、 ミント・W、各1/4、 ➡ C・G
ホワイト・ウェイ (別名：ウイッチ・ウェイ)		●アブサン、ブランデ、 アニゼット、各1/3、 ➡C・G

マカロニ	●アブサン 2/3、S・ベル 1/3、 ➡C・G
メイドンズ・ドリーム	●アブサン、D・ジン、各1/2、G・シロ1tsp、➡C・G(マラ・チェリ)
モーニング・コール	●アブサン 1/2、マラスキ 1/4、L・J 1/4、 ➡C・G
ヤンキー・プリンス (別名：イエロー・パロット)	●アブサン、シャルト(Y)、アプリ・B、各 1/3、 ➡C・G
ロフタス	●アブサン、D、S・ベル、各1/3、 ➡C・G
赤ブドウ・クーラー	●赤ワイン 30m、ピコン 5m、L・J 1tsp、➡L・G(氷、G・エールUp)
アフロディーテ	●ロゼ・ワイン 5/10、フランボワ・L 2/10、W・キュラ 2/10、ライム・J1 /10、 ➡C・G
アメリカン・レモネード	●赤ワイン 30m、L・J 1コ、シュガー 3tsp、水少々、➡ ワイン・G(氷)(赤ワインを後からフロートしても良い)
アルジャンティーヌ・ジュレップ	●ボルドー(赤)、ブランデ、O・J、P・J、各 30m、コアントロー 1d、➡ サワー・G (クラッシュ)(O・S、ミント・リーフ)
ウインター・ローズ (H.B.A.木原均 作)	●赤ワイン 40m、チェリ・B 15m、L・J10m、シュガー5m、 ➡C・G (シュガー・スノー)

ウエスタン・エレクトリック		●メドック（赤）、ブランデ、コアントロー、各15m、➡ **フルート・G**（シャンパンUp）
想い出のブドウ園（H.B.A.木原均 作）		●アブソルート・ウォッカ20m、G・マニエ10m、赤ワイン20m、L・J5m、➡ **フルート・G**（7 Upを満たす）
キール		●白ワイン4/5、カシス・L1/5、➡ **ワイン・G**
キール・アンペリアル		●シャンパン4/5、フランボワ・L 1/5、➡ **ワイン・G**
キール・ロワイヤル		●シャンパン4/5、カシス・L1/5、➡ **ワイン・G**
クラウド・バスター		●ウォッカ40m、➡ **サワー・G**（氷、シャンパンUp）（らせんレモン）
クラレット・サンガリー		●クラレット（ボルドー赤）90m、シュガー1tsp、➡ **タンブラ**（クラッシュ）（ナツ・メグ）
クラレット・パンチ（20人分）		●ボルドー・ワイン（赤）1本、O・キュラ90m、L・J90m、シュガー90m、ソーダ400m、氷、レモン、オレンジ、きゅうり、他のフルーツをボールに入れて、➡ **パンチ・カップ**

クラレット・パンチ （1人分）	●ボルドー（赤）90m、L・J20m、O・キュラ1tsp 、シュガー 1tsp 、➡ **タンブラー**（氷、ソーダ適量）
クリスマス・ツリー （H.B.A.木原均 作）	●シャンパン 4/5 、G・ティ・L 1/5、➡ **フルート・G**（ミント・チェリ）
グロリアス・オペラ	●白ワイン20m、ピーチ・L10m、フレイズ・L15m、O・J15m、➡**C・G**（ミント・チェリ）
コーヒー・カクテル （サボイ）	●P・ワイン4 5 m、ブランデ15m、O・キュラ1d、卵黄１コ、シュガー1tsp 、➡**C・G**(大)(ナツ・メグ)
コーヒー・カクテル （※ブランデー・ベース）	●※ブランデ、コアントロー、コーヒー、各1/3、➡**C・G**
ゴンドラ・クィーン （H.B.A.木原均 作）	●赤ワイン40m、カシス・L10m、O・J5m、L・J5m、シュガー5m、➡**C・G**
細雪 （H.B.A.木原均 作）	●白ワイン(辛口)45m、マラスキ5m、L・J5m、ライム・5m、シュガー5m、➡**C・G**(大)(クラッシュ)(レッド・チェリー、ストロー2本)
サングリア（4～6人分） （ラルース）	●赤ワイン1本、シュガー20m、ブランデ80m、コアントロー80m、O・J 60m、L・J 15m、2Lジョッキに氷とソーダ200～300 m、L・S、O・Sなどを入れて、かき混ぜて、➡**Br・G**（らせん・レモン、オレンジ）

シャブリ・カップ (6人分)(ラルース)	●シャブリ1本、G・マニエ90m、キルッシュ90m、桃3コ、O・S1コ、チェリー数個、シュガー15m、さいの目に切った桃とオレンジをパンチ・ボールに入れて冷やす。 ➡**ゴブレ**(ミント・リーフ)
シャンパン・カクテル	●(グラスに角砂糖1コを入れ、A・ビター1dで湿らせて)シャンパンを1G分Up **➡Cha・G**
シャンパン・ジュレップ	●水2tsp、角砂糖1コ、ミント・リーフ4枚 ➡ **コリンズ**(ミントをつぶしてシャンパンUp)(クラッシュをつめてL・S、ストロー)
シャンパン・ブルース	●B・キュラ10m、➡ **フルート・G**(シャンパンUp、L・P)
シャンボール・ロワイヤル (87,上田和男 作)	●シャンボール・L 1/10、シャンパン9/10、➡ **フルート・G**
ジングル・ベル (H.B.A.木原均 作)	●S・コンフォ15m、G・シロ10m、O・J 20m、➡**F・G**(氷、シャンパンUp)(O・S、ストロー)
スプリッツァー	●白ワイン2/3、 ➡ **タンブラー**(氷、ソーダUp)
スマイリング	●白ワイン70m、ブランデ10m、G・エール30m、➡**Cha・G**(O・S、マラ・チェリ)

ダイナマイト	●G・マニエ30m、ブランデ30m、O・J60m、➡ フルート・G（シャンパンUp）（O・S、マラ・チェリ）
デュボネ・フィズ	●デュボネ45m、O・J20m、L・J10m、チェリ・B 1tsp 、➡ タンブラー（氷、ソーダＵｐ）
デビルズ	●P・ワイン1/2、D・ベル1/2、L・J2d、 ➡C・G
ドランクン・アプリコット（8人分）	●大型ジョッキの底に氷、あんず、と積み重ねて、S・コンフォート160m、シャンパン１本注ぎ、➡ サワー・G
バーガンディ・カクテル	●ブルゴーニュ（赤）90m、ブランデ30m、マラスキ３ｄ、➡ サワー・G（L・S、レッド・チェリ）
バーガンディ・パンチ（10人分）	●ブルゴーニュ（赤）1本、P・ワイン（赤）100m、O・J 80m、L・J 10m、冷水１Ｌ、シュガー30m、パンチ・ボールに入れてかき混ぜて ➡ サワー・G（O・S）
バックス・フィズ（※別名シャンパン・フィズ）	●O・J 60m、➡ タンブラー（氷、シャンパンUp）
バックス・フィズ（ラルース）	●O・J 90m、➡ サワー・G（シャンパンＵｐ）
パルパル赤坂（H.B.A.木原均 作）	●白ワイン（辛口）70m、B・キュラ10m、L・J5m、➡Cha・G

バルボタージュ	●O・J90m、L・J30m、G・シロ1tsp、➡ **サワー・G**（シャンパンUp）
ビショップ	●O・J60m、L・J45m、シュガー1tsp、➡ **ゴブレ**（クラッシュ、ブルゴーニュ（赤）をUp）
ビショップ(Hot) (6人分)	●①レモン2コにクローブ20コを刺してオーブンで焼く②水240m、オール、スパイス1tsp、シナモン・S1本、シュガー1tspを煮つめてP・ワイン750mと加え、とろ火で煮温め、パンチ・Bに注ぎ①とコニャック3dを加えて➡**Hot・G**
プース・ラピエール	●アルマニャック40m、➡ **サワー・G**（S・ワインorシャンパンUp）
ブラック・パール	●ティア・マリア20m、ブランデ20m、➡ **サワー・G**（クラッシュ、シャンパンUp）（ブラック・チェリー）
フルーツ・スプリッツァー	●白ワイン30m、モナン・ピーチ15m、O・J15m、➡ **ワイン・G**（氷、ソーダUp）
ブロークン・スパー	●P・ワイン（白）2/5、D・ジン2/5、アニゼット1d、卵黄1/5、➡**C・G**
ベネット・シャンパン・カクテル (H.B.A.木原均 作)	●ピーチ・ツリー15m、B・キュラ10m、O・J10m、➡**Cha・G**（ポメリー・シャンパンUp、レッド・チェリを飾る）

ベリーニ	●スパークリング・ワイン2/3、P・ネクター1/3、G・シロ1d、**➡フルート・G**
ペリエッツァー (H.B.A.木原均 作)	●白ワイン(辛口)70m、**➡L・G**(氷、ペリエUp)(スティック・きゅうり、ストロー)
ポート・フリップ	●P・ワイン60m、卵黄1コ、シュガー1tsp、**➡ワイン・G**(ナツ・メグ)
ポート・フリップ (IBA)	●P・ワイン(赤)6/10、ブランデ2/10、卵黄2/10、**➡ゴブレ**(ナツ・メグ)
ポート・フリップ (ラルース)	●P・ワイン(赤)45m、ブランデー15m、シュガー1tsp、卵黄1コ、**➡サワー・G**(ナツ・メグ)
ポート・ワイン・サンガリー	●P・ワイン90m、シュガー1tsp、**➡タンブラ**(クラッシュ)(ナツ・メグ)
ボルドー・クーラー	●ボルドー(赤)120m、O・J30m、ブランデ15m、L・J15m、シュガー1tsp、**➡Br・G**(らせんレモン)
マーメイド (H.B.A.木原均 作)	●白ワイン(辛口)60m、フレイズ・L15m、L・J10m、**➡フルート・G**(氷)(レッド・チェリー)

マディラ・サンガリー	●マディラ・ワイン90m、シュガー1tsp、➡ **タンブラ**（クラッシュ）（ナツ・メグ）
ミモザ	●シャンパン、O・J、各1/2、➡ **ピルスナー・G**
モナンNo, 1	●モナン・トリプル・ライム30m、カンパリ10m、➡ **サワー・G**（シャンパンUp）
モーリス	●P・ワイン2/3、ブランデ1/3、➡ **C・G**
ラプソディ (H.B.A.木原均 作)	●白ワイン20m、チャールストン・F15m、メロン・L15m、L・J1tsp、➡ **C・G**
レグロン	●マンダリン・インペリアル30m、➡ **フルート・G**（シャンパンUp）
ローザ・ロッサ	●赤ワイン60m、アマレット30m、➡ **ワイン・G**（氷、G・エールUp）
ワイン・クーラー	●ワイン90m、O・J30m、O・キュラ10m、G・シロ10m、➡ **ゴブレ**（氷）（O・S）
アディントン	●D・ベル、S・ベル、各1/2、➡ **F・G**（氷、ソーダUp）（O・P）
アドニス	●D・シェリー2/3、S・ベル1/3、O・ビター1d、➡ **C・G**（O・P）
アムール	●D・シェリー2/3、D・ベル1/3、O・ビター1d、L・P1枚、➡ **C・G**

シェリー・ベース

アムール (ラルース)	●S・シェリー、D・ベル、各1/2、A・ビター2 d、➡C・G(O・P)
アメリカーノ	●S・ベル30m、カンパリ30m、➡ゴブレ(氷、ソーダUp)(O・S、L・P)
アメリカーノ (ラルース)	●S・ベル30m、ビター・ベルモット30m、➡タンブラ(氷、ソーダUp)(O・S)
グリーン・ルーム	●D・ベル2/3、コニャック1/3、O・キュラ1 d、➡C・G
クロンダイク・ハイボール	●D・ベル30m、S・ベル30m、L・J15m、シュガー2tsp、➡タンブラ(氷、G・エールUp)(L・S)
ゴールド・メダル	●Tio マティオ40 m、D・ベル10m、ライム・J10m、シュガー1tsp、O・ビター1 d、➡C・G
コロネーション	●シェリー、D・ベル、各1/2、O・ビター2 d、マラスキ1 d、➡C・G
サマー・アスリート	●Tio マティオ30m、B・キュラ10m、L・J10m、ライム・J10m、➡C・G(マラ・チェリ)
シェリー・エッグ・ノッグ	●S・シェリー60m、シュガー1tsp、ミルク120m、全卵1コ、➡タンブラ(氷、ナツ・メグ)

シェリー・コブラー		●シェリー60m、O・キュラ 1tsp 、マラスキ（or シュガー） 1tsp 、➡ワイン・G（氷）
シェリー・ツイスト		●シェリー2/5、ウィスキー2/5、O・J1/5、W・キュラ2 d、➡C・G
シェリー・フリップ（ラルース）		●シェリー60m、全卵1コ、シュガー1tsp、➡サワー・G（ナツ・メグ）
スパニッシュ・ローズ		●Tio マティオ 20m、クレーム・ペシェ40m、G・シロ 1tsp 、L・J2tsp 、➡C・G（マラ・チェリ）
ソウル・キス（Ⅰ）		●D・ベル 2/6 、S・ベル 2/6 、デュボネ1/6、O・J1/6、➡C・G
ソウル・キス（Ⅱ）		●D・ベル 2/6 、ライ・W 2/6 、デュボネ1/6、O・J1/6、➡C・G
デービス		●D・ベル 2/4 、ライト・ラム 1/4 、L・J 1/4 、G・シロ 2 d 、➡C・G
デュボネ・カクテル		●デュボネ、D・ジン、各 1/2 、➡C・G（L・P）
トロピカル		●D・ベル、マラスキ、カカオ・L、各 1/3 、A・ビター 1 d 、O・ビター 1 d 、➡C・G
トロカデロ		●D・ベル、S・ベル、各 1/2、O・ビター1 d、G・シロ1 d➡C・G
ニューヨーカー		●D・ベル 3/5、D・シェリー 1/5、D・ジン 1/5、コアントロー1 d、➡C・G

バンブー	●D・シェリー、D・ベル、各1/2、O・ビター1d、➡C・G（※D・ベルをS・ベルに替えて、アドニスが作られた）
プチ・プレリュード ('85、上田和男 作)	●D・シェリー3/4、ロゼ・ベルモット1/4、➡C・G
ブラック・アンド・タン	●S・ベル2/4、カシス・L1/4、ペルーノ1/4、➡C・G（L・S）
ブラジル	●D・シェリー、D・ベル各1/2、アブサン1d、A・ビター1d ➡C・G（L・P）
プリンセス・エリザベス・マティーニ	●S・ベル50m、D・ベル10m、ベネディク2tsp、➡C・G
ベルモット・カクテル	●ベルモット1G（60m）、A・ビター2d、➡C・G（※ベルモットとビターの種類で幾つかのアレンジをしても良い）
ベルモット・カシス (別名：ポンピエ)	●D・ベル60m、カシス・L15m、➡ゴブレ（氷、ソーダUp）
ベルモット・キュラソー	●D・ベル60m、O・キュラ15m、➡ゴブレ（氷、ソーダUp）
ポンピエ・デージー	●D・ベル45m、カシス・L30m、➡F・G（氷、ソーダUp）
マウント・フジ ('39スペイン大会)	●S・ベル2/3、W・ラム1/3、L・J2tsp、O・ビター1d、➡C・G
マリー・ガーデン	●デュボネ、D・ベル、各1/2、➡C・G（L・P）
ローズ	●D・ベル2/3、キルッシュ1/3、ラズベリー・シロ（or G・シロ）1d、➡C・G

Beer

ビールとは？

世界で最も消費されている酒がビールである。ビールは二条大麦の麦芽（小麦麦芽を用いる特殊なビールもあるが）、水、ホップを主原料にして、副材料にスターチや米などを加えて発酵させた酒というのが一般的な概念である。アルコール度数が低く、炭酸ガスを含むこと、ホップ由来の独特の香りやほろ苦さを持つ。

（代表的なビールの種類）

ピルスナー・ビール＝チェコのプルゼニで造られる淡黄色のビールを原形とするもの。日本のビールの殆どはこのピルスナー・タイプといえる。

黒ビール＝ドイツの濃色ビールを手本に、日本人向きに飲み易くした日本で造られているビール。

スタウト＝砂糖を原料の一部として使用し、ホップの苦みが強い。麦芽の香味を強調している。ギネスなど。

ビター・エール＝イギリス産エールの内、特に苦みの強いもの。

その他、ペール、濃色ボック・ビール、ヘレス、ヴァイツェン、ケルッシュ、アルト、ポーター等、様々なビールが世界各国で造られている。

日本酒とは？ Sake

清酒の原料は米、米こうじ、水。これだけで造るのが純米酒である。清酒は原料米をよく精米するところから始まる。精米歩合は70～45％で、吟醸酒では60％以下、大吟醸は50％以下に精米する。これを良く洗い水を十分に吸収させて蒸米をつくる。蒸米の一部に種麹を撒布し、米麹をつくる。この米麹と蒸米、純枠培養酵母、水でモト、酒母を仕込む。出来上がったモトに、水、米麹、放冷した蒸米を、通常3段階に分けて仕込み、もろみをつくる。清酒が他の醸造酒に比べアルコール度数が高いのは、この3段仕込みと呼ばれる清酒独自の醸造法をとるためである。もろみの発酵は20～30日で完了する。これを圧搾したのが行生酒（清酒）で、アルコール度数は20度前後である。この後、生酒は幾つかの工程を経て、様々なタイプに仕上げられる。

焼酎とは？ Shouchu

アルコール含有物を蒸留した日本産の蒸留酒で、甲類と乙類の二つに分類されている。

- **甲類＝**アルコール含有物を連続式蒸留機で蒸留したもので、アルコール度数が36度未満のものをさす。糖蜜を原料に使うことが多いが、イモ類や穀類を使うこともある。これを発酵、蒸留してアルコール度数85～97度の蒸留液を得て、加水して36度未満で製品化する。
- **乙類＝**アルコール含有物を連続式蒸留機以外の蒸留機で蒸留したもので、アルコール度数が45度以下のものをさす。本格焼酎とも呼ばれ九州南部や西南諸島が主な産地。

中国酒とは？ Chinese

中国酒といえば老酒が有名だが、中国の酒には色々な種類がある。大別すると、水酒（黄酒ともいい、老酒のような醸造酒）と、スピリッツの白酒（高梁酒や茅台酒のような蒸留酒）、そして薬酒である。黄酒はうるち米、もち米、小麦などを原料にして、小麦にクモノスカビを繁殖させた「麹子」により糖化、発酵させた後カメに密閉して熟成させる。産地は時代により変わってきた。現在は水質の良さから、上海近くの紹興という地方が代表産地となっている。ここの紹興酒には長期熟成の古酒「花彫」と、女の子が産まれると酒を仕込んで、その娘が嫁に行く時にはじめて酒ビンを開けて祝いをしたという「女児酒」というのがある。

ポート・ワインとは？ Port Wine

ポルトガルのオポルト市で造られている酒精強化ワインのこと。発酵途中でブランデーの入った樽に移して発酵を止めるのでアルコール度数が一般のワインに比べて高い。ポートの名前はオポルト市からついたもの

アクアヴィットとは？ AquaVitea

ジャガイモを原料として、麦芽で糖化、発酵、蒸留したものに、ハーブなどで香りをつけたスピリッツで、北欧諸国が特産地。ラテン語のAquaVitae（アクア・ビテ＝命の水）が変化したもの。

コルンとは？ Korn

ドイツ特産の蒸留酒で、無色透明、くせの無い味わいが特徴。麦類などの穀物が原料である。尚、ドイツではコルンのような蒸留酒をシュナップスと呼び、ドイツ産のジン、シュタインヘーガーもシュナップスに含まれる。

ピンガ とは？ Pinga

ブラジルの国民酒でサトウキビを蒸留して造られる。ラムと違うところはサトウキビの絞り汁から直接発酵、蒸留を行う点。一般的にはピンガといっているが、リオの市民達はカシャーサと呼ぶことが多い。

アラックとは？ Arrack

東南アジアでココヤシ、米、糖蜜などで造られる蒸留酒の総称。

ビール、日本酒、中国酒、他ベース

イエロー・サンセット	●卵黄1コ、**➡ゴブレ**（黒ビールを満たす）
エール・フリップ	●なべに卵黄4コ、シュガー2tsp、エール・ビール750mを入れて弱火にかけ、ホイップした卵白2コを入れる。**➡ピルスナー・G**（ナッツ・メグ）
シャンディ・ガフ	●ビール1/2、**➡タンブラー**（G・エール1/2 Up）
ストーン・ヘッド	●ジンジャー・リキュール40m、**➡ゴブレ**（氷、ビールUp）
ドッグ・ノーズ	●D・ジン45m、**➡ピルスナー・G**（ビールUp）
パナシェ	●ビール1/2、**➡ゴブレ**（レモネードor G・エール等の透明炭酸飲料1/2を満たす）
ビァ・スプリッツァー	●白ワイン3/5、**➡ゴブレ**（氷、ビール2/5 Up）
ビァ・フィールド	●ウォッカ30m、W・キュラ10m、GF・J 10m、B・キュラ10m、**➡L・G**（氷、ビールUp）
ビァ・フリップ	●P・ワイン20m、卵白1/3コ、卵黄1コ、シュガー2tsp、**➡ゴブレ**（氷、ビールUp）
ブラック・ベルベット	●スタウト、シャンパン、各1/2、**➡ビール・Gへ同時に注ぐ**
ボイラー・メーカー	●バーボン45m、**➡タンブラー**（ビールUp）（※好みで量を調節する）
ミント・ビア	●ミント（G）15m、**➡ゴブレ**（ビールUp）

レッド・アイ	●ビール、T・J、各1/2、 ➡ビール・G
レッド・バード	●ウォッカ45m、T・J 60m、 ➡タンブラー（氷、T・Jを満たす）
青時雨 (Aoshigure)（フローズン）	●日本酒30m、抹茶リキュール10m、 GF・J 20m、（クラッシュ） ➡Cha・G（スプーン、ストロー）
サケティーニ （オン・ザ・ロック）	●日本酒、D・ジン、各1/2、 ➡F・G（氷）（L・P、S・オリーブ）
サムライ・ロック	●日本酒45m、ライム・J 15m、 ➡F・G（氷）（ライム・S）
春蕾 (Shun-rai)	●ウォッカ、梅酒、クランベリー・J、 各1/3、カルピス1tsp、 ➡サワー・G（氷）（ライム・S）
露時雨 (Tsuyu-shigure)	●日本酒2/6、ウォッカ3/6、 ポルッカ1/6 ➡C・G（カクテル・ピンに刺した小梅）
春暁 (Shun-gyō)	●日本酒1/3、ウォッカ2/3、 G・ティ・L1tsp、 ➡C・G（桜の花びらをフロート）
旱星 (Hideri-boshi)	●焼酎、梅酒、スイカ・J、各1/3、 L・J 1tsp、➡C・G

ビール、日本酒、中国酒、他ベース

ファンタスティック・レマン	●日本酒5/10、W・キュラ3/10、キルッシュ1/10、L・J1/10、➡ **コリンズ**(氷、トニック・Wを満たしてB・キュラを沈める)(マドラー)
冬桜	●焼酎45m、チェリ・B15m、➡ **ホット・G**(お湯を満たす)(L・S)
楊貴妃	●桂花陳酒(白)30m、GF・J20m、ライチ・L10m、B・キュラ1tsp、➡**C・G**(花を飾る)
楊貴妃(オリジナル)	●桂花陳酒30m、カシス・L10～15m、➡ **コリンズ**(G・エールUp)(ストロー)
エンジェル	●コアントロー10m、GF・J30m、G・シロ1tsp、➡ **フルート・G**(シャンパンUp)
カイピリーニャ	●ピンガ60m、ライム1/2コ、シュガー3tsp、➡**F・G**(クラッシュ)
ゴールド・ラッシュ	●アクアビット3/5、ドランブイ2/5、➡**F・G**(氷)
コペンハーゲン	●アクアビット2/4、クレーム・マンダリン1/4、ライム・J1/4、➡**C・G**
スノー・ボール(Ⅰ)	●アドボカート45m、➡**L・G**(氷、ソーダUp)
スノー・ボール(Ⅱ)	●D・ジン、バイオレット・L、ミント・W、アニゼット、生クリーム、各1/5、➡**C・G**

スノー・ボール（Ⅲ）	●アドボカート40m、ライム・J（コーディアル）1d、➡**タンブラー**（氷、レモネードUp）（O・S、マラ・チェリ）
ダニッシュ・マティーニ	●アクアビット5/6、D・ベル1/6、➡**C・G**（S・オリーブ）
デニッシュ・メアリー	●アクアビット30m、L・J15m、➡**タンブラー**（氷、T・J適量をUp）（ウスター・ソース、セロリ、塩等）
レッド・バイキング	●アクアビット30m、マラスキ30m、ライム・J（コーディアル）30m、➡**F・G**（氷）
ロング・アイランド・アイス・ティー	●ウォッカ、D・ジン、W・ラム、テキーラ、各15m、W・キュラ、L・J、各10m、シュガー1tsp、➡**コリンズ**（コーラUp）（L・S、ストロー）
ロング・アイランド・ビーチ	●ウォッカ、D・ジン、W・ラム、テキーラ、各15m、W・キュラ、L・J、各10m、シュガー1tsp、➡**コリンズ**（クランベリー・JをUp）（L・S、ストロー）
ワイン・クーラー	●白ワイン90m、O・J30m、O・キュラ10m、G・シロ10m、➡**ゴブレ**（氷、O・S）

インコラプティブル・シャンパン	●GF・J 160m、O・J 80m、➡ **フルート・G**（レモネードUp）
エンジェル・スペシャル（フローズン）	●O・J 200m、G・シロ20m、卵黄1コ、A・ビター2d、（クラッシュ）➡ **フルート・G**（マラ・チェリ、ストロー）
オレンジ・ペパーミント・シェーク（フローズン）	●卵白1コ、シュガー2 tsp、ミント・リーフ2枚、O・J 200m、（クラッシュ）➡サワー・G（O・S、ミント・リーフ、ストロー）
カクテル・エカルラート・ア・ロランジェ（2人分）	●ストロベリー・シロ10m、ラズベリー・シロ10m、カシス・シロ10m、➡ **ピルスナー・G**（オレンジの葉を500mの湯で煎じたものを足す）（氷）（イチゴ）
キャサリン・ブロッサム（フローズン）	●O・J200m、メープル・シロ2tsp、O・シャーベット2コ、（クラッシュ）➡ **コリンズ**（氷、ソーダUp）（ストロー）
グレナデン・シェーク（フローズン）	●G・シロ20m、P・J 20m、L・J 10m、卵白1コ、（クラッシュ）➡ **ゴブレ**（氷、ソーダUp）（マラ・チェリ）
ケントゥミ（フローズン）（Kentumi）	●パッション・F・シロ30m、バニラ・アイス1コ、ライム・J10m、（クラッシュ）➡ **ゴブレ**（ソーダUp）（マラ・チェリ）

ノンアルコール

ココ・オコ (フローズン) (Coco-Oco)		●ココナッツ・シロ20m、L・J 10m、マラスキ・シロ1tsp、ミルク100m、(クラッシュ)➡C・G(大)(マラ・チェリ)
ココ・ロコ (Coco-Loco)		●ココナッツ・J160m、ココナッツ・M 40m、➡ヤシの実のカップ(ヤシ、ストロー)
コンクラーヴェ (Conclave)		●O・J 120m、ミルク60m、ラズベリー・シロ20m、➡ 8タン(氷)(O・S、ストロー)
サマー・クーラー		●カシス・シロ60m、O・J 60m、P・J 60m、➡サワー・G(氷)
サマー・デライト		●ライム・J30m、G・シロ15m、シュガー2tsp、➡ゴブレ(氷、ソーダUp)(L・S)
サラトガ・クーラー		●ライム・J20m、シュガー1 tsp、➡L・G(クラッシュ、G・エールUp)(カット・ライム)
サンドリヨン(シンデレラの仏語) (ラルース)		●L・J、O・J、P・J各60m、➡ゴブレ(氷)(P・S、O・S、L・S)
シャーベット・アンド・ティー・パンチ (フローズン)		●オレンジ・シャーベット2コ、O・J30m、紅茶60m、シュガー1tsp、L・J10m、(クラッシュ) ➡サワー・G(ストロー)
シャーリー・テンプル		●➡コリンズ(氷、ホーセス・ネック・スタイルのらせんL・Pを入れ、G・エールを満たし、G・シロ1tsp、を落とす)(ストロー)
ジャックス・スペシャル (フローズン)		●イチゴ50g、P・J200m、L・J 1・2d、(クラッシュ)➡Cha・G(イチゴ1/2、ストロー)

ショコラ・オー・ドゥ・パルファン (Hot)	●ティユルとミント・リーフ、チョコレート・シロ70m、H・ミルク150m、シュガー2tsp、**弱火にかけて➡H・グラス**
シンデレラ	●O・J、L・J、P・J、各1/3、➡C・G
スィンガー (Swingr)	●GF・J 200m、P・J 20m、シュガー20m、➡ **サワー・G** (GFスライス、マラ・チェリ)
スキー・バッサー	●L・J 40m、ラズベリー・J 40m、➡ 8タン(氷、ソーダUp)(L・S、O・S、ストロー)
スパイシー・ジンジャー・タンタライザー (フローズン)	●O・J 100m、シロップ漬けしょうが15g、生姜シロ10m、(クラッシュ) ➡C・G(大)(ストロー、生姜スライス)
ダミー・ディジー	●ラズベリー・シロ60m、ライム・J30m、シュガー1tsp、➡C・G(大)に氷も入れる(ラズベリー2・3コを飾る)
テ・ア・ラ・マント (Hot/4人分)	●緑茶4tsp、ミント・リーフ4枚、シュガー5tsp、お湯適量、ティーポット➡ティー・カップ

ティプシー・グァバ (フローズン) (Tipsy)	●グァバ・J 200m、ライム・J 10m、カシス・シロ20m、ラム・エッセンス5d、(クラッシュ)➡**サワー・G**(玉型メロン3コ、ストロー)
ティユル・カシス (4人分)	●ティユル茶を400mの湯で煎じて冷やす。ティー・ポット➡カシス・シロ100m、クラッシュ、ティユル茶を入れて**ティー・カップ**
ティユル・マルティニケ (4人分)	●ティユル茶(しなの木)3パックを500mの湯で煎じて冷やす。ティー・ポットにP・J500mと氷を入れてティユル茶を入れ➡**C・G**(大)(P・S、マラ・チェリ)
ドゥ・ドゥ・フィズ (フローズン) (Dou dou)	●卵白1コ、シュガー3 tsp、L・J 2 0 m、ココナッツ・シロ1 0 m、ラム・エッセンス6 d、(クラッシュ)➡**サワー・G**(ソーダUp)(L・S、ストロー)
トゥティ・フルティ・ベルベーヌ・カクテル (Tutti Frytti)	●ベルベーヌ茶(くまつづら)3パックを500mの湯で煎じて冷やして➡**ミキシング・G**にO・J 80m、L・J 50m、アプリコット・J 180m、P・J 180mを加えてステア➡**ゴブレ**(氷)(L・S or O・S)
トマト・キューカンバー・クーラー (フローズン)	●T・J 150m、きゅうり30g(皮なし)、L・J 2d、ウスター・ソース2d、塩少々、Bkペッパー少々、(クラッシュ)➡**ゴブレ**〈ソルト・スノー〉〈きゅうり、ストロー〉
トラピッシュ・シロップ **(※シロップとして使う)** (Trapishe)	●O・J 100m、シュガー500m、クローブ・パウダー1tsp、シナモン・P1tsp、をとろ火で混ぜて瓶にうつす。

ナン・ジョーヌ (フローズン)	●卵黄1コ、生クリーム100m、パッション・F・シロ20m、アーモンド・ビター1d、(クラッシュ) ➡**サワー・G**(ソーダUp)(ストロー)
ノナルク・マイ・タイ Nonalc Mai-Tai	●ラム・エッセンス10d、マイタイ・ミックス60m、ライム・J30m、P・J30m、➡**サワー・G**(クラッシュ、ソーダUp)(パイン、ミント・リーフ)
バージン・ブリーズ	●GF・J 2/3、クランベリー・J 1/3、➡**L・G**(氷)
バージン・メアリー	●T・J 150m、タバスコ2d、L・J2d、ウスター・ソース2d、➡**F・G**(氷、ペッパー、セロリー)
パーソンズ・スペシャル	●O・J80m、G・シロ4d、卵黄1コ、➡**Cha・G**(ソーダを足す)
パイナップル・クーラー	●P・J200m、ライム・J10m、A・ビター5d、➡**サワー・G**(ビター・レモンUp)(パイン・S、マラ・チェリ、ストロー)
パイナップル・コブラー	●P・J200m、ライム・J1d、A・ビター5d、➡**ゴブレ**(氷、ビターレモンU)(バナナ、マラ・チェリ、ストロー)
ハネムーン (ラルース)	●メープル・シロ30m、ライム・J 20m、O・J30m、アップル・J 30m、➡**サワー・G**(マラ・チェリ、O・P)

バルバレラ	●A·ビター4·5d、ストロベリー·シロ少々、➡Br·G（氷、G·J Up）
ピニャ・コラーダ（フローズン）（ラルース）	●ココナッツ·M 80m、P·J 40m、アーモンド·シロ1d、➡ **サワー·G**（パイン、マラ·チェリ、ストロー）
ピンク・パンサー・フリップ（フローズン）	●O・J200m、G・シロ20m、卵黄1コ、A·ビター2d、（クラッシュ）➡ **ゴブレ**（マラ·チェリ、ストロー）
ピンク・メロン・ディライト（フローズン）	●メロン60g、イチゴ60g、オレンジ・シャーベット1コ、（クラッシュ）➡**ゴブレ**（G·エール Up）（メロン、イチゴ、ストロー）
ファーマーズ・ジョイ	●卵黄1コ、T·J120m、L·J 1d、ウスター・ソース、塩、Bkペッパー少々、➡F·G（セロリ）
フェリシタシオン（フローズン）	●O·J30m、T·J30m、カシス·J 30m、卵黄1コ、（クラッシュ）➡ **サワー·G**（O・S、ストロー）
プッシー・キャット	●O·J60m、P·J60m、GF·J 20m、G·シロ3d、➡C·G（大）（1/2 O·S、1/2 GF・スライス）
プッシー・フット	●O·J3/4、L·J1/4、G·シロ1tsp、卵黄1コ、➡C·G

プッシー・フット (ラルース)	●O・J50m、L・J50m、ライム・J50m、G・シロ1d、卵黄1コ、➡**サワー・G**(L・S or O・S、マラ・チェリ)
プラム・シェーク (フローズン)	●プラム・J 150m、O・J 100m、バニラ・アイス2コ、(クラッシュ)➡**コリンズ**(ストロー2本)
ブラン・ベック・マント	●ミント・シロ60m、L・J 30m、シュガー 2 tsp、ライム・J1 d、➡**Cha・G**(シュガー・スノー)
フルーツ・カップ	●ラズベリー・シロ、ストロベリー・シロ、P・J、L・J、O・J、G・J 各40m、➡**コリンズ**(バナナ・スライス)
フルーツ・パンチ	●P・J60m、L・J60m、O・J80m、G・シロ 2・3d、➡**ゴブレ**(氷)(O・S、マラ・チェリ)
プレイリー・オイスター (Prairie Oyster)	●卵黄1コ(崩さない)、ウスター・ソース1 tsp、T・ケチャップ1 tsp、ビネガー2 d、コショウ1 d、➡**F・G**(卵黄を崩さないで飲む)
フロスティ・ライム	●ライム・シャーベット1コ、GF・J20m、ミント・シロ20m、➡**Cha・G**(氷)(ライム・S、ミント・リーフ、ストロー)

フロリダ	●O・J3/4、L・J1/4、シュガー1tsp、A・ビター2d、 ➡C・G
マイタイ・ミックス (※カクテルの一材料として使われる)	●シュガー250m、O・J 300m、A・ビター、アーモンド・ビター、各3・4d、以上の材料を良くかき混ぜる。
マント・シトロネ (Hot)	●ミント1パックをお湯250mで出して、➡ホット・G(L・Pでこすった角砂糖を入れたグラスに注ぐ)
ミルク・セーキ	●ミルク90m、卵黄1コ、シュガー10m、➡ゴブレ(氷)
ミント・トマト (4人分)	●ミント茶をお湯300mで出して、T・J500mを加え、➡サワー・G(氷)(ライム・S)
メキシカン・グランマ (Hot)	●カミツレ茶1パックをお湯200mで出す。クローブ1コ、L・J、O・J、各1/2を加えて火で温めて ➡ホット・G
メロン・デライト (フローズン)	●メロン1/8コ、バニラ・アイス25g、メロン・シロ10m、(クラッシュ) ➡サンデー・G(スプーン、ストロー)
リビエラ	●O・J200m、カシス・シロ20m、A・ビター10d、➡ゴブレ(氷)(O・S)
レ・ド・プール・オー・ティユル (Hot)(4人分)	●ティユル・リーフ3パック、全卵3コ、シュガー4tspをホイップして、温めたミルク720mに加えて、➡C・G(大)

レッド・ソンブレロ	● P・J、L・J、O・J、G・シロ 各40m、➡ **コリンズ**（氷、G・エールUp）（L・S、マラ・チェリ）
レッド・ライト	● L・J、ストロベリー・J、O・J、P・J、各40m、G・シロ2・3d、➡Br・G（O・S、ストロー）

Competition

カクテル・コンペティション

サントリーやタカラなどのメーカー主催のコンペティションと、NBA（日本バーテンダー協会）、HBA（ホテル・バーメンズ協会）の二大団体主催のものなどが毎年数回行われている。最近はショートやロング部門、酒別セクションなどエントリー・セクションも細分化されているが、いずれもコンセプト、色、ネーミング、味、グラスや酒の選び方、デコレーションなどが審査対象になる。

先ずは書類審査で、それに通過したら、本選に出場して日本各地からやってきたバーテンダー達と腕を競い合うことになる。審査員は各団体の代表となる人や、各界の有名人や著名人が選ばれ審査にあたる場合もある。それらの審査員を納得させることが第1のクリアー・ポイントであるが、仮に入選してもその創作カクテルが世の中に広まるとは限らない。むしろ大会のみで消えてしまうカクテルが大半である（大衆に根づくカクテルはコンペティションから生まれるとは限らない）が、コンペティションの意義はカクテルを世に残すことよりもバーテンダー達が腕を競い合うことにある。現状に満足することなく常に技術の向上を目指すことが、カクテル・コンペティションの大きな意味である。

デビュタント ('90、森 康成 作)	●テキーラ1/2、P・ツリー2/5、ミント・W1/10、L・J 1tsp、➡C・G（マラ・チェリをグラスの縁に飾る）
イズカラグア ('84、パウロ・トマソ（米）)	●スコッチ、D・ベル、アマレット、クレーム・バナナ、各1/4、➡C・G(L・P)
メシカーノ ('90、エロス・デル・ブリオーレ（伊）)	●D・ジン30m、アマレット15m、ストロベリー・L15m、➡L・G（氷、O・J Up）カット・L、マラ・チェリ、ストロー）
紅水晶 ('90、片桐 久司 作)	●テキーラ3/10、サクラ・L 3/10、コアントロー1/10、GF・J 3/10、L・J 1tsp、➡C・G
プチ・スクィレル ('92、樋口 保彦 作)	●バーボン1/2、コアントロー1/4、クルミ・L1/4、ライム・J1tsp、➡C・G
バイオレット・ビューティ ('93、平野 直子 作)	●ベルモット（白）1/2、バイオレット・L 1/3、ライム・J 1/6、キルッシュ1 tsp、➡C・G（ミント・チェリ）
ヴェルジーネ ('94、沢 千絵子 作)	●アマレット1/2、カシス・L 1/4、ブランデ1/4、O・ビター1d、➡C・G
ファム・ファタール ('95、梨木 みゆき 作)	●ブランデ、カシス・L、デュボネ、G・J、各1/4、➡C・G（巨峰の皮を花ビラのように剥いて金箔をつける）

★コンペティション秀作カクテル

コットン・フラワー ('95、小森谷 弘 作)	●テネシー・W 1/3 、O・ヒーリング1/6 、アマレット1/6 、O・J 1/4 、G・シロ1/12、➡C・G(マラ・チェリにミント・リーフを付けて飾る)
ヴァン・ヴェール ('95、沢田 正和 作)	●W・ラム 1/4、ライム・シトロン1/4 、パッション・L1 / 6 B・キュラ 1 / 6 、➡C・G (ミント・チェリー、ミント・リーフ)
ラ・ルメール ('96、大槻 健二 作)	●テキーラ 25m、レモン・L 15m、パッソア 10m、P・タムール 10m、➡C・G(グリーンとブラック・オリーブ)
ムーミン ('97、大伴 忍 作)	●ベイリーズ 20m、フランジェリコ20m、W・ターキー 10m、生クリーム 10m、➡C・G(ココア・パウダー、スライス・アーモンド、チョコレート・シロ)
サニー・ドリーム ('79、マーク・ウッド作)(デンマーク)	●アプリ・B3 /14、コアントロー 1 /14、ソフト・アイスクリーム 4 / 7 、O・J 1 / 7 、➡C・G(O・S)
ムーン・ラビット ('94、佐藤 淳一 作)	●ウォッカ40m、GF・J20m、P・タムール 20m、➡ コリンズ (氷、シャンパンUp)
フローラ・オブ・ゴールド ('88、小川 信幸 作)	●D・ジン1/3、アップル・L 1 / 3 、ピーチ・L 1/3 、ライム・J 1/6 、B・キュラ 1tsp、金箔少々、➡C・G

★コンペティション秀作カクテル

ベル・エール ('96、藤田 敏章 作)	●VSOPルージュ30m、クレーム・ペシェ20m、カクテル・レモン10m、B・キュラ1tsp、➡C・G(マラ・チェリ)
カリプス・デ・デュー ('92、菅沼 昭仁 作)	●W・ラム1/3、シャンボール・L1/3、ミント・W1/6、生クリーム1/6、レッド・キュラ1tsp、➡C・G(マラ・チェリ、蘭の花)
プロポーズ ('96、鈴木 克昌 作)	●ブランデ5/12、パッソア2/12、ココナッツ・L1/12、G・シロ1tsp、P・J 4/12、➡C・G(L・Pをひも状にしてベル・ローズを飾る)
ブラック・トルネード ('97、梨木 みゆき 作)	●レモン・ハート(W)30m、B・サンブーカ30m、ライム・J(コーディアル)20m、イエガー・マイスター1tsp、➡コリンズ(クラッシュ、ライム・Pをホーセス・ネック・スタイルにする)
アマポーラ ('97、沢 千絵子 作)	●タンカレー20m、G・マニエ10m、DITA10m、O・J20m、G・シロ1tsp、➡C・G
ハイド・パーク ('97、有我 容子 作)	●ビフィーター・G40m、メロン・L 40m、G・ティ・L10m、GF・J50m、➡コリンズ(カット・メロン、ストロー)

★H.B.A.コンペティション歴代優勝作（年代順）

バカディアーノ ('73、ホテル・オークラ、若松 誠志 作)	●W・ラム40m、ガリアーノ1tsp、G・シロ10m、L・J10m、➡C・G（マラ・チェリを飾る）
アンバー・グロー ('74、銀座東急ホテル、小川 行雄 作)	●ブランデ2/7、チェリ・B 2/7、O・J1/7、L・J 1/7、➡Cha・G
H・B・C カクテル ('75、パレス・ホテル、諏訪 恵一 作)	●スコッチ、DOM、カシス・L、各1/3、L・J1tsp、➡C・G（1/6カット・オレンジ）
スカーレット・レディ ('76、パレス・ホテル、久保木 康男 作)	●W・ラム、カンパリ・ビター、マンダリン・L、L・J、各1/4、マラスキ2tsp、➡C・G（O・P）
ブライダル ('77、パレス・ホテル、鮫島 育夫 作)	●御前酒5/10、ローザ・L 3/10、L・J2/10、マラスキ1tsp、➡C・G
フロンティア ('78、ホテル・パシフィック・東京、赤尾 冨義 作)	●ウィスキー5/10、アプリ・B2/10、コアントロー1/10、O・J 1/10、L・J1/10、➡C・G（L・S、マラ・チェリ）
ヴィヴァレオ ('79、東京プリンス・ホテル、今泉 康治 作)	●カナディアン・W5/8、ガリアーノ2/8、コアントロー1/8、ミント・W2d、➡C・G（短冊型のライム・P）
レディ・８０ ('81、札幌全日空ホテル、池田 勇治 作)	●D・ジン2/4、アプリ・B1/4、P・J1/4、G・シロ2 tsp、➡C・G
梅花 ('82、京都ロイヤル・ホテル、奥原 智明 作)	●梅酒2/5、カンパリ1/5、GF・リキュール1/5、GF・J1/5、➡C・G

★H.B.A.コンペティション歴代優勝作（年代順）

バーニング・ハート ('82、ホテルニューオータニ、阿部修夫作)	●W・ラム30m、桂花陳酒15m、アプリ・B15m、G・マニエ1tsp、G・シロ1 tsp、➡C・G （L・P）
シティ・オレンジ ('83、銀座第一ホテル、村中 恵二 作)	●マイヤーズ・ラム2/6、コアントロー1/6、O・J2/6、L・J1/6、G・シロ1tsp、➡C・G
舞・乙女 ('84、ホテルニューオータニ、倉吉 浩二 作)	●焼酎（紅乙女ゴールド）4/12、フランボワ・L3/12、コアントーロ2/12、L・J1/12、G・シロ2/12、➡C・G
フェアリー・ウィスパー ('85、赤坂プリンス・ホテル、君島 孝司 作)	●W・ラム2/6、アマレット1/6、フランボワ・L1/6、L・J1tsp、G・シロ1tsp、卵白1/2、➡C・G（生クリーム1/6をフロート）
セレブレーション ('86、京王プラザ・ホテル、渡辺 一也 作)	●コニャック1/6、フランボワ・L2/6、ライム・J1tsp、➡Cha・G（S・ワイン3/6をUp）
イリュージョン ('88、センチュリー・ハイアット、阿南 保信 作)	●フィンランディア・ウォッカ30m、紹興花彫酒10m、アマレット10m、O・J 20m、G・シロ1tsp、卵白1コ、➡C・G
ファンファーレ ('90、京王プラザ・ホテル、小宮 淳 作)	●パッション・L30m、ヘネシー・3スター20m、L・J1tsp、G・シロ1tsp、卵白1/3コ、➡C・G

★H.B.A.コンペティション歴代優勝作（年代順）

シリウス ('92、ニューオータニ博多、黒木 徳幸 作)	●テキーラ（オーレ）30m、 タンカレー・G10m、B・キュラ10m、 ライム・J（コーディアル）10m、 マラスキ２ｄ、 ➡C・G
インフィニティ ('92、京王プラザ・ホテル、寺村 敦 作)	●パッション・L 20m、 ガリアーノ 10m、ウォッカ 10m、 GF・J 20m、G・シロ1tsp、 ➡C・G
アロマ・トラップ ('92、京王プラザ・ホテル、大内 文昭 作)	●ウォッカ 30.5ｍ、ピーチ・L15ｍ、 O・J15m、P・J15m、➡ アイス・コーヒー・G（G・シロを沈める） （R・チェリー、C・オレンジ、L・S）
ビューティフル・スター ('沖縄ハーバービュー・ホテル、西向 信枝 作)	●スミノフ・ウォッカ45m、 オルデスローエ・アプフェル10m、 ライム・J（コーディアル）1ｔsp、 UCC・ブルー・シロ1/2ｔsp、➡C・G （シュガー・スノー）
プライム・ステージ ('94、メリディアン・パシフィック東京、下迫 彰文 作)	●ヘネシーVSOP25m、 アリーゼ15m、アマレット10m、 G・シロ1tsp、卵白10m、➡C・G
プレ・ヴュー ('94、京王プラザ札幌、竹内 晴仁 作)	●ボルス・レッド・オレンジ20m、 パンプルムーゼ10m、フレーズ・L7.5m、 O・J30m、L・J7.5m、➡ フルート・G （白い花びらをフロート）
スターダスト・レヴュー ('96、インターコンチネンタル・東京ベイ、庄司 浩 作)	●ボンベイ・G 80m、B・キュラ5m、 P・タムール5m、ライム・J（コーディアル）1tsp、➡C・G

★H.B.A.コンペティション歴代優勝作（年代順）

プロポーズ ('96、京王プラザ・ホテル、鈴木 克昌 作)	●ブランデ25m、パッション・L10m、ココナッツ・L5m、G・シロ1tsp、P・J20m、➡C・G（ひも状のL・P、ベルローズを飾る）
シューティング・スター ('96、センチュリーハイアット東京、渡辺 和弘 作)	●桂花陳酒30m、B・キュラ10m、メロン・ウォーター・メロン・L1tp、GF・J20m、カルピス10m、➡フルート・G（星型のGF・ピール、マラ・チェリ、ストロー）
テイク・ファイブ ('98、名古屋東急ホテル、白井 浩司 作)	●D・ジン10m、ライム・J（コーディアル）5m、ベリー・L5m、クランベリー・J10m、➡C・G（シャンパン10mをフロート、星型のライム・P）
チャペル ('98、アソシア名古屋ターミナル、松原 延行 作)	●シャルドネ30m、シトロン・ジュネバー15m、メロン・ウォーター・メロン・L10m、マラスキ5m、➡C・G（O・P、フリージアの花）
スカイ・スクレイパー ('98、ホテル・パシフィック東京、喜納 兼也 作)	●ヘネシーVSOP30m、アマレット15m、パッソア20m、O・J25m、➡L・G（シャーベットを足して、ストローとロング・スプーンを添える）

★サントリー「ザ・カクテル・コンペティション」歴代優勝作

オーロラ ('94、横浜ロイヤルパーク・ニッコー、大塚 陽人 作)	●フィンランディア・ウォッカ・ブルー6/12、カシス・L 2/12、GF・J 1/12、サントリー・カクテル・レモン1/12、サントリーG・シロ2/12、 ➡C・G
フォーリーフ・クローバー ('94、バー・ロオジエ、長友修一 作)	●サントリーウィスキークレスト12年3/6、サントリー・メロン・L2/6、GF・J1/6、サントリー・カクテル・レモン1tsp、➡C・G(四つ葉型に切ったO・P、L・P、ライム・Pを飾る)
ヴェルジーネ ('94、第一ホテル東京、沢 千絵子 作)	●アマレット1/12、カシス・L1/4、コニャック1/4、O・ビター1d、➡C・G
コットン・フラワー ('95、ホテル・ニューオータニ、小森谷 弘 作)	●J・ダニエル(ブラック)20m、アマレット10m、O・ヒーリング10m、O・J15m、G・シロ5m、➡C・G(ミント・リーフをマラ・チェリに刺して飾る)
ベル・エール ('96、パール・アルポンテ、藤田敏章 作)	●VSOPルージュ30m、ルジェ・ペシェ20m、サントリー・カクテル・レモン・J10m、ヘルメス・ブルー・キュラ1tsp、➡C・G(蝶型のリンゴ、マラ・チェリを飾る)
ブラック・トルネード ('97、ラスティ・ネール、梨木美祐樹 作)	●レモン・ハート(W)30m、ブラック・サンブーカ30m、サントリーライム20m、イエガー・マイスター1tsp、➡ コリンズ(クラッシュ、ライム・Pをホーセス・ネック状にする)
ロイヤル・カルテット ('98、ホテル・オークラ、中村圭二 作)	●ルジェクレーム・カルテット20m、VSOPルージュ10m、サントリー・カクテル・レモン45m、➡Cha・G(シャンパン80mを先に入れておく)(マラ・チェリ、カット・パイン、ミント・リーフで鳥の形を作り飾る)

★サントリー「ザ・カクテル・コンペティション」歴代優勝作

スプリング・オペラ ('99、テンダー、三谷裕 作)	●ビフィーター・G(47°)40m、サントリー・リキュール・ジャポネ10m、クレーム・ペシェ10m、サントリー・カクテル・レモン1tsp、➡C・G(O・J2tspを沈めてミント・チェリ)

★HBA/JWS共催カクテルコンペティション

ハイド・パーク ('88、仙台ホテル、我妻栄作 作)	●タンカレー・G30m、G・ティー・L10m、GF・J 20m、L・J1 tsp、➡C・G(桜形に切った赤リンゴの皮をフロート)
ポム・ローゼ ('89、東京全日空ホテル、田中秀三 作)	●カルバドス・ブラー 4/12、チェリー・マニエ 4/12、アップル・J 3/12、L・J 1/12、G・シロ 1tsp、➡C・G
ボナムール ('89、西鉄グランド・ホテル、伊藤大輔 作)	●ベネディク・DOM 20m、ヘネシーVSOP20m、GF・J 10m、L・J10m、G・シロ 2 tsp、➡C・G
タンカレー・クィーン ('90、東京プリンス・ホテル、小椋 寿一 作)	●タンカレー・G 2/4、G・マニエ・ルージュ 1/4、O・J1 /4、シュガー 1 tsp、➡C・G(マラ・チェリをグラスの縁に飾る)
ハッピー・エモーション ('90、仙台ホテル、鈴木 悟 作)	●W・ラム 30m、チェリ・マニエ20m、L・J10m、➡C・G(ハート形に切ったL・Pをフロート)
サマー・ブリーズ ('91、名古屋ヒルトン・ホテル、小林 博幸 作)	●タンカレー・G 2/3oz、G・マニエ・ルージュ1/2 oz、フランボワーズ・L 1/6 oz、チャールトン・フォーリース1/6 oz、L・J1/6oz、➡C・G(ミント・チェリーにミント・リーフを刺して飾る)

★HBA/JWS 共催カクテルコンペティション」歴代優勝作

クィーン・マニエ ('91、京王プラザ・ホテル、喜多 雅之 作)	●G・マニエ・ルージュ30m、チェリー・マニエ15m、W・ラム7.5m、G・シロ1tsp、➡C・G(マラ・チェリ)
アブソルート・ストーリー'91 ('91、高輪プリンス・ホテル、坂本俊之 作)	●アブソルート・ウォッカ30m、G・マニエ15m、B・キュラ5m、GF・J 20m、L・J 5m、➡C・G(マラ・チェリ、L・P)
ミステリー・サークル ('92、京都都ホテル)	●タンカレー・G 30m、G・マニエ・ルージュ10m、L・J10m、P・J10m、ハチミツ1tsp、➡C・G(シュガー・スノー)(金箔をフロート)
ラポストール・ファンタジー ('92、函館ハーバー・ビュー・ホテル、立川 信行 作)	●G・マニエ・ルージュ3/5、カシス・L 1/5、生クリーム1/5、➡C・G(ミニバラをマラ・チェリに刺して飾る)
エグランティーヌ ('92、東京全日空ホテル、原田貴美 作)	●クレーム・G・マニエ2/5、B・ラム2/5、フランボワーズ・L 1/5、ストロベリー・ピューレ1tsp、➡C・G
タンカレー・フォレスト ('93、ヒルトン名古屋、犬飼 正 作)	●タンカレー・G 20m、メロン・L 10m、GF・J 25m、L・J 5m、A・ビター1 d、➡C・G(ミント・リーフ)
ロイヤル・デライト ('93、京王プラザホテル、鈴木克昌 作)	●カルバドス30m、チェリ・マニエ10m、L・J10m、G・シロ10m、卵白1/3コ、➡C・G(かすみ草をマラ・チェリを刺して飾る)

★HBA/JWS共催カクテルコンペティション」歴代優勝作

ミッドナイト・クィーン ('93、ザ・ホテル・ヨコハマ、松林 芳枝 作)	●G・マニエ15m、ヘネシー3スター15m、アマレット15m、生クリーム15m、 ➡Cha・G（ナツ・メグ）
リトル・ウィッチ ('94、ホテル・シティ・プラザ北上、菅沼 昭仁 作)	●タンカレー・G 35m、モナン・ジャスミン・シロ10m、P・J10m、G・マニエ・ルージュ5m、 ➡C・G（ミント・チェリ）
ラポストール・ハート ('94、都ホテル東京、川島一博 作)	●G・マニエ・ルージュ30m、チェリ・マニエ10m、L・J10m、O・J10m、G・シロ1tsp、➡C・G（ミニバラ）
フェアリー・ランド ('94、新阪急ホテル、藤原富子 作)	●G・マニエ2/5、ヘネシーVSOP2/5、G・マニエ・ルージュ1/5、カルーア1 tsp、➡C・G（チョコ・シロで濡らしてシュガー・スノー）
クリスタル・デュウ ('95、東京全日空ホテル、有我 容子 作)	●タンカレー・G 45m、シャルト（G） 10m、ライム・J（コーディアル）5m、 ➡C・G
スカーレット・ブーケ ('95、ホテル・パシフィック東京、吉崎 徹 作)	●B・ラム25m、ボルドー(赤)15m、チェリー・マニエ10m、アリーゼ10m、G・シロ1tsp、➡C・G
ピカデリー・パーク ('96、ニュー北海ホテル、盛田 博智 作)	●タンカレー・スペシャル・ドライ・G30m、ベネディクDOM 20m、L・J 10m、B・キュラ1tsp、 ➡C・G（ミント・チェリ）

★HBA/JWS 共催カクテルコンペティション」歴代優勝作

アルフォンソ・カポネ ('96、ホテル・メトロポリタン仙台、金海 常昭 作)	●IW・ハーパー 25m、G・マニエ 15m、メロン・L10m、生クリーム10m、➡C・G
アマポーラ ('97、第一ホテル東京、沢 千絵子 作)	●タンカレー・スペシャル・ドライ・G 30m、G・マニエ・ルージュ 10m、ディタ10m、O・J 20m、G・シロ1 tsp、 ➡C・G
カリビアン・カーニバル ('97、ホテル・グランヴィア岡山、長田隆志 作)	●B・ラム 20m、G・マニエ・ルージュ 15m、O・J15m、L・J5m、➡C・G(マラ・チェリ)
ロイヤル・ハイネス ('97、ホテル・オークラ、中村圭二 作)	●チェリー・マニエ 50m、ヘネシーVSOP 15m、ライム・J 5m、➡Cha・G(モエ・シャンドン 50m を Up)(マラ・チェリーにミニバラを刺して飾る)
スカイ・クルーズ ('98、第一ホテル東京、布台正樹 作)	●タンカレー・G45m、アナナス10m、ライム・J(コーディアル)3m、B・キュラ 2m、➡C・G
クープ・ドール ('98、ホテル・パシフィック東京、森 健 作)	●B・ラム(ライト・ドライ) 25m、ベネディクDOM15m、チェリー・マニエ10m、O・J5m、ライム・J5m、➡C・G(O・P、ミント・チェリー)
パール・ブリッジ ('98、神戸ポートピア・ホテル、細谷 宗久 作)	●チェリー・マニエ 20m、ライム・J 10m、G・シロ 10m、➡ ゴブレ(クラッシュ、モエ・シャンドン・ロゼ Up)(らせんレモン、マラ・チェリ、ミント・リーフ、ストロー)

★HBA/JWS共催カクテルコンペティション」歴代優勝作

タンカレー・インペリアル ('99,シェラトン・グランデ・トーキョー・ベイ・ホテル,千賀 峰生 作)	●タンカレー・G30m、G・マニエ20m、ライム・J（コーディアル）10m、 ➡**Cha・G**（モエ・シャンドン30mを先に入れておく）
カプリース ('99,守口プリンス・ホテル,鹿田めぐみ 作)	●スミノフ・ウォッカ（40°）20m、P・ワイン（白）30m、グリーン・アップル・L10m、 ➡ **コリンズ**（氷、ホワイト・G・JをUp）（ストロー、枝付きマスカット3コをかける）

★マルティーニ・カクテル・コンテスト歴代優勝作

トリノ ('87、パレスホテル、小泉晃二 作)	●マルティーニ（赤）2/5、T・セック1/5、GF・J 1/5、G・シロ1 tsp、➡C・G
ドメニカ ('87、京王プラザ・ホテル、飯沼宏 作)	●マルティーニ(白)45m、アプリ・B(or杏露酒)15m、マンダリン・O・J 60m、➡コリンズ（クラッシュ）(O・S、レッド・チェリ、ストロー)
バブリィ・ローズ ('88、セント・サワイ・オリオンズ、永田奈々恵 作)	●ビター・マルティーニ30m、O・J20m、L・J10m、卵白1/4コ、➡フルート・G(マルティーニ・アスティ・スプマンテUp)（レッド・チェリー）
ビーナス・ティップ ('88、丸の内ホテル、北村聡 作)	●マルティーニ（ロゼ）3/6、マルティーニ・ビター1/6、アプリ・B 1/6、L・J 1/6、➡C・G
サルーテ ('89、都ホテル東京、川島一博 作)	●マルティーニ・ビター30m、フレーズ・ド・ボア15m、L・J 5m、O・J 10m、➡C・G(イチゴを飾る)
クィーン・スプマンテ ('89、京王プラザホテル、榎本憲男 作)	●マルティーニ（ロゼ）30m、フランボワ・L15m、O・J 60m、➡ワイン・G(スプマンテUp)(O・S 1/6、レッド・チェリー)
フォンタナ・デル・フレーズ ('90、京王プラザホテル、井佐雅弘 作)	●フレーズ・ド・ボア30m、ライム・J 15m、G・シロ10m、➡フルート・G（氷1コ、スプマンテUp）（イチゴを飾る）

★マルティーニ・カクテル・コンテスト歴代優勝作

コロネール ('90、バー・ロオジエ、吉田土雅行 作)	マルティーニ（D） 1/3、 マルティーニ（白）1/3、O・J 1/3、➡**C・G**
クィンテット ('91、バー・スカット、田中興一 作)	マルティーニ・(D)15m、マルティーニ（赤）15m、 マルティーニ（白）15m、カシス・L15m、 ➡**Cha・G**（スプマンテUp）（ライム・Sを飾る）
ティラミス ('91、ニュー・北海ホテル、吉田善信 作)	マルティーニ（赤） 1/3、 キナ・マルティーニ1/3、 生クリーム1/3、➡**C・G**
デル・ソル ('92、サンシャイン・プリンス・ホテル、笠松康彦 作)	マルティーニ（白） 40m、 フレーズ・ド・ボア20m、GF・J10m、 G・シロ1tsp、➡ **フルート・G**（マルティーニ・ブリュットUp）
ピア・チェーレ ('92、パレス・ホテル大宮、佐藤英二 作)	カミノレアル・グラン・テキーラ3/6、 マルティーニ（白）2/6、生クリーム1/6、 シュガー2tsp、➡**C・G**（フレーズ・ド・ボア2tspを沈める）（ミント・チェリーを飾る）
プリンセス・ハート ('93、赤坂東急ホテル、木原均 作)	オタールVSOP30m、 フレーズ・ド・ボア15m、生クリーム15m、 マルティーニ（赤）1tsp、➡**C・G**（ストロベリー・チョコを削ってふりかける）
スポーザ ('93、京王プラザホテル、川畑茂也 作)	ドルフィー・ペシェ30m、 O・J30m、マルティーニ（ロゼ）1tsp、 ➡**C・G**（ベルローズをフロート）

★マルティーニ・カクテル・コンテスト歴代優勝作

アモーレ・ローザ ('94、バー・シャモニー、増淵直美 作)	●マルティーニ（ロゼ）20m、ドルフィー・ペシェ20m、オタールVSOP10m、G・J10m、L・J5m、➡C・G（食用花をミント・チェリーに刺して飾る）
アリア ('94、バー・ロォジエ、新橋清 作)	●マルティーニ（D）30m、マルティーニ（白）10m、カシス・L10m、GF・J10m、➡C・G（L・P、マラ・チェリー）

ピーチ・レディ ('88、帝国ホテル、佐藤謙一 作)	●ピーチ・ツリー30m、白ワイン90m、ストロベリー・シロ30m、ミルク30m、(クラッシュ1/2分でシェイク) ➡**L・G**(1/8パイン・S、ストロー)
クリスタル・ハーモニー ('89、パイプのけむり、山野井有三 作)	●ピーチ・ツリー30m、ウォッカ20m、GF・J20m、チェリ・B2tsp、 ➡ **フルート・G**(シャンパンUp) (蘭の花を飾る)
ミラクル・ピーチ ('91、京王プラザホテル、大内文昭 作)	●ピーチ・ツリー30m、シトロン・ジュネバー15m、GF・J20m、チェリ・B2tsp、➡**C・G**
白雪姫 ('91、京王プラザホテル、中島康介 作)	●アップル・バレル30m、アプリ・B15m、GF・J15m、L・J1tsp、➡ **フルート・G** (グラスの側面にシュガー・スノー、アップル・ツリー・フィズUp)(マラ・チェリ)
マリー・ゴールド ('91、高輪プリンス・ホテル、坂本俊之 作)	●シトロン・ジュネバー2/4、アプリ・B1/4、O・J1/4、L・J1tsp、➡**C・G**(O・P、O・S)
ファンタジア ('93、京王プラザホテル、松本和浩 作)	●ピーチ・ツリー30m、メルシャン(白)30m、アプリ・B15m、L・J5m、➡**10タン**(クラッシュ)(レッド、ミント・チェリー各3コ、ストロー、ロング・スプーン)
ロイヤル・カップル93 ('93、駒形むぎとろ・バーリー浅草、菊渕朋孝 作)	●シトロン・ジュネバ45m、ティオペペ25m、G・シロ10m、 ➡ **フルート・G**(ポメリー・ブリュットUp)(マラ・チェリ)
ウィリアム・テル ('93、京王プラザホテル、中島博 作)	●アップル・バレル30m、アプリ・B10m、チェリ・B10m、O・J10m、L・J5m、 ➡**C・G**(マラ・チェリに矢型のカクテル・ピンとミント・リーフを刺して飾る)

★メルシャン・カクテル・コンペティション歴代優勝作

プリム・ローズ ('95､バー・ロオジエ､長友修一 作)		●ライチ・L 30m、ティオペペ20m、カシス・L10m、ライム・J1tsp、➡C·G(O·P､L·P、ミント・リーフ、マラ・チェリ)
フルーツ・パレード ('95､京王プラザホテル､鼠句真一郎 作)		●ライチ・L 20m、ピーチ・ツリー20m、アプリ·B10m､GF·J40m､➡ゴブレ(シェイブ·アイス)(イチゴ､パイン､パインの葉､キュウイ､オレンジを刺して飾る)(ストロー)
サンセット・フォール ('95､京王プラザホテル､大堀聖直 作)		●ライチ・L45m、シトロン・ジュネバ10m、GF・J20m、O・J15m、➡ゴブレ(シェイブ・アイス、G·シロ1tspをドロップ)(O·P、ライム·Pをとんぼ型に切っていれる)
マザーズ・タッチ ('95､バー・ロオジエ､新橋清 作)		●ストロベリー・クリーム・L 30m、カカオ・L20m、クレーム・カフェ 10m、➡Hot·G（お湯を足して、生クリーム、チョコレート・ビスケットを砕いたものをフロート）

レディ・スカーレット ('96、チェコ共和国、ヤロスラブ・クラッキー 作)	●D・ジン20m、コアントロー20m、D・ベル10m、ライム・J10m、ノンアルコール・ビター10m、➡C・G(マラ・チェリ、レモンの皮、ミント・リーフを飾る)
スィート・ハート ('96、日本、高貝年擴 作)	●P・タムール20m、アマレット15m、バニラ・シロ15m、生クリーム15m、レッド・キュラ5m、➡C・G(シナモン・スノー)(L・P、マラ・チェリ、ミント・チェリ)
ミルキー・ウェイ ('96、日本、岸久 作)	●D・ジン30m、アマレット30m、ストロベリー・L10m、ストロベリー・シロ15m、➡L・G(氷、P・J をUp)(三日月型のリンゴ、星型のL・P、ストロー)
ミッドナイト・モーション ('96、トルコ、アイス・オズレム・エクマン作)	●D・ジン20m、サファリ20m、O・J20m、L・J1d、➡C・G(イチゴ、O・P、ミント・リーフ)

★TAKARAカクテル・コンペティション 歴代優勝作

チャイナ・ドリーム ('97,品川プリンス・ホテル,石川信行 作)	●桂花陳酒（麗白）30ml、グリーン・アップルズ15ml、すりおろしりんご15ml、カルピス1tsp、➡C・G（レンファレを飾る）
アフロディーテ ('99,ホテル・ニューオータニ,小森谷弘 作)	●チプロイドニコ20ml、ピーチ・L15ml、レッド・キュラ5ml、GF・J 20ml、➡C・G（蘭の花びらをフロート）
タカラ・ジェンヌ ('97,リーガ・ロイヤル・ホテル,古沢孝之 作)	●桂花陳酒（麗白）30ml、純35°15ml、ライチ・L 10ml、P・タムール5ml、L・J1tsp、➡C・G（ソルト・スノー）（ミニバラ、ミント・リーフ、三日月型のL・P）
ケンタッキー・ファーム ('97,ニュー北海ホテル,盛田博智 作)	●ブラントン(BK)30ml、グリーン・バナナ20ml、グリーン・アップル10ml、L・J2tsp、➡C・G（ミント・チェリ、ミント・リーフ）
バーニング・ブリーズ ('98,ホテルJALシティ仙台,畠山靖子 作)	●桂花陳酒（麗紅）20ml、アプリ・B 20ml、紹興酒（虜美人）花彫10ml、G・シロ5ml、L・J5ml、➡C・G（マラ・チェリ、L・Pと赤く染めたL・Pを細長くカットしてグラスに巻き付ける）
ピュアティ ('98,ウェスティン・ホテル東京,後藤修二 作)	●純25°25ml、桂花陳酒（麗紅）15ml、すりおろしりんご10ml、L・J 5ml、G・シロ5ml、➡C・G（りんご、ミント・リーフ）
アクセサリー ('98,横浜プリンス・ホテル,久津輪健司 作)	●桂花陳酒（麗紅）30ml、ブラントン(Bk)10ml、カシス・L 5ml、あらしぼりオレンジ15ml、G・シロ1tsp、➡C・G（カット・レモン、ミント・チェリ、ミニ・バラ）

★TAKARAカクテル・コンペティション 歴代優勝作

パラダイス・バード ('98,リーガ・ロイヤル・ホテル、馬場由美子 作)		●グリーン・アップル30ml、G・バナナ10ml、P・J20ml、メロン・シロ1tsp、アリーゼ30ml、➡Br・G（氷、マラ・チェリを沈める）（カットりんご、蘭の花、ストロー）
翠花 ('99,カクテル&ドリーム、細井広美 作)		●桂花陳酒(麗白)30ml、G・バナナ20ml、純レモン10ml、L・J1tsp、➡C・G（細長くカットしたL・Pをミント・チェリーにかんざし風に刺して飾る）
翠渓 ('99,キャピトル東急ホテル、柳木良太 作)		●上撰松竹梅培抄生酒30ml、G・アップル10ml、ライム・J5ml、B・キュラ5ml、➡C・G（ライム・P）
タカラ・インペリアル ('98,フェニックス・リゾート・ホテル・オーシャン45,西郡郁仁 作)		●桂花陳酒(麗紅)25ml、あらしぼりオレンジ20ml、長城ワイン(赤)10ml、カシス・L5ml、➡C・G(O・P)
エヴォリューション (ホテル日航福岡、林秀樹 作)		●ブラントン25ml、桂花陳酒(麗紅)5ml、すりおろし赤ぶどう15ml、あらしぼりオレンジ10ml、G・シロ10ml、➡C・G(星型レモン・P)

コンペティション

ロック ('93､ブラジル､ギルマー・ベセラ・デ・アラウソ 作)	●フィンランディア・ウォッカ1/3、ティオペペ1/3、リコレ・レモン1/3、➡C・G（スライス・レモンをフロート）
エキゾチック・フィン ('93､ノルウェー､オーレ・シェダル作)	●フィンランディア・ウォッカ7/10、ストロベリー・シロ1tsp、パッション・F・L 3/10、➡**コリンズ**(クラッシュ)(イチゴ、ミント・リーフ、スパイラル・レモン、ストロー)
アルカディア ('93､バー・ロオジエ､新橋清 作)	●フィンランディア・ウォッカ2/6、メロン・L1/6、カルーア1/6、生クリーム2/6、卵黄1コ、➡C・G(削ったチョコレートをフロートしてミント・リーフを飾る)

★ビフィーター・インターナショナル・カクテル・コンペティション歴代優勝作

ブリティッシュ・マーチ ('97、カクテール・サロン光亭、林幸一 作)	●ビフィーター・G(40°)30m、 アマレット10m、チェリ・B10m、 G・シロ10m、カクテル・レモン10m、 ➡**C・G**(Bkオリーブ)
ピカデリー・ナイト ('97、バー・オスカー、長友修一 作)	●ビフィーター・G(47°)30m、ストロベリー・L 20m、 GF・J 10m、アマレット1tsp、➡ **フルート・G** (シュガーとクレーム・ストロベリーでコーラル・スタイル)(G・エールUp)
ロイヤル・フェニックス ('98、ホテル・オークラ、芥川圭三 作)	●ビフィーター・G(47°)20m、 ルジェ・ダブル・カシス10m、サクラ・L10m、 GF・J 20m、サントリー・ライム1tsp、 ➡**C・G**(カット・パイン、マラ・チェリ)
ブリテッシュ・プロムナード ('98、テンダーリー、平野直子 作)	●ビフィーター・G(40°)30m、 ラ・ベル・サンドリン30m、メロン・L 30m、 カクテル・レモン20m、ドランブイ1 tsp、 ➡ **ワイン・G**(氷)(Bkオリーブ、L・P)
ジュエル・ハウス ('99、セントルイス、安田武史 作)	●ビフィーター・G(47°)30m、 ベネディクDOM10m、ドランブイ1/2 t sp、 サントリー・ライム15m、 ➡ **C・G**(P・オニオン)
レッド・スパークル ('99、帯広ワシントン・ホテル、藤谷寛子 作)	●ビフィーター・G(4 7°)30m、カンパリ10m、 カシス・L5m、サザン・コンフォート1 0m、 カクテル・レモン5m、➡ **コリンズ**(氷、 トニック・WをUp)(ライム・S、L・S)

★エトワール・ド・ビスキー・コンペティション優勝作

サファイアン・クール ('90、高輪プリンス・ホテル、坂本俊之 作)	●ボンベイ・G 5/12、コアントロー3 /12、 GF・J3 /12、B・キュラ1 tsp、➡C・G (L・P)
ル・デジール ('90、新橋第一ホテル、油井孝 作)	●エトワール・ビスキー3/6、 エトワール・バーガンデー1/6、GF・J 1/6、 L・J 1/6、シュガー1 tsp、 ➡C・G

フロール・プレジャー ('97、パイプのけむり、岡部真理 作)	●ハバナ・クラブ 3 年 45m、B・キュラ 15m、P・J15m、ディタ 10m、サーファーズ・ピニャコラーダ 20m、➡ ゴブレ(クラッシュ)(ストロー、花をフロート)
マダム・デュボネ ('98、バー・シャモニー、増渕直美 作)	●デュボネ 45m、ディタ 10m、G・シロ 5m、➡ F・G(氷、P・J Up)(カット・パイン、マラ・チェリ、ストロー2本)
ヴォルカン・フルーリー ('98、バー・ミルウッド、魚住明年 作)	●スーズ 30m、ディタ 15m、P・J15m、➡ C・G(G・シロを沈める)(ミント・リーフ、ミント・チェリー、L・P)

★スコッチ・ウィスキー・カクテル・コンペティション

キングス・バレイ ('86、バー・ロオジエ、上田和男 作)	●スコッチ4/6、W・キュラ1/6、ライム・J 1/6、B・キュラ1tsp、➡C・G
タータン・チェック ('87、丸の内ホテル、北村聡 作)	●スコッチ30m、マルティーニ・ビターズ10m、L・J10m、➡8タン(氷、G・エールUp)(L・S、きゅうりスティック)
キス・ミー・クイック ('88、ホテル日航大阪、宮尾孝宏)	●スコッチ3/7、フランボワ・L 2/7、デュボネ2/7、➡C・G(L・P、マラ・チェリ)
サマー・ヒース ('89、絵里香、岸久 作)	●スコッチ40m、カシス・L10 m、ドランブイ1tsp、ライム・J 1tsp、➡C・G(P・オニオン、ミント・リーフ)

Original Cocktail

オリジナル・カクテルとは?

現在スタンダードと呼ばれているカクテルも、最初は何処かの誰かが作ったオリジナル・カクテルのひとつである。オリジナルを作る上で重要なことは「基本も必要だが、それよりも自由な発想優先」と言うことであろう。但し、自由だからと言ってやみくもに作っても意味はない。お客にカクテルを楽しんでもらい、その代価としてお金を支払わせるには、それに値する時間を供給してあげなくてはならない。その為に作るから意味がある。

作る手順としては

①コンセプト=誰に飲ませるのか?何を訴えるのか?

②ネーミング=客にそのカクテルのイメージを与える。難解な覚え辛い言語や意味不明な名前は避けるべきである。

③味=うまい事。まずければ誰も二度と注文しないし飲みたいと思わない。もう一度飲みたいと思わせる味を作り出すことは最も重要である。

④色と形=カクテルとは人の視覚に訴えるものでなくてはならない。正にこれこそがバーのマジックで、酒に酔う前に雰囲気に酔わせるという事である。その為には色とグラスやデコレーションは、ないがしろに出来ない重要な要素である。

これらの4つの要素が満たされた時に初めて、オリジナル・カクテルは客の記憶に残り、それが人々に伝えられ後年まで残るスタンダードとなっていくのである。

★オリジナル・カクテル

HBA木原 均 作（ショート）

アーバン・カーボーイ	●バーボン1/2、アイリッシュ・クリーム1/4、カカオ・W 1/4、L・J 1tsp、➡C・G（ナツ・メグ）
秋物語	●シルバー・トップ・ジン30m、ボルス・プルミエ15m、P・J 15m、G・シロ1 tsp、L・J 1tsp、➡C・G
インデアン・サマー	●ウォッカ30m、ピーチ・L15m、O・J15m、ガリアーノ1tsp、➡C・G
シック・ラブ	●タンカレー・ジン40m、G・マニエ15m、L・J 5m、A・ビター1 d、➡C・G（L・P）
ショコラ	●アイリッシュ・W 20m、カカオ・W 15m、ストロベリー・L15m、生クリーム10m、➡C・G
スプレンダー・ムーン	●Y・ジュネパー・ジン35m、アプリ・B 20m、GF・J 20m、G・シロ5m、➡C・G（月型L・P）
トワイライト・アベニュー	●アブソルート・ウォッカ30m、DOM20m、GF・J 20m、➡C・G（マラ・チェリ）
敦煌	●桂花陳酒45m、フレイズ・L15m、梅酒10m、➡C・G（ライム・S）
ハート・ムーン	●ウォッカ30m、ピーチ・L 10m、カルピス5m、G・シロ5m、P・J20m、L・J 5m、➡C・G（花びらをフロート）

★オリジナル・カクテル
HBA木原 均 作（ショート）

ハーベスト・ムーン	●D・ジン30m、フレーズ・ボア15m、チェリ・B 10m、ライム・J10m、➡F・G（氷、ライム・S）
ビリー・ザ・キッド	●バーボン30m、フレーズ・L15m、G・シロ5m、L・J5m、➡C・G
フォーエバー25	●D・ジン2/3、O・リキュール1/6、B・キュラ2tsp、L・J10m、➡C・G（マラ・チェリ）
フォーリン・ラブ（Ⅰ）	●赤ワイン40m、ピーチ・L 15m、O・J15m、➡C・G
フォーリン・ラブ（Ⅱ）	●D・ジン30m、スロー・G15m、チンザノ（赤）15m、ライム・J（コーディアル）1tsp、➡C・G（シュガー・スノー）
マルコ・ポーロ・スペシャル	●赤ワイン30m、桂花陳酒（白）10m、カシス・L10m、O・J5m、L・J 5m、➡C・G（マラ・チェリ）
メロディ・フェア	●アップル・L40m、アプリ・B 10m、L・J15m、G・シロ1tsp、➡シェリー・G（マラ・チェリ）
モンロー・スマイル	●バーボン、チンザノ・S、カンパリ、各1/3、L・J 1tsp、➡C・G
ラブ・ツリー	●D・ジン35m、ピーチ・L15m、メロン・シロ10m、L・J10m、➡C・G（マラ・チェリ）

★オリジナル・カクテル

HBA木原 均 作（ロング）

彩 (Aya)	●ウォッカ20m、アップル・L20m、烏龍茶10m、G・ティ・L10m、➡F・G(氷)
ヴァン・サン・カン	●アリーゼ15m、ピーチ・L30m、L・J15m、➡ **サワー・G**（ソーダをＵｐして赤ワイン10mをフロート）（マラ・チェリ）
ゴンドラ・フィズ	●D・ジン45m、L・J10m、G・シロ10m、➡ **L・G**（氷、ソーダを満たしてメロン・Lをフロートする）
サンセット・メモリー	●コニャックVSOP30m、ピーチ・L15m、O・J30m、カシス・L15m、➡ **ゴブレ**（氷、G・シロ1tspをドロップ）（L・S、マラ・チェリ）
シルク・ロード	●桂花陳酒(白)40m、S・コンフォート15m、マイ・ウメ10m、➡**F・G**（クラッシュ、G・シロ10mを沈める）（マラ・チェリ、O・S、ライム・S、ストロー）
ストロベリー・キッス	●ラム20m、イチゴ・シロ45m、ストロベリー・クリーム20m、L・J5m、➡**C・G**（イチゴを飾る）
チェンジ・オブ・フィーリング	●D・ジン30m、O・J20m、L・J1tsp、7Up適量、➡ **コリンズ**（氷、ミント・Gを先に沈めて各材料を注ぎ、赤ワインをフロートする）

★オリジナル・カクテル

HBA木原 均 作（ロング）

チャーミング・ローズ	●ウォッカ30m、カルピス10m、G・シロ10m、L・J 1tsp、➡**Br・G**（クラッシュ、ソーダUp）（マラ・チェリ、ライム・S、カット・O、ストロー）
ティファニー	●バーボン30m、O・J10m、L・J 5m、➡**Br・G**（クラッシュ、G・シロを沈める）（カット・O、マラ・チェリ、L・S、ストロー2本）
パッション	●サングリア30m、W・ラム20m、O・キュラ10m、アプリ・B10m、O・J15m、P・J15m、G・シロ1tsp、➡**L・G**（クラッシュ）
パント・ルージュ	●フレーズ・デ・ボワ20m、マイウメ10m、L・J 1tsp、➡**フルート・G**（スプマンテを満たしてイチゴを飾る）
ピーチ・ボトム	●バーボン45m、ピーチ・L15m、G・シロ1tsp、L・J10m、➡**ワイン・G**（クラッシュ）（O・S、L・S）
フラワー・ガーデン	●ウォッカ30m、ディタ10m、バロック10m、O・J10m、➡**ワイン・G**（氷）（花を飾る）
ブリーズ（北東の風）	●アップル・L20m、GF・J40m、ミント・G10m、O・ビター1d、➡**Br・G**（L・S、マラ・チェリ）

★オリジナル・カクテル

HBA 木原 均 作（ロング）

マミー・マーガレット		●アリーゼ30m、L・J10m、➡**コリンズ**（氷、スプマンテ適量を満たす）（ライム・Sを飾りB・キュラをドロップする）
ミッシェル		●バーボン30m、アマレット30m、➡F・G（O・P）

★オリジナル・カクテル

バー「ラジオ」

45回転 (45r.p.m)	●バーボン2/3、S・ベル1/3、 ➡サワー・G（ソーダを満たす）
78回転 (78r.p.m)	●バーボン2/3、D・ジン1/3、 S・ベル1 tsp、➡C・G
家族の肖像	●ポワール・ウィリアム30m、ミント・G10m、 ➡フルート・G（シャンパンUp）
奇妙な果実 (Strange Fruits)	●D・ジン1/2、ライム・J 1/4、 シャルト（G）1/4、➡C・G
キャラバン	●ブランデ、グラッパ、各1/2、 ➡C・G
サテン・ドール	●ロゼ・ワイン（D）60m、キルッシュ15m、 ➡ワイン・G（クラッシュ）
少年倶楽部 (The Shonen Club)	●ウィスキー2/3、 P・ワイン（ルビー）1/3、➡C・G
ステラ・バイ・スターライト	●フランボワーズ・L10m、 ➡フルート・G（シャンパンUp）
ソー・タイアド (So Tired)	●ウォッカ10m、D・ジン20m、 ➡ロング・G（黒ビールUp）
ソフィスケィテッド・レディ	●D・ジン2/3、D・シェリー1/3、 ライム・J1d、➡C・G（ライム・P）
ソリチュード	●ホワイト・ウィスキー1G（60m）、 B・キュラ、L・J、各1tsp、➡C・G
テイク・ジ・エィ・トレイン (Take the "A" Train)	●ウィスキー、D・ラム、生クリーム、 各1/3、カルーア1tsp、➡C・G
泥棒成金 (To Catch a Thief)	●G・マニエ10m、カンパリ10m、 ➡フルート・G（シャンパンUp）
日付変更線 (Date Line)	●ライト・ラム、D・ラム、各1/2、 ドランブイ1tsp、ライム・J、各1tsp、➡C・G

★オリジナル・カクテル

バー「ラジオ」

プレリュード・ア・キッス	●白ワイン(D)1/3、D・ジン2/3、ライム・J 1d、➡C・G
ボルドー・カクテル	●ボルドー(赤)45m、コニャック15m、マール1tsp、➡ワイン・G
ムード・インディンゴ	●ウォッカ、D・ジン、各1/2、ミント・G1tsp、➡C・G
目まい (Virtigo)	●シャルト(G) 15m、➡C・G(ペルノー30mをフロート)
ラジオ・エイト	●ボジョレー(赤)3/4、コニャック1/4、ミラベル(イエロー・アプリ・B) 1tsp、➡C・G
ワン・フォー・ザ・ロード	●コニャック、マール、各1/2、➡C・G

カクテル名	道具	レシピ
M-30 レイン	シェーカー	●ウォッカ4/6、パンプルムーゼ1/6、B・キュラ1/2tsp、➡C・G
青時雨 (フローズン) (Aoshigure)	ブレンダー	●日本酒30m、G・ティ・L10m、GF・J20m、(クラッシュ) ➡Cha・G or サンデー・G(ストロー、スプーン)
エンジェル	シェーカー	●コアントロー10m、GF・J30m、G・シロ1tsp、➡フルート・G(シャンパンUp)
カロス・キューマ	シェーカー	●D・ジン3/4、ライム・J1/4、クレーム・ダブリコ(オレンジ)1tsp、メロン・L 1tsp、➡C・G
キングス・バレイ (Kings Valley)	シェーカー	●スコッチ4/6、コアントロー1/6、ライム・J1/6、B・キュラ1tsp、➡C・G
キンダン (別名:ヒミコ) (King Dang)	シェーカー	●コニャク5/6、アマレット1/6、➡Br・G(クラッシュ)
サザン・ウィスパー (フローズン)	ブレンダー	●ウォッカ20m、エフィルジッヒ(ピーチ・L)20m、桃の缶詰1/2、G・シロ10m、(クラッシュ) ➡サンデー・G(ストロー2本、スプーン)
シティ・コーラル	シェーカー	●D・ジン、メロン・L、GF・J、各20m、B・キュラ1tsp、➡フルート・G(氷) (※B・キュラor メロン・Lでコーラルスタイルのグラスを作っておく)
シャンボール・ロワイヤル	グラス	●シャンボール・L1/10、➡フルート・G(シャンパン9/10を足す)

★オリジナル・カクテル

上田和男 作

春蕾 (Shunrai)	●ウォッカ、梅酒、クランベリー・J、各1/3、カルピス1tsp、➡サワー・G(氷1コ、ライム・S)
スリム・ファンタジー (フローズン)	●ウォッカ20m、ポワール・シロ20m、L・J10m、B・キュラ1tsp、(クラッシュ)➡サワー・G(ストロー)
惜秋 (Sekishu)	●コニャック2/4、ミラベル(スモモ・L)1/4、ライム・J 1/4、B・キュラ1tsp、➡C・G(紅葉の葉をフロート)
露時雨 (Thuyushigure)	●日本酒2/6、ウォッカ3/6、プォルッカ1/6、➡C・G(小梅のしそ漬け)
ツル首・ホワイト	●W・ラム3/6、キュステンネベル(アニス・キュンメル)1/6、キュンメル(ストック)1/6、ライム・J 1/6、➡C・G
トキオ	●ウォッカ3/6、ベルモット・ロゼ2/6、パンプルムーゼ1/6、ライム・J1tsp、➡C・G(マラ・チェリ)
春暁 (Shungyo)	●日本酒(本醸造)1/3、ウォッカ2/3、G・ティ・L 1tsp、➡C・G(桜の花びらの塩漬けをフロート)
旱星 (Hideriboshi)	●焼酎(甲類)、スイカ・J、梅酒、各1/3、L・J1tsp、➡C・G(大) or Cha・G

★オリジナル・カクテル
上田和男 作

ビバ・クィーン	シェーカー	●G・ラム4/6、マリブ1/6、カルーア1/6、ライム・J1tsp、➡C・G
ピュア・ラブ	シェーカー	●D・ジン30m、フランボワ・L15m、ライム・J15m、➡ **ロング・G**（氷、G・エールUp）
ファンタスティック・レマン	シェーカー	●日本酒5/10、コアントロー3/10、キルッシュ1/10、L・J1/10、➡ **コリンズ**（トニック・Wを足して、Bキュラをドロップ）（マドラー）
フィッシャーマン・アンド・サン	シェーカー	●W・ラム4/6、O・キュラ1/6、ライム・J1/6、B・キュラ1tsp、➡C・G
プチ・プレリュード	ミキシンググラス	●D・シェリー3/4、ベルモット・ロゼ1/4、➡ C・G
冬桜 (Fuyuzakura)	カクテルグラス	●焼酎(乙類)45m、チェリー・B15m、➡ **タンブラー**（お湯適量を足してL・Sを飾る）
ブルー・トリップ	シェーカー	●テキーラ4/6、B・キュラ1/6、ライム・J1/6、メロン・L1tsp、➡C・G
ホンコン・コネクション	シェーカー	●コニャック4/6、シャルト（Y）1/6、ライム・J1/6、B・キュラ1tsp、➡C・G
マダム浜	シェーカー	●ウォッカ4/6、G・マニエ1/6、ライム・J1/6、ウォーター・メロン・L1tsp、G・シロ1tsp、➡C・G
マリア・エレナ	シェーカー	●W・ラム5/6、ベルモ・ロゼ1/6、コアントロー1tsp、ライム・J2tsp、➡C・G

★オリジナル・カクテル

上田和男 作

マリン・デライト	●日本酒30m、コアントロー10m、GF・J 40m、B・キュラ 10m、➡ワイン・G（氷2・3コ）
ムーン・リバー	●バーボン4/6、コアントロー1/6、GF・J 1/6、➡C・G
雪椿 (Yukitubaki)	●ウォッカ3/6、フランボワ・L 1/6、カシス・L1/6、➡C・G（生クリーム1/6をフロート）

CS放送「酒井政利の歌謡カクテル談義」の中で作られたカクテル。銀座BRICK 佐藤康英 作

ミス・ユー	●ライチ・L10m、ミドリ 20m、GF・J30m、ライム・J1 tsp、➡C・G
マ・レーヴ	●P・タムール30m、ミント・W 1/2 t sp、➡ フルート・G（シャンパンUp）
リーフ	●ウォッカ20m、玉露茶30m、グリーン・ティー・L10m、シュガー1 tsp、➡C・G
サマー・クィーン	●D・ジン30m、GF・J30m、コアントロー10m、ライム・J10m、➡ ロング・G（氷、T・W Up）
男と女（なしき　ひろし作）	●B・キュラ20m、L・J20m、シュガー5m、➡L・G（クラッシュ、ソーダを満たしてチェリ・Bを落とす）（マラ・チェリ、ミント・チェリ）
ロンリー・ナイト（なしき　ひろし作）	●D・ジン30m、P・タムール15m、ライム・J 10m、シュガー 2tsp、➡C・G（シュガー・スノー）

★オリジナル・カクテル

なしきひろし 作

男と女	●B・キュラ20m、L・J20m、シュガー5m、➡L・G（クラッシュ、ソーダを満たしてチェリ・Bを落とす）（マラ・チェリ、ミント・チェリ）
グリーン・フローラル	●D・ジン1/3、アプリ・B1/3、コアントロー1/6、L・J1/6、ミドリ1tsp、➡C・G（ディタ1tspをフロートしてマラ・チェリを飾る）
ジュリエット	●ウォッカ40m、ブランボワ・L10m、G・シロ10m、➡フルート・G（シャンパンUp）（マラ・チェリを飾る）
スパイラル・ラブ	●テキーラ25m、ペルノー25m、ピーチ・L20m、L・J2d、➡C・G
タフ・ガイ	●D・ジン30m、ウォッカ15m、L・J10m、シャルト（G）2tsp、➡F・G（氷）（L・Sを2枚中に飾る）
初雪	●ウォッカ30m、ディタ15m、チンザノ・D10m、ライム・J5m、➡C・G（シュガー・スノー）
ブラッキー・マリー	●アイス・コーヒー1/3、➡L・G（ビールを満たす）（※好みでシュガーorL・J2tspを加える）

★オリジナル・カクテル

なしきひろし 作

ホワイト・ナイト	●アブソルート・ウォッカ20m、D・ジン20m、P・タムール10m、ライム・J10m、➡F・G（クラッシュ）（ライム・P）
マイト・ガイ	●D・ジン30m、ウォッカ15m、ライム・J10m、G・シロ2tsp、➡F・G（氷）（ライム・Sを2枚中に飾る）
マリア 99	●D・ジン35m、カシス・L10m、チェリ・B10m、L・J10m、➡C・G（マラ・チェリ）
夜桜	●ウォッカ50m、L・J 1tsp、B・サンブーカ1tsp、➡C・G（サクラの花びらを沈めて生クリームをフロートする）
ランブリング・ローズ	●テキーラ30m、マラスキ20m、チェリ・B10m、L・J1tsp、➡C・G（マラ・チェリにミント・リーフを飾る）
リッキー・ガイ	●D・ジン45m、ライム・J10m、B・キュラ1tsp、➡F・G（氷）（ライム・Sを2枚中に飾る）
ロミオ	●D・ジン45m、B・キュラ5m、L・J10m、➡フルート・G（シャンパンUp）（ミント・チェリーを飾る）

★オリジナル・カクテル

なしきひろし 作

ロンリー・ナイト	●D・ジン30m、P・タムール15m、ライム・J10m、シュガー 2tsp、➡C・G（シュガー・スノー）

青山	 ●ジン30m、コアントロー10m、オーチャード・M10m、B・キュラ10m、➡C・G
チャイナ・レディ	 ●ディタ10m、L・J1tsp、ネクター60m、➡フルート・G（シャンパンUp）
ディープ・フォレスト	 ●O・J60m、B・キュラ10m、➡フルート・G（シャンパンUp）（葉型のL・Pを飾る）
プリティ・ウーマン（フローズン）	 ●ブランデ15m、モナン・イチゴ・シロ15m、イチゴ3・4コ、（クラッシュ）➡Br・G（レンファレ、ストロー）

★オリジナル・カクテル

銀座「坊乃（Bono）」小市直樹 作

オートマティック	●ディタ15m、ミドリ15m、GF・J 20m、ライム・J10m、➡C・G
ウーマン・イン・レッド	●レミー・レッド30m、コアントロー20m、L・J10m、➡C・G
ダンディ・ローズ	●シトロン・ジュネパー20m、キッス・オブ・ローズ15m、レッド・ベアー・エナジー15m、L・J10m、➡C・G
クレイン	●モニカ（クランベリー・L）30m、コアントロー30m、パッション・F・シロ5m、L・J5m、（クラッシュ）➡Cha・G
スカイブルー	●B・キュラ30m、O・J15m、L・J15m、➡C・G
エメラルド・スカッシュ	●トロピカル5（モナン・シロ）40m、➡L・G（氷、トニック・WUp、B・キュラをドロップする）
フェアリー・キッス	●マラスキ20m、アリーゼ20m、L・J20m、➡C・G（マラ・チェリをグラスの縁に飾る）

★オリジナル・カクテル

中野「FOODS Bar 厨(くりや)」松岡　弘 作

薫風 (くんぷう)	●W・ラム30m、モニカ10m、GF・J10m、O・J10m、ウォーターメロン・L 1tsp、➡C・G(らせん状のライム・ピールを飾る)
酔芙蓉 (すいふよう)	●米焼酎40m、クランベリー・J15m L・J5m、チェリー・B 1tsp、ハード・シェイク➡C・G(マラ・チェリ)に注ぎ、気泡が消えない内にサーブして色の変化を見せる
情炎 (パッション)	●ビフィーター・G(47˚)45m、Bravod(ブラック・ウォッカ)15m、➡C・G(ロンリコ151を2tspフロートして火を点けて出す)
BBマティーニ	●ビフィーター・G(47˚)1/2、ボンベイ・サファイア1/2、O・ビター1d ➡C・G(S・オリーブ)(オレンジ・ピールのしぶきで火を点けて香りを出す)

★オリジナル・カクテル

中野「FOODS Bar 厨(くりや)」梅田将弘 作

Under The Sea (アンダー・ザ・シー)	●B・キュラ20m、マリブ10m、ライム・J15m、O・ビター5d、➡ コリンズ・G(氷、G・エール up)(カット・ライム、チェリーを飾る)
17 (セブンティーン)	●コアントロー25m、ペシェ10m、L・J15m、カシス・L1/2tsp、シュガー1tsp、➡C・G

★オリジナル・カクテル

中野「FOODS Bar 厨(くりや)」山野辺大祐 作

アニバーサリー	●D・ジン30m、D・シェリー20m、マラスキ1tsp、ライム・J1tsp、シュガー1/2tsp、➡C・G
サークルB	●アブソリュート・シトロン30m、サザン・コンフォート15m、L・J1tsp、ライム・J1tsp、➡C・G
MOVE OVER	●サザン・コンフォート30m、サクラ・L10m、クランベリー・J15m、ライム・J1tsp、➡C・G（ピンに刺したマラ・チェリを入れる）
凛々（りり）	●日本酒（辛口）40m、D・シェリー15m、ブランデ10m、A・ビター1d、➡C・G

★オリジナル・カクテル

中野「FOODS Bar 厨(くりや)」藁科美保 作

チョコラブ・バナナ	●カカオ・L（W）20m、バナナ・L20m、生クリーム10m、牛乳10m、➡C・G
フルーツ・バスケット	●マリブ30m、GF・J、O・J、P・J、クランベリー・J各15m、➡コリンズ・G（氷、Soda up）

★オリジナル・カクテル

中野「FOODS Bar 厨(くりや)」干　洋 作

ハッスル・チャイナ	●紹興酒60m、ライチ・L5m、メロン・L1tsp、➡ロング・G（クラッシュ、T・W up）（ストロー2本）（カットメロン、チェリーを飾る）

★オリジナル・カクテル（ムービースター）

銀座「オールド・ムービー」

イングリッド・バーグマン	●ウォッカ20m、コアントロー20m、GF・J10m、L・J10m、➡C・G（クラッシュ）（マラ・チェリ、ミント・チェリ、カット・パイン）
エリザベス・テーラー	●ブラック・ウォッカ24m、コアントロー24m、ガリアーノ12m、➡C・G（金箔少々、星型L・P）
オードリー・ヘップバーン	●W・ラム20m、フレーズ・L20m、GF・J20m、L・J1tsp、➡サワー・G（クラッシュ）（イチゴ、ストロー）
ビビアン・リー	●クレーム・ペシェ17m、ミント・W1tsp、アップル・J1tsp、L・J10m、➡ピルスナー・G（クラッシュ）（L・S、ライム・S、ストロー）
マリリン・モンロー	●カンパリ20m、クレーム・ペシェ10m、O・J30m、L・J1tsp、G・シロ1d、➡ピルスナー・G（クラッシュ）（カット・O、L・S、ストロー）
石原裕次郎	●男山（日本酒）22m、サクラ（ヘルメス）22m、B・キュラ10m、L・J5m、➡C・G（ソルト・スノー）
クラーク・ゲーブル	●エヅラ（バーボン）24m、S・コンフォート24m、アプリ・B6m、L・J6m、➡サワー・G（クラッシュ）（ミント・リーフ）

★オリジナル・カクテル（ムービースター）

銀座「オールド・ムービー」

ショーン・コネリー		●D・ジン26m、ティオぺぺ13m、D・ベルモ20m、➡C・G（大）（クラッシュ）（S・オリーブ、L・P）
ジェームス・ディーン		●ティオぺぺ20m、P・タムール25m、L・J15m、B・キュラ1d、➡C・G（大）（クラッシュ）（マラ・チェリ、カット・レモン）
チャールズ・ブロンソン		●ディタ15m、ミドリ15m、GF・J20m、ライム・J15m、➡ピルスナー・G（クラッシュ）（カット・パイン、ミント・チェリー、ストロー）
ハンフリー・ボガード		●スコッチ32m、ドランブイ21m、ジンジャー・ワイン5m、O・ビター1・2d、➡F・G（氷）（L・S、ライム・S）
ブルース・リー		●ペルツォッカ13m、T・J20m、L・J5m、タバスコ2d、➡F・G（クラッシュ）（ソルト・スノー1/2）

★オリジナル・カクテル（ムービースター）

バー「ラジオ」

イングリッド・バーグマン		●ウォッカ2/3、アクアビット1/3、バイオレット・L 1 tsp、➡C・G
グレタ・ガルボ		●D・ジン、D・シェリー、D・ベル、各1/3、➡C・G
ダイアン・キートン		●白ワイン（D）60m、D・ジン16m、ペルノー1d、➡ワイン・G（氷）
ディーン・マーチン		●J・ダニエル3/4、カンパリ1/4、➡C・G
デューク・エリントン		●コニャック1/3、➡サワー・G（シャンパンUp）
ハンフリー・ボガード		●I・Wハーパー3/4、D・シェリー1/4、ライム・J1d、➡C・G
フランシス・アルバート		●W・ターキー、タンカレー、各1/2、➡C・G
マリーネ・デートリッヒ		●ウォッカ1G（60m）、バイオレット・L、Bキュラ、カンパリ、各1tsp、➡C・G
ローレン・バコール		●D・ジン3/4、B・キュラ1/8、ミント・G1/8、L・J1tsp、➡C・G

★オリジナル・カクテル（ムービー・タイトル）

バー「八月の鯨」

カサブランカ（1942、米）	●スコッチ45m、サクラ・L15m、➡F・G（氷）
自転車泥棒（1948、伊）	●チンザノ・オランチョ20m、チンザノ(赤)20m、➡F・G（氷、O・P）
第三の男（1949、英）	●白ワイン15m、ミネラル・W、➡タンブラー（氷）（リカール20mをフロートする）
欲望という名の電車（1951、米、エリア・カザン）	●スロー・G20m、P・タムール10m、L・J10m、➡ **コリンズ**（氷、シャンパンをUpして軽くステア）
ライム・ライト（1952、米、チャールズ・チャップリン）	●チンザノ（R）15m、チンザノ（D）15m、カンパリ・ビター10m、➡F・G（氷）
ローマの休日（1953、米、ウイリアム・ワイラー）	●フランボワ・L20m、生クリーム20m、バニラ・アイス30g、アマレット1tsp、（クラッシュ）➡ **ロング・G**（マラ・チェリ、ストロー）
東京物語（1953、日本、小津安二郎）	●サクラ・L30m、ウーロン茶適量、➡ **タンブラー**（氷）
道（1954、伊、フェデルコ・フェリーニ）	●赤ワイン2/3、スロー・G1/3、F・ブランカ1tsp、➡C・G
旅情（1956、米、デビッド・リーン）	●W・ラム30m、ジェット27、GF・J 30m、➡ **ゴブレ**（氷、トニック・W Up）
80日間世界一周（1956、米）	●ティー・L30m、アップル・L10m、L・J1tsp、➡ **ホット・G**〈お湯を足す）（好みでブランデーを少々足す）
めまい（1958、米、アルフレッド・ヒッチコック）	●ウォッカ2/3、ペルノー1/6、ジェット27 1/6、➡C・G

★オリジナル・カクテル（ムービー・タイトル）

バー「八月の鯨」

ベン・ハー (1959、米、ウイリアム・ワイラー)	●メタクサ3/5、ウォッカ1/5、 ライム・J1/5、➡C・G
勝手にしやがれ (1959、仏、ジャン・リュック・ゴダール)	●フレンチ・ラム1/2、L・J1/4、 カンパリ1/4、O・ビター1d、➡C・G
太陽がいっぱい (1959、仏、ルネ・クレマン)	●ピサン・ガルーダ20m、 GF・J20m、B・キュラ1tsp、 （クラッシュ）➡ゴブレ（ミント・ チェリー、ストロー）
甘い生活 (1960、伊、F・フェリーニ)	●ダイアナ・バナナ・クリーム10m、 サクラ・L 10m、生クリーム20m、 ➡フルート・G
サイコ (1960、米、A・ヒッチコック)	●W・ラム1/2、L・J1/4、カシス・L1/8、 シャルト（G）1/8、➡C・G
アパートの鍵貸します (1960、米、ビリー・ワイルダー)	●プードルス・G3/4、ティオペペ1/4、 ➡C・G（S・オリーブ、L・P）
地下鉄のザジ (1960、仏、ルイ・マル)	●O・J10m、O・キュラ1tsp、G・シロ1tsp、 ➡フルート・G（シャンパンUp）
ティファニーで朝食を (1961、米)	●アナナス（パイン・L）10m、 B・キュラ2tsp、パイン30g、 ➡ブレンダーにかけて、一度止めてシャンパンを加えて再度、➡Cha・G
ハスラー (1961、米)	●バーボン30m、L・J10m、 A・ビター1tsp、➡コリンズ（氷、 ビールとG・エール1:1をUp）

★オリジナル・カクテル（ムービー・タイトル）

バー「八月の鯨」

ウェストサイド物語 （1961、米）		●①カリフォルニア・シャブリ20m ②プエルトリカン・ラム20m、 ➡**リキュール・G**（マラ・チェリ）
アラビアのロレンス （1962、英、デヴィッド・リーン）		●ラム20m、G・エール20m、バナナ1/4本、 （クラッシュ）➡**サンデー・G**
酒とバラの日々 （1962、米、ブレーク・エドワーズ）		●バーボン2/3、クランベリー・J1/3、 ローズ・シロ1d、➡**フルート・G**
椿三十郎 （1962、日本、黒沢明）		●G・ティ・L20m、アマレット10m、 生クリーム10m、➡**日本酒・G**
シャレード （1963、米、スタンリー・ドーネン）		●ブランデ30m、ピサン・ガルーダ10m、 L・J10m、➡**Br・G**（氷、ソーダUp）
ピンクの豹 （1963、米、ブレーク・エドワーズ）		●ウォッカ1/2、ピンク・パーティ1/4、 GF・J1/4、G・シロ1tsp、 ➡**フルート・G**（ひも状のGF・P）
シェルブールの雨傘 （1964、仏、ジャック・ドミー）		●ウォッカ1/2、 トロピカル・ヨーグルト1/4、 G・シロ1tsp、アップル・J1/4、 ➡**C・G**
気狂いピエロ （1965、仏、ジャン・リュック・ゴダール）		●D・ジン1/2、マンダリン・L1/6、O・J1/3、 ペルノー2d、**C・G**（マラ・チェリ）
男と女 （1966、仏、クロード・ルルーシュ）		●ペルノー10m、G・シロ1tsp、 ➡**フルート・G**〈シャンパンUp〉 （マラ・チェリ、ミント・チェリー）

★オリジナル・カクテル（ムービー・タイトル）

バー「八月の鯨」

俺達に明日はない （1967、米、アーサー・ペン）	●D・ジン30m、➡コリンズ（氷、ソニック適量をUpしてF・ブランカ10mをフロート）（カット・ライム）
卒業 （1967、米、マイク・ニコルズ）	●フランボワ・L30m、ネクター20m、G・シロ1tsp、➡ゴブレ（氷、ソーダUp）
２００１年宇宙の旅 （1968、米、スタンリー・キューブリック）	●ウォッカ、ロンリコ151、ホセ・クエルボ、各1/3、➡Br・G
冬のライオン （1968、英、アンソニー・ハービー）	●D・ジン4/5、L・J1/5、➡C・G（ひも状のL・Pを飾る）
さらば友よ （1968、仏、ジャン・エルマン）	●バーボン2/3、リカール1/6、ミント・W1/6、➡C・G or F・G（氷）
イージー・ライダー （1969、米、デニス・ホッパー）	●スピリタス1/2、カンパリ1/4、デュボネ（赤）1/4、➡C・G
ひまわり （1970、伊、ヴィットリオ・デ・シーカ）	●トロピカル・ヨーグルト30m、O・J20m、ライチ・L10m、卵白1/2コ、➡Cha・G
時計じかけのオレンジ （1971、英、スタンリー・キューブリック）	●カシス・L20m、O・J20m、コアントロー2tsp、（クラッシュ）➡ワイン・G（O・S、マラ・チェリ）
ベニスに死す （1971、伊、ルキノ・ヴィスコンティ）	●カンパリ・ビター、L・J、ゴールド・ラッシュ（シナモン・L）金粉入り、各1/3、➡C・G
スティング （1973、米、ジョージ・ロイ・ヒル）	●D・ジン3/4、L・J1/4、ミント・W1tsp、F・ブランカ1tsp、➡C・G

★オリジナル・カクテル（ムービー・タイトル）

バー「八月の鯨」

スケアクロウ (1973、米、ジェリー・シャッツバーグ)	●チンザノ・EX・D20m、チンザノ・R20m、➡ **ゴブレ**（氷、ウイルキンソンG・エールをUpしてステア、ビールの泡のみをフロート）
追憶 (1973、米、シドニー・ポラック)	●ティオペペ1/3、W・ラム2/3、➡C・G（P・オニオン）
パピヨン (1973、仏、フランクリン・J・シャフナー)	●ウォッカ3/5、パンプルムーゼ1/5、GF・J1/5、➡C・G（ミント・チェリ）
タワーリング・インフェルノ (1974、米、ジョン・キラーミン)	●①氷を入れたコリンズにL・Jとソーダ適量を入れておく。②赤ワイン30m、フレーズ・L10m、➡C・G（軽くステアしてラム151をフロートして火を点け）①に注ぎ込む
カッコーの巣の上で (1975、米、ミロス・フォアマン)	●ライ・W1/2、D・ジン1/3、ドランブイ1/6、➡C・G
タクシー・ドライバー (1976、米、マーティン・スコセッシ)	●ブランデ3/5、F・ブランカ1/5、D・ベル1/5、➡C・G
スター・ウォーズ (1977、米、ジョージ・ルーカス)	●W・ラム20m、ボスコープ（りんご・L）10m、B・キュラ2tsp、ミント・W2tsp、➡ **コリンズ**（氷、ソーダUp）（ミント・リーフ）
未知との遭遇 (1977、米、スティーブン・スピルバーグ)	●マリー・ブリザール・メロン&ウォーターメロン20m、P・タムール10m、L・J10m、➡F・G（氷）
イレイザー・ヘッド (1977、米、デヴィッド・リンチ)	●P・タムール、ペルノー、ベネディク、各1/3、➡Br・G
ミスター・グッドバーを探して (1977、米、リチャード・ブルックス)	●赤ワイン2/3、チンザノ・R1/3、➡C・G

★オリジナル・カクテル（ムービー・タイトル）

バー「八月の鯨」

クレイマー・クレイマー (1979、米、ロバート・ベントン)	●ベン・フライド・エッグ・L（卵とクリームのL）1/2、ミルク1/2、はちみつ2tsp、➡C・G
チャンス (1979、米、ハル・アシュビー)	●ブランデ15m、ティオペペ20m、➡タンブラー(氷、トニック・WをUp)(O・P)
シャイニング (1980、英、スタンリー・キューブリック)	●ペルツッォカ（にんにくを漬けておく）30m、➡F・G（氷、T・JをUp）（セロリ）
ブルース・ブラザーズ (1980、米、ジョン・ランディス)	●テキーラ20m、バーボン20m、シュガー2tsp、➡F・G（クラッシュ、ミント・リーフをつぶしておく）（ミント・リーフを飾りストローをつける）
ブレード・ランナー (1982、米・香港、リドリー・スコット)	●コアントロー1/3、P・タムール1/3、クランベリー・J1/6、ライム・J1/6、➡C・G
E・T (1982、米、スティーブン・スピルバーグ)	●アプリ・B、ボスコープ(アップル・L)、GF・J、各1/3、G・シロ1tsp、➡C・G
戦場のメリークリスマス (1983、英・日、大島渚)	●マロン・L10m、ブランデー10m、マロン・ペースト10m、生クリーム10m、（クラッシュ）➡Cha・G（D・ラム2tspをフロート）（ミント・リーフ、マラ・チェリ、ミントチェリー、ストロー）
フラシュ・ダンス (1983、米、エイドリアン・ライン)	●パジェ・クレーム・ド・ミント（ミント・L）40m、L・J10m、➡コリンズ（氷、ソーダUpして4本のストローを飾る）

★オリジナル・カクテル（ムービー・タイトル）

バー「八月の鯨」

砂の惑星 (1984、米、デビッド・リンチ)	●シャンボール2/3、生クリーム1/3、A・ビター1d、➡C·G
ストレンジャー・ザン・パラダイス (1984、米・西独、ジム・ジャームッシュ)	●赤ワイン（ブルーベリーを漬けたもの）適量、➡ ゴブレ（氷、ソーダUp）
パリ・テキサス (1984、西独・仏、ヴィム・ヴェンダース)	●バナナ・L30m、カルピス10m、ミルク10m、➡L·G（氷、ソーダUp）
未来世紀ブラジル (1985、米、テリー・ギリアム)	●ピンガ、フランボワーズ、G・J、各1/3、➡C·G
カラー・パープル (1985、米、スティーブン・スピルバーグ)	●スロー・G30m、G・J15m、➡ タンブラ（氷、ソーダUp）
スタンド・バイ・ミー (1986、米、ロブ・ライナー)	●オルデスローエ・アナナス20m、P・J20m、➡ ゴブレ（氷、ソーダUpしてD・ラム10mをフロート）（カット・パイン、ストロー）
ベティ・ブルー (1986、仏、ジャン・ジャック・ベネックス)	●テキーラ1/2、ライム・J1/4、D・ベル1/8、B・キュラ1/8、➡C·G
心みだれて (1986、米、マイク・ニコルズ)	●赤ワイン1/4、G・J1/4、➡フルート・G（シャンパン1/2Up）
八月の鯨 (1987、米、リンゼイ・アンダーソン)	●パンプルムーゼ2/5、GF・J2/5、ライチ・L1/5、B・キュラ2d、➡C·G
月の輝く夜に (1987、米、ノーマン・ジェイソン)	●ライチ・L30m、ライチ1コ、➡ フルート・G（シャンパンUp）
バグダッド・カフェ (1987、パーシー・アドロン)	●カルーア20m、生クリーム20m、D・ラム1tsp、（クラッシュ）➡Cha·G
アンタッチャブル (1987、米、ブライアン・デ・パルマ)	●W・ラム30m、カンパリ10m、L・J10m、➡ タンブラー（氷、ソーダUp）（L・S）

★オリジナル・カクテル（ムービー・タイトル）
バー「八月の鯨」

カクテル名	道具	レシピ
ラスト・エンペラー (1987、伊・中・英、ベルナルド・ベルトルッチ)	シェーカー	●シャンボール、D・ベル、桂花陳酒、各1/3、　➡ C・G
グラン・ブルー (1988、仏、リュック・ベッソン)	グラス	●パンプルムーゼ20m、B・キュラ10m、L・J1tsp、➡ コリンズ（氷、GF・J30m、トニック・W適量を足して混ぜずに、ウォッカ10mをフロート）（マドラー）
仕立て屋の恋 (1989、仏、パトリス・ルコント)	ミキシング	●スコッチ3/5、白ワイン1/5、デュボネ(赤)2/5、　➡ C・G
セックスと嘘とビデオテープ (1989、米、スティーブン・ソダーバーグ)	シェーカー	●①ピーチ・L20m、G・シロ1tsp、L・J10m、➡ コリンズ（氷、O・J30m）②GF・J30m、B・キュラ1tsp、①に注ぎ、マドラーを挿して混ぜずに出す。
ニュー・シネマ・パラダイス (1989、伊、ジュゼッペ・トルナトーレ)	ブレンダー	●ウォッカ20m、ヨーグルト・L10m、O・J20m、（クラッシュ）ブレンダーにかけ一度止めてオレンジ・ゼリーを足して、再度軽くブレンダーを回して　➡ ピルスナー・G
フィールド・オブ・ドリーム (1989、米、フィル・アルデン・ロビンソン)	シェーカー	●ピサン・ガルーダ30m、L・J10m、ミント・G 2tsp、➡ ゴブレ（氷、ソーダUp）（ミント・リーフ）
恋人たちの予感 (1989、米、ロブ・ライナー)	シェーカー	●D・ジン1/2、チェリ・B1/6、D・ベル1/6、GF・J1/6、　➡ フルート・G
ダンス・ウィズ・ウルブス (1990、米、ケビン・コスナー)	グラス	●テキーラ30m、チンザノ・オランチョ10m、➡ タンブラー（ライム1/8コを絞り中に入れておく。ソニックUp）（ライム・Sを飾る）

オリジナル・カクテル（ムービー・タイトル）　バー「八月の鯨」

★オリジナル・カクテル（ムービー・タイトル）

バー「八月の鯨」

プロヴァンス物語 マルセルの夏 （1990、仏、イヴ・ロベール）	●①マリーブリザール・メロン＆ウォーターメロン30m、②GF・J 30m、③トニック・W 適量、➡L・G（氷）
ワイルド・アット・ハート （1990、米、デビッド・リンチ）	●J・ダニエル1/2、クエルボ・G1/2、➡C・G or F・G（氷）
羊たちの沈黙 （1991、米、ジョナサン・デミ）	●D・ジン3/5、コアントロー1/5、L・J1/5、キルッシュ1tsp、➡C・G
レザボア・ドッグス （1991、米、クエンティン・タランティーノ）	●バーボン1/2、チャールトン・F1/4、O・J1/4、G・シロ1tsp、➡C・G
テルマ & ルイーズ （1991、米、リドリー・スコット）	●テキーラ30m、ボスコープ（アップル・L）10m、➡タンブラー（氷、ソーダUp）
美しき諍い女 （1991、仏、ジャック・リヴェット）	●赤ワイン（ブルー・ベリーを漬けたもの）45m、➡ゴブレ（氷、O・JUp）
リバーランズ・スルー・イット （1992、米、ロバート・レッドフォード）	●W・ラム30m、ミント・G10m、カルーア2tsp、アップル・J10m、➡コリンズ（氷、ソーダUp）（ミント・リーフ）
愛人／ラマン （1992、仏、ジャン・ジャック・アノー）	●①カシス・L20m、②ウォッカ10m、➡F・G（氷、先にヨーグルト適量を入れておき、①②の順に注ぐ）（マドラー）
セント・オブ・ウーマン （1992、米、マーティン・ブレスト）	●赤ワイン1/2、オルデスローエ・グレナデン（ざくろ・L）1/4、アプリ・B1/4、➡C・G

★オリジナル・カクテル（ムービー・タイトル）

バー「八月の鯨」

エル・マリアッチ (1992、米、ロバート・ロドリゲス)	シェーカー	●マリアッチ・アネホ（テキーラ）1/2、 アナナス1/4、ライム・J1/4、 B・キュラ1tsp、　　　　➡C・G
青いパパイヤの香り (1993、仏・ベトナム、トラン・アン・ユン)	シェーカー	●W・ラム20m、チャールトン・F10m、 P・J10m、キュウイ・L2tsp、 ➡ ゴブレ（クラッシュ）（カット・ パイン、ストロー）
トゥルー・ロマンス (1993米、トニー・スコット)	シェーカー	●ピーチ・L1/2、L・J1/4、 ネクター1/4、➡C・G（G・シロ 1tspを先に入れておく）
ピアノ・レッスン (1993、豪、ジェーン・カンピオン)	グラス	●スコッチ2/3、A・ピコン1/3、 　　　　　　　　　　　　➡C・G
さらば、我が愛／覇王別姫 (1993、香港、チェン・カイコー)	シェーカー	●シャンボール、チンザノ・R、 桂花陳酒、各1/3、　　➡C・G
ジョイ・ラック・クラブ (1993、米、ウェイ・ワン)	グラス	●杏露酒20m、アプリ・B20m、 ➡タンブラー（氷、ウーロン茶Up）
妹の恋人 (1993、米、ジェレマイア・チェチック)	シェーカー	●アプリ・B、オルデスローエ・ グレナデン、アップル・J、 各1/3、G・シロ1tsp、➡C・G
ギルバート・グレープ (1993、米、ラッセ・ハルストレム)	シェーカー	●ミドリ2/3、GF・J1/3、 O・ビター2d、　　　　➡C・G
ショーシャンクの空に (1994、米、フランク・ダラボン)	ブレンダー	●カルピス20m、 ブルーベリー・L20m、（クラッ シュ）➡ Cha・G（B・キュラ2tsp をフロート）

★オリジナル・カクテル（ムービー・タイトル）

バー「八月の鯨」

恋する惑星 （1994、香港、ウォン・カーウァイ）	●P・タムール30m、クランベリー・J20m、 ➡ **ゴブレ**（氷、ソーダUp）
レオン （1994、米、リュック・ベッソン）	●D・ジン30m、L・J10m、シュガー1tsp、 生クリーム10m、➡**タンブラー**（氷、ソーダUp）
パルプ・フィクション （1994、米、クエンティン・タランティーノ）	●D・ジン30m、L・J10m、 ➡ **コリンズ**（氷、ビールをUp）
スモーク （1995、米・日、ウェイン・ワン）	●ウォッカ20m、A・ピコン10m、 L・J1tsp、ミント・W10m、 ➡ **タンブラー**（氷、G・エールUp） （ミント・リーフ）
イル・ポスティーノ （1995、伊・仏、マイケル・ラドフォード）	●ボスコープ（アップル・L）30m、 L・J10m、B・キュラ2tsp、 ➡ **Cha・G**（クラッシュ、ソーダUp）（ミント・リーフ）
リービング・ラスベガス （1995、米、マイク・フィッグス）	●ウォッカ3/4、シャルト・Y1/4、 A・ビター1d、 ➡**F・G**（氷）
ブレイブ・ハート （1995、米、メル・ギブソン）	●アイリッシュ・W20m、L・J10m、 フランボワ10m、 ➡**タンブラー**（氷、G・エールUp）
シャイン （1996年、豪、スコット・ヒックス）	●D・ジン20m、ミント・G10m、 カルピス10m、➡**コリンズ**（氷、ソーダUp）
ロミオとジュリエット （1996、米、バズ・ラーマン）	●パイナップル・L20m、クランベリー・J20m、 イチゴ1コ、（クラッシュ） ➡ **フルート・G** （イチゴを飾り、ストローを添える）
イングリッシュ・ペイシェント （1996、米、アンソニー・ミンゲラ）	●F・ブランカ1/2、スーズ1/2、 ➡ **ショット・G**

★オリジナル・カクテル（ムービー・タイトル）

バー「八月の鯨」

インディペンデンス・デイ (1996、米、ローランド・エメリッヒ)	●ミント・G 20m、➡ ゴブレ（氷、ソーダ適量を注ぎ、ブランデーをフロート）（ミント・チェリーを刺したスライス・GFをグラスに乗せる）
タイタニック (1997、米、ジェームズ・キャメロン)	●①ブランデ1/2、L・J1/3、マラスキ1/6、➡ C・G（大きな氷一片の下にBキュラを沈めておき、①を混ざらないように静かに注ぐ）
フィフス・エレメント (1997、米、リュック・ベッソン)	●①G・シロ、②ミント・W、③B・キュラ、④ブランデ、各10m、➡ リキュール・G

★星座のカクテル（Constellation）

アクエリアス (水瓶座1/20～2/18)	●B・キュラ20m、白ワイン20m、GF・J20m、 ➡C・G（L・P）
トランス・ブルー (うお座2/19～3/20)	●D・ジン30m、B・キュラ15m、L・J10m、D・ベル5m、 ➡C・G
舞乙女 (牡羊座3/21～4/19)	●焼酎20m、フランボワ・L15m、コアントロー10m、L・J10m、G・シロ5m、 ➡C・G
桃色吐息 (牡牛座4/20～5/20)	●ピーチ・L30m、カンパリ10m、O・J10m、GF・J10m、カルピス10m、 ➡Cha・G （クラッシュ、マラ・チェリ）
ポム・ヴェール (双子座5/21～6/21)	●W・ラム15m、ピーチ・L20m、ミント・G15m、GF・J30m、 ➡ フルート・G(ミント・チェリー)
銀河 (蟹座6/22～7/22)	●D・ジン20m、カルピス15m、P・J40m、ココナッツ・M15m、L・J5m、シュガー5m、 ➡ ゴブレ（クラッシュ）
エルドラド (獅子座7/23～8/22)	●G・ラム20m、ゴールド・ワッサー10m、ガリアーノ5m、O・J 20m、L・J5m、➡C・G（金箔をフロート）
ラビアン・ローズ (乙女座8/23～9/22)	●W・ラム20m、アプリ・B10m、O・J10m、G・シロ1tsp、卵白1コ、L・J1tsp、 ➡C・G （マラ・チェリ、カット・パイン）

ムーン・シャイン (天秤座 9/23〜10/23)	●ウォッカ30m、B・キュラ20m、 G・シロ1tsp、ライム・J10m、 ミント・W1tsp、 ➡C・G
ラ・コンセール (蠍座 10/24〜11/22)	●コニャック20m、ピーチ・L10m、 フレーズ・L10m、チェリー・B10m、 L・J10m、G・シロ1tsp、 バニラ・エッセンス1d、➡C・G（イチゴ）
ムーン・ライト・アカサカ (射手座 11/23〜12/21)	●W・ラム35m、P・タムール20m、 L・J15m、➡C・G（シュガー・スノー）
バンブー (山羊座 12/22〜1/19)	●D・シェリー40m、D・ベル20m、 O・ビター1d、 ➡C・G

★誕生石カクテル（Birthstone Color）

アフロディーテ ガーネット（1月）	●ロゼ・ワイン30m、フランボワ・L12m、コアントロー12m、ライム・J6m、➡C・G
バイオレット・フィズ アメシスト（2月）	●バイオレット・L 45m、L・J20m、シュガー2tsp、➡L・G(氷、ソーダUp)
テネシー・ワルツ ブラッド・ストーン（3月）	●カカオ・L 40m、G・シロ10m、➡ゴブレ（氷、ソーダUp）
ホワイトミント・フラッペ ダイヤモンド（4月）	●ミント・W30m、➡C・G（クラッシュをつめ、ミント・W30mを注ぎストローを添える）
青い珊瑚礁 エメラルド（5月）	●D・ジン2/3、ミント・G1/3、➡C・G（グラスの縁をレモンでリンス）（マラ・チェリ、ミント・リーフ）
レッド・バイキング パール（6月）	●アクアビット30m、マラスキ30m、ライム・J30m、➡F・G（氷）
スロー・ジン・サワー ルビー（7月）	●スロー・G40m、L・J20m、シュガー1tsp、➡サワー・G（マラ・チェリ）
シー・ブリーズ サードニクス（8月）	●ウォッカ45m、GF・J60m、クランベリー・J60m、➡ゴブレ（クラッシュ、ストロー）
スカイ・ダイビング サファイヤ（9月）	●W・ラム30m、B・キュラ20m、ライム・J10m、➡C・G
テネシー・クーラー オパール（10月）	●テネシー・ウィスキー45m、ミント・G20m、L・J20m、シュガー1tsp、➡ゴブレ（氷、G・ビールUp）

★誕生石カクテル（Birthstone Color）

スコーピオン トパーズ（１１月）	W・ラム45m、ブランデ30m、O・J20m、L・J20m、ライム・J15m、➡ **ゴブレ**（クラッシュ）(O・S、ストロー）
アラウンド・ザ・ワールド トルコ石（１２月）	D・ジン40m、ミント・G10m、P・J10m、➡ **C・G**（ミント・チェリーを沈める）

★ロング&ミックス・ドリンク（Long & Mixed Drinks）

アイ・オープナー	●アブサン、ライト・ラム、キュラソー、各30m、卵黄1コ、➡タンブラー
アップステアーズ (Upstairs)	●デュボネ60m、L・J1/2 コ、 ➡F・G（氷、ソーダUp）
アメリカーノ	●S・ベル60m、カンパリ（コーディアル）30m、 ➡ タンブラー（氷、ソーダUp、L・P）
アメリカン・グローリー	●シャンパン60m、O・J60m、 ➡ タンブラー（氷、ソーダUp）
アメリカン・レモネード	●L・J１コ、シュガー3tsp、 ➡ コリンズ（クラッシュ、冷水orソーダをUpしてP・ワイン2tspをフロート）（季節のフルーツを飾る）
ウイドウズ・ドリーム	●ベネディク60m、全卵１コ、 ➡ タンブラー（生クリームUp）
エアー・メイル	●ライト・ラム（G・ラム）45m、ハニー1tsp、ライム・J1/2 コ、 ➡ タンブラー（氷、D・シャンパンUp）
エキスポート・カシス （別名：ベルモット・カシス）	●D・ベル60m、カシス・L30m、 タンブラー（氷、ソーダUp）
エスキモー	●ブランデ60m、バニラ・アイス30g、 マラスキ1d、キュラソー1d、➡ワイン・G
エッグ・スイッセス	●アブサン30m、オルジャー・シロ1tsp、 卵白1コ、➡タンブラー（氷、ソーダUp）
エンパイヤー・スペシャル	●クラレット30m、ベネディク1tsp、マラスキ1tsp、キュラソー1tsp、 ➡ コリンズ（氷、シャンパンUp） （季節のフルーツを飾る）

★ロング&ミックス・ドリンク（Long & Mixed Drinks）

カリフォルニア・レモネード		●ライ・W（orバーボン）45m、L・J１コ、ライム・J１コ、G・シロ1d、シュガー3tsp、➡ タンブラー（氷、ソーダUp）
キス・ミー・クイック		●アブサン60m、キュラソー3d、A・ビター2d、➡ タンブラー（氷、ソーダUp）
ギムレット（※ロング・スタイル）		●D・ジン45m、ライム・J15m、➡ タンブラー（氷、ソーダUp）
キューバ・リバー（リブレ）		●ライト・ラム45m、ライム・J 2tsp、➡ タンブラー（氷、コーラUp）
クラレット・レモネード		●L・J 1tsp、シュガー2tsp、➡ タンブラー（シェイブド・アイス、クラレット（赤ワイン）120mをUpして冷水で満たす）（季節のフルーツを飾る）
ゴールデン・スリッパー（プース）		●➡ C・G（ベネディク30mを入れ、その上に卵黄１コを崩さないように落とし、G・ワッサー30mをフロート）
ゴールデン・レモネード		●G・ワッサー30m、A・ピコン30m、ライム・J2コ、卵黄1コ、シュガー3tsp、➡ タンブラー（氷、ソーダUp）
ココア・リッキー		●カカオ・L45m、ミルク2tsp、バニラ・アイス適量、シュガー（好みで）➡ タンブラー（氷、ソーダUp）

★ロング&ミックス・ドリンク（Long & Mixed Drinks）

サイダー・ネクター	●ブランデ1tsp、L・J1tsp、L・J1tsp、 ➡ サワー・G（氷、サイダーUp）
サマー・タイム	●D・ジン45m、シロド・シトロン15m、 ➡ タンブラー（小）（ソーダUp）
シャンハイ・バック	●ライト・ラム60m、G・シロ1tsp、ライム・J1コ、➡ タンブラー（氷、G・ビァ or G・エールUp）
シャンパン・アンド・フランボワーズ	●フランボワーズ・L1/5、 ➡フルート・G（シャンパン4/5Up）
照葉樹林	●G・ティ・L30～45m、 ➡タンブラー（氷、ウーロン茶Up）
ショット・イン・ザ・アーム	●ブランデ60m、ミント・W60m、生クリーム60m、G・シロ1d、 ➡ タンブラー（クラッシュ）
ジン・アンド・トニック	●D・ジン60m、➡ タンブラー（氷、トニック・WをUp）（L・S）
ジン・バック（別名：ロンドン・バック）	●D・ジン60m、L・J1/4コ、 ➡タンブラー（氷、G・エールUp）
スクリュー・ドライバー	●ウォッカ60m、 ➡ タンブラー（氷、O・JをUp）
スターボード・ライト	●ミント・G60m、L・J1tsp、 ➡ タンブラー（氷、ソーダUp）

★ロング&ミックス・ドリンク (Long & Mixed Drinks)

ステッフ・ホーセス・ネック (別名:ホーセス・ネック・ウィズ・ア・キック)	●プレインのホーセス・ネックにA・ジャック、ブランデー、ジン、ラム、ウィスキー等の好みのスピリッツ60mを加える。（※日本で一般に飲まれているホーセス・ネックはブランデーを使う）
ストーン・フェンス （I）	●スコッチ60m、シュガー1/2tsp、 ➡ **タンブラー**（氷、ソーダUp）
ストーン・フェンス （II）	●スコッチ60m、A・ビター2d、 ➡ **タンブラー**（氷、ソーダUp）
ストーン・フェンス （III）	●A・ジャック60m、A・ビター2d、 ➡**タンブラー**（氷、シードルUp）
スプリッツァー	●白ワイン3/5、➡ **タンブラー**（氷、ソーダ2/5 Up）（ライム・S）
スプモーニ	●カンパリ20m、GF・J30m、 ➡**タンブラー**（氷、トニック・WをUp
ソルティ・ドッグ	●ウォッカ45m、➡**F・G**（ソルト・スノー、GF・J適量をUp）
ゾンビー (Zombie)（I）	●G・ラム(86p)60m、 ラム(90p)30m、 W・ラム(86p)30m、 P・J30m、ライム・J1コ、 ➡ **コリンズ**（大）（シェイクの氷も入れ、デメララ・ラム151pをフロートして、パウダー・シュガーを振りかける）（パイン、チェリー）

ゾンビー (Ⅱ)	●プエルトリカン・ラム45m、J・ラム30m、デメララ・ラム(151p)15m、O・キュラ30m、O・J30m、L・J30m、G・シロ15m、アブサン1d、➡**コリンズ**(大)(ステアした氷も入れ、ストローを添える)
ゾンビー (Ⅲ)	●G・ラム(86p)60m、J・ラム30m、W・ラム30m、アプリ・B 2tsp、P・J45m、ライム・J15m、シュガー1tsp、➡**コリンズ**(大)(シェイクの氷も入れ、デメララ・ラム151pを1tspフロートして、ミント・リーフ、O・S、L・S、チェリー、パインを飾りパウダー・シュガーを振りかける)
ダーティ・マザー	●ブランデ40m、コーヒー・L20m、➡F・G(氷)
ダイアナ	●➡**8タン**(シェイブド・アイスを詰め、ミント・L90mを注ぎ、コニャック1tspをフロートしてストローを添える)
ニューヨーカー(Ⅰ)	●バーボン60m、L・J 1tsp、シュガー1tsp、➡**タンブラー**(氷、クラレット30mをフロート)
ニューヨーカー(Ⅱ) (※ベルモット・ベース)	●※D・ベル3/5、D・シェリー1/5、D・ジン1/5、コアントロー1d、➡C・G

★ロング&ミックス・ドリンク（Long & Mixed Drinks）

バナナ・バード		●バーボン30m、生クリーム30m、W・キュラ2tsp、バナナ・L2tsp、**➡サワー・G**（氷）（バナナを飾る）
ビイル・カシス (Byrrh Cassis)		●ビィル（or トニック・ワイン）45m、カシス・L1tsp、**➡タンブラー**（氷ソーダUp）
ピコン・キュラソー		●A・ピコン60m、キュラソー30m、**➡タンブラー**（氷、ソーダUp）
ピコン・グレナデン		●A・ピコン60m、G・シロ30m、**➡タンブラー**（氷、ソーダUp）
ビショップ		●O・J1/2コ、L・J1/2コ、シュガー1tsp、**➡タンブラー**（クラックド・アイス、赤ワイン（クラレットor バーガンディ）Up、O・S、ラム1dをフロート）
ビッグ・アップル		●ウォッカ60m、**➡タンブラー**（氷、アップル・J or シードルUp）
ピンク・ガーター		●D・ジン60m、G・シロ15m、L・J15m、A・ビター2d、**➡タンブラー**（氷、ソーダUp、L・P）
フィラデルフィア・スコッチマン		●A・ジャック、P・ワイン30m、O・J1/2、**➡タンブラー**（氷、G・エールUp）
フォグ・カッター		●プエルトリカン・ラム60m、ブランデ30m、D・ジン45m、L・J45m、O・J30m、オルジャー・シロ15m、**➡コリンズ**（氷、シェリー少量をフロート）（ストロー）

★ロング&ミックス・ドリンク（Long & Mixed Drinks）

ブラック・ベルベット (別名:シャンパン・ベルベット)		●シャンパン1/2、スタウトorエール・ビア1/2、➡**ビア・G**
ブラック・ローズ		●ライト・ラム45m、シュガー1tsp、➡**タンブラー**（氷、ブラック・アイス・コーヒーUp）
プリンス・オブ・ウエールズ		●ブランデ30m、マデラ・ワイン30m、キュラソー1tsp、A・ビター1d、➡**ワイン・G**（大）（シャンパンUp、O・S）
ブレイサー (Bracer)		●ブランデ60m、アニゼット2d、A・ビター2d、シュガー1tsp、L・J 1tsp、全卵1コ、➡**タンブラー**（氷、ソーダUp）
フレンチ75		●D・ジン30m、L・J1/4コ、シュガー1/2tsp、➡**タンブラー**（氷、シャンパンUp）
フレンチ95		●バーボン30m、L・J1/4コ、シュガー1/2tsp、➡**タンブラー**（氷、シャンパンUp）
フレンチ125		●ブランデ30m、L・J1/4コ、シュガー1/2tsp、➡**タンブラー**（氷、シャンパンUp）

★ロング&ミックス・ドリンク（Long & Mixed Drinks）

ヘラルド・ハイ・ウォーター	●ブランデ60m、G・シロ1tsp、L・J1tsp、➡**タンブラー**（氷、シャンパンUp）
ベリーニ	●ピーチ・ネクター1/3、G・シロ1d、➡**ゴブレ**（S・ワイン2/3をUp）
ベルモット・キュラソー	●D・ベル60m、キュラソー30m、➡**タンブラー**（ソーダUp）
ホーセス・ネック(プレイン) （※ホーセス・ネックの基本型）	●➡**コリンズ**（らせん状に切った1コ分のL・Pをグラスの縁にかけて中に垂らす、氷、G・エールをUp）
ホテル・ブリトル・スペシャル	●コアントロー30m、ピーチ・B30m、➡**タンブラー**（クラッシュ）
ボナンザ	●シェリー45m、ブランデ30m、➡**タンブラー**（氷、白ワインUp）
ボヘミアン・ドリーム	●G・シロ45m、アプリ・B15m、O・J10m、L・J2d、➡**タンブラー**（氷、ソーダUp）
ボム・ノック・アウト	●ジン2/3、➡**C・G**（L・J1/3を満たす）
ホワイト・シェーク	●W・キュラ60m、L・J 12tsp、A・ビター3d、➡**タンブラー**(小)（氷）
ホワイト・プラッシュ	●D・ジン45m、マラスキ30m、ミルク180m、➡**コリンズ**（ナツ・メグ）

★ロング&ミックス・ドリンク（Long & Mixed Drinks）

ホワイト・フレーム	●D・ジン60m、コアントロー30m、**➡タンブラー**（シャンパンUp）（季節のフルーツを飾る）
マグノリア	●ブランデ30m、キュラソー1tsp、卵黄1コ、**➡タンブラー**(氷、シャンパンUp)
マッカ	●D・ジン、D・ベル、S・ベル、各1/3、カシス・L1d、**➡タンブラー**（クラックド・アイス）(O・S)
マドレーヌ	●ライト・ラム30m、ドランブイ30m、L・J1/2コ、ライム・J1/2コ、**➡タンブラー**（氷、ソーダUp）
マミー・テイラー	●スコッチ60m、ライム・J1/2コ、**➡コリンズ**（氷、G・エールUp）
モジート	●ライト・ラム45m、ライム・J1/2コ(皮ごと入れる)、シュガー1tsp、**➡タンブラー**(氷、ソーダUp)(ミント・リーフ)
モスコー・ミュール	●ウォッカ60m、ライム・J1/2コ、**➡タンブラー**(氷、G・ビア or G・エールUp)
モダン・レモネード	●シェリー30m、スロー・G 30m、シュガー3tsp、L・J1コ、**➡タンブラー**（氷、L・P、ソーダUp）

★ロング&ミックス・ドリンク（Long & Mixed Drinks）

モンテカルロ・インペリアル	●D・ジン60m、ミント・W15m、 L・J15m、 ➡**タンブラー**（氷、シャンパンUp）
ラム・バック	●ライト・ラム60m、アニゼット1tsp、 L・J1tsp、シュガー1tsp、 ➡**タンブラー**（氷、G・エールUp）
ラム・ピックアップ	●ライト・ラム60m、ミルク60m、 ➡**タンブラー**（氷、ソーダUp）
ロング・ホイッスル	●ブランデ90m、ミルク90m、 シュガー1tsp、 ➡**タンブラー**（氷、ナツ・メグ）

《ジュレップ》(Julep)	グラスに氷を詰めて、グラスの表面まで凍らせる。はっか（ミント）の香りと葉を添えてフルーツを飾る。ジュレップとはペルシャで飲みにくい薬に加えられた甘い飲み物の事。
アップル・ジャック・ジュレップ	●A・ジャック60m、➡**タンブラー**（先にシュガー2tsp、水 or ソーダ2tsp でミント・リーフをつぶして、クラッシュを詰める）（マラ・チェリー、パイン、オレンジ、レモン等を飾り、ストローを添える）
サンチャゴ・ジュレップ	●ライト・ラム180 m、P・J6tsp、G・シロ2tsp、ライム・J1コ、➡**コリンズ**（クラッシュ）（ミント・リーフ、ストロー）
シャンパン・ジュレップ	●水2tsp、角砂糖1コ、ミント・リーフ4枚、➡**コリンズ・G**（ミントをつぶして、シャンパンUp、氷）（ミント・リーフ、O・Sを飾る）
ジョージア・ミント・ジュレップ	●ブランデ40m、アプリ・B40m、シュガー2tsp、➡**ゴブレ**（先に水少々でミント・リーフをつぶしておく）（クラッシュを詰めL・Sを飾り、ストローを添える）
ジン・ジュレップ	※ラム・ジュレップの2種類のラムをD・ジン60mに替える。

ピーチ・ブランデー・ジュレップ		●ブランデ75 m、ピーチ・B 45m、➡**タンブラー**（シュガー2tsp、水でミント・リーフをつぶして、クラッシュを詰める）（ミント・リーフ、L・S、ストローを添える）
ブランデー・ジュレップ		●➡**コリンズ**（M・ウォーター15 m、シュガー1tsp を入れ、ミント・リーフ5・6 枚を潰して、クラッシュを詰め、ブランデー90 m を注ぎステア、J・ラム 15 m をフロート）（ミントリーフ2・3 枚を飾る）
ミント・ジュレップ		●バーボン60m、➡**タンブラー**（先にシュガー2tsp、水 or ソーダ 2tsp でミント・リーフをつぶして、クラッシュを詰める）（マラ・チェリ、パイン、オレンジ、レモン等を飾り、ストローを添える）
ラム・ジュレップ		●W・ラム 30m、D・ラム 30m、➡**タンブラー**（シュガー2tsp、水 30m でミント・リーフをつぶして、クラッシュを詰める）（ミント・リーフを飾り、ストローを添える）

★ロック

《オン・ザ・ロック》 (On the Rocks)	大き目の氷を入れたオールド・ファッション・グラスに材料を注ぐ。マティーニやギムレットなどの様に本来ショートのカクテルをロック・スタイルにする事も多い。
ウォッカ・アイスバーグ	●ウォッカ60m、ペルノー1d、 ➡F・G(氷)
オールド・ファッションド	●ライ・W(orバーボン)45m、 A・ビター2d、角砂糖1コ、 ➡F・G(氷)(O・S、L・S、マラ・チェリ、マドラー)
ゴッド・ファーザー	●ウィスキー45m、アマレット15m、 ➡F・G(氷)
ゴッド・マザー	●ウォッカ45m、アマレット15m、 ➡F・G(氷)
ソルティ・ドッグ	●ウォッカ45m、➡F・G(ソルト・スノー、氷、GF・J適量をUp)(※ソルト・スノーしないものをテールレス・ドッグ、ブルドッグ、グレイハウンド等という)
※ソルティ・ドッグ・コリンズ	●D・ジン45m、ライム・J15m、 塩1tsp、 ➡コリンズ(氷)
ネグローニ	●D・ジン30m、カンパリ30m、 S・ベル30m、➡F・G(氷)(O・S)
ブラック・ルシアン	●ウォッカ40m、カルーア20m、 ➡*F・G*(氷)
ブレイブ・ブル	●テキーラ40m、カルーア20m、 ➡F・G(氷)
フレンチ・コネクション	●ブランデ45m、アマレット15m、 ➡F・G(氷)

フレンチ・コネクション (IBA)	●ブランデ1/2、アマレット1/2、➡F・G(氷)
ホワイト・ルシアン	●ウォッカ5/10、カルーア3/10、➡F・G（氷、生クリーム2/10をフロート）

★エッグ・ノッグ

《エッグ・ノッグ》(Egg Nogg)	卵を使ったドリンクの事で通常、酒、卵、ミルク、砂糖を使って作るが、ノン・アルコールもある。元々はアメリカ南部地方のクリスマス(ホット)・ドリンクだが、現在ではコールドで飲む事も多い。シェイクは強く十分に行う。
ベーシック・エッグ・ノッグ	●(ブランデ、ラム、ウィスキー、P・ワイン、シェリー、ジン等) 90m、全卵1コ、シュガー2tsp、➡ **タンブラー**(ミルク180mをUp)(ナツ・メグを振り掛ける)
コーヒー・ノッグ	●ブラック・コーヒー200m、コニャク30m、カカオ・L15m、パウダー・チョコレート1tsp、シュガー1tsp、➡ ナベで温めて ➡ **ホット・G** (卵黄1コ、生クリーム20mをホイップしてフロート、ナツ・メグを振り掛ける)
コロネット・エッグ・ノッグ	●ブランデ45m、ハーベイ・シェリー30m、シュガー3tsp、全卵1コ、➡ **タンブラー**(アイス・ミルク適量をUp)(ナツ・メグ)
ゼネラル・ハリソンズ・エッグ・ノッグ	●シュガー1tsp、全卵1コ、➡ **コリンズ** (クラレットor シードルUp)(ナツ・メグ)

トム・アンド・ジェリー	●①卵黄１コ、シュガー1tsp を充分に混ぜあわせ、J・ラム 30m、オール・スパイス1/4tspを加える。②ブランデー7.5m と卵白１コをホイップして①に加え ➡ ホット・G（熱湯を満たして、ナツ・メグを振り掛ける）
バルティモア・エッグ・ノッグ（Ⅰ）	●ブランデ30m、マデラ・ワイン45m、ライト・ラム15m、シュガー2tsp、全卵１コ、➡ **タンブラー**（アイス・ミルクを Up）（ナツ・メグ）
バルティモア・エッグ・ノッグ（Ⅱ）	●バーボン 30m、マデラ・ワイン30m、シュガー1tsp、全卵１コ、➡ **タンブラー**（アイス・ミルク Up）（ナツ・メグ）
ブランデー・エッグ・ノッグ	●ブランデ3０m、D・ラム15m、シュガー2tsp、全卵１コ、➡ **タンブラー**（アイス・ミルク適量をUp）（ナツ・メグ）
ブランデー・エッグ・ノッグ (IBA)	●ブランデ4/10、ミルク5/10、シュガー1/10、卵黄１コ、➡ **タンブラー**（ナツ・メグ）
（各スピリッツやワイン等の）**エッグ・ノッグ**	●※ブランデー・エッグ・ノッグのブランデーを各酒に替える。
ブレック・ファースト・エッグ・ノッグ（Ⅰ）	●ブランデ30m、O・キュラ15m、全卵１コ、➡ **タンブラー**（アイス・ミルク適量を Up）（ナツ・メグ）

★エッグ・ノッグ

ブレックファースト・ エッグ・ノッグ（Ⅱ）	●ブランデ90m、ミルク30m、キュラソー30m、全卵1コ、➡ **タンブラー**（ナツ・メグ）
ブレックファースト・ エッグ・ノッグ（Ⅲ）	●アプリ・B60m、キュラソー15m、全卵1コ、➡ **コリンズ**（アイス・ミルク適量をUp）
ホット・ブランデー・ エッグ・ノッグ	●卵1コにシュガー2tsp を加えて泡立て、➡ **ホット・G**（ブランデー30m、D・ラム15mを加え、ホット・ミルクを満たしてステア）
（各スピリッツやワイン等の） **ホット・エッグ・ノッグ**	●※ホット・ブランデー・エッグ・ノッグのブランデーを各酒に替える。
マクレガーズ・エッグ・ノッグ	●D・シェリー60m、コニャック15m、ライト・ラム7.5m、シュガー1tsp、全卵1コ、➡ **ゴブレ**（アイス・ミルク120mUp）（シナモン、ナツ・メグ）

《フリップ》 (Flip)	ワインやスピリッツに卵と砂糖を加えてシェイクする。エッグ・ノッグと似て卵(全卵か卵黄)を使うが、ミルクは使わない。ホット・ドリンクとしても飲まれる。
(ベーシック・レシピ)	●(ベースの酒)60 m、全卵1コ、シュガー1tsp、 ➡ ワイン・G or サワー・G(ナツ・メグをふりかける)
アイスクリーム・フリップ	●キュラソー30 m、マラスキ30m、全卵1コ、アイスクリーム60g、 ➡ ワイン・G or サワー・G(ナツ・メグをふりかける)
アップル・ジャック・フリップ	●アップル・J60 m、全卵1コ、シュガー1tsp、 ➡ワイン・G or サワー・G(ナツ・メグをふりかける)
ウィスキー・フリップ	●ウィスキー60 m、全卵1コ、シュガー1tsp、➡ ワイン・G or サワー・G(ナツ・メグをふりかける)
コーヒー・フリップ	●P・ワイン45 m、ブランデ30m、全卵1コ、シュガー1/2tsp、 ➡ ワイン・G or サワー・G
シェリー・フリップ	●D・シェリー45m、卵黄1コ、シュガー1tsp、➡ワイン・G or サワー・G
シャンパン・フリップ	●シャンパン60m、卵黄1コ、シュガー1/2tsp、 ➡ Cha・G(ブランデー1 dをフロート)

★フリップ

スロー・ジン・フリップ	●スロー・G45 m、生クリーム2tsp、全卵1コ、シュガー1tsp、➡ **ワイン・G or サワー・G**（ナツ・メグをふりかける）
チェリー・ブランデー・フリップ	●チェリ・B60 m、全卵1コ、シュガー1tsp、➡ **ワイン・G or サワー・G**（ナツ・メグをふりかける）
チョコレート・フリップ（Ⅰ）	●シャルト（Y)30 m、マラスキ30m、全卵1コ、チョコレート・シロ1tsp、シュガー1tsp、➡ **ワイン・G or サワー・G**
チョコレート・フリップ（Ⅱ）	●P・ワイン45m、シャルト・(Y) 15m、チョコレート・シロ1tsp、卵黄1コ、➡ **ワイン・G or サワー・G**
チョコレート・フリップ（Ⅲ）	●ブランデ30 m、スロー・G 30m、全卵1コ、シュガー1tsp、➡ **ワイン・G or サワー・G**（ナツ・メグをふりかける）
ブラックベリー・ブランデー・フリップ	●ブラック・ベリー・ブランデ60 m、全卵1コ、シュガー1tsp、➡ **ワイン・G or サワー・G**（ナツ・メグをふりかける）
ブランデー・フリップ	●ブランデ60 m、全卵1コ、シュガー1tsp、➡ **ワイン・G or サワー・G**（ナツ・メグをふりかける）

フレンチズ・フリップ	G・マニエ30 m、ブランデ15m、クレーム・ド・バニーユ15m、卵黄1コ、➡ Cha・G（シャンパンUp）
ブローカーズ・フリップ	白ワイン30m、S・ベル1/3tsp、D・ジン1tsp、卵黄1コ ➡ ワイン・G or サワー・G（ナツ・メグをふりかける）
ポートワイン・フリップ	P・ワイン45 m、生クリーム2tsp、全卵1コ、シュガー1tsp、➡ ワイン・G or サワー・G（ナツ・メグをふりかける）
ボストン・フリップ	バーボン30m、マデラ・ワイン30m、卵黄1コ、シュガー1/2tsp、➡ ワイン・G or サワー・G（ナツ・メグをふりかける）

フリップ

★フィックス

《フィックス》 (Fix)	「修理する、用意する、魅了する」という意味。スピリッツに柑橘類のジュース、フルーツ・シロップ、リキュールを加えたサワー系のミックス・ドリンク。フィックスとはハイボールを直した所から生まれた名前で、全て、シェーブド・アイス、又はクラッシュ・アイスを使い、季節のフルーツを飾りストローを添える。
ウィスキー・フィックス	●ウィスキー60m、シュガー1tsp、L・J1/2コ、ミネラル・W1tsp、➡**F·G**(シェーブド・アイス)(L・S他、季節のフルーツ、ストロー)
ジン・フィックス	●D・ジン45m、L・J20m、シュガー2tsp、(チェリ・BorO・キュラ30mを加えても良い) ➡ **タンブラー**(orゴブレ)(シェーブド・アイス)(L・S他、季節のフルーツ、ストロー)
ブランデー・フィックス	●ブランデ30m、チェリ・B(or O・キュラ)30m、L・J20m、シュガー1tsp、 ➡**ゴブレ**(シェーブド・アイス)(L・S他、季節のフルーツ、ストロー)
ラム・フィックス	●ラム30m、チェリ・B30m、L・J1/2コ、ミネラル・W1tsp、 ➡**F·G**(シェーブド・アイス)(L・S他、季節のフルーツ、ストロー)

《フィズ》 (Fizz)	フィズの炭酸がはじける音から来た名前。ジンなどのスピリッツにL・Jとシュガーを加えてシェイクしてタンブラー(氷入り)に注ぎ、ソーダを加えるのが基本。
アジズ・フィズ	●D・ジン45m、生クリーム15m、L・J1/2コ、卵白1コ、シュガー1/2tsp、➡ **タンブラー**(オレンジ・フラワー・ウォーター3dを加えて、ソーダをUp)
アップル・ブロー・フィズ	●カルバドス45m、L・J4d、卵白1コ、シュガー1tsp、➡ **タンブラー**(氷、ソーダUp)
アプリコット・フィズ	●アプリ・B 45m、L・J 1/2コ、シュガー1tsp、➡ **タンブラー**(氷、ソーダUp)
アメール・ピコン・フィズ	●A・ピコン45m、G・シロ15m、卵白1コ、➡ **タンブラー**(氷、ソーダUp)
アメリカン・フィズ	●ブランデ30m、D・ジン30m、G・シロ1tsp、L・J1/2コ、➡ **タンブラー**(氷、ソーダUp)
アラバマ・フィズ	●D・ジン45m、L・J20m、シュガー2tsp、➡ **タンブラー**(氷、ソーダUp)(ミント・リーフを飾る)(※ジン・フィズにミント・リーフを飾ったもの)

アルベルマール・フィズ Arlermarle Fizz	●D・ジン45m、 ラズベリー・シロ 1tsp、 シュガー1tsp、L・J1/2 コ、 ➡ タンブラー（氷、ソーダ Up）
アンゴスチュラ・フィズ	●A・ビター30m、生クリーム 3tsp、 G・シロ 1tsp、ライム・J1/2 コ、 卵白 1 コ、 ➡ タンブラー（パイン・S）
アンソニア・フィズ	●スコッチ 45m、P・ワイン 3d、 オルジャー・シロ 3d、L・J1/2 コ、 ➡ タンブラー（氷、ソーダ Up）
アンダルシア・フィズ	●D・シェリー60m、O・J 1 コ、 シュガー 1tsp、 ➡ タンブラー（氷、ソーダ Up）
インペリアル・フィズ （I）	●ウィスキー45m、W・ラム 15m、 L・J20m、シュガー 2tsp、 ➡ タンブラー（氷、ソーダ U p）
インペリアル・フィズ （II）	●ライ・W（or バーボン）45m、 L・J1/2 コ、シュガー 1tsp、 ➡ タンブラー（氷、ソーダ Up）
インペリアル・ホテル・フィズ	●ウィスキー 30m、ラム 15m、 L・J4d、ライム・J 1/2コ、 ➡タンブラー（氷、シャンパン Up）

ウィスキー・グレナデン・フィズ	●バーボン45m、G・シロ15m、L・J1/2コ、 ➡ タンブラー（氷、ソーダUp）
ウィスキー・フィズ	●ウィスキー45m、L・J1/2コ、シュガー1tsp、 ➡ タンブラー（氷、ソーダUp）
エメラルド・フィズ	●D・ジン30m、ミント・G2tsp、L・J1/2コ、シュガー1tsp、 ➡ タンブラー（氷、ソーダUp）
オステンド・フィズ（Ⅰ）	●カシス・L15m、キルッシュ15m、 ➡L・G（氷、ソーダUp）
オステンド・フィズ（Ⅱ）	●キルッシュ30m、カシス・L30m、 ➡ タンブラー（氷、ソーダUp）
オルジャー・フィズ	●オルジャー30m、L・J1/2コ、 ➡L・G（氷、ソーダUp）
オレンジ・フィズ（Ⅰ）	●D・ジン45m、O・J1/2コ、G・シロ1d、 ➡ タンブラー（氷、ソーダUp）
オレンジ・フィズ（Ⅱ）	●D・ジン45m、L・J1/4コ、ライム・J1/2コ、O・J1/2コ、シュガー2tsp、 ➡ タンブラー（氷、ソーダUp）
オレンジ・フィズ（Ⅲ）	●ジン45m、O・J30m、L・J15m、シュガー1tsp、 ➡ タンブラー（氷、ソーダUp）

フィズ

★フィズ

オレンジ・ミルク・フィズ	●D・ジン30m、ミルク30m、L・J 1/2 コ、シュガー1tsp、➡ **タンブラー**（氷、ソーダUp）
キング・コール・フィズ (King Cole Fizz)	●D・ジン45m、G・シロ2tsp、卵白1コ、L・J1/2コ、➡ **タンブラー**（氷、ソーダUp）
グッド・モーニング・フィズ	●D・ジン40m、アニゼット10m、L・J1/2コ、シュガー1tsp、➡ **タンブラー**（氷、ソーダUp）
グランド・ロイヤル・フィズ	●D・ジン45m、生クリーム2tsp、マラスキ2d、O・J3d、L・J1/2コ、シュガー1tsp、➡ **タンブラー**（氷、ソーダUp）
クリーム・フィズ	●D・ジン45m、生クリーム1tsp、L・J1/2コ、シュガー1tsp、➡ **タンブラー**（氷、ソーダUp）
クリオール・フィズ	●スロー・ジン45m、生クリーム3tsp、L・J1/2コ、卵白1コ、➡ **タンブラー**（氷、ソーダUp）
クリムソン・フィズ	●D・ジン45m、L・J1/2コ、シュガー1tsp、（イチゴ6コをシェイカーの中で潰す）➡ **タンブラー**（氷、ソーダUp）

グレナデン・フィズ	●D・ジン45m、G・シロ2tsp、L・J1/2コ、➡ タンブラー（氷、ソーダUp）
ゴールデン・フィズ	●D・ジン45m、L・J20m、シュガー 2tsp 、卵黄 1 コ、➡ タンブラー（氷、ソーダ Up）（※ジン・フィズに卵黄1コを加えたもの）
サラトガ・フィズ	●ライ・W（ or バーボン）45m、L・J15m、ライム・J 1tsp 、シュガー1tsp 、全卵 1 コ、➡ タンブラー（氷、ソーダUp）
シー・フィズ (Sea Fizz)	●アブサン45m、L・J1/2コ、シュガー1tsp、卵白 1 コ、➡ タンブラー（氷、ソーダUp）
シーピー・フィズ	●アブサン60m、L ・ J 1/2 コ、➡ タンブラー（氷、ソーダUp）
シカゴ・フィズ	●J ・ラム30m、P ・ワイン30m、L ・ J1/2コ、卵白 1 コ、シュガー 1tsp、➡ タンブラー（氷、ソーダUp）
ジャパニーズ・フィズ	●ライ・W（ or バーボン）45m、P・ワイン15m、卵白 1 コ、L・J1/2コ、シュガー 1tsp、➡ タンブラー（氷、ソーダUp）
ジュベリー・フィズ	●D・ジン30m、P・J30m、➡ タンブラー（氷、ソーダUp）

★フィズ

シルバー・スタリオン・フィズ	●D・ジン60m、バニラ・アイス60g、L・J1/2コ、シュガー1/2tsp、卵白1コ、➡ **タンブラー**（氷、ソーダUp）
シルバー・フィズ	●D・ジン45m、L・J20m、シュガー2tsp、卵白1コ、➡ **タンブラー**（氷、ソーダUp）（※ジンフィズに卵白1コを加えたもの）
シルバー・ボール・フィズ	●ライン・ワイン60m、GF・J 30m、オレンジ・F・ウォーター2d、シュガー1tsp、卵白1コ、➡ **タンブラー**（氷、ソーダUp）
ジン・フィズ	●D・ジン45m、L・J20m、シュガー2tsp、➡ **タンブラー**（氷、ソーダUp）
ジンジャー・フィズ	●D・ジン45m、L・J1/2コ、シュガー1tsp、➡ **タンブラー**（氷、ソーダUp）
ストックホルム・フィズ	●※メイ・ブロッサム・フィズと同じ。
ストロベリー・フィズ	●D・ジン45m、L・J1/2コ、シュガー1tsp、（イチゴ4コをシェイカーの中で潰して）➡ **タンブラー**（氷、ソーダUp）

スノー・ボール・フィズ	●ウィスキー45m、L・J1/2コ、シュガー1tsp、卵白1コ、➡ **タンブラー**（氷、ソーダUp）
スロー・ジン・フィズ (別名：ビスマルク・フィズ)	●S・ジン45m、L・J1/2コ、シュガー**1**tsp、➡ **タンブラー**（氷、ソーダUp）
ダービー・フィズ	●ウィスキー45m、O・キュラ**1**tsp、L・J1tsp、シュガー1tsp、全卵1コ、➡ **タンブラー**（氷、ソーダＵｐ）
ダイヤモンド・フィズ	●D・ジン45m、L・J1/2コ、シュガー1tsp、➡ **タンブラー**（氷、ソーダUp）
チェリー・ラム・フィズ	●ライト・ラム30m、チェリ・B1tsp、L・J1/2コ、シュガー1/2tsp、➡ **タンブラー**（氷、ソーダUp）(L・P)
テキサス・フィズ (Ⅰ)	●D・ジン45m、O・J20m、シュガー2tsp、➡ **タンブラー**（氷、ソーダUp）
テキサス・フィズ (Ⅱ)	●D・ジン45m、G・シロ1/2tsp、O・J1/4コ、L・J1/4コ、➡ **タンブラー**（氷、ソーダUp）

★フィズ

デュボネ・フィズ	●デュボネ45m、チェリ・B1tsp、O・J20m、L・J10m、 ➡ **タンブラー**（氷、ソーダUp）
テレフォン・フィズ	●ブランデ30m、マラスキ20m、シュガー2tsp、全卵1コ、 ➡ **タンブラー**（氷、ソーダUp）
トロピカル・フィズ	●D・ジン60m、パイン・シロ3tsp、ライム・J1.5コ、卵白1コ、 ➡ **タンブラー**（氷、ソーダUp） （ミント・リーフを飾る）
ニッキー・フィズ	●D・ジン60m、GF・J30m、 ➡ **タンブラー**（氷、ソーダUp）
ニュー・オーリンズ・フィズ (New Orleans)	●D・ジン45m、オレンジ・F・ウォーター1d、生クリーム1tsp、卵白1コ、L・J1/2コ、シュガー1tsp、 ➡ **タンブラー**（氷、ソーダUp）
バード・オブ・パラダイス・フィズ	●D・ジン45m、G・シロ1tsp、L・J1/2コ、卵白1コ、シュガー1tsp、 ➡ **タンブラー**（氷、ソーダUp）
ハーバード・フィズ	●ブランデ40m、S・ベル10m、O・ビター3d、シュガー1d、 ➡ **タンブラー**（氷、ソーダUp）

フィズ

バイオレット・フィズ	●D・ジン45m、バイオレット15m、L・J1/2コ、シュガー1tsp、➡ **タンブラー**（氷、ソーダUp）
パイナップル・フィズ（Ⅰ）	●ライト・ラム45m、P・J20m、G・シロ1tsp、シュガー1tsp、卵白1コ、➡ **タンブラー**（氷、ソーダUp）
パイナップル・フィズ（Ⅱ）	●ライト・ラム45m、P・J20m、シュガー2tsp、➡ **タンブラー**（氷、ソーダUp）
バックス・フィズ（Ⅰ）（別名：シャンパン・フィズ）	●O・J60m、➡ **タンブラー**（氷、シャンパンUp）
バックス・フィズ（Ⅱ）（別名：シャンパン・フィズ）	●D・ジン45m、O・J1/2コ、シュガー1tsp、➡ **タンブラー**（氷、シャンパンUp）
バルセロナ・フィズ	●D・ジン30m、シェリー20m、L・J2tsp、シュガー1tsp、➡ **タンブラー**（氷、ソーダＵｐ）
ピーチ・ブロウ・フィズ（Ⅰ）	●D・ジン40m、生クリーム20m、L・J1/2コ、ライム・J1/2コ、シュガー1tsp、（桃1/2コをシェイカーの中で潰す）➡ **タンブラー**（氷、ソーダUp）

★フィズ

ピーチ・ブロウ・フィズ（II）	●D・ジン40m、生クリーム20m、L・J1/2コ、シュガー1/2tsp、G・シロ2tsp、卵白1コ、➡ **タンブラー**（氷、ソーダUp）
ピンク・レディ・フィズ	●D・ジン45m、G・シロ1tsp、L・J1tsp、卵白1コ、➡ **タンブラー**（氷、ソーダUp）
ピンク・ローズ・フィズ	●D・ジン45m、生クリーム2tsp、G・シロ1/2tsp、L・J1/2コ、シュガー1tsp、卵白1コ、➡ **タンブラー**（氷、ソーダUp）
ファジー・フィズ	●ミント・G40m、生クリーム20m、➡ **タンブラー**（氷、ソーダUp）
フィズ・ア・ラ・バイオレット	●D・ジン40m、バイオレット・L20m、生クリーム10m、L・J1/2コ、ライム・J1/2コ、卵白1コ、シュガー1tsp、➡ **タンブラー**（氷、ソーダUp）
フランクス・スペシャル・フィズ	●D・ジン45m、L・J1/2コ、シュガー1/2tsp、（桃14をシェイカーの中で潰して）➡ **タンブラー**（氷、シャンパンUp）
ブランデー・フィズ	●ブランデ45m、L・J1/2コm、シュガー1tsp、➡ **タンブラー**（氷、ソーダUp）

ホフマン・ハウス・フィズ（Ⅰ）	●D・ジン45m、マラスキ2d、生クリーム1tsp、L・J1/2コ、シュガー1tsp、 ➡ **タンブラー**（氷、ソーダUp）
ホフマン・ハウス・フィズ（Ⅱ）	●D・ジン45m、マラスキ2d、G・シロ1tsp、O・J1/4コ、L・J1/2コ、シュガー1tsp、 ➡ **タンブラー**（氷、ソーダUp）
ホフマン・フィズ	●D・ジン45m、L・J1/2コ、シュガー1tsp、 ➡ **タンブラー**（氷、ソーダをUpして、G・シロ1tspを落とす）
マーガレット・フィズ	●D・ジン60m、G・シロ1/2tsp、L・J1/2コ、A・ビター1d、 ➡ **タンブラー**（氷、ソーダUp）
メイ・ブロッサム・フィズ	●スエディッシュ・P30m、L・J1/2コ、G・シロ1tsp、 ➡ **L・G**（氷、ソーダUp）
メリー・ウイドウ・フィズ	●スロー・G45m、卵白1コ、O・J1/2コ、L・J1/2コ、シュガー1tsp、 ➡ **タンブラー**（氷、ソーダUp）
メロン・フィズ	●メロン・L45m、L・J1/2コ、シュガー1tsp、 ➡ **タンブラー**（氷、ソーダUp）

★フィズ

名称	器具	レシピ
モーニング・グローリー・フィズ	シェーカー	●ウィスキー45m、ペルノー2d、L・J15m、シュガー1tsp、卵白1コ、 ➡ **タンブラー**(氷、ソーダUp)
ラケット・クラブ・フィズ	ブレンダー	●ライト・ラム45m、L・J1/2コ、シュガー2tsp、パイン1/2スライス、 ➡ **10タン**(氷、ソーダUp)
ラモス・フィズ	シェーカー	●D・ジン45m、生クリーム20m、オレンジ・F・ウォーター3d、ライム・J1/2コ、L・J1/2コ、卵白1コ、 ➡ **タンブラー**(シュガー・スノー)(氷、ソーダUp)
リーガル・フィズ	シェーカー	●ブランデ40m、ベネディク20m、L・J1/2コ、シュガー1tsp、 ➡ **タンブラー**(氷、ソーダUp)
ルビー・フィズ (I)	シェーカー	●スロー・G45m、L・J20m、G・シロ1tsp、シュガー1tsp、卵白1コ、 ➡ **タンブラー**(氷、ソーダUp)
ルビー・フィズ (II)	シェーカー	●スロー・G45m、ラズベリー・シロ1tsp、L・J1/2コ、シュガー1tsp、全卵1コ、 ➡ **タンブラー**(氷、ソーダUp)

フィズ

レディ・ラブ・フィズ	●D・ジン45m、生クリーム2tsp、 卵白1コ、L・J1/2コ、 シュガー1tsp、 ➡**タンブラー**(氷、シャンパンUp)
ロイヤル・フィズ	●D・ジン45m、L・J20m、 シュガー2tsp、全卵1コ、 ➡ **タンブラー**（氷、ソーダUp） （※ジン・フィズに全卵1コを 加えたもの）
ローズ・イン・ジュン・フィズ	●D・ジン45m、フランボワ・L45m、 O・J1コ、ライム・J2コ、 ➡ **タンブラー**（氷、ソーダUp）

★ハイボール

《ハイボール》 Highball	グラスのソーダの気泡が立ち上るのでこの名前が付いた。ストレート・ハイボールとミックス・ハイボールがあり、代表的なストレート・ハイボールはウィスキー・ソーダ。以下はミックス・ハイボールである。
アディントン・ハイボール	●D・ベル30m、S・ベル30m、➡タンブラー（氷、ソーダUp）（O・P）
アドミラル・ハイボール	●バーボン30m、トカイ・ワイン（ハンガリー産の白ワイン）30m、P・J2d、L・J2d、➡タンブラー（氷、ソーダUp）
アメール・ピコン・ハイボール	●A・ピコン45m、G・シロ3d、➡タンブラー（氷、ソーダUp）
アワー・グラス・ハイボール (Hour Glass Highball)	●コニャック、アブサン、コアントロー、各30m、➡タンブラー（氷、ソーダUp）（L・P）
アンゴスチュラ・ハイボール	●A・ビター1tsp、➡タンブラー（氷、G・エールUp）
イートン・ハイボール	●D・ジン60m、キルッシュ30m、シュガー1tsp、L・J1tsp、➡タンブラー（氷、ソーダUp）
ヴェラ・ハイボール (Vera Highball)	●アブサン45m、シュガー1tsp、➡タンブラー（氷、ソーダUp）
カシス・キルッシュ・ハイボール	●カシス・L40m、キルッシュ20m、➡タンブラー（氷、ソーダUp）

カントリー・クラブ・ハイボール		●D・ベル90m、G・シロ1 tsp、 ➡ タンブラー（ソーダUp）
カンパリー・ソーダ		●カンパリ45m、➡ タンブラー（氷、ソーダUp）(L・S)
キティ・ハイボール		●クラレット（ボルドー赤）90m、 ➡ タンブラー(氷、G・エールUp)
ギムレット・ハイボール		●D・ジン45m、ライム・J15m、シュガー 1tsp、 ➡ タンブラー（氷、ソーダUp）
キューバ・リバー（リブレ）		●(ライト)ラム45m、ライム・J10m、 ➡ タンブラー（氷、コーラUp）
クリスタル・ハイボール		●D・ベル、S・ベル、O・J、各30m、 ➡ タンブラー（氷、ソーダUp）
クロンダイク・ハイボール		●D・ベル30m、S・ベル30m、シュガー 1tsp、L・J1/2コ、 ➡ タンブラー（氷、G・エールUp）
(※クロンダイク・クーラー)		●ウィスキー45m、O・J20m、 ➡ コリンズ（氷、O・Pをホーセス・ネックスタイルにして、G・エールをUp）
ケーブルグラム・ハイボール		●バーボン60m、シュガー 1tsp、L・J1/2コ、 ➡ タンブラー（氷、水少々、G・エールUp）
コンチネンタル・ハイボール		●アブサン45m、シュガー 2d、 ➡ タンブラー（氷、ソーダUp）

★ハイボール

シャーキー・ハイボール Sharky Highball		●A・ジャック60m、バーボン15m、シュガー1 tsp、L・J1 tsp、 ➡ **タンブラー**（氷、サイダーUp）(L・P)
ジャーシー・ハイボール		●A・ジャック60m、シュガー1 tsp、A・ビター1 d、 ➡ **タンブラー**（氷、サイダーUp）(L・P)
スイッセス・ハイボール（I）		●アブサン45m、アニゼット7．5m、 ➡ **タンブラー**（ソーダUp）
スイッセス・ハイボール（II）		●アニゼット45m、卵白1コ、 ➡ **タンブラー**（ソーダUp）
セトゥラー・ハイボール		●コニャック60m、カシス・L30m、 ➡ **タンブラー**（氷、ソーダUp）
デュボネ・ハイボール		●デュボネ60m、L・J1 tsp、 ➡ **タンブラー**（氷、ソーダUp）
ナインティーン・トゥエンティ・ハイボール		●アブサン45m、D・ジン30m、O・ビター1 d、シュガー1 d、A・ビター1 d、 ➡ **タンブラー**（氷、ソーダUp）
ハーバード・ハイボール		●ブランデ30m、S・ベル30m、シュガー1 d、A・ビター1 d、 ➡ **タンブラー**（氷、ソーダUp）
バーミューダー・ハイボール		●ブランデ30m、D・ベル30m、D・ジン30m、 ➡ **タンブラー**（氷、G・エールUp）（L・Pを飾る）

ハリーズ・ハイボール	●ブランデ60m、G・シロ1 tsp、L・J1 tsp、➡タンブラー(氷、シャンパンUp)
ビクトリー・ハイボール	●アブサン30m、G・シロ30m、➡ タンブラー(氷、ソーダUp)
ブランデー・ハイボール	●ブランデ60m、L・J1 tsp、シュガー1 tsp、O・ビター3d、➡ タンブラー (氷、ソーダUp)
ブルドッグ・ハイボール	●ブランデ60m、O・J15m、➡タンブラー(氷、G・エールUp)
ホーセス・ハイボール	●ブランデ60m、L・J1 tsp、シュガー1 tsp、アブサン3d、A・ビター3d、全卵1コ、➡ タンブラー(氷、ソーダUp)(ナツ・メグ)
ボンソワール・ハイボール	●ベネディク30m、バイオレット・L30m、➡タンブラー(氷、G・エールUp)
ヨーデル・ハイボール	●F・ブランカ60 m、O・J 30 m、➡ タンブラー(氷、ソーダUp)

★コリンズ

《コリンズ》 Collins	イギリスのジョン・コリンズというバーテンダーが同名のジョン・コリンズを創作したのが始まり。フィズと似ているが、コリンズ・グラスを使う。
ウォッカ・コリンズ	●ウォッカ60m、L・J1/2コ、シュガー2 tsp、➡**コリンズ**（氷、ソーダUp）
コロネル・コリンズ	●バーボン60m、L・J1/2コ、シュガー2 tsp、➡**コリンズ**（氷、ソーダUp）
サンディ・コリンズ	●スコッチ60m、L・J1/2コ、シュガー2 tsp、➡**コリンズ**（氷、ソーダUp）
ジャック・コリンズ	●A・ジャック60m、L・J1/2コ、シュガー2 tsp、➡**コリンズ**（氷、ソーダUp）
ジョン・コリンズ （IBA）	●D・ジン（orオランダ・ジン）45m、L・J20m、シュガー2 tsp、➡**コリンズ**（氷、ソーダUp）（L・S、マラ・チェリ、ストロー）（※トム・コリンズと同レシピ）
ジョン・コリンズ （日本）（別名：ウィスキー・コリンズ）	●ウィスキー45m、L・J20m、シュガー2 tsp、➡**コリンズ**（氷、ソーダUp）（L・S、マラ・チェリ）（※日本スタイルでは、トム・コリンズと分けるためにウィスキーをベースにしている）
テックス・コリンズ	●D・ジン45m、GF・J1/2コ、ハニー3 tsp、➡**コリンズ**（氷、ソーダUp）

トム・コリンズ	ジン45m、L・J20m、シュガー2 tsp、➡ **コリンズ**（氷、ソーダUp）（L・S、マラ・チェリ）（※以前はオールド・トム・ジンを使っていたのでこの名前が付いている。ジン・フィズと材料は同じだが、こちらはシェイクしないでコリンズ・グラスを使う）
ピエール・コリンズ	ブランデ60m、L・J1/2コ、シュガー2 tsp、➡ **コリンズ**（氷、ソーダUp）
ペドロ・コリンズ	キューバン・ラム60m、L・J1/2コ、シュガー2 tsp、➡ **コリンズ**（氷、ソーダUp）
マイク・コリンズ	アイリッシュ・W60m、L・J1/2コ、シュガー2 tsp、➡ **コリンズ**（氷、ソーダUp）
ラム・コリンズ	D・ラム45m、L・J20m、シュガー2 tsp、➡ **コリンズ**（氷、ソーダUp）（L・S、マラ・チェリ）
ワイン・コリンズ	（好みの）ワイン120m、L・J1/2コ、➡ **コリンズ**（氷、ソーダUp）（好みでシュガーを加えても良い）

《バック》 Buck	スピリッツにレモン・ジュースとジンジャー・エールを加えて作る。 BuckにはＳｔａｇ（雄鹿）の意味がある。
ジン・バック （別名：ロンドン・バック）	●D・ジン45m、L・J20m、 ➡タンブラー（氷、G・エールUp）
スコッチ・バック （別名：マミー・テイラー）	●スコッチ45m、L・J20m、 ➡タンブラー（氷、G・エールUp）

《クーラー》 Cooler	「冷たい」という意味のロングドリンク。スピリッツにレモン・Jやライム・Jと甘味を加え、ソーダやG・エール等を加える。コブラーと似ているが、ノン・アルコールもある。
アプリコット・クーラー	●アプリ・B45m、L・J 20m、G・シロ1 tsp、➡ **コリンズ**（クラッシュ、ソーダUp）
クロンダイク・クーラー	●ウィスキー45m、O・J20m、➡ **コリンズ**（氷、O・Pをホーセス・ネックスタイルにして、G・エールをUp）
シャディ・グローブ	●D・ジン45m、L・J20m、シュガー2 tsp、➡ **タンブラー**（氷、G・ビァ or G・エールUp）
ハーバード・クーラー	●アップル・B45m、L・J20m、シュガー1 tsp、➡ **タンブラー**（氷、ソーダUp）
ハイランド・クーラー	●スコッチ45m、L・J15m、シュガー1 tsp、A・ビター2d、➡ **タンブラー**（氷、G・エールUp）
ボストン・クーラー	●W・ラム45m、L・J20m、シュガー1tsp、➡**タンブラー**（氷、ソーダUp）
ミント・クーラー	●ウィスキー45m、ミント・W 3d、➡ **タンブラー**（先にソーダかシュガーでミント・リーフをつぶして、クラッシュを詰め、ソーダをUp）（ミント・リーフを飾る）

★クーラー

名称		材料・作り方
ムーンライト・クーラー	シェーカー	●アップル・B 60m、L・J 20m、シュガー2 tsp、 ➡ コリンズ（氷、ソーダ Up） （季節のフルーツを飾る）
モスコー・ミュール	グラス	●ウォッカ45m、ライム・J 15m、 ➡ タンブラー（氷、G・ビァ or G・エール Up）（ミント・リーフ）
ラム・クーラー	シェーカー	●ライト・ラム45m、ライム・J 20m、G・シロ1 tsp、 ➡ コリンズ（氷、ソーダ Up）
ワイン・クーラー	グラス	●ワイン（好みで赤、白、ロゼのいずれか）90m、O・キュラ15m、G・シロ15m、O・J 30m、➡ ゴブレ（氷）（カット・オレンジ、ストロー）
アップルジャック・クーラー	シェーカー	●アップル・J 45m、L・J 1/2コ、シュガー2 tsp、 ➡ タンブラー（氷、ソーダ Up）
バッテリー・クーラー	グラス	●アブサン30m、G・シロ3 tsp、 ➡ タンブラー（氷、ソーダ Up）
ビミニ・クーラー	シェーカー	●D・ジン、カカオ・L、生クリーム、各30m、 ➡ タンブラー（氷、ソーダ Up）
ボストン・クーラー	シェーカー	●ライト・ラム45m、L・J 1/2コ、シュガー1 tsp、 ➡ タンブラー（氷、ソーダ Up）

カントリー・クラブ・クーラー		●D・ベル60m、G・シロ1 tsp、➡ **タンブラー**（氷、ソーダUp）
ディープシー・クーラー (Deep-Sea)		●D・ジン、ミント・G、各30m、➡ **タンブラー**（氷、ソーダUp）
ハイランド・クーラー		●スコッチ60m、L・J1/2コ、A・ビター2d、シュガー1 tsp、➡ **タンブラー**（氷、G・エールUp）
ホノルル・クーラー		●ライト・ラム30m、P・J20m、L・J1 tsp、O・ビター1d、➡ **タンブラー**（氷、ソーダUp）
ロゥン・テニス・クーラー (Lawn tenis)		●ブランデ60m、L・J1/2コ、シュガー1 tsp、全卵1コ、➡ **タンブラー**（氷、G・エールUp）
ローン・ツリー・クーラー (Lone tree)		●D・ジン30m、D・ベル15m、O・J1コ、L・J1/2コ、➡ **タンブラー**（氷、ソーダUp）
ロング・トム・クーラー		●D・ジン60m、L・J1/2コ、シュガー1 tsp、➡ **コリンズ**（氷、ソーダUp）（O・S）
マンハッタン・クーラー		●クラレット120m、J・ラム3d、L・J1/2コ、シュガー2 tsp、➡ **タンブラー**（氷）（季節のフルーツ）

★クーラー

ミント・クーラー	●スコッチ60m、ミント・W3d、➡ **タンブラー**（氷、ソーダUp）
ミズーリー・クーラー	●ミルク120m、A・ジャック60m、カカオ・L30m、シュガー1 tsp、➡ **ゴブレ**（ナツ・メグ）
オアシス・クーラー	●D・ジン60m、D・ベル2d、L・J 1 tsp、➡ **タンブラー**（氷、ソーダUp）（季節のフルーツ）
オレンジ・ブロッサム・クーラー	●D・ジン60m、O・J1/2コ、シュガー1 tsp、➡ **タンブラー**（氷、ソーダUp）（季節のフルーツ）
パラシュート・クーラー	●ブランデ30m、キルッシュ30m、アイス・コーヒー（ブラック）30m、卵白1コ、➡ **ゴブレ**（氷、ソーダUp）
パイクス・ピーク・クーラー (Pike's Peak)	●全卵1コ、L・J1/2コ、シュガー1tsp、➡**コリンズ**（氷、シードルUp）
クィーン・シャルロット・クーラー	●フランボワ・L 90 m、オルジャー・シロ2d、➡**タンブラー**（氷、ソーダU p）
リマセン・クーラー	●D・ジン（or オールド・トム・ジン or スコッチ）60m、➡ **タンブラー**（氷、ソーダUp、らせんレモンを飾っておく）
リバイバー・クーラー (Reviver cooler)	●ブランデ45m、フランボワ・L15m、ミルク90m、➡**ゴブレ**（氷、ソーダUp）

ロッキー・マウンテン・クーラー	●A・ジャック60m、L・1 tsp、シュガー1 tsp、全卵1コ、➡ **ゴブレ**（氷、シードルUp）（ナツ・メグ）
サンタ・フェ・クーラー (Santa Fe cooler)	●A・ジャック40m、コアントロー10m、O・キュラ10m、ライム・J 1コ、➡ **コリンズ**（氷、シャンパンUp）
シーブリーズ・クーラー	●D・ジン30m、アプリ・B30m、L・J1/2コ、➡ **タンブラー**（氷、ソーダUp）（ミント・リーフ）
シャディ・グローブ・クーラー	●D・ジン60m、L・J1/2コ、シュガー2 tsp、➡**タンブラー**（氷、G・エールUp）
スーダン・クーラー	●D・ジン30m、D・ベル30m、S・ベル30m、L・J1 tsp、➡ **タンブラー**（氷、ソーダUp）
ヴェニス・クーラー	●ブランデ60m、L・J1 tsp、シュガー1 tsp、全卵1コ、➡ **タンブラー**（氷、G・エールUp）（マラ・チェリ）
ワイン・クーラー	●好みのワイン90m、O・J30m、G・シロ15m、O・キュラ10m、➡ **ゴブレ**（クラッシュ）（O・S or ブドウを飾り、ストローを添える）
ゼニス・クーラー	●D・ジン60m、P・J3 tsp、➡ **タンブラー**（氷、ソーダUp）（パイン・S）

★クラスタ

《クラスタ》 (Crusta)	パンの皮という意味。飾りに使うレモン又は、オレンジの皮は、パンの皮に見立てたもの。スピリッツをベースにL・J、ビターズ、シュガーなどをシェイクして、らせん状にむいたレモンやオレンジ・ピールをはめ込んだワイン・Gに注ぎ、フルーツを飾る。
ブランデー・クラスタ （I）	●ブランデ60 m、マラスキ1 tsp、キュラソー15m、L・J 1 tsp、A・ビター1d、➡**ワイン・G**（シュガー・スノー、氷、スパイラル・L・P）
(ラム、ジン、ウィスキー他)クラスタ	●※ブランデー・クラスタのブランデーを各々の酒に替える。
ブランデー・クラスタ （II）	●ブランデ60 m、マラスキ2d、A・ビター2d、L・J 1 tsp、シュガー3d、➡**ワイン・G**（シュガー・スノー、氷、スパイラル・L・P）

《コブラー》 (Cobbler)	アメリカで作られたサマー・ドリンク。酒と氷とフルーツで、ゴブレット・グラスに作るのが一般的。柑橘類ジュースを殆ど使わないのが特徴でストローを添える。コブラーとは靴直しという意味で、アメリカの靴直しが夏の日に飲んでいた飲み物から来ている。
イングリッシュ・コブラー	●J・ラム 60m、紅茶 30m、 L・J1 tsp、 ➡**ゴブレ**(氷)(季節のフルーツ、ストロー)
ウィスキー・コブラー	●ウィスキー60m、キュラソー1 tsp、 シュガー1/2 tsp、 ➡**ゴブレ** (氷)(季節のフルーツ、ストロー)
ウォッカ・コブラー	●ウォッカ 60m、キュラソー1 tsp、 シュガー1/2 tsp、 ➡**ゴブレ** (氷)(季節のフルーツ、ストロー)
カルバドス・コブラー	●カルバドス 60m、 キュラソー1 tsp、シュガー1/2 tsp、 ➡**ゴブレ** (氷)(季節のフルーツ、ストロー)
クラレット・コブラー	●マラスキ 1d、L・J1 tsp、 シュガー1 tsp、 ➡**ゴブレ** (氷、クラレットをUp)(季節のフルーツ、ストロー)
コーヒー・コブラー	●ブランデ60m、P・ワイン30m、➡**ゴブレ**(氷)(季節のフルーツ、ストロー)

★コブラー

シェリー・コブラー		●シェリー60m、O・キュラ1 tsp、マラスキ1 tsp、(シュガーでも良い)、➡**ワイン・G**(クラッシュ)(季節のフルーツを飾り、ストロー)
シャンパン・コブラー		●L・J1 tsp、キュラソー1 tsp、➡**ゴブレ**(氷、シャンパンUp)(O・S、パイン、ストロー)
ジン・コブラー		●D・ジン60m、O・キュラ1 tsp、シュガー1 tsp、➡**ゴブレ**(氷)(季節のフルーツを飾り、ストロー)
ソーテルヌ・コブラー		●L・J1 tsp、シュガー1 tsp、➡**ゴブレ**(氷、ソーテルヌ・ワインUp)(季節のフルーツ、ストロー)
バニラ・コブラー		●ブランデ60m、クレーム・ド・ヴァニーユ30m、ハーベイ・クリーム3 tsp、➡**ゴブレ**(氷)(季節のフルーツ、ナツ・メグ、ストロー)
ブランデー・コブラー		●ブランデ60m、O・キュラ1 tsp、シュガー1 tsp、➡**ゴブレ**(氷)(季節のフルーツを飾り、ストロー)
ポート・コブラー		●キュラソー1 tsp、O・J1 tsp、➡**ゴブレ**(氷、P・ワインUp)(季節のフルーツ、ストロー)

ライン・ワイン・コブラー	●L・J1 tsp、シュガー1 tsp、 ➡**ゴブレ**（氷、ライン・ワインUp）（季節のフルーツ、ストロー）
ラム・コブラー	●J・ラム60m、ライト・ラム1 tsp、パイン・シロ1 tsp、 ➡**ゴブレ**（氷、L・P）（季節のフルーツ、ストロー）
ワイン・コブラー	●（好みの）ワイン60m、 O・キュラ1 tsp、 マラスキ（ or シュガー）1 tsp、 ➡**ゴブレ**（氷）（季節のフルーツ、ストロー） （※ボルドー・ワインを使うと、クラレット・コブラー、ブルゴーニュ・ワインを使うとバーガンディ・コブラーという）

★デイジー

《デイジー》 (Daisy)	ひなぎくという意味。スピリッツに柑橘類のジュース、フルーツ・シロップやリキュールを加え、ゴブレットや大型ワイン・Gにクラッシュ・アイスを詰め季節のフルーツを飾りストローを添える。
ウィスキー・デイジー(I)	●ウィスキー45m、アブサン3d、L・J1/4コ、 ➡F・G(クラッシュ)(ストロー)
ウィスキー・デイジー(II)	●ウィスキー45m、G・シロ4d、L・J1/4コ、 ➡**ゴブレ**(クラッシュ)(季節のフルーツ、ミント・リーフ、ストロー)
サンタクルズ・ラム・デイジー	●サンタクルズ・ラム60m、マラスキ(or キュラソー3d)、シュガー3d、L・J1/2コ、 ➡**タンブラー**(シェイブド・アイス)(ストロー)
ジン・デイジー	●D・ジン45m、L・J20m、G・シロ2 tsp、 ➡**ゴブレ**(クラッシュ)(L・S、ミント・リーフ、ストロー)
(※ブランデー、ラム、ウイスキー) デイジー(I)	●※ジン・デイジーのジンを各々の酒に替える。

デイジー (Ⅱ) (ベースはジンブランデー、ラム、ウォッカ他) (※ソーダを加えるレシピもある)	●(好みの)蒸留酒60m、G・シロ1 tsp、レモン・J1/2コ、➡**ゴブレ**(or タンブラーor F・G)(クラッシュ、ソーダ適量Up)(ストロー)
ポンピエ・デイジー	●D・ベル45m、カシス・L30m、➡F・G(クラッシュ、ソーダUp)(ストロー)
モーニング・グローリー・デイジー	●(好みの)蒸留酒60m、アブサン2 tsp、シュガー1 tsp、卵白1コ、➡**ゴブレ**(クラッシュ、ソーダ少々Up)(ストロー)

★スリング

《スリング》 Sling	蒸留酒に甘酸味をつけ、水、又はソーダやG・エールを満たす。名前の由来はドイツ語のシュリンゲン(飲み込む)から。
ウォッカ・スリング	●ウォッカ60m、L・J1/2コ、シュガー1 tsp、A・ビター1d、➡タンブラー（氷、冷水を満たす）
ジン・スリング	●D・ジン45m、シュガー1 tsp、➡タンブラー(氷、ミネラル・W or ソーダを足す)
ジンガポール・スリング (オリジナル)	●D・ジン25m、チェリ・B18m、ベネディク18m、L・J25m、P・J25m、コアントロー1tsp、A・ビター1 tsp、➡ L・G(クラッシュ)(カット・パイン、マラ・チェリ、ストロー)
ジンガポール・スリング (サボイ)	●D・ジン45m、チェリ・B20m、L・J20m、➡タンブラー(氷、ソーダUP)(カット・パイン、マラ・チェリ)(※チェリ・Bは最後にドロップしても良い)
ブランデー・スリング	●ブランデ45m、L・J 20m、シュガー1 tsp、➡タンブラー(氷、ミネラル・Wを足す)
ホット・ジン・スリング	●D・ジン45m、シュガー1 tsp、➡タンブラー（お湯を足す）

《スマッシュ》 Smash	ジュレップを小型にしたもので、「潰す」という意味。この名前はミント・リーフ（葉）を潰す事から来ている。
ウィスキー・スマッシュ	●ウィスキー60m、シュガー1tsp、➡タンブラーor F·G（先にミント・リーフ数枚をつぶして、クラッシュを詰めておく）（L・S、ミント・リーフを飾る）
ウォッカ・スマッシュ	●ウォッカ60m、シュガー1tsp、➡タンブラーor F·G（先にミント・リーフ数枚をつぶして、クラッシュを詰めておく）(L·S、ミント・リーフを飾る)
ジン・スマッシュ	●D・ジン60m、シュガー1tsp、➡タンブラーor F·G(先にミント・リーフ数枚をつぶして、クラッシュを詰めておく)(L·S、ミント・リーフを飾る)
ブランデー・スマッシュ	●ブランデ60m、シュガー1tsp、➡タンブラーor F·G（先にミント・リーフ数枚をつぶして、クラッシュを詰めておく）(L·S、ミント・リーフを飾る)
モヒート	●G・ラム45m、ライム・J 1/2コ（絞って皮ごと入れる）、シュガー1tsp、➡タンブラー(先にミント・リーフ数枚をつぶして、クラッシュを詰めておく)（マドラー）
ラム・スカッシュ	●ラム60m、シュガー1tsp、➡タンブラーor F·G（先にミント・リーフ数枚をつぶして、クラッシュを詰めておく）(L·S、ミント・リーフを飾る)

★サワー

《サワー》 Sour	すっぱいという意味。ウィスキー、ブランデーなどのスピリッツをベースに柑橘類と砂糖を加えた飲み物。ソーダを使わないのが原則だが、アメリカ以外の国ではソーダやシャンパンを使うレシピもある。
アプリコット・サワー	●アプリ・B45m、L・J20m、シュガー1tsp 、 ➡サワー・G (O・S、マラ・チェリ)
ウィスキー・サワー	●ウィスキー45m、L・J20m、シュガー1tsp、 ➡サワー・G (O・S、マラ・チェリ)
(ジン、ラム、ブランデー、テキーラ等) サワー	●※ウィスキー・サワーのウィスキーを各々の酒に替える。
エッグ・サワー	●ブランデ30m、O・キュラ20m、L・J20m、シュガー1tsp 、全卵1コ、➡ゴブレ
カルバドス・サワー	●カルバドス45m、L・J1/2コ、 シュガー1/2tsp 、 ➡サワー・G (ソーダ少量を足す) (O・S、チェリー)
コンチネンタル・サワー	●バーボン60m、L・J 1/2コ、 シュガー1tsp 、➡サワー・G (クラレット1dをドロップ)
シャンパン・サワー	●L・J1tsp 、シュガー1tsp 、 ➡サワー・G (シャンパンUp)
ファイヤーマンズ・サワー	●ライト・ラム45m、G・シロ15m、ライム・J1コ、シュガー1/2tsp 、 ➡サワー・G (ソーダ少量を足す) (O・S、チェリー)

《スウィズル》 Swizzle	西インド諸島で生まれた飲み物で、タンブラーにスピリッツ、レモン・J、砂糖、ビターズなどを注ぎ、氷を加えて、スウィズル・スティック（三つ又の熱帯樹の枝）で、グラスに霜がつくまで一気に混ぜる。スウィズル・スティックが無ければ、マドラーで代用しても良い。
ラム・スウィズル	 W・ラム45m、ライム・J20m、シュガー1tsp、A・ビター1d、➡タンブラー（クラッシュ、スウィズル・スティック or マドラー）（ライム・S、ミント・リーフ）
（ブランデー、ウィスキー等） スウィズル	※ラム・スウィズルのラムを各々の酒に替える。

★トディー

《トディー》 Toddy	タンブラーかオールド・ファッション・グラスに砂糖とスピリッツを注ぎ、熱湯を注ぐのが基本。イギリスではホット・ドリンクとして古くから飲まれていたが、今では、コールド・ドリンクとしても飲まれている。
ウィスキー・トディー	●ウィスキー45m、シュガー1tsp、➡**タンブラー**（冷水を足して、L・S、クローブを入れてシナモン・スティックを添える）
(ブランデー、ジン、ラム、テキーラ、アクアビット等の) **トディー**	●※ウィスキー・トディーのウィスキーを各々の酒に替える。
ホット・ウィスキー・トディー	●ウィスキー45m、シュガー1tsp、➡**Hot・G**（お湯を足して、L・S、クローブを入れてシナモン・スティックを添える）
ホット（ブランデー、ジン、ラム、テキーラ等の）トディー	●※ホット・ウィスキー・トディーのウィスキーを各々の酒に替える。

★パンチ（ボールミックス）

（※パンチ・ボール等でステアしながらミックスしていく）

パンチ (ボール・ミックス) Punch	パンチはヒンズー語のポンシュから来た言葉で、「5つ」という意味で、パンチが作られた当初は、アクアビット、ローズ・ウォーター、果汁、砂糖、アラックの事を指した。パーティ・ドリンクとして世界中で飲まれている。（※パンチの全てにストローを添える）注：パイント＝0.57リットル(英)、クォート＝1.14リットル（英）
A1ピック・ミー・アップ （3リットル分）	●①シュガー500m、卵12コ、レモン12コ、卵を殻ごとつぶして混ぜ合わせ、濡れ布で巻いて何日かおいて殻が完全に溶けたら布で漉す。水2.5リットル、ラム600mをとろ火で温めて①と合わせて瓶に詰める。
アーチ・ビショップ・パンチ （6人分）	●ボルドー(赤)1本、オレンジ1コ、クローブ6コ、シュガー2 tbsp、クローブをオレンジに刺しこみ、中温のオーブンに入れて焼き、輪切りにして、なべにワインとシュガーを入れて弱火にかけ、熱い内にホット・Gへ注ぐ。
アーティラリー・パンチ （15人分）	 ●パイン1/2コ、イチゴ100g、オレンジ300gの果汁に、ドライ・シードル500m、バーボン80m、G・ラム80mを加えステアして一晩寝かせて、➡**パンチ・G**（氷、シャンパン適量をUp）

★パンチ（ボールミックス）

アズテック・パンチ （１５人分）	●冷ました紅茶200m、テキーラ350m、GF・J200m、L・J20m、シュガー80m、パンチ・Bでステアして（氷で冷やす）➡パンチ・G
アップル・ジャック・パンチ （２５～３０人分）	●A・ジャック2クォート、G・シロ180m、O・J1クォート、パンチ・Bでステアして（氷で冷やす）➡（サービス前に）G・エール2クォートを加え➡パンチ・G（季節のフルーツを飾る）
アリストクラット・スパークリング	●バーガンディ・ワイン1ボトル、ブランデー120m、ソーダ1カップ、シュガー1カップ、パンチ・Bでステアして（氷で冷やす）➡（サービス前に）イチゴやO・Sを入れ、シャンパン2ボトルと同量のソーダを加え→パンチ・G
アンバー・ラム・パンチ （２０人分）	●シュガー50m、P・J1,000m、O・J 6コ、L・J6コ、G・ラム１本、パンチ・Bでステアして(氷で冷やす)➡（サービス前に）ソーダ or G・エール５本を加え→パンチ・G（パイン、酸イチゴ、チェリー、O・S等の季節のフルーツを飾る）
インペリアル・パンチ	●ブランデ2クォート、ラム1パイント、キュラソー180m、パイナップル細片１缶、ラズベリー・シロ1カップ、L・J10コ、シュガー500ｇ、パンチ・Bでステアして（氷で冷やす）➡（サービス前に）ソーダ2クォートを加え➡パンチ・G（季節のフルーツ）

ウィスキー・パンチ	●ウィスキー1.5～2ボトル、キュラソー90m、L・J6コ、O・J8コ、シュガー6tsp、パンチ・Bでステアして（氷で冷やす）➡（サービス前に）ソーダ2クォートを加え➡パンチ・G（季節のフルーツ）
オレンジ・パンチ（10～15人分）	●ウォッカ500m、O・J500m、G・エール500m、ソーダ500m、パンチ・Bでステアして（氷で冷やす）➡パンチ・G（O・Sを飾る）
カーディナル・パンチ	●クラレット2クォート、ソーダ2クォート、S・ベル45m、ブランデ1パイント、ラム1パイント、シュガー1.5パイント、パンチ・Bでステア（氷、O・SとP・Sを加える）➡（サービス前に）シャンパン1/2ボトルを加えて➡パンチ・G
カクテル・パンチ（40人分）	●ブランデ1ボトル、シェリー1ボトル、ソーテルヌ1ボトル、パンチ・Bでステアして（氷で冷やす）➡（サービス前に）シャンパン3ボトルを加え➡C・G
カバ・ボール（4人分）	●W・ラム240m、G・ラム40m、アーモンド・シロ40m、G・シロ40m、L・J160m、P・J80m、（クラッシュ）➡パンチ・B

★パンチ（ボールミックス）

カフェ・グラセ・ヒガラディア （4人分）	●水700mでオレンジの葉3バッグを煎じて、コーヒー(インスタント)4tbsp、バニラ・シュガー 4tbspを加える。火を止めて冷ましてオレンジ・リキュール40mを加えて、ミキシング・Gでステア➡F・G(O・Sを飾る)
カモミーユ・ワイン （1リットル分）	●白ワイン(辛口)1本、カモミーユ16バッグ、O・P20g、バニラの実、角砂糖30コ、パンチ・Bでステ➡2日間寝かせ濾過して、W・ラム250mを加えて瓶に詰め、1ヶ月以上寝かせて飲む。
クラブ・パンチ	●ブランデ1クォート、キュラソー120m、O・ビター30m、L・J10コ、シュガー250g、パンチ・Bでステアして(氷で冷やす)➡(サービス前に)季節のフルーツ、シャンパン2クォート、ソーダ1クォートを加え➡Cha・G(季節のフルーツを飾る)
クラレット・パンチ （1人分）	●クラレット90m、L・J20m、O・キュラ1tsp、シュガー1tsp、➡パンチ・G（ソーダを加える）（季節のフルーツを飾る）
クラレット・パンチ （20人分）	●クラレット（ボルドー・ワイン）1本、O・キュラ90m、L・J 90m、シュガー90m、(※ブランデー90mを加えても良い) パンチ・B(L・S、O・S、きゅうり・S等の季節のフルーツ入り)でステアして➡（サービス前に）氷とソーダ400mを加え➡パンチ・G

クラレット・パンチ（Ⅰ）	●クラレット3クォート、キュラソー45m、L・J 1/2パイント、シュガー500 g 、パンチ・Bでステアして（氷、O・S、ダイス・パイン、チェリー）➡（サービス前に）ソーダ2クォートを加え➡ワイン・G
クラレット・パンチ（Ⅱ）	●ソーダ1ボトル、マラスキ120m、O・S2コ、L・S2コ、角砂糖12コ、パンチ・Bでステアして➡（サービス前に）氷、クラレット4ボトル、シャンパン1ボトル、季節のフルーツを加え➡Cha・G
クリスマス・ラム・パンチ	●J・ラム1ボトル、キュラソー30m、L・S 2コ、O・S1コ、マラ・チェリ1瓶、シュガー1/2カップ、L・J 2コ、O・J 4コ、パンチ・Bでステアして（氷で冷やす）➡（サービス前に）ソーダ1ボトルを加え➡パンチ・G
ゴールデン・ラム・パンチ	●G・ラム1/2本、アプリ・B100m、GF・J250m、P・J120m、L・J1・2コ、パンチ・Bでステアして（氷で冷やす）➡（サービス前に）ソーダを適量加え➡パンチ・G（O・S、カット・パインを飾る）
サン・スーシ（4人分）	●G・ラム80m、G・マニエ80m、ティア・マリア80m、ライム・J 1/2コ、O・J 500m、パンチ・Bでステア➡C・G（大）

★パンチ（ボールミックス）

シャンパン・パンチ（Ⅰ） （20人分）	●シャンパン1本、W・ラム90m、W・キュラ90m、ライム・J 90m、シュガー90m、パンチ・B（O・S、ライム・S入り）でステア➡（サービス前に）氷、ソーダ400mを加えて➡パンチ・G
シャンパン・パンチ（Ⅱ）	●ブランデ45m、マラスキ45m、キュラソー45m、シュガー250g、パンチ・Bでステアして（氷で冷やす）➡（サービス前に）フルーツ・S、イチゴ等を入れ、シャンパン2クォート、ソーダ1クォートを加え➡Cha・G
シャンパン・パンチ（Ⅲ）	●シェリー120m、マラスキ60m、角砂糖1コ、L・J 1コ、パンチ・Bでステアして（氷で冷やす）➡（サービス前に）シャンパン1クォート、ソーダ1クォートを加え、➡パンチ・G
ジン・パンチ	●ジン2クォート、G・シロ180m、O・J 20コ L・J 12コ、パンチ・Bでステアして（氷で冷やす）➡（サービス前に）ソーダ2ボトルを加え➡パンチ・G
スタッグ・スペシャル・パンチ	●バーボン1クォート、J・ラム1/2パイント、マラスキ1/2パイント、P・J 1/2パイント、紅茶1クォート、L・J 6コ、パンチ・Bでステアして（氷で冷やす）➡パンチ・G（ミント・リーフ）

セセマ・パンチ（15人分）	●P・J500m、O・J500m、L・J2コ、W・ラム1本、シュガー180m、パンチ・Bでステアして（氷で冷やす）→（サービス前に）ソーダ1,000mを加えて➡**サワー・G**
ソーテルヌ・パンチ	●ソーテルヌ・ワイン2クォート、G・マニエ45m、マラスキ45m、キュラソー45m、シュガー250g、パンチ・Bでステアして（氷で冷やす）➡**パンチ・G**（季節のフルーツ）
ドバゴ・パンチ（12人分）	●W・ラム1,000m、シュガー300m、バナナ・スライス8本、L・J 2コ、パイン・S300g、ライチの実250g、パンチ・Bでステアして（氷で冷やす）➡**C・G**（大）
ネーヴィ・パンチ	●ブランデ1/2ボトル、ピーチ・B 1/2ボトル、D・ラム1/2ボトル、パイン4スライス、L・J 4コ、シュガー500g、パンチ・Bでステアして（氷で冷やす）➡（サービス前に）シャンパン4クォートを加え➡**Cha・G**

★パンチ（ボールミックス）

パイナップル・パンチ	●モーゼル・ワイン1.5クォート、オールド・トム・ジン120m、マラスキ30m、G・シロ30m、パイン・シロ30m、A・ビター5d、L・J3コ、パンチ・Bでステアして（氷で冷やす）➡（サービス前に）ソーダ1クォートを加え➡**パンチ・G**（パイン・S）
フィッシュハウス・パンチ	●J・ラム2クォート、ブランデ1クォート、ピーチ・B120m、L・J1クォート、ミネラル・W2クォート、パンチ・Bでステアして（氷で冷やす）➡（2hくらい置いて）➡**Cha・G**
ブランデー・シャンパン・パンチ	●ブランデ60m、ベネディク30m、マラスキ30m、シュガー1tsp、パンチ・Bでステアして（氷で冷やす）➡（サービス前に）シャンパン1/5ボトル、ソーダ1パイントを加え➡**パンチ・G**（O・S、季節のフルーツ）
ブランデー・パンチ（15人分）	●シュガー700g、L・J20コ、コアントロー240m、W・ラム160m、マラスキ80m、コニャック1本、パンチ・Bでステアして（氷で冷やす）➡**パンチ・G**（ソーダを足して、季節のフルーツを飾る）

ブランデー・パンチ（30人分）	●ブランデ1本、O・キュラ120m、L・J300m、O・J120m、シュガー60m、G・シロ60m、パンチ・Bでステアして(氷で冷やす)➡（サービス前に）ソーダ800mを加えて➡パンチ・Gに注ぐ。
フリビュスティエ（15人分）	●W・ラム1,000m、白ワイン500m、O・J6コ、L・J4コ、パイン300g、シュガー250m、パンチ・Bでステアして(氷で冷やす)➡（サービス前に）バニラの実を割り、シナモン一片、ナツ・メグを加え➡C・G(大)(O・S、L・Sを飾る)
フルーツ・パンチ（1リットル分）	●梨、桃、パイン、イチゴ(等の季節のフルーツ)300g、黒砂糖350g、W・ラム2/3本、パンチ・Bでステア➡（2週間冷やして寝かす)➡パンチ・G（氷）
ベスト・パンチ（10～15人分）	●ブランデ60m、J・ラム30m、キュラソー30m、ストロング・ティ1カップ、L・J2コ、シュガー2tsp、パンチ・Bでステアして(氷で冷やす)➡(サービス前に)ソーダ1クォート、シャンパン1クォートを加え➡パンチ・G

★パンチ（ボールミックス）

ボンベイ・パンチ （３５～４０人分）	●ブランデ１クォート（1.14L）、シェリー１クォート、O・キュラ240m、マラスキ120m、ソーダ１クォート、パンチ・Bでステアして（氷と季節のフルーツを加え）➡（サービス前に）シャンパン２クォートを加え➡**パンチ・G**
マトゥーバ （1リットル分）	●ラズベリー300g、黒砂糖350g、W・ラム１本、パンチ・Bでステア➡（2ヶ月冷やして寝かす）➡**パンチ・G**（氷）（季節のフルーツを飾る）
ミッドナイト・パンチ	●ラム1クォート、GF・J 1/2パイント、緑茶1/2パイント、パンチ・Bでステアして（氷で冷やす）➡（サービス前に）G・エール４ボトルを加え➡**パンチ・G**（季節のフルーツ）
ヤンキー・パンチ	●ライ・W２クォート、ニュー・イングランド・ラム1パイント、P・S１缶、L・S６コ、ミネラル・W４クォート、シュガー適量、パンチ・Bでステアして（氷で冷やす）➡**パンチ・G**

ヤング・ピープルズ・パンチ	●赤ワイン2ボトル、キュラソー120m、マラスキ60m、P・J120m、O・J1パイント、L・J1/2パイント、シュガー1/2パイント、パンチ・Bでステアして（氷で冷やす）➡（サービス前に）ソーダ2クォートを加え ➡**パンチ・G**
ライン・ワイン・パンチ	●ライン・ワイン3クォート、ブランデ120m、マラスキ120m、紅茶1カップ、シュガー250g、ソーダ1クォート、パンチ・Bでステアして（氷で冷やす）➡**パンチ・G**（季節のフルーツ）
ラム・オレンジ・パンチ （1リットル分）	●オレンジの皮4・5コ分を乾燥して、W・ラム700mに漬け ➡（6週間寝かして）、シュガー300mを加えて更に6週間寝かせる。➡ **パンチ・G**
リージェント・パンチ	●J・ラム1パイント、ブランデ120m、カロリック・P120m、キュラソー60m、A・ビター1tsp、紅茶1カップ、L・J6コ、パンチ・Bでステアして（氷で冷やす）➡（サービス前に）シャンパン1.5クォートを加え ➡ **パンチ・G**（季節のフルーツ）

★パンチ（ボールミックス）

ルビー・ラム・パンチ	●白ワイン1クォート、ブランデー1パイント、J・ラム1パイント、シャルト・Y120m、マラスキ120m、キュラソー120m、L・J1パイント、パンチ・Bでステアして(氷で冷やす)➡(サービス前に)シャンパン2クォート、ソーダ1クォートを加え➡パンチ・G
ローマン・パンチ	●ブランデ1クォート、ラム1/2パイント、キュラソー120m、ラズベリー・シロ120m、L・J6コ、シュガー1カップ、パンチ・Bでステアして（氷で冷やす）➡（サービス前に）ソーダ1クォートを加え➡パンチ・G（ミント・リーフ）

《パンチ(1人分)》	
アメリカン・パンチ	●クレーム・ド・イベット15m、ミント・W15m、シュガー3tsp、G・シロ1d、ライム・J1コ、➡**F・G**（クラッシュ）（季節のフルーツ）
インペリアル・パンチ	●バーボン60m、キュラソー1 tsp、L・J1 tsp、シュガー1 tsp、➡**タンブラー**（シャンパンUp）
ヴァレンシア・パンチ	●アプリ・B45m、O・J45m、O・ビター3d、➡**タンブラー**（シャンパンUp）
ウィスキー・パンチ	●ウィスキー60m、キュラソー1 d、L・J1 tsp、シュガー1 tsp、➡**タンブラー**（氷、ソーダUp、ラム1 dをフロート）
エンパイアー・パンチ	●クラレット120m、ブランデ1tsp、ベネディク1tsp、キュラソー1tsp、➡**コリンズ**（氷、シャンパンUp）（季節のフルーツ）
カリプソ・パンチ	●ライト・ラム60m、ライム・J（コーディアル）30m、➡**タンブラー**（氷、ソーダUp）
クラレット・パンチ（I）	●L・J1/2コ、シュガー1tsp、➡**タンブラー**（クラッシュ、クラレットをUp）（季節のフルーツを飾り、ストローを添える）

★パンチ（1人分）

クラレット・パンチ（Ⅱ）		●キュラソー1tsp、G・シロ1tsp、L・J1tsp、シュガー1tsp ➡**パンチ・G**（クラッシュ、クラレットをUp）（季節のフルーツを飾り、ストローを添える）
クラレット・パンチ（Ⅲ）		●クラレット90m、L・J1/2コ、シュガー1tsp、➡**タンブラー**（クラッシュ、ソーダUp）
クリーム・パンチ		●ブランデ60m、生クリーム60m、L・J1/2tsp、シュガー1/2tsp ➡**ゴブレ**（クラッシュ、ラム1dをフロート）（ナツ・メグ、ストロー）
シェリー・パンチ		●シェリー90m、L・J1tsp、シュガー1tsp、➡**タンブラー**（氷、ソーダUp）
ジプシー・パンチ		●ライト・ラム60m、G・シロ2d、シュガー1tsp、L・J1tsp ➡**タンブラー**（氷、ソーダUp）（ナツ・メグ）
ジン・パンチ		●D・ジン60m、マラスキ2d、L・J1 2コ、L・P1片、角砂糖1コ、➡**タンブラー**（クラッシュ、ソーダUp）
ソーテルヌ・パンチ		●キュラソー2tsp、L・J1/2コ、シュガー1/2tsp ➡**タンブラー**（ソーテルヌ・ワインをUp）〈季節のフルーツ、ストロー〉
デキシー・パンチ		●S・コンフォート60m、D・ジン30m、ライム・J30m、G・シロ2d、パイン・S1/2枚 ➡**ゴブレ**（クラッシュ）（P・S、O・S、ストロー）

バカルディ・パンチ（I）		●バカルディ・ラム60m、G・シロ15m ➡**タンブラー**（クラッシュ）（季節のフルーツ）
バカルディ・パンチ（II）		●キュラソー15m、G・シロ15m、P・J15m、L・J1tsp ➡**タンブラー**（クラッシュ）（O・S、ストロー）
ピコン・パンチ		●A・ピコン60m、G・シロ1tsp、L・J1d ➡**タンブラー**（氷、ソーダUp）（L・P）
フィッシュハウス・パンチ		●ブランデ30m、P・ブランデー30m、J・ラム30m、シュガー1tsp、L・J1/2コ、➡**コリンズ**（氷、ソーダUp）
プランターズ・パンチ		●J・ラム60m、W・キュラ30m、シュガー2tsp ➡**タンブラー**（クラッシュ）（O・S、ミント・リーフ、ストロー）
プランターズ・パンチ（IBA）		●D・ラム6/10、L・J3/10、G・シロ1/10 ➡**タンブラー**（氷、ソーダUp）（O・S、L・S）
ブランデー・パンチ（I）		●ブランデ60m、L・J1tsp、シュガー1tsp、J・ラム1d、キュラソー1d ➡**ゴブレ**（氷、ソーダUp）（ストロー）

★パンチ（1人分）

ブランデー・パンチ（Ⅱ）	●ブランデ60m、ベネディク30m、L・J 1tsp 、シュガー1tsp ➡**コリンズ**（氷、ソーダ Up）(ストロー)
ブランデー・ビショップ	●※アーチ・ビショップ・パンチの出来上がりにコニャックを少々足す。
ブランデー・ミルク・パンチ	●ブランデ 40m、ミルク 120m、シュガー 1tsp ➡**ゴブレ**（氷）（ナツ・メグ）
ブランテーション・パンチ	●S・コンフォート45m、L・J10m、シュガー 1tsp 、ラム1 d ➡**F・G**（氷、ソーダ Up）(O・S、チェリー)
フロリダ・パンチ（Ⅰ）	●バーボン90m、P・J30m、シュガー2tsp ➡**ゴブレ**（クラッシュ、ソーダ Up）(季節のフルーツ、ストロー)
フロリダ・パンチ（Ⅱ）	●ブランデ15m、シェリー（ハーベイ・クリーム）30m、O・J 30m、GF・J 30m、 ➡**コリンズ**（クラッシュ）
マートル・バンク・パンチ (Myrtle Bank Punch)	●デメララ・ラム(151)45m、*G・シロ6 d*、ライム・J1/2コ、シュガー 1tsp ➡**10 タン**（氷、マラスキをフロート）

マッキンレー・パンチ	●バーボン60m、G・シロ120m、L・J1tsp **➡コリンズ**（氷、ソーダUp）（ストロー）
ミシシッピー・パンチ	●ラム45m、ブランデ30m、ウィスキー30m、L・J2d、A・ビター2d、シュガー1tsp **➡コリンズ**（氷）（季節のフルーツ、ストロー）
ミルク・パンチ	●（好みの）蒸留酒60m、ミルク120m、シュガー2tsp、**➡タンブラー**（ナツ・メグ）
ヨットクラブ・パンチ	●ライト・ラム45m、アブサン2・3d、G・シロ15m、L・J30m **➡タンブラー**（氷、ソーダUp）（季節のフルーツ）
ルーラル・パンチ	●A・ジャック60m、A・ビター1d、L・P2片、シュガー1/2tsp **➡タンブラー**（氷、シードルUp）
ルシアン・パンチ	●コニャック30m、キュンメル30m、**➡タンブラー**（氷、シャンパンUp）
レディス・パンチ	●カカオ・L40m、マラスキ20m、O・P1片、**➡タンブラー**（ミルクUp）（ナツ・メグ）

★パンチ（1人分）

ローマン・パンチ（Ⅰ）	●ブランデ30m、L・J30m、J・ラム20m、ラズベリー・シロ10m、キュラソー1tsp、➡**タンブラー**（クラッシュ）（季節のフルーツ、ストロー）
ローマン・パンチ（Ⅱ）	●ブランデ30m、J・ラム30m、ラズベリー・シロ30m、L・J1/2コ、➡**コリンズ**（クラッシュ、P・ワインをフロート）（季節のフルーツ、ストロー）

《リッキー》 Rickey		砂糖を使わない酸っぱい飲み物の事。原則としてライムを用いるが、無ければレモンで代用しても良い。19世紀の終わり、ワシントンのバーテンダーが考案して、それを始めて飲んだ客の名前カーネル・ジム・リッキーにちなんで名づけられた。
アップル・ジャック・リッキー		●A・ジャック60m、ライム・J 1/2コ(皮ごと入れる)、(シュガー1tsp)、➡**タンブラー**(氷、ソーダUp)(マドラーを添える)
アプリコット・ブランデー・リッキー		●アプリ・B60m、ライム・J 1/2コ(皮ごと入れる)、(シュガー1tsp)、➡**タンブラー**(氷、ソーダUp)(マドラーを添える)
ウィスキー・リッキー		●ウィスキー60m、ライム・J1/2コ(皮ごと入れる)、(シュガー1tsp)、➡**タンブラー**(氷、ソーダUp)(マドラーを添える)
ウォッカ・リッキー		●ウォッカ60m、ライム・J1/2コ(皮ごと入れる)、(シュガー1tsp)、➡**タンブラー**(氷、ソーダUp)(マドラーを添える)
クラウディ・スカイ・リッキー		●スロー・G45m、ライム・J(or L・J) 1/2コ(皮ごと入れる)、G・シロ1/2tsp、➡**タンブラー**(氷、G・エールUp)(マドラーを添える)

★リッキー

サザンコンフォート・リッキー	●S・コンフォート60m、ライム・J 1/2コ(皮ごと入れる)、(シュガー1tsp)、➡タンブラー(氷、ソーダUp)(マドラーを添える)
サボイ・ホテル・リッキー	●D・ジン60m、ライム・J 1/2コ(皮ごと入れる)、G・シロ4d、➡タンブラー(氷、ソーダUp)(ライム・P)(マドラーを添える)
ジン・リッキー	●D・ジン60m、ライム・J 1/2コ(皮ごと入れる)、(シュガー1tsp)➡タンブラー(氷、ソーダUp)(マドラーを添える)
スロー・ジン・リッキー	●スロー・G 60m、ライム・J 1/2コ(皮ごと入れる)、(シュガー1tsp)➡タンブラー(氷、ソーダUp)(マドラーを添える)
チェリー・ブランデー・リッキー	●チェリ・B60m、ライム・J 1/2コ(皮ごと入れる)、(シュガー1tsp)➡タンブラー(氷、ソーダUp)(マドラーを添える)
ピーチ・ブランデー・リッキー	●ピーチ・B60m、ライム・J 1/2コ(皮ごと入れる)、(シュガー1tsp)➡タンブラー(氷、ソーダUp)(マドラーを添える)
ブランデー・リッキー	●ブランデ60m、ライム・J 1/2コ(皮ごと入れる)、(シュガー1tsp)➡タンブラー(氷、ソーダUp)(マドラーを添える)

ラム・リッキー	●ラム60m、 ライム・J 1/2コ（皮ごと入れる）、 （シュガー1tsp）**➡タンブラー** （氷、ソーダUp）（マドラーを添える）
ロイヤル・リッキー	●D・ジン60m、S・ベル30m、 ライム・J 1/2コ（皮ごと入れる）、 ラズベリー・シロ1/2tsp、 **➡タンブラー**（氷、G・エールUp） （マドラーを添える）

★サンガリー

《サンガリー》 Sangaree	スペイン語のSangre「深紅、血」という意味から来た名称。赤ワインに甘味を加え、水又は熱湯を満たすのが基本。当初は西インド諸島の飲み物だった。
ウィスキー・サンガリー	●ウィスキー45m、 ミネラル・W少量、 シュガー1/2tsp、 **➡タンブラー**（氷）（ナツ・メグ）
エール・サンガリー	●シュガー1/2tsp、**➡タンブラー**（氷、エール・ビールUp）（ナツ・メグ）
クラレット・サンガリー（Ⅰ）	●クラレット90m、シュガー1tsp、**➡タンブラーor ワイン・G**（クラッシュ）（ナツ・メグ）
クラレット・サンガリー（Ⅱ）	●シュガー2tsp、**➡タンブラーor ワイン・G**（クラッシュ、クラレットUp）（ナツ・メグ）
シェリー・サンガリー（Ⅰ）	●シェリー90m、シュガー1tsp、**➡タンブラーor ワイン・G**（クラッシュ）（ナツ・メグ）
シェリー・サンガリー（Ⅱ）	●シェリー120m、シュガー1tsp、**➡タンブラー**（氷）（ナツ・メグ）

ジン・サンガリー	●ジン４５m、ミネラル・W少量、シュガー1/2tsp、**➡タンブラー**（氷）（ナツ・メグ）
ビール・サンガリー	●シュガー1/2tsp、**➡タンブラー**（氷、ビールUp）（ナツ・メグ）
ブランデー・サンガリー（Ⅰ）	●ブランデ1.5tsp、シュガー1/2tsp、**➡タンブラー**（氷、ソーダ or 水をUp）（ナツ・メグ）
ブランデー・サンガリー（Ⅱ）	●ブランデ45m、ミネラル・W少量、シュガー1/2tsp、**➡タンブラー**（氷）（ナツ・メグ）
ポートワイン・サンガリー	●P・ワイン90m、シュガー1tsp、**➡タンブラー or ワイン・G**（クラッシュ）（ナツ・メグ）
マデラ・サンガリー	●マデラ・ワイン90m、シュガー1tsp、**➡タンブラー or ワイン・G**（クラッシュ）（ナツ・メグ）
ラム・サンガリー	●ラム45m、ミネラル・W少量、シュガー1/2tsp、**➡タンブラー**（氷）（ナツ・メグ）

★ホットドリンク

《ホット・ドリンク》 Hot Drinks	熱い飲み物の事。材料を温めるか、熱湯や温めたミルクなどを加えて作る。グラスにホルダーを付けてサービスする。
アイランド・クリーム・グロッグ	●ラム75m、お湯150m、(好みでシュガー)、➡ホット・G(ホイップ・クリームをフロート、ナツ・メグ)
アイリッシュ・コーヒー	●アイリッシュ・W30m、シュガー1tsp、➡ワイン・G(H・コーヒー適量を入れ、ホイップ・クリームをフロート)
アップル・トディー	●りんご4コを煮て冷まし、皮を剥いて果肉をピュレ状に潰して器に入れ、コニャック200m、ピーチ・B100mを加える。良くかき混ぜて3日間置く。➡ホット・G(熱湯適量で割る)(L・S、シナモン・スティックを添える)
アフロディジアック	●P・ワイン(赤)180m、キュラソー1d、温めて➡ホット・G(L・S、ナツ・メグ)
アメリカン・グロッグ	●ライ・W or バーボン45m、➡ホット・G(熱湯を注ぐ)(L・S)
アルハンブラ・ロイヤル	●ブランデ30m、ホット・チョコレート1カップ、➡ホット・G(L・S、スプーンを添える)
ウィスキー・パンチ	●ウィスキー60m、L・J1tsp、シュガー1tsp、➡ホット・G(熱湯をUp)(ナツ・メグ)

ウィスキー・レモネード	●ウィスキー45m、シュガー1tsp、L・J1/2コ、➡ホット・G（熱湯をUp）（L・S）
ウインター・ウォーマー	●卵黄1コ、シュガー1tspをホイップして、ミルク200m、ウィスキー45mを温めたものに注ぐ。➡ホット・G
カフェ・アマレット	●コーヒー40m、アマレット15m、ティア・マリア15m、➡ホット・G（ホイップ・クリームをフロート）（アマレッティ・ビスケットを添える）
カフェ・カリプソ（4人分）	●コーヒー480m、ティア・マリア120m、G・ラム90m、（好みでシュガーを加える）温めて➡ホット・G（ホイップ・クリームをフロート）
カフェ・グロッグ	●J・ラム30m、ブランデ1tsp、角砂糖2コ、H・コーヒー1デミタス・カップ、温めて➡ホット・G（L・S）
カフェ・ロワイヤル	●角砂糖にブランデ（1tsp）を湿らせて、Tspで火を点けて、ホット・コーヒーに入れる。
カモミーユ & ホワイト・ワイン	●カミツレ茶1バッグを煎じて、白ワイン120m、ラム16m、ハニー2tspを加える。➡ホット・G

★ホットドリンク

クラボーター・マン (2人分)(Klabouter Man)	●P・ワイン(赤)200m、アラック100m、ライム・J10m、温めて ➡ホット・G(シュガー、シナモン・S)
グロッグ(Ⅰ)	●D・ラム45m、L・J15m、角砂糖1コ、シナモン・スティック1本、お湯適量、➡ホット・G(L・S、クローブ3・4コ)
グロッグ(Ⅱ)	●シェリー1パイント(0.57L)、クラレット1パイント、ブランデ1パイント、A・ビター30m、シュガー3/4カップ、温めて ➡F・G
グロッグ・アメリカン	●G・ラム40m、シュガー1tsp、シナモン1片、L・J1/2コ、➡ホット・G(熱湯適量で割る)(L・S)
グロッグ・ウィスキー・ティユル	●テイユル茶1pを250mの湯で煎じて、ウィスキー16m、バニラ・エッセンス1d、シュガー2tspを加える。➡ホット・G(L・S)
グロッグ・オー・シードル	●シードル200m、ラム45mを温めて、➡ホット・G(シュガー1tsp)(クローブ2コを刺したL・Sを飾り、シナモン・Sを添える〉
グロッグ・オー・ゼレル (Aux Airelles)	●①スノキ2tbsp(温めたもの)、シュガー2tsp、➡ホット・G ②スノキ・J50m、ウィスキー45m、水50m、をとろ火で温める。②を①に注ぎシナモン・SとO・Sを飾る。

ゲーリック・コーヒー		●スコッチ30m、シュガー1tsp、➡ワイン・G（H・コーヒー適量を入れ、ホイップ・クリームをフロート）
コーヒー・ディアブロ		●①H・コーヒー3/4、➡ホット・Gに注ぐ。②ブランデ30m、コアントロー15m、クローブ2コ、O・P1片、L・P1片を温めて、①に注ぐ。
ゴールデン・ティー		●①卵黄2コ、シュガー3tspをホイップする。②紅茶75m、アラック30m、生クリーム75mをとろ火で温めて①を加える。➡ホット・G（シナモン・S）
コロンビア・スキン		●ラム60m、キュラソー1tsp、L・J1/2コ、角砂糖2コ、水3tsp、温めて➡ワイン・G
サンセット・ティー		●G・ラム15m、コアントロー30m、O・J60m、をとろ火で温める。➡ホット・G（ホット・ティー150mを加える）（クローブ3コを刺したO・S、らせんO・P、シナモン・S等を飾る）
ジャーシー・マグ		●A・ジャック90m、A・ビター2d、角砂糖1コ、らせんレモン1コ分、➡ホット・G（熱湯をUp）（A・ジャック1tspに火を点け、グラスに落とす）

★ホットドリンク

ジャーマン・コーヒー	●キルッシュ30m、シュガー1tsp、➡**ワイン・G**（H・コーヒー適量を入れ、ホイップ・クリームをフロート）
スカンジナビアン・コーヒー	●アクアビット30m、シュガー1tsp、➡**ワイン・G**（H・コーヒー適量を入れ、ホイップ・クリームをフロート）
スキー・バニー	●①ビール330m、ラム15m、シュタイン・ヘーゲル（ドイツ・ジン）40m、カルダモン少々、シナモン・パウダー少々、をとろ火で温める。②卵黄3コをホイップしながら①に加えてステア。➡**ホット・G**（シナモン・S、L・Pを飾る）
チョコレート・パンチ（2人分）	●ミルク300m、ココア3tsp、インスタント・コーヒー1tsp、シュガー1tsp、カルーア40m、とろ火で温める。➡**ホット・G**（ホイップ・クリームをフロート、シナモン・Pをふりかける）
テ・マルティノ	●ホット・ミント・ティ300m、アラック45m、ハニー・シロ1tsp、➡**ホット・G**（好みでシュガーを加える）

トム・アンド・ジェリー	●卵1コ（卵白と卵黄をF・Gなどで別々に泡立てる）、泡立てた卵黄にシュガー2tspを入れて、更に泡立てて、卵白を加える。D・ラム30m、ブランデー15m、を注いで ➡ホット・G（熱湯をUp）（ナツ・メグ）
ナイト・キャップ （2人分）（ラルース）	●①ビール450m、ウィスキー60m、ココア・P 2tspををとろ火で温める。 ②卵黄3コ、シュガー4tspをホイップして①に加える。 ➡**ホット・G**（シナモン・S）
ニーガス	●P・ワイン（orシェリー）1P、角砂糖10コ、L・P1コ分、熱湯1クォート、温めて ➡**ホット・G**（ナツ・メグ）
ノルマンディー・コーヒー	●カルバドス30m、シュガー1tsp、➡**ワイン・G**（H・コーヒー適量を入れ、ホイップ・クリームをフロート）
バレー・ドージュ (Vallee d'Auge)	●①ミルク200m、カルバドス40mを温める。②卵黄1コ、シュガー4tspをホイップして①に加える。➡**ホット・G**（アップル・S、シナモン・P）

★ホットドリンク

ビショップ（ホット） （6人分）	●①レモン2コにクローブ20コを刺してオーブンで焼く。 ②水240m、オール・スパイス1tsp、シナモン・S 1本、シュガー1tspを煮つめて、P・ワイン750mを加え、とろ火で温め、沸騰する前にパンチ・ボールに注ぎ、①とコニャック3dを加えて ➡**ホット・G**
ブラック・ストライプ(I)	●D・ラム90m、モラセス（蜂蜜）1tsp、➡**F・G**（熱湯をUp）（ナツ・メグ、L・P）
ブラック・ストライプ（II）	●D・ラム45m、ハニー3tsp、➡**F・G**（熱湯をUp）（ナツ・メグ）
ブランデー・トゥデー	●ブランデー45m、角砂糖1コ、➡**タンブラー**（熱湯Up）（L・P）
ブルー・ブレイザー	●コーヒー30m、シュガー2tsp、オレンジの皮少量、➡**ホット・G**（アイリッシュ・W 60mをとろ火で温めて火を点けたまま注ぐ）
ペパーミント・ピック・ミー・アップ	●ブラック・コーヒー180m、ミント・W30m、➡**ホット・G**（ホイップ・クリーム3tspをフロートして、ミント・G1dをその上にドロップ）
ベルベーヌ・クレオール	●ベルベーヌ（くまつづら）茶1バッグを200mの湯で煎じる、L・J 1コ、ラム1d、シナモン・パウダー少々、シュガー2tsp、➡**ホット・G**

ホット・アップル・ジャック・トゥデー		●A・ジャック30m、L・J2tsp、シュガー1tsp、➡ホット・G（熱湯をUp）（クローブ2・3コ）
ホット・ウィスキー・トゥデー		●ウィスキー30m、L・J2tsp、シュガー1tsp、➡ホット・G（熱湯をUp）（クローブ2・3コ）
ホット・エッグ・ノッグ		●D・ラム30m、ブランデ15m、卵黄1コ、シュガー2tsp、H・ミルク適量、➡ホット・G（ナツ・メグ）
ホット・ジャマイカン・カウ		●ティア・マリア40m、H・ミルク180m、➡ホット・G
ホット・ジン		●D・ジン45m、角砂糖1・2コ、L・J 1/2コ、➡ホット・G（熱湯をUp）（ナツ・メグ）
ホット・バタード・ラム		●D・ラム45m、角砂糖1コ、お湯適量、➡ホット・G（バター1片を浮かべる）（クローブ3・4コ、ロング・スプーン）
ホット・バタード・ラム・カウ		●G・ラム30m、D・ラム15m、角砂糖1コ、H・ミルク適量、➡ホット・G（バター1片を浮かべる）（ロング・スプーン）

★ホットドリンク

ホット・ブランデー・トゥデー	●ブランデ30m、L・J2tsp、シュガー1tsp、➡ホット・G（熱湯をUp）（クローブ2・3コ）
ホット・ブル・ショット	●ビーフ・ブイヨン40mをとろ火で温めて、ウォッカ30m、L・J15m、ウスター・ソース1tsp、タバスコ1dを加えてる。➡ホット・G
ホット・ミルク・パンチ	●ブランデ30m、J・ラム30m、A・ビター1d、シュガー1tsp、ホット・ミルク240m、➡ホット・G（ナツ・メグ）
ホット・ライ	●ライ・W45m、角砂糖1コ、シナモン1コ、L・P1片、➡ホット・G（熱湯をUp）
ホット・ラム	●ラム45m、角砂糖1・2コ、L・J 1/2コ、➡ホット・G（熱湯をUp）（ナツ・メグ）
ホット・ワイン・レモネード	●赤ワイン45m、L・J 2tsp、シュガー1tsp、➡ホット・G（熱湯をUp）（L・P）
マルド・スタウト	●スタウト1G、➡マグ・カップ（焼いたヤキゴテを入れて、スタウトが熱くなったら、スプーンを添える）

マルド・ワイン	●赤ワイン150 m、M・ウォーター60 m、L・J 2tsp、シュガー1tsp、A・ビター1d、温めて➡**ホット・G**（シナモン・S、クローブ1コ）
モンクス・コーヒー	●ベネディク 30m、シュガー1tsp、➡**ワイン・G**（H・コーヒー適量を入れ、ホイップ・クリームをフロート）
ロイヤル・コーヒー	●コニャック 30m、シュガー1tsp、➡**ワイン・G**（H・コーヒー適量を入れ、ホイップ・クリームをフロート）

★ワインカップ

（※大型のウォータージョッキー等でステアする）

《カップ》 Cup	パンチ同様ポピュラーなパーティ・ドリンクで作り方も似ているが、ウォーター・ジョッキで作られる。ワインにブランデー、リキュール、ソーダ、フルーツなどを加えて作る。カップとは、昔、人々が自分の神に捧げた正餐杯（カップ）から来ている。宴会や夜会などで供された。
クラレット・カップ（I）	●クラレット1ボトル、マラスキ30m、キュラソー30m、シュガー45m、ウォーター・ジョッキ（氷）でステア➡O・S、パイン・S、ミント・リーフなどを飾り➡ワイン・G
クラレット・カップ（II）	●クラレット1クォート、O・キュラソー30m、マラスキ15m、シュガー9tsp、ウォーター・ジョッキ（氷）でステア➡季節のフルーツを飾り➡ワイン・G
シャンパン・カップ（I） （12人分）	●ブランデ60m、W・キュラソー30m、マラスキ15m、G・マニエ15m、シュガー20m、ウォーター・ジョッキ（氷）でステア➡O・S、パイン・S、きゅうりの皮などを飾る。➡（サービス前に）シャンパン1ボトルを加え➡Cha・G（O・S、パイン・S、きゅうり・スティックを飾る）

ワインカップ

シャンパン・カップ（Ⅱ）	●ブランデ45m、シャルト（Y）45m、マラスキ45m、パインS3L・S1/2コ、ウォーター・ジョッキ（氷）でステア ➡（サービス前に）シャンパン1ボトルを加え ➡Cha・G
バーガンディ・カップ	●バーガンディ・ワイン1.5クォート、ブランデ60m、ベネディク30m、キュラソー30m、シュガー12tsp、ウォーター・ジョッキ（氷）でステア ➡O・S、パイン・S、きゅうりの皮、チェリー、ミント・リーフなどを飾る ➡ワイン・G(スプーンを添える)
ピムズ・ナンバーワン	●ピムズ・ナンバーワン・カップ45m、➡**タンブラー**（氷、G・エールUp）（L・S、パイン・S、きゅうり・スティック）
ライン・ワイン・カップ	●ライン・ワイン1クォート、キュラソー15m、マラスキ30m、シュガー15m、ウォーター・ジョッキ（氷）でステア ➡**ワイン・G**

★ワインカップ

《トロピカル・ドリンク》 Tropical Drinks		暑い所で好まれる飲み物の事。
イスラ・デ・ピノス		●B・ラム(白)1/2、GF・J 1/2、シュガー 1tsp、G・シロ 1tsp、➡ サワー・G (氷) (ストロー)
カマアイナ		●D・ジン 30m、W・キュラ 15m、L・J 15m、ココナッツ・M30m、➡ L・G(氷、レモネードorサイダーなどを 60mUp)
クァラ・クーラー		●D・ジン 45m、P・J15m、L・J1tsp、➡ゴブレ(氷、ソーダをUp)
サザンコンフォート・スパークル		●S・コンフォート45m、P・J 90m、L・J20m、➡ ゴブレ(クラッシュ、G・エールUp)(P・S、ストロー)
スコーピオン		●W・ラム 45m、ブランデ 30m、O・J20m、L・J20m、ライム・J (コーディアル) 2tsp、➡ L・G (O・S、L・S、マラ・チェリ、ストロー)
ストロベリー・ダイキリ		●W・ラム30m、W・キュラ 1tsp、L・J 1tsp、シュガー 1tsp、イチゴ 2 コ、(クラッシュ) ➡ Cha・G (イチゴ、ストロー)

★トロピカル・ドリンク

チチ	 ●ウォッカ30m、ココナッツ・M 45m、P・J 80m、➡L・G（クラッシュ）（パイン、チェリー、ストロー）
トロピカル・ハリケーン	●W・ラム30m、パインの実1/3グラスを刻んでクラッシュと合わせる、➡L・G（G・シロ2tspを先に落としておく）（P・S、マラ・チェリ、ストロー）
ネグローニ	 ●D・ジン30m、カンパリ30m、S・ベル30m、➡F・G（氷、O・S）
ハイライフ	 ●ウォッカ45m、W・キュラソー10m、P・J10m、卵白1コ、➡Cha・G
ピニャ・コローダ	 ●W・ラム30m、P・J80m、ココナッツ・M45m、➡ゴブレ（P・S、マラ・チェリ、ストロー）
ブルー・ハワイ	 ●W・ラム30m、B・キュラ15m、P・J30m、L・J15m、➡L・G（クラッシュ）（P・S、ストロー）
フローズン・ダイキリ	 ●W・ラム40m、W・キュラ1tsp、L・J（orライム・J）10m、シュガー1tsp、（クラッシュ）➡Cha・G（ミント・リーフ、ストロー）
フローズン・バナナ・ダイキリ	 ●W・ラム30m、W・キュラ1tsp、L・J 1tsp、シュガー1tsp、バナナ1/3本、（クラッシュ）➡Cha・G（バナナ・ストロー）

フローズン・ピーチ	●ウォッカ30m、ピーチ・B 20m、L・J10m、G・シロ15m、(クラッシュ) ➡ Cha・G (レッド・チェリー、ストロー)
マイタイ・パンチ	●W・ラム45m、W・キュラ1tsp、P・J1tsp、O・J1tsp、L・J1/2tsp、➡ ゴブレ(クラッシュ、D・ラム2tsp をフロート)(P・S、O・S、マラ・チェリー、ストロー)
マンゴー・ダイキリ (フローズン)	●W・ラム45m、W・キュラ1tsp、P・J45m、O・J20m、L・J 1tsp、➡ ゴブレ(クラッシュ)(L・S、O・S、P・S、マラ・チェリ、ストロー)
メロン・ダイキリ (フローズン)	●W・ラム30m、W・キュラ1tsp、L・J1tsp、シュガー1tsp、マンゴーの実30~40g、(クラッシュ)➡Cha・G (マラ・チェリ、ストロー)
ルンバ80 (フローズン)	●W・ラム30m、GF・J150m、シュガー1tsp、バナナ1/3本、(クラッシュ)➡ ゴブレ(バナナ、ストロー)
ロング・アイランド・(アイス)ティー	●D・ジン15m、ウォッカ15m、W・ラム15m、テキーラ15m、W・キュラ10m、L・J 30m、シュガー1tsp、コーラ40m、➡ ゴブレ (クラッシュ) (L・S、マラ・チェリ、ストロー)

★ハングオーバー・ドリンク

《ハングオーバー・ドリンク》 Hangover Drinks	二日酔い覚ましドリンクという意味。（迎え酒の事）
オイスター・カクテル	●ブランデ 30m、 ウスター・ソース30m、 ビネガー（酢）4 d、A・ビター3d、 オイスター3コ、➡Cha・G
オールド・ペッパー	●ウィスキー 45m、L・J1 2コ、 チリ・ソース1tsp 、ウスター・ソース 1tsp 、A・ビター 2 d、タバスコ1 d、➡ サワー・G
サファリング・バスタード	●ブランデ1/3、D・ジン1/3、 ローズ・ライム（コーディアル）1/3、 A・ビター2 d、 ➡ タンブラー （G・エールUp）
セシル・ピック・ミー・アップ	●ブランデ60m、シュガー1tsp 、 卵黄1コ、➡Cha・G（シャンパンUp）
ナインティーン・ピック・ミー・アップ	●アブサン2/3、D・ジン1/3、 A・ビター1 d、O・ビター1 d、 シュガー1 d、➡C・G（ソーダ1 d を加える）
ハリーズ・ピック・ミー・アップ	●ブランデ60m、G・シロ 1tsp 、 L・J 1/2コ、➡Cha・G（シャンパンUp）
フェルネット・ブランカ・ピック・ミー・アップ	●D・ジン1/2、F・ブランカ1/4、 S・ベル1/4、➡C・G
フック・アンド・ラダー	●ウィスキー90m、L・J3tsp 、 ウスター・ソース1/2tsp 、 タバスコ1 d、全卵 1 コ、 ➡ サワー・G

プレイリー・オイスター（Ⅰ） （※米国の俗語で生卵の事）		●ウスター・ソース1tsp、ビネガー(酢)1/2tsp、T・ケチャップ1d、➡F・G(卵黄を崩さないで入れ、ペッパー、タバスコ1dを加える)
プレイリー・オイスター（Ⅱ）		●ブランデ45m、ウスター・ソース1d、卵白1コ、➡ **サワー・G**（卵黄1コを崩さずにいれ、塩少々をふりかける）
プレイリー・オイスター（Ⅲ）		●ウスター・ソース1tsp、タバスコ（or ケチャップ）1d、ビネガー（酢）2d、➡F・G（卵黄1コを崩さずに入れ、ペッパーをふりかける）
プレイリー・ヘン		●ウスター・ソース1tsp、タバスコ2d、ビネガー(酢)2d、全卵1コ、塩、コショウ少々、➡ **タンブラー**（卵を崩さずに作る）
ヘアー・オブ・ザ・ドッグ		●スコッチ1/2、ハニー1/4、シェリー（ハーベイ・クリーム）1/4、（クラッシュでシェイク）➡C・G
ボンジュール・パリ		●アブサン45m、アニゼット1tsp、シャルト・Y1/2tsp、D・ベル1/2tsp、L・J1コ、➡F・G(氷、ソーダ少々を加える)
ミルク・トレイン		●ブランデ90m、ミルク1カップ、シュガー1tsp、➡ **コリンズ**

ハングオーバー・ドリンク

★ハングオーバー・ドリンク

モーニング・アフター	●全卵1コ、ウスター・ソース1tsp、(卵を崩さずにグラスに入れ、ソースにおとして、一口で飲む)
モーニング・プレイヤー	●S・ベル30m、カンパリ・ビター15m、➡タンブラー(氷、ソーダUp)

《フラッペ》 Frappé		フランス語で「良く冷やした」という意味。材料をクラッシュ・アイスと共にシェイクして、氷も一緒にグラスに注ぐか、ソーサー型シャンパン・グラスなどにクラッシュド・アイス（又はシェイブド・アイス）をいっぱいに盛り、直接注ぎ、ストローを添える。
アブサン・フラッペ（Ⅰ）		●アブサン45m、冷水30m、シュガー1tsp、➡F・G（クラッシュ）
アブサン・フラッペ（Ⅱ）		●アブサン45m、アニゼット15m、A・ビター3d、（クラッシュで）➡C・G
ゴールデン・フラッペ		●P・ワイン（白）120m、O・J120m、L・J 1tsp、シュガー1tsp、➡ コリンズ（クラッシュ）
ジプシー・セレナーデ・フラッペ		●D・ジン2/3、マラスキ1/3、O・J1d、L・J1d、➡Cha・G（シェイブド・アイス）
ナップ・フラッペ		●キュンメル15m、シャルト（G）15m、ブランデ15m、➡Cha・G（クラッシュ）（ストロー）
バイ・ザ・シー・フラッペ By the sea Frappe		●ブランデ2/3、ミント・G1/3、キルッシュ1d、➡C・G（シェイブド・アイス）
パッション・フラッペ		●D・ジン15m、ブランデ15m、シャルト（G）15m、アブサン5・6d、A・ピコン5・6d、➡Cha・G（シェイブド・アイス）

★フラッペ

ベネディクティン・フラッペ	●ベネディク45m、➡Cha・G（クラッシュ）（ストロー）
ポンプ・ルーム・フラッペ	●ウォッカ45m、ブランデ15m、ミント・W15m、➡F・G（シェイブド・アイス）
ミント・フラッペ （※他全てのリキュール・フラッペ）	●ミント・G45m、➡Cha・G（クラッシュ）（ミント・リーフ、ストロー）（※全てのリキュールを同じように作る）
レディス・デライト・フラッペ	●D・ジン30m、GF・J30m、G・シロ30m、卵白1コ、➡タンブラー（シェイブド・アイス、ストロー）
ワルドール・フラッペ	●アプリ・B30m、ライム・J(or L・J)30m、➡C・G（シェイブド・アイス）（ストロー）

《フローズン・スタイル》 Frozen	材料をクラッシュド・アイスと共に、ブレンダー（ミキサー）にかけシャーベット状にしたカクテル。
アースクィック （ラルース）	●テキーラ40m、G・シロ20m、イチゴ2・3コ、A・ビター2d、（クラッシュ）➡C・G(大)(イチゴ、ストロー)
青時雨	●日本酒30m、G・ティ・L10m、GF・J20m、（クラッシュ）➡Cha・G or サンデー・G（ストロー、スプーン）
アステカ	●テキーラ40m、ライム・J15m、シュガー1/2tsp、マンゴー1切れ、（クラッシュ）➡Cha・G（ライム・S、ストロー）
アプリコット・ダイキリ	●ラム40m、L・J40m、アプリ・B20m、あんず3コ、（クラッシュ）➡Cha・G（ミント・チェリ、マラ・チェリ）
アプリコット・ノッグ	●ラム40m、アプリ・B20m、ネクター20m、生クリーム10m、（クラッシュ）➡コリンズ（ストロー）
アプリコット・レディ	●ラム30m、アプリ・J（ネクター）45m、キュラソー10m、卵白1コ、（クラッシュ）➡Br・G

★フローズン

アラウンド・ザ・ワールド （ラルース）	●W・ラム50m、ブランデ8m、O・J50m、L・J50m、アーモンド・シロ15m、（クラッシュ）➡ **ゴブレ**（ストロー）
アラビアのロレンス （バー「八月の鯨」オリジナル）	●ラム20m、G・エール20m、バナナ1/4本、（クラッシュ）➡ **サンデー・G**
インデアン・サマー	●W・ラム40m、D・ジン40m、ココナッツ・J120m、ココナッツ・L30m、生クリーム30m、（クラッシュ）➡ **ゴブレ**（ココナッツ、ストロー）
エル・コンキスタドール	●151デメララ・ラム20m、W・ラム30m、T・セック10m、ココナッツ・L10m、マイタイ・ミックス10m、L・J10m、（クラッシュ）➡ **Cha・G**（O・S、マラ・チェリ、ストロー）
エンジェル・スペシャル	●O・J200m、G・シロ20m、卵黄1コ、A・ビター2d、（クラッシュ）➡ **フルート・G**（マラ・チェリ、ストロー）
オレンジ・ダイキリ	●W・ラム40m、レモン20m、シュガー20m、G・シロ1d、（クラッシュ）➡ **Cha・G**
オレンジ・ペパーミント・シェーク	●卵白1コ、シュガー2tsp、ミント・リーフ2枚、O・J200m、（クラッシュ）➡ **サワー・G**（O・S、ミント・リーフ、ストロー）

カサブランカ （ラルース）	●W・ラム40m、P・J60m、ココナッツ・L20m、G・シロ2d、A・ビター1d、（クラッシュ）➡ **サワー・G**（ストロー）
ガト (Gato)	●D・ジン40m、イチゴ5・6コ、シュガー1tsp、ブレン（クラッシュ）➡**Cha・G**（イチゴを飾る）
キャサリン・ブロッサム	●O・J200m、メープル・シロ2tsp、O・シャーベット2コ、（クラッシュ）➡ **コリンズ**（氷、ソーダUp）（ストロー）
キャリオカ (Carioca)	●コニャック30m、カルーア15m、生クリーム20m、卵黄1コ、（クラッシュ）➡**Cha・G**（シナモン・パウダー、ストロー）
キューカンバー・フラッペ	●ミント・G30m、カカオ・W30m、生クリーム30m、（クラッシュ）➡**Cha・G**（ストロー）
グリーン・アイズ	●G・ラム30m、メロン・L25m、P・J45m、ココナッツ・M15m、ライム・J15m、（クラッシュ）➡ **ゴブレ**（レモン・S、ストロー）
グレナデン・シェーク	●G・シロ20m、P・J20m、L・J 10m、卵白1コ、（クラッシュ）➡ **ゴブレ**（氷、ソーダUp）（マラ・チェリ）

★フローズン

クロース・エンカウンターズ (ラルース)	●ブランデ30m、O・キュラ15m、O・J120m、イチゴ4コ、A・ビター1d、（クラッシュ）➡ **ゴブレ**（O・S、イチゴ）
ケントゥミ (Kentumi)	●パッション・F・シロ30m、バニラ・アイス1コ、ライム・J 10m、（クラッシュ）➡ **ゴブレ**（ソーダUp）（マラ・チェリ）
コキート	●W・ラム30m、チェリ・B15m、ココナッツ・M15m、生クリーム90m、（クラッシュ）➡ **タンブラー**（ストロー）
ココ・オコ (Coco Oco)	●ココナッツ・シロ20m、L・J 10m、マラスキ・シロ1tsp、ミルク100m、（クラッシュ）➡ **C・G**（大）（マラ・チェリ）
ココ・ロコ (Coco Loco)	●W・ラム30m、アプリ・B30m、ココヤシ・J120m、ココナッツ・M30m、（クラッシュ）➡ **ココヤシの容器**（シナモン・S、ストロー）
ココナッツ・テキーラ	●テキーラ30m、L・J15m、ココナッツ・M15m、マラスキ15m、（クラッシュ）➡ **Cha・G**（L・S）
サザン・ウィスパー ('91 上田和男 作)	●ウォッカ20 m、オルデスロー・エフィルジッヒ（桃のリキュール）20 m、G・シロ10 m、桃のシロップ漬け1/2コ、➡ **サンデー・G**（ストロー、スプーン）

サザン・ウィスパー	●ウォッカ20m、エフィルジッヒ（ピーチ・L）20m、桃の缶詰1/2、G・シロ10m、（クラッシュ）➡サンデー・G（ストロー2本、スプーン）
サニー・ドリーム	●アプリ・B30m、コアントロー15m、O・J90m、L・J1d、バニラ・アイス適量、（クラッシュ）➡ ブラ・G（O・S、マラ・チェリ）
サマー・ミント	●ミント・G10m、コアントロー10m、ガリアーノ10m、P・J 30m、L・J30m、GF・J30m、（クラッシュ）➡フルート・G（ミント・リーフ、マラ・チェリ、ストロー）
シャーベット・アンド・ティー・パンチ	●オレンジ・シャーベット2コ、O・J30m、紅茶60m、シュガー1tsp、L・J10m、（クラッシュ）➡ サワー・G（ストロー）
ジャックス・スペシャル	●イチゴ50g、P・J200m、L・J1・2d、（クラッシュ）➡Cha・G（イチゴ1/2、ストロー）
ジュリアナ・ブルー	●D・ジン30m、コアントロー15m、B・キュラ15m、P・J60m、ライム・J15m、ココナッツ・L30m、ブレン（クラッシュ）➡ ゴブレ（パイン、マラ・チェリ、ストロー）

★フローズン

ショーシャンクの空に (バー「八月の鯨」オリジナル)	●カルピス20m、ブルーベリー・L 20m、(クラッシュ) ➡Cha・G (B・キュラ2tspをフロート)
ストロベリー・ダイキリ	●W・ラム30m、W・キュラ 1tsp、L・J 1tsp、シュガー 1tsp、イチゴ 2 コ、(クラッシュ) ➡Cha・G (イチゴ、ストロー)
ストロベリー・ダイキリ	●W・ラム30m、ストロベリー・L20m、L・J15m、イチゴ5・6コ、(クラッシュ) ➡Cha・G (イチゴ)
スパイシー・ジンジャー・タンタライザー	●O・J100m、シロップ漬けしょうが15g、生姜シロ10m、(クラッシュ) ➡C・G (大)(ストロー、生姜スライス)
スリム・ファンタジー ('83、上田和男 作)	●ウォッカ20m、ポワール・シロ20m、L・J10m、B・キュラ 1tsp、➡ サワー・G
戦場のメリークリスマス (バー「八月の鯨」オリジナル)	●マロン・L10m、ブランデ10m、マロン・ペースト10m、生クリーム10m、(クラッシュ) ➡Cha・G (D・ラム2tspをフロート)(ミント・リーフ、マラ・チェリ、ミントチェリー、ストロー)

太陽がいっぱい (バー「八月の鯨」オリジナル)	●ピサン・ガルーダ20m、GF・J 20m、B・キュラ1tsp、(クラッシュ)➡ **ゴブレ** (ミント・チェリー、ストロー)
チチ (※フローズン・スタイル)	●ウォッカ45m、P・J90m、ココナッツ・L30m、L・J 1tsp、(クラッシュ)➡ **ゴブレ**
チャイニーズ・イッチ	●G・ラム30m、パッション・F・ネクター 30m、ライム・J20m、アーモンド・シロ1d、(クラッシュ)➡ **Cha・G** (ライム・S)
ティップ・レディ・ダイキリ	●W・ラム30m、L・J20m、ライム・J15m、シュガー1tsp、(クラッシュ)➡ **Cha・G** (ピーチ一切れを飾る)
ティプシー・グァバ	●グァバ・J200m、ライム・J10m、カシス・シロ20m、ラム・エッセンス5d、(クラッシュ)➡ **サワー・G** (玉型メロン3コ、ストロー)
テキーラ・カクテル	●テキーラ40m、ライム・J15m、シュガー1d、G・シロ1d、(クラッシュ)➡ **C・G(大)** (L・S)
テキーラ・サンセット	●テキーラ30m、L・J30m、G・シロ1tsp、(クラッシュ)➡ **ゴブレ** (ライム・S、マドラー)

★フローズン

ドゥ・ドゥ・フィズ	●卵白１コ、シュガー3tsp 、L・J20m、ココナッツ・シロ10m、ラム・エッセンス6 d、(クラッシュ) ➡ **サワー・G** (ソーダUp) (L・S、ストロー)
時計じかけのオレンジ (バー「八月の鯨」オリジナル)	●カシス・L20m、O・J20m、コアントロー 2tsp 、(クラッシュ) ➡ **ワイン・G** (O・S、マラ・チェリ)
トマト・キューカンバー・クーラー	●T・J150m、きゅうり30g(皮なし)、L・J2d、ウスター・ソース2d、塩少々、Bkペッパー少々、(クラッシュ) ➡**ゴブレ** (ソルト・スノー) (きゅうり、ストロー)
トロピカル・ストーム	●ウォッカ10m、G・ラム30m、O・J20m、ライム・J10m、P・J10m、A・ビター1d、G・シロ1d、(クラッシュ) ➡**Br・G** (パイン、バナナ、マラ・チェリ)
ナン・ジョーヌ	●卵黄１コ、生クリーム100m、パッション・F・シロ20m、アーモンド・ビター1d、(クラッシュ) ➡ **サワー・G** (ソーダUp) (ストロー)

ニュー・シネマ・パラダイス (バー「八月の鯨」オリジナル)	●ウォッカ20m、ヨーグルト・L10m、O・J20m、(クラッシュ)ブレンダーにかけ一度止めてオレンジ・ゼリーを足して、再度軽くブレンダーを回して ➡ ピルスナー・G
バグダッド・カフェ (バー「八月の鯨」オリジナル)	●カルーア20m、生クリーム20m、D・ラム1tsp、(クラッシュ)➡Cha・G
バナナ・カウ(Ⅰ)	●W・ラム40m、ミルク120m、バナナ1本、シュガー1tsp、ミント1d、A・ビター1d、(クラッシュ)➡10タン(ストロー)
バナナ・カウ(Ⅱ)	●G・ラム45m、バナナ1本、ココナッツ・L120m、シュガー1tsp、(クラッシュ) ➡ ゴブレ(ストロー)
バナナ・ダイキリ(Ⅰ)	●W・ラム30m、バナナ・L10m、W・キュラ1tsp、L・J10m、シュガー1tsp、バナナ1/3本、(クラッシュ)➡ワイン・G(ストロー)
バナナ・ダイキリ(Ⅱ)	●G・ラム30m、バナナ・L15m、L・J15m、バナナ1/2本、シュガー2tsp、(クラッシュ) ➡Cha・G
バナナ・ロワイヤル	●G・ラム45m、ココナッツ・L45m、P・J90m、生クリーム15m、バナナ1本、(クラッシュ) ➡ ゴブレ(ナツ・メグ)

★フローズン

パパイヤ・ロワイヤル	●W・ラム30m、パパイヤ150 g、ミルク90m、シュガー1tsp、(クラッシュ) ➡ ゴブレ
バヒア	●G・ラム40m、P・J 40m、ココナッツ・L20m、(クラッシュ) ➡ ピルスナー・G (ミント・リーフ、パイン・S)
バリア・リーフ	●D・ジン30m、コアントロー20m、A・ビター1 d、バニラ・アイス適量、ブレン(クラッシュ) ➡ Cha・G (B・キュラをドロップする)
ハワイアン・コーヒー	●W・ラム20m、P・J40m、アイス・コーヒー120m、(クラッシュ) ➡ ゴブレ
バンシー	●バナナ・L30m、カカオ・L(D)30m、生クリーム30m、シュガー1 d、(クラッシュ) ➡ C・G(大)
ピーチ・ダイキリ	●W・ラム30m、ピーチ・L15m、L・J15m、桃1コ、マラスキ2 d、(クラッシュ) ➡ Cha・G (桃、マラ・チェリ)
ビッグ・アップル	●アップル・B60m、アマレット15m、アップル・J90m、アップル・ソース1tsp、ブレン(クラッシュ) ➡ サンデー・G (シナモン・パウダ)

ピニャ・コラーダ （フローズンスタイル）	●W・ラム30m、P・J60m、ココナッツ・M20m、生クリーム10m、（クラッシュ）➡ **コリンズ**（パイン、ストロー）
ピニャ・コラーダ （ラルース）	●ココナッツ・M80m、P・J40m、アーモンド・シロ1d（クラッシュ）➡ **サワー・G**（パイン、マラ・チェリ、ストロー）
ピンク・パンサー・フリップ （※ノン・アルコール）	●O・J 200m、G・シロ20m、卵黄1コ、A・ビター2d、（クラッシュ）➡ **ゴブレ**（マラ・チェリ、ストロー）
ピンク・メロン・ディライト	●メロン60g、イチゴ60g、オレンジ・シャーベット1コ、（クラッシュ）➡ **ゴブレ**（G・エールUp）（メロン、イチゴ、ストロー）
フェリシタシオン	●O・J30m、T・J 30m、カシス・J30m、卵黄1コ、（クラッシュ）➡ **サワー・G**（O・S、ストロー）
プッシー・フット	●W・ラム45m、生クリーム30m、P・J30m、ライム・J30m、チェリ・B30m、（クラッシュ）➡ **コリンズ**（マラ・チェリ、O・S）
プラム・シェーク	●プラム・J 150m、O・J 100m、バニラ・アイス2コ、（クラッシュ）➡ **コリンズ**（ストロー2本）

★フローズン

フローズン・サザンコンフォート	●S・コンフォート40m、マラスキ1d、ライム・J15m、シュガー1tsp、（クラッシュ）➡Cha・G（ストロー）
フローズン・スコッチ	●スコッチ40m、L・J30m、シュガー1/2tsp、コアントロー1d、A・ビター1d、パイン1切れ（クラッシュ）➡F・G（パイン、ストロー）
フローズン・ステップス	●ウォッカ30m、カカオ・L（マロン）30m、バニラ・アイス適量、（クラッシュ）➡ブランデー・G（マラ・チェリ）
フローズン・ストロベリー・マルガリータ	●テキーラ30m、ストロベリー・L15m、ライム・J15m、シュガー1tsp、イチゴ2・3コ、（クラッシュ）➡Cha・G（ソルト・スノー）（ストロー）
フローズン・ダイキリ（Ⅰ）	●W・ラム60m、マラスキ1tsp、ライム・J10m、シュガー1tsp、（クラッシュ）➡Cha・G（ストロー）
フローズン・ダイキリ（Ⅱ）	●W・ラム40m、W・キュラ1tsp、L・J（or ライム・J）10m、シュガー1tsp、（クラッシュ）➡Cha・G（ミント・リーフ、ストロー）
フローズン・ダイキリ（ラルース）	●W・ラム30m、L・J15m、マラスキ1d、シュガー15m、（クラッシュ）➡Cha・G（マラ・チェリ、ミント・リーフ）

フローズン・パイナップル・ダイキリ	●W・ラム30m、パイン2・3切れ、ライム・J15m、T・セック10m、シュガー1tsp、(クラッシュ)➡Cha・G
フローズン・バナナ・ダイキリ(Ⅰ)	●W・ラム6/10、バナナ・L3/10、G・シロ1/10、バナナ1/2本、(クラッシュ)➡ゴブレ(ストロー)
フローズン・バナナ・ダイキリ(Ⅱ)	●W・ラム30m、W・キュラ1tsp、L・J1tsp、シュガー1tsp、バナナ1/3本、(クラッシュ)➡Cha・G(バナナ・ストロー)
フローズン・ピーチ	●ウォッカ30m、ピーチ・B20m、L・J10m、G・シロ15m、(クラッシュ)➡Cha・G(マラ・チェリ、ストロー)
フローズン・フォーリーズ	●チャールトン・フォーリース30m、W・ラム10m、P・J10m、G・シロ10m、ブレン(クラッシュ)➡L・G(ミント・リーフ、ストロー)
フローズン・マルガリータ	●テキーラ30m、コアントロー15m、ライム・J15m、シュガー1tsp、(クラッシュ)➡Cha・G(ソルト・スノー)(ストロー)
フローズン・ミント・ダイキリ	●W・ラム30m、ミント・W15m、ライム・J15m、(クラッシュ)Cha・G(ミント・リーフ)

★フローズン

フロスティ・ライム	●ライム・シャーベット1コ、GF・J 20m、ミント・シロ 20m、➡ Cha・G(氷)(ライム・S、ミント・リーフ、ストロー)
ボストン・エッグ・ノッグ	●マデラ・W60m、コニャック10m、ラム 1tsp、シュガー 1tsp、ミルク80m、(クラッシュ) ➡ゴブレ(ナツ・メグ、ストロー)
マウイ・フィズ	●W・ラム45m、全卵1コ、P・J 120m、シュガー 1tsp、(クラッシュ) ➡ コリンズ (パイン、ストロー)
マウント・フジ	●カルバドス30m、W・ラム30m、S・コンフォ30m、ライム・J 15m、シュガー 3tsp、(クラッシュ) ➡F・G (ストロー)
マヤ	●W・ラム45m、G・ラム15m、コアントロー10m、P・J60m、シュガー1tsp、(クラッシュ) ➡ ゴブレ (パイン、マラ・チェリ、ミント・リーフ)
マンゴー・ダイキリ	●W・ラム30m、W・キュラ 1tsp、L・J1tsp、シュガー1tsp、マンゴーの実30〜40g、(クラッシュ) ➡ Cha・G (マラ・チェリ、ストロー)
メロン・ダイキリ	●W・ラム30m、W・キュラ 1tsp、L・J1tsp、シュガー1tsp、プリンス・メロン40g、(クラッシュ) ➡ Cha・G (メロン・S、ストロー)

メロン・デライト	●メロン1/8コ、バニラ・アイス25g、メロン・シロ10m、（クラッシュ）➡**サンデー・G**（スプーン、ストロー）
ラ・フロリダ・ダイキリ	●W・ラム30m、マラスキ1tsp、ライム・J15m、シュガー1tsp、（クラッシュ） ➡Cha・G
ラズベリー・エンジェル	●フランボワ・L45m、プレーン・ヨーグルト45m、M・ウォーター45m、ブレン（クラッシュ）➡**ワイン・G**（マラ・チェリ、ストロー）
ルンバ80	●W・ラム30m、GF・J150m、シュガー1tsp、バナナ1/3本、（クラッシュ）➡**ゴブレ**（バナナ、ストロー）
ローマの休日 （バー「八月の鯨」オリジナル）	●フランボワ・L20m、生クリーム20m、バニラ・アイス30g、アマレット1tsp、（クラッシュ）➡L・G（マラ・チェリ、ストロー）
ロミオとジュリエット （バー「八月の鯨」オリジナル）	●パイナップル・L20m、クランベリー・J20m、イチゴ1コ、（クラッシュ）➡**フルート・G**（イチゴを飾り、ストローを添える）
ワイキリ	●バーボン40m、T・セック10m、L・J20m、G・シロ1tsp、（クラッシュ） ➡Cha・G

★フローズン

ワン・アイルランド	 ●アイリッシュ・W40m、ミント・G 1tsp 、バニラ・アイス適量、（クラッシュ）➡ Cha・G（マラ・チェリ、ストロー）

《プース・カフェ》 Pousse café	数種類のスピリッツやリキュール、生クリームなどを、比重の大きいものから順に混ざらないように層を作るように積み重ねていく。プースとはフランス語で「押す」とか「浮力」などの意味がある。
ウェストサイド物語 (バー「八月の鯨」オリジナル)	●①カリフォルニア・シャブリ20m ②プエルトリカン・ラム20m、➡ リキュール・G（マラ・チェリ）
エンジェル・ウィング (I)	●①カカオ・L1/2②プルネル・B1/2③生クリーム適量 ➡ リキュール・G
エンジェル・ウィング (II)	●①カカオ・L②コニャック③生クリーム、各1/3、➡P·カフェ·G
エンジェルズ・キス	●①カカオ・L ②バイオレット・L③コニャック④生クリーム、各1/4、➡P・カフェ・G
エンジェルズ・ティット	●①マラスキ2/3②生クリーム1/3 ➡P・カフェ・グラス（マラ・チェリをピンに刺してグラスに乗せる）
エンジェルズ・ティップ	●①カカオ・L 3/4②生クリーム1/4、➡P・カフェ・G
エンジェルズ・ディライト	●①G・シロ ②T・セック③クレーム・イベット④生クリーム、各1/4、➡P ・カフェ・G

★プース・カフェ

エンジェルズ・ドリーム		●①マラスキ ②クレーム・イベット③コニャック、各1/3 ➡P・カフェ・G
オーガズム		●①カルーア②アマレット③ベイリーズ、各20m、➡リキュール・G
キング・アルフォンソ (or アルフォンス)		●①カカオ・L 3/4、②生クリーム1/4 ➡ リキュール・G
シャンプレル		●①キュラソー ②アニゼット③シャルト④コニャック、各1/4、 ➡P・カフェ・G
スターズ・アンド・ストライプス		●①カカオ・L ②マラスキ③シャルト（G） ➡ リキュール・G
セックスと嘘とビデオテープ (バー「八月の鯨」オリジナル)		●①ピーチ・L20m、G・シロ1tsp、L・J10m、 ➡ コリンズ（氷、O・J30m）②GF・J30m、B・キュラ1tsp、①に注ぎ、マドラーを挿して混ぜずに出す。
ナップ・フラッペ		●①キュンメル15m②シャルト(G)15m③ブランデー15m ➡Cha・G（クラッシュ）
ビー・52		●①コーヒー・L 20m ②アイリッシュ・クリーム20m ③G・マニエ ➡リキュール・G

ビー・アンド・ビー	●①ベネディク②ブランデ、各1/2 ➡ リキュール・G
フィフス・アベニュー	●①カカオ・L②アプリ・B③生クリーム ➡ リキュール・G
フィフス・エレメント (バー「八月の鯨」オリジナル)	●①G・シロ、②ミント・W、③B・キュラ、④ブランデ、各10m、➡ リキュール・G
プース・ラ・ムール	●①マラスキ②ホイップした卵黄③ベネディク④コニャック、各1/4、➡P・カフェ・G
ブラック・ドラゴン	●①カルーア1/3、②ミント・シュナップス(オランダ・ジン)1/3、③スコッチ1/3、➡ リキュール・G
プロヴァンス物語 マルセルの夏 (バー「八月の鯨」オリジナル)	●①マリーブリザール・メロン&ウォーターメロン30m、②GF・J30m、③トニック・W適量、➡ L・G(氷)
ベネディクティン・スキャファ	●ベネディク、ウィスキー(or ジン、ラム)、各1/2、A・ビター1d、➡ リキュール・G
ポート・アンド・スターボード	●G・シロ、ミント・G、各1/2、➡P・カフェ・グラス

★プース・カフェ

ユニオン・ジャック	●①G・シロ、②マラスキ、③シャルト(G)、各1/3、 **➡リキュール・G**
ラルク・アン・シエル (ラルース)	●①G・シロ ②アニゼット③ミント・G④B・キュラ⑤バイオレット・L ⑥リキュール・ドール ⑦コニャック、各1/7、 **➡P・カフェ・G**
レインボー (ラルース)	●アドボカート30m、O・J 1tsp、**➡ タンブラ**(氷、B・キュラ15m、チェリ・B15mをプースする)
レインボー	●①G・シロ②メロン・L③カカオ・L④ミント・W⑤スロー・G⑥ウォッカ⑦ブランデー、 **➡ リキュール・G**
ワーズ (サボイ)	●①シャルト・(G) 30m、②ブランデ30m、**➡ F・G**(先にクラッシュとサークル・ピール(オレンジ or レモン)を入れ)①②をプースする。

Sparkling Wine

スパークリング・ワインとは？

発酵の際発生する炭酸ガスの一部をワイン中に溶かした「発泡性ワイン」の事。ビン内２次発酵、タンク内2次発酵、炭酸ガス吹き込み法など幾つかの製造法があるが、基本的に3.5気圧以上のガス圧を持つワインの事。もっとも有名なのが、ビン内二次発酵によるフランスのシャンパンである。従来、このシャンパンと同じようにビン内二次発酵で造られたものは、世界各地でメトード・シャンプノワーズ(Methode Champenoise)と表記していたが、現在ではフランスの他の地方のものは「クレマン(Cremant)」とか「伝統的(Tradeitiional)」と呼んでいる。

シャンパン(Champagne)とは？ Champagne

フランスのブドウ栽培地としては最北部に位置するシャンパーニュで造られるスパークリング・ワインのこと。黒ブドウのピノ・ノワール、ピノ・ムーニエ、白ブドウのシャルドネからつくられる。甘口(Doux)から辛口(Brut)まである。

他にヴァン・ムスー(フランスのシャンパーニュ地方以外のもの)、スプマンテ(イタリア)、エスプモーソ(スペイン)、シャウムヴァイン(ドイツ)などが有名。

最近は女性客のバー進出と、スパークリングワインが安価に手に入るようになったため、シャンパンを使ったカクテルがブームになっており、オリジナルのシャンパン・カクテルが各バーで作られている。

★シャンパン・カクテル

アーティラリー・パンチ （１５人分）	●パイン1/2コ、イチゴ100g、オレンジ300gの果汁に、ドライ・シードル500m、バーボン80m、G・ラム80mを加えステアして一晩寝かせて、➡ **パンチ・G**（氷、シャンパン適量をＵｐ）
アズテック・パンチ （１５人分）	●冷ました紅茶200m、テキーラ350m、GF・J200m、L・J20m、シュガー80m、パンチ・Bでステアして（氷で冷やす）➡ **パンチ・G**
アメリカン・フライヤー	●W・ラム40m、ライム・J40m、シュガー1/2tsp、 ➡ **フルート・G**（シャンパンUp）
アメリカン・ローズ	●ブランデ1G（60m）、ペルノー1d、G・シロ1d、桃1/2コ、 ➡ **フルート・G**（クラッシュ、シャンパンUp）
アラック・クーラー	●アラック30m、W・ラム10m、L・J1tsp、シュガー1tsp、➡ **コリンズ**（氷、ソーダｏｒシャンパンUp）
アリストクラット・スパークリング	●バーガンディ・ワイン1ボトル、ブランデ120m、ソーダ1カップ、シュガー1カップ、パンチ・Bでステアして（氷で冷やす）➡（サービス前に）イチゴやO・Sを入れ、シャンパン2ボトルと同量のソーダを加え ➡ **パンチ・G**

アンブレ （ホテル・ロワイヤル・モンソー）	●O・J 20m、バナナ・L 10m、マンダリン・L10m、 ➡ フルート・G（シャンパンUp）
アンブローザ	●カルバドス20 m、コニャック20 m、 フランボワーズ・シロ2 d、 ➡ フルート・G（シャンパンUp） （フランボワーズを飾る）
インペリアル・パンチ	●バーボン60m、キュラソー1 tsp、 L・J1 tsp、シュガー1 tsp、 ➡ タンブラー（シャンパンUp）
インペリアル・ホテル・フィズ	●ウィスキー30m、ラム15m、 L・J 4d、ライム・J1/2コ、 ➡ タンブラー（氷、シャンパンUp）
ヴァレンシア・パンチ	●アプリ・B 45m、O・J 45m、O・ビター3d、 ➡ タンブラー（シャンパンUp）
ウィンザー・ロマンス	●ジン1/4、パッション・J 1/4、 アマレット1/4、ミント・チョコ1/4、 ➡ Cha・G（シャンパンをUp） （ストロベリーを飾る）
ウエスタン・エレクトリック	●メドック（赤）、ブランデ、コアントロー、 各15m、➡フルート・G（シャンパンUp）
エアー・メイル	●ライト・ラム（G・ラム）45 m、ハニー1tsp、 ライム・J 1/2コ、➡ タンブラー（氷、 D・シャンパンUp）
エンジェル （88、上田和男作）	●コアントロー10m、GF・J30m、G・シロ1 tsp、 ➡ フルート・G（シャンパンUp）

★シャンパン・カクテル

エンパイアー・パンチ	●クラレット120m、ブランデ1tsp、ベネディク1tsp、キュラソー1tsp、➡ **コリンズ**（氷、シャンパンUp）（季節のフルーツ）
エンパイヤー・スペシャル	●クラレット30m、ベネディク1tsp、マラスキ1tsp、キュラソー1tsp、➡ **コリンズ**（氷、シャンパンUp）（季節のフルーツを飾る）
カーディナル・パンチ	●クラレット2クォート、ソーダ2クォート、S・ベル45m、ブランデ1パイント、ラム1パイント、シュガー1.5パイント、パンチ・Bでステア（氷、O・SとP・Sを加える）➡（サービス前に）シャンパン1/2ボトルを加えて➡ **パンチ・G**
カクテル・パンチ （40人分）	●ブランデー1ボトル、シェリー1ボトル、ソーテルヌ1ボトル、パンチ・Bでステアして（氷で冷やす）➡（サービス前に）シャンパン3ボトルを加え➡ **C・G**
家族の肖像 （バー、ラジオ オリジナル）	●ポワール・ウィリアム30m、ミント・G10m、➡ **フルート・G**（シャンパンUp）
カメリア （仏 ル・フォーラムオリジナル）	●コニャック2/10、コアントロー1/ 0、ストロベリー・J 3/10、A・ビター d、➡ **フルート・G**（シャンパンUp、L・P）
クィーン・スプマンテ （'89、京王プラザホテル、榎本憲男 作）	●マルティーニ・ロゼ30m、フランボワ・L15m、O・J 60m、➡ **ワイン・G**（スプマンテUp）（O・S 1/6、レッド・チェリー）

クィーン・ロワイヤル (H.B.A.木原 均 作)	●チェリ・マニエ2/3、L・J 1/3、G・シロ1tsp、➡ フルート・G(シャンパンUp)
クィンテット ('91、バース・カット、田中興一 作)	●マルティーニ・D15m、マルティーニ(赤)15m、マルティーニ(白)15m、カシス・L１５m、➡ Cha・G(スプマンテUp)(ライム・Sを飾る)
クラブ・パンチ	●ブランデ1クォート、キュラソー120m、O・ビター30m、L・J１０コ、シュガー250g、パンチ・Bでステアして(氷で冷やす)➡(サービス前に)季節のフルーツ、シャンパン2クォート、ソーダ1クォートを加え➡ Cha・G(季節のフルーツを飾る)
クラレット・パンチ (Ⅱ)	●ソーダ1ボトル、マラスキ120m、O・S 2コ、L・S 2コ、角砂糖12コ、パンチ・Bでステアして➡(サービス前に)氷、クラレット4ボトル、シャンパン1ボトル、季節のフルーツを加え➡ Cha・G
クリスタル・ハーモニー ('89、パイプのけむり、山野井有三 作)	●ピーチ・ツリー30m、ウォッカ20m、*GF*・J２０m、チェリ・B 2tsp、➡ フルート・G(シャンパンUp)(蘭の花を飾る)
心みだれて (バー「八月の鯨」オリジナル)	●赤ワイン1/4、G・J1/4、➡ フルート・G(シャンパン1/2Up)
サボイ・スプリングタイム	●ジン、コアントロー、ポワール・ウィリアム、O・J、各1/4、➡ Cha・G(シャンパンUp)

★シャンパン・カクテル

サボイ 90	●アマレット30m、ライム・J30m、オレンジ・フラワー・ウォーター1d、(シュガー・スノー) ➡**サワー・G** (シャンパンUp)
サンタ・フェ・クーラー (Santa Fe cooler)	●アップル・J40m、コアントロー10m、O・キュラ10m、ライム・J1コ、➡ **コリンズ** (氷、シャンパンUp)
シカゴ	●ブランデ45m、O・キュラ2d、A・ビター1d、(シュガー・スノー) ➡ **フルート・G** (シャンパンUp)
シャンパン・アンド・フランボワーズ	●フランボワーズ・L1/5、➡**フルート・G** (シャンパン4/5 Up)
シャンパン・カクテル	●グラスに角砂糖1コを入れ、A・ビター1dで湿らせて、➡**Cha・G** (シャンパンを1G分満たす)
シャンパン・カップ	●ブランデ5m、W・キュラ1tsp、マラスキ1d、G・マニエ1d、シュガー1d、➡**Cha・G** (シャンパンUp)
シャンパン・カップ(I) (12人分)	●ブランデ60m、W・キュラソー30m、マラスキ15m、G・マニエ15m、シュガー20m、ウォーター・ジョッキ(氷)でステア ➡O・S、パイン・S、きゅうりの皮などを飾る。➡ (サービス前に)シャンパン1ボトルを加え➡**Cha・G**(O・S、パイン・S、きゅうり・スティックを飾る)

シャンパン・カップ（Ⅱ）	●ブランデ45m、シャルト・Y45m、マラスキ45m、パイン3スライス、L・S1/2コ、ウォーター・ジョッキ（氷）でステア ➡（サービス前に）シャンパン1ボトルを加え ➡ **Cha・G**
シャンパン・コブラー	●L・J 1tsp、キュラソー1tsp、➡ **ゴブレ**（氷、シャンパンUp）（O・S、パイン、ストロー）
シャンパン・サイドカー	●ブランデ2/4、コアントロー1/4、L・J 1/4、➡**Cha・G**（シャンパンUp）
シャンパン・サワー	●L・J 1tsp、シュガー1tsp、➡ **サワー・G**（シャンパンUp）
シャンパン・ジュレップ	●水2tsp、角砂糖1コ、ミント・リーフ4枚、➡ **コリンズ・G**（ミントをつぶして、シャンパンUp、氷）（ミント・リーフ、O・Sを飾る）
シャンパン・パンチ（Ⅰ）（20人分）	●シャンパン1本、W・ラム90m、W・キュラ90m、ライム・J 90m、シュガー90m、パンチ・B（O・S、ライム・S入り）でステア ➡（サービス前に）氷、ソーダ400mを加えて ➡ **パンチ・G**

★シャンパン・カクテル

シャンパン・パンチ（Ⅱ）		●ブランデ45m、マラスキ45m、キュラソー45m、シュガー250g、パンチ・Bでステアして（氷で冷やす）➡（サービス前に）フルーツ・S、イチゴ等を入れ、シャンパン2クォート、ソーダ1クォートを加え➡ **Cha・G**
シャンパン・パンチ（Ⅲ）		●シェリー120m、マラスキ60m、角砂糖1コ、L・J1コ、パンチ・Bでステアして（氷で冷やす）➡（サービス前に）シャンパン1クォート、ソーダ1クォートを加え、➡ **パンチ・G**
シャンパン・ブルース		●B・キュラ10m、➡ **フルート・G**（シャンパン適量を満たしてL・P）
シャンボール・ロワイヤル （87.上田和男 作）		●シャンボール・L 1/10、シャンパン9/10、➡ **フルート・G**
ジュリエット （なしきひろし作）		●ウォッカ40m、ブランボワ・L10m、G・シロ10m、 ➡ **フルート・G**（シャンパンUp） （マラ・チェリを飾る）
ジングル・ベル （H.B.A.木原均 作）		●S・コンフォ15m、G・シロ10m、O・J20m、➡ **F・G**（氷、シャンパンUp）（O・S、ストロー）
ステラ・バイ・スターライト （バー、ラジオ オリジナル）		●フランボワーズ・L10m、 ➡ **フルート・G**（シャンパンUp）
セシル・ピック・ミー・アップ		●ブランデ60m、シュガー1tsp、 卵黄1コ、➡ **Cha・G**（シャンパンUp）

セレブレーション ('86、京王プラザホテル、渡辺 一也 作)	●コニャック1/6、フランボワ・L 2/6、ライム・J1tsp、 ➡Cha・G（S・ワイン3/6をUp）
ダイナマイト	●G・マニエ30m、ブランデ30m、O・J 60m、 ➡フルート・G（シャンパンUp）（O・S、マラ・チェリ）
タンカレー・インペリアル ('99、シェラトン・グランデ・トーキョー・ベイ・ホテル、千賀 峰生 作)	●タンカレー・G30m、G・マニエ20m、ライム・J（コーディアル）10m、 ➡Cha・G（モエ・シャンドン30mを先に入れておく）
地下鉄のザジ （バー「八月の鯨」オリジナル）	●O・J 10m、O・キュラ1tsp、G・シロ1tsp、 ➡フルート・G（シャンパンUp）
月の輝く夜に （バー「八月の鯨」オリジナル）	●ライチ・L30m、ライチ1コ、 ➡フルート・G（シャンパンUp）
テイク・ファイブ ('98、名古屋東急ホテル、白井 浩司 作)	●D・ジン10m、ライム・J（コーディアル）5m、ベリー・L 5m、クランベリー・J 10m、 ➡C・G（シャンパン10mをフロート、星型のライム・P）
ティップ・オブ・ザ・タング	●ジン、パッション・J、ミドリ・L、各1/3、卵白1コ、 ➡Cha・G（シャンパンUp）

★シャンパン・カクテル

ティファニーで朝食を (バー「八月の鯨」オリジナル)	●アナナス(パイン・L)10m、B・キュラ2tsp、パイン30g、➡ブレンダーにかけて、一度止めてシャンパンを加えて再度、➡Cha・G
デューク	●ドランブイ30m、O・J 15m、L・J 15m、全卵1コ、 ➡サワー・G(シャンパンUp)
デューク・エリントン (バー、ラジオ　オリジナル)	●コニャック1/3、 ➡サワー・G(シャンパンUp)
デル・ソル ('92、サンシャイン・プリンス・ホテル、[illegible]作)	●マルティーニ(白)40m、フレーズ・ド・ボア20m、GF・J10m、G・シロ1tsp、➡フルート・G (マルティーニ・ブリュットUp)
ドランクン・アプリコット (8人分)	●大型ジョッキの底に氷、あんず、と積み重ねて、S・コンフォート160m、シャンパン1本注ぎ、 ➡サワー・G
トロピカル・ミモザ	●W・ラム30m、O・J90m、G・シロ1d、 ➡フルート・G(シャンパンUp) (らせんオレンジ)
泥棒成金 (バー、ラジオ オリジナル)	●G・マニエ10m、カンパリ10m、 ➡フルート・G(シャンパンUp)

ネーヴィ・パンチ	●ブランデ12ボトル、ピーチ・B12ボトル、D・ラム12ボトル、パイン4スライス、L・J4コ、シュガー500g、パンチ・Bでステアして（氷で冷やす）➡（サービス前に）シャンパン4クォートを加え ➡ **Cha・G**
パール・ブリッジ ('98、神戸ポートピア・ホテル、細谷 宗久 作)	●チェリー・マニエ20m、ライム・J10m、G・シロ10m、➡ **ゴブレ**（クラッシュ、モエ・シャンドン・ロゼUp）（らせんレモン、マラ・チェリ、ミント・リーフ、ストロー）
バックス・フィズ （ラルース）	●O・J90m、➡ **サワー・G**（シャンパンUp）
バックス・フィズ(Ⅰ) （別名：シャンパン・フィズ）	●O・J60m、➡ **タンブラー**（氷、シャンパンUp）
バックス・フィズ（Ⅱ） （別名：シャンパン・フィズ）	●D・ジン45m、O・J1/2コ、シュガー1tsp、➡ **タンブラー**（氷、シャンパンUp）
バブリィ・ローズ ('88、セント・サワイ・オリオンス、永田奈々恵 作)	●ビター・マルティーニ30m、O・J20m、L・J10m、卵白1/4コ、➡ **フルート・G**（マルティーニ・アスティ・スプマンテUp）（レッド・チェリー）
バラクーダ	●G・ラム30m、ガリアーノ20m、P・J40m、ライム・J2d、シュガー2d、➡ **ゴブレ**（シャンパンUp）（ライム・S、マラ・チェリ）

★シャンパン・カクテル

ハリーズ・ハイボール		●ブランデ60m、G・シロ1tsp、L・J1tsp、➡ **タンブラー**（氷、シャンパンUp）
ハリーズ・ピック・ミー・アップ		●ブランデ60m、G・シロ1tsp、L・J1/2コ、➡ Cha・G（シャンパンUp）
バルボタージュ		●O・J90m、L・J30m、G・シロ1tsp、➡ **サワー・G**（シャンパンUp）
バレンシア（日本スタイル）		●アプリ・B 2/3、O・J 1/3、O・ビター4d、➡ Cha・G（シャンパンUp）
パント・ルージュ		●フレーズ・デ・ボワ20m、マイウメ10m、L・J 1tsp、➡ **フルート・G**（スプマンテを満たしてイチゴを飾る）
ピック・ミー・アップ		●ブランデ30m、G・マニエ10m、O・J 1/2コ、G・シロ1d、➡ **フルート・G**（シャンパンUp）（C・オレンジ、C・レモン、マラ・チェリー、ストロー）
ブース・ラピエール		●アルマニャック40m、➡ **サワー・G**（S・ワインorシャンパンUp）
フォンタナ・デル・フレーズ（'90、京王プラザホテル、井佐雅弘 作）		●フレーズ・ド・ボア30m、ライム・J15m、G・シロ10m、➡ **フルート・G**（氷1コ、スプマンテUp）〈イチゴを飾る〉
ブラック・パール		●ティア・マリア20m、ブランデ20m、➡ **サワー・G**（クラッシュ、シャンパンUp）（ブラック・チェリー）

カクテル名	器具	レシピ
ブラック・レイン ('90、シドニー・ハイアット・ホテル、ハーブ・メイスン作)	グラス	●B・サンブーカ30m、→ フルート・G（シャンパン適量をUp）
フラミンゴ	シェイカー	●ウォッカ30m、カンパリ10m、→フルート・G（シャンパンをUP）(1/2 O・S)
フランクス・スペシャル・フィズ	シェイカー	●D・ジン45m、L・J1/2コ、シュガー1/2tsp、（桃1/4をシェイカーの中で潰して）→ タンブラー（氷、シャンパンUp）
ブランデー・シャンパン・パンチ	シェイカー	●ブランデ60m、ベネディク30m、マラスキ30m、シュガー1tsp、パンチ・Bでステアして（氷で冷やす）→（サービス前に）シャンパン1/5ボトル、ソーダ1パイントを加え→ パンチ・G (O・S、季節のフルーツ)
プリンス・オブ・ウェールズ	シェイカー	●ブランデ20m、マデラ・ワイン20m、キュラソー1tsp、A・ビター1d、→ ワイン・G（シャンパンUp）(O・S、マラ・チェリ)
プリンス・オブ・ウエールズ	シェイカー	●ブランデ30m、マデラ・ワイン30m、キュラソー1tsp、A・ビター1d、→ ワイン・G（大）（シャンパンUp、O・S）
ブルー・トレイン・スペシャル	シェイカー	●ブランデ30m、P・シロ5m、シェ（クラッシュ）→ フルート・G（シャンパンUp）
ブルー・トレイン・スペシャル (サボイ)	シェイカー	●ブランデ20m、P・J10m、→ Cha・G（シャンパンUp）

★シャンパン・カクテル

フレンチ 75	D・ジン45m、L・J20m、シュガー 1tsp 、➡ コリンズ(氷、シャンパンUp)
フレンチ 95	バーボン45m、L・J20m、シュガー1tsp 、➡ コリンズ(氷、シャンパンUp)
フレンチ 125	ブランデ45m、L・J20m、シュガー1tsp 、➡ コリンズ(氷、シャンパンUp)
フレンチズ・フリップ	G・マニエ30m、ブランデ15m、クレーム・ド・バニーユ15m、卵黄1コ、➡ Cha・G(シャンパンUp)
ベスト・パンチ (10～15人分)	ブランデ60m、J・ラム30m、キュラソー30m、ストロング・ティ1カップ、L・J2コ、シュガー2tsp 、パンチ・Bでステアして(氷で冷やす) ➡ (サービス前に)ソーダ1クォート、シャンパン1クォートを加え ➡ パンチ・G
ベネット・シャンパン・カクテル (H.B.A.木原均 作)	ピーチ・ツリー15m、B・キュラ10m、O・J10m、➡ Cha・G(ポメリー・シャンパンUp、レッド・チェリを飾る)

ヘラルド・ハイ・ウォーター		●ブランデ60m、G・シロ 1tsp 、L・J 1tsp 、➡ **タンブラー**（氷、シャンパンUp）
ベリーニ		●スパークリング・ワイン 2/3 、P・ネクター 1/3 、G・シロ 1 d 、➡ **フルート・G**
ホワイト・フレーム		●D・ジン 60m、コアントロー30m、➡ **タンブラー**（シャンパンUp）（季節のフルーツを飾る）
ボンベイ・パンチ（35～40人分）		●ブランデ 1 クォート（1.14L）、シェリー 1 クォート、O・キュラ 240m、マラスキ 120m、ソーダ 1 クォート（1.14L）、パンチ・Bでステアして（氷と季節のフルーツを加え）➡（サービス前に）シャンパン 2 クォートを加え ➡ **パンチ・G**
マ・レーヴ（銀座Brick 佐藤康英 作）		●P・タムール30m、ミント・W 1/2tsp 、➡ **フルート・G**（シャンパンUp）
マグノリア		●ブランデ30m、キュラソー1tsp 、卵黄 1 コ、➡ **タンブラー**（氷、シャンパンUp）

★シャンパン・カクテル

マミー・マーガレット	●アリーゼ30m、L・J 10m、➡ **コリンズ**（氷、スプマンテ適量を満たす）（ライム・Sを飾りB・キュラをドロップする）
ムーラン・ルージュ	●ブランデ30m、P・J 120m、➡ **コリンズ**（氷、シャンパンUp）（P・S、マラ・チェリ）
ムーン・ラビット （'94、佐藤 淳一 作）	●ウォッカ40m、GF・J 20m、P・タムール20m、➡ **コリンズ**（氷、シャンパンUp）
モナンNo, 1	●モナン・トリプル・ライム30m、カンパリ10m、➡ **サワー・G**（シャンパンUp）
モンテカルロ （※ウィスキー・ベースもある）	●D・ジン1/2、ミント・W 1/4、L・J 1/4、➡ **フルート・G**（シャンパンUp）
モンテカルロ・インペリアル	●D・ジン60m、ミント・W 15m、L・J15m、➡ **タンブラー**（氷、シャンパンUp）
欲望という名の電車 （バー「八月の鯨」オリジナル）	●スロー・G20m、P・タムール10m、L・J10m、➡ **コリンズ**（氷、シャンパンをUpして軽くステア）

リージェント・パンチ		●J・ラム1パイント、ブランデ120m、カロリック・P120m、キュラソー60m、A・ビター1tsp、紅茶1カップ、L・J6コ、パンチ・Bでステアして（氷で冷やす）➡（サービス前に）シャンパン1.5クォートを加え➡ **パンチ・G**（季節のフルーツ）
ルシアン・パンチ		●コニャック30m、キュンメル30m、➡ **タンブラー**（氷、シャンパンUp）
ルビー・ラム・パンチ		●白ワイン1クォート、ブランデ1パイント、J・ラム1パイント、シャルト・Y 120m、マラスキ120m、キュラソー120m、L・J1パイント、パンチ・Bでステアして（氷で冷やす）➡（サービス前に）シャンパン2クォート、ソーダ1クォートを加え➡ **パンチ・G**
レグロン		●マンダリン・インペリアル30m、➡ **フルート・G**（シャンパンUp）
レディ・オブ・メイ		●ブランデ15m、チェリ・B15m、パッション・F・J30m、➡ **Cha・G**（シャンパンUp）

★シャンパン・カクテル

レディ・ラブ・フィズ	●D・ジン45m、生クリーム2tsp、卵白1コ、L・J1/2コ、シュガー1tsp、➡タンブラー（氷、シャンパンUp）
ロイヤル・カップル93 （'93、駒形むぎとろ・バーリー浅草、菊渕朋孝 作）	●シトロン・ジュネバ45m、ティオペペ25m、G・シロ10m、➡フルート・G（ポメリー・ブリュットUp）（マラ・チェリ）
ロイヤル・カルテット （'98、ホテル・オークラ、中村圭二 作）	●クレーム・カルテット20m、VSOPルージュ10m、カクテル・レモン45m、➡Cha・G（シャンパン80mを先に入れておく）（マラ・チェリ、カット・パイン、ミント・リーフで鳥の形を作り飾る）
ロイヤル・ハイネス （'97、ホテル・オークラ、中村圭二 作）	●チェリー・マニエ50m、ヘネシーVSOP 15m、ライム・J 5m、➡Cha・G（モエ・シャンドン50mをUp）（マラ・チェリにミニバラを刺して飾る）
ロミオ （なしきひろし 作）	●D・ジン45m、B・キュラ5m、L・J10m、➡フルート・G（シャンパンUp）（ミント・チェリーを飾る）

Recommendation

●客に何を薦めるか？

それぞれの客の性格と嗜好を記憶、又は読み取り、薦める酒とカクテルを自分なりにインプットしておく。毎回毎回、同じ客に「何にしますか？」と、聞くのは失礼で野暮というもの。初めてのお客であっても、その所作言動から何を欲しがっているのかを読み取るくらいの読心術は身に付けておきたい。外れた場合は、更にその事を話題にして話を弾ませるのもバーテンダーの話術である。

また近年のカクテル·ブームやショット·バーのブームには、女性のバー進出が大きな要因となっている。したがって、女性客に薦めるカクテルを忘れる訳にはいかない。女性がどういったものを飲みたがるかの統計を取り、幾つかのサンプルをあげられるようにしておきたい。（※筆者の独断だが基本的に女性は、色が奇麗で名前が可愛いものか美しい響きのものを好む。味もどちらかといえば甘く、ショートよりもロングタイプのものを好む傾向がある）

この項はバーテンダー各自の自由ページとして活用してもらう為に余白を余分にとってある。下記はサンプルとして表記してあるだけで、フリー・ページとして活用してもらいたい。

ジン・ベース

シンガポール・スリング （オリジナル）	 ●D・ジン25m、チェリ・B18m、ベネディク18m、L・J25m、P・J 25m、コアントロー1 d、A・ビター1 d、 ➡ L・G（氷、カット・パインとマラ・チェリを飾る）

ウォッカ・ベース

セックス・オン・ザ・ビーチ	 ●ウォッカ30m、クランベリー・J30m、P・J20m、 ➡ ゴブレ（クラッシュ）ピーチ・L10mをフロート（パイン、ストロ）

ラム・ベース

スコーピオン	●ライト・ラム45m、ブランデ30m、O・J、L・J、各20m、ライム・J（コーディアル）15m、➡ゴブレ（クラッシュ）（オレンジ、マラ・チェリ、ストロー）

テキーラ・ベース

アイス・ブレーカー	●テキーラ2/5、W・キュラ1/5、GF・J2/5、G・シロ1tsp、➡F・G（氷）

ウィスキー・ベース

ラスティ・ネール	●スコッチ40m、ドランブイ20m、➡F·G（氷）

ブランデー・ベース

ムーラン・ルージュ （ジン・ベースもある）	●ブランデ30m、P・J120m、➡コリンズ（氷、シャンパンUp）（マラ・チェリ、パイン・Sを飾る）

リキュール・ベース

風と共に去りぬ	●S・コンフォート30m、クランベリー・J15m、P・J15m、➡ **コリンズ**（氷、ソーダUp）（マドラー）
※スカーレット・オハラ（ショート）	●S・コンフォート40m、ライム15m、クランベリ・J 20m、➡ **ピルスナー・G**
※レット・バトラー（ショート）	●S・コンフォート1/3、O・キュラ1/3、L・J1/6、ライム・J 1/6、➡ **C・G**

ジン・ベース

ウォッカ・ベース

お薦めカクテル（ショート）

ラム・ベース

ウィスキー・ベース

お薦めカクテル（ショート）

ブランデー・ベース

リキュール・ベース

お薦めカクテル（ショート）

Single Malt

シングル・モルト・ウィスキーとは？

大麦麦芽モルトを原料に単式蒸留器で蒸留して、オーク樽で3年以上熟成したウィスキーをモルト・ウィスキーといい、ひとつの蒸留所で造られたモルト・ウィスキーだけを瓶詰めしたものをシングル・モルトという。瓶詰めする時、通常水を加えて度数を40度くらいに調製するが、加水せずに樽出しのものをそのまま瓶詰めしたものをカスク・ボトル(50～60度くらいの強さがある)、他の樽のモルトを混ぜていないものをシングル・カスク(又はバレル)といい、樽による味の違いや特色が顕著に現れる。モルト・ウィスキーをブレンドしたものをバッテッド・モルト(Vatted maits)という。ピュア・モルトとはブレンデッド・ウィスキーに対してモルトしか使用していない事を強調する際に用いられる言葉でシングル・モルトとは限らずバッテッド・モルトの場合もある。

◆モルト・ウィスキーの製造工程

①製麦（モルティング）②糖化（マッシング）③発酵（ファーメンテイション）④蒸留（ディスティレーション）⑤熟成（マチュレーション）の5つに分けられる。

◆生産地区分

ハイランド、ローランド、スペイサイド、アイラ、キャンベル・タウン、オークニー島やスカイ島などのアイランドなどに分けられる。場所と蒸留所、樽などによって違った個性のウィスキーが生まれるのがシングル・モルトの大きな特徴である。

幻のシングル・モルト・ウィスキー

(※現在、閉鎖、休止されている蒸留所から製造出荷されたもので、

ウィスキー名／区分		内容（Contents)
キンクレイス (KINCLAITH) ローランド 1975年閉鎖。	★	ストック分のみで終わってしまう幻の酒！
	♥	マスク・メロン、少々スモーキーだがフルーティで豊か。
	✹	デリケートでメロン、ジンジャーなど色々な味と喉越しが出てくる。
	✿	スパイシーで深くて長い。
グレネスク (GLENESK) ハイランド 1985年閉鎖。	★	VAT69の原酒。
	♥	ドライな麦芽風味と喉越し。豊かで甘辛のバランスがよい。
	✹	ライトでソフト。少し焦げたよう。
	✿	スパイシーで長くたゆたう。
グレン・アギー (GREN UGIE) ハイランド 1982年閉鎖。	★	スコットランド最東端の蒸留所。オフィシャル・ボトルはない。
	♥	シェリー、熟れた果実。
	✹	パワフルでスィート。
	✿	ドライで次第にジンジャーのスパイシーさと苦みが出る。
グレン・アルビン (GLEN ALBYN) ハイランド 1983年閉鎖。	★	
	♥	シェリー、花のような芳香がある。
	✹	スィートだが芯が太い。
	✿	長くゆっくりと続く。
グレン・モール (GLENMHOR) ハイランド 1982年閉鎖。	★	スィートで木の実の様。
	♥	スィートだが薄い。バニラ香。
	✹	ソフト、フルーツ香
	✿	軽くてスィート。すっきりしてフレッシュ。

世に出回った在庫のみで終わってしまうモルト・ウィスキーの事）

ウィスキー名/区分		内容（Contents）
グレン・ロッキー (GLENLOCHY) ハイランド 1983年閉鎖。	★	
	♥	軽くてドライ。次第にスィートに。
	✸	最初は軽くドライ、次第にオイリー。
	✿	ドライだが早く消える。余韻が残らない。
グレンユーリー・ロイヤル (GLENURY ROYAL) ハイランド 1985年閉鎖。	★	オフィシャルの12年物が少量出回っているだけの稀少なモルト。
	♥	アロマチック、香りのデパート。
	✸	焦げた風味、ドライでスモーキー。スパイシーさと甘さが同居している。
	✿	長く余韻が続く。バター、ハチミツのよう。
コンバルモア (CONVALMORE) スペイサイド 1985年休止。	★	
	♥	甘く蜂蜜のよう。
	✸	甘口だが薬品のような感じ。
	✿	風邪薬のよう。
セント・マグデラン (ST. MAGDALENE) ローランド *1983年閉鎖。*	★	絶滅寸前の聖なるウイスキー。
	♥	シェリー風味、スィート、微かなスモーキー。
	✸	ミディアム・ボディ、ソフトでスムーズ、コクがありバランスがよい。
	✿	ドライでソフト。程よい長さとキレ。
ダラス・ドゥー (DALLAS DHU) スペイサイド 1983年閉鎖。	★	
	♥	初めは湿った樽、木材のよう。麦芽の甘さ。
	✸	広がりは乏しい。
	✿	スムーズで程々の長さ。

幻のシングル・モルト・ウィスキー

ウィスキー名／区分		内容（Contents）
ノース・ポート (NORTH PORT) ハイランド 1983年閉鎖。	★	加水するとまろやかになる幻のモルト。
	♥	ドライから徐々に甘くなっていくがおとなしい。
	✹	スィートだが次第にドライに。加水するとまろやかになる。
	✿	キレははやい。ライト・ボディ。
バンフ (BANFF) ハイランド 1983年閉鎖。	★	オフィシャルのモルトは販売されていない幻のモルト。
	♥	スモーキーだが、弱い。
	✹	スィート。
	✿	加水すると、ジンジャー・ビスケットのよう。
ブラッドノック (BLADNOCH) ローランド 1993年閉鎖。	★	スコットランド最南端の蒸留所。骨太。
	♥	豊か。ラム酒香、レモン。
	✹	コクがありリッチ。
	✿	柑橘系、ふくよかで長い。
ミルバーン (MILLBURN) ハイランド 1985年閉鎖。	★	ネス川の河口、インヴァネスの代表モルト。
	♥	果実香から次第にアルコールぽくなる。
	✹	ドライでスィート。
	✿	甘さが長く残り、奥にスモーキーさがある。

ウィスキー名／区分		内容（Contents）
ローズ・バンク (ROSE BANK) ローランド 1993年休止。	★	グラスゴーとエジンバラの中間、ファルカークのキャメロン村。
	♥	ソフトでスィート。焼りんごのよう。
	✹	ミディアムで少しドライ。加水するとスィートになる。
	✿	ドライだがスムーズ。ソフト。

ハイランド・モルト・ウィスキー

(※東のダンディーと西のグリーノックを結ぶ想定線の北にある

ウィスキー名／意味		内容（Contents）
アバフェルディ (ABERFELDY) パルドックの河口	★	まろやかで美酒。テイ・サイド唯一のモルト。
	♥	バニラ香、クリーミーでおとなしい。
	✹	ソフトでスムーズ。滑らかでバランスが良い。
	✿	スムーズでまろやか。
アードモア (ARDMORE) 大きな丘	★	
	♥	フルーティな甘さがあり、パワフルで豊か。
	✹	ソフト。
	✿	余韻が長い。
エドラダワー (EDRADOUR) 二つの小川の間	★	
	♥	ミルクキャラメル、アーモンド、トフィー、豊かで豪華。
	✹	クリーミー、甘く蜂蜜とカステラの焦げ目のよう。
	✿	長くとろける。バターのように濃厚でうまい。
オーバン (OBAN) 小さな湾	★	時代に媚びない古典的な味。
	♥	スモーキーで次第に西洋梨の香り。
	✹	木の幹をかじったような味と喉越し。*潮の味と喉越*しわい。
	✿	中心に味と喉越しわいがありスムーズですっきりしている。

蒸留所で作られるモルト)

ウィスキー名/意味		内容（Contents）
オールド・フェッターケアン (OLD FETTERCAIRN) 斜面上の森	★	ハイランドの中では非常にバランスが良い秀逸なモルト。
	♥	豊かで、ヘーゼル・ナッツ系。
	✹	スムーズでシルキー、甘くドライでスィート。バランスが良い。
	✿	ドライ、香水のよう。
クライヌリッシュ (CLYNELISH)	★	滑らかで通好みのモルト。
	♥	豊か、リキュール系の甘さ。カラメル、ラム酒。
	✹	シルクのように滑らかでコクがあり、スパイシー。
	✿	豊かで長い。マスタードの辛さが印象に残る。
グレネスク (GLENESK) エスク川の谷 1985年閉鎖。	★	"VAT69の原酒。
	♥	ドライな麦芽風味と喉越し。豊かで甘辛のバランスがよい。
	✹	ライトでソフト。少し焦げたよう。
	✿	スパイシーで長くたゆたう。
グレン・アギー (GLEN UGIE) アギー川の谷 1982年閉鎖。	★	スコットランド最東端の蒸留所。オフィシャル・ボトルはない。
	♥	シェリー、熟れた果実。
	✹	パワフルでスィート。
	✿	ドライで次第にジンジャーのスパイシーさと苦みが出る。

ハイランド・モルト・ウィスキー

ウィスキー名／意味		内容（Contents）
グレン・アルビン (GLEN ALBYN) 陸地 1983年閉鎖。	★	
	♥	シェリー、花のような芳香がある。
	✹	スィートだが芯が太い。
	✿	長くゆっくりと続く。
グレン・オード (GLEN ORD) ミュア・オブ・オード町	★	
	♥	シェリーと麦芽の風味と喉越し。スィート。
	✹	ドライで徐々に麦芽の甘み、スパイシーでバランスが良い。
	✿	スムーズだがドライ。スモーキーさもある。
グレン・カダム (GLEN CADAM)	★	「大麦」の異名をとるまろやかなコク。
	♥	マーマレード、みかんの皮。
	✹	クリーミーでコクがある。ハニー・スィート。
	✿	スムーズ。
グレン・ギリー (GLEN GARIOCH)	★	東ハイランド最古の蒸留所。
	♥	雨上がりの花。露草。
	✹	バイオレット・フィズ、個性的な味と喉越し。
	✿	スパイシーでドライ。
グレン・グラッサ (GLEN GLASSAUGH) 緑野の谷	★	自家農園製の大麦を使用。
	♥	スィートで弱い。
	✹	甘辛い。ライトでスムーズ。
	✿	ドライで程々。

ウィスキー名／意味		内容（Contents）
グレン・ゴイン (GLEN GOYNE) 鍛冶屋の谷	★	ピートを焚かない上品なモルト。
	♥	フレッシュ、バニラ香、ナッツ。
	✹	ソフト、スィート・トフィー。
	✿	滑らかなバター。
グレン・タレット (GLEN TURRET) タレット川の谷	★	ギネス・ブックに載った世界一の猫が活躍した蒸留所。
	♥	バニラ香、まろやかでドライ。
	✹	オイリーで滑らか。ナッツのような味。
	✿	スムーズで甘辛。
グレン・モール (GLEN MHOR) 偉大な谷 1982年閉鎖。	★	スィートで木の実の様。
	♥	スィートだが薄い。バニラ香。
	✹	ソフト、フルーツ香
	✿	軽くてスィート。すっきりしてフレッシュ。
グレン・モーレンジ (GLEN MORANGIE) 大いなる静寂の谷間	★	スコットランドでの一番人気。モルトのみで出荷。ブレンド用はない。
	♥	魅力的な香り。スィート、ハニー、ナッツ、シナモン、ビャクダン。
	✹	スパイシー。花や麦芽の甘さがありクリーミィ。
	✿	まろやかでドライからスィートに。
グレン・ロッキー (GLEN LOCHY) 1983年閉鎖。	★	
	♥	軽くてドライ。次第にスィートに。
	✹	最初は軽くドライ、次第にオイリー。
	✿	ドライだが早く消える。余韻が残らない。

ハイランド・モルト・ウィスキー

ウィスキー名／意味		内容（Contents）
グレンド・ロナック (GLEND RONACH) クロイチゴの谷	★	シェリー樽とプレイン・オークの樽の2種類の違いを味と喉越しを味わえる。
	♥	ソフトで華やか。バニラ、リキュール、麦芽の香り。
	✹	スパイシーで華やか。ドライでバランスがよい。
	✿	クリーンなキレ。
グレンユーリー・ロイヤル (GLEN U R Y ROYAL) ユーリー谷 1985年閉鎖。	★	オフィシャルの12年物が少量出回っているだけの稀少なモルト。
	♥	アロマチック、香りのデパート。
	✹	焦げた風味、ドライでスモーキー。スパイシーさと甘さが同居している。
	✿	長く余韻が続く。バター、ハチミツのよう。
タリバーディン (TULLIBARDINE) タリバーディン・ムーアの地名から	★	
	♥	ハイランド・スプリングで割りたい風格のモルト。
	✹	ソフトで麦芽の風味と喉越し。ワインのフルーティさがある。
	✿	フルーティなワイン。長くスムーズ。
ダルウィニー (DALWHINNIE) 中継所	★	グランピアン山脈の雪解け水で仕込んだ穏やかな酒。
	♥	ヘザー風味と喉越し、モルトの甘さ。
	✹	スムーズ、ヘザーハニー。
	✿	長いがあっさりとしている。

ウィスキー名／意味		内容（Contents）
ダルモア (DALMORE) 広大な草地	★	食後酒向き。
	♥	オレンジ・マーマレード、シェリー。
	✸	まろやかでコクがありスパイシー。
	✿	余韻が長い。
ディーン・ストン (DEAN STON)	★	
	♥	シリアル系、スィートで軽い。
	✸	シリアル、薬品。次第にスモーキーに。
	✿	バランスが今一つ。
テナニャック (TEANINICH)	★	ねずみイルカのラベルが象徴的。
	♥	熟したりんご、厚みがあるがフレッシュ。
	✸	ミディアム・ドライ。
	✿	ピリピリした感じが残る。
トマーチン (TOMATIN) ネズの木の茂る丘	★	
	♥	ドライでパワフル。
	✸	ミディアム・ドライ。ソフトだが喉にひっかかる。
	✿	スパイシー。
ノース・ポート (NORTH PORT) 北門 1983年閉鎖。	★	加水するとまろやかになる幻のモルト。
	♥	ドライから徐々に甘くなっていくがおとなしい。
	✸	スィートだが次第にドライに。加水するとまろやかになる。
	✿	キレははやい。ライト・ボディ。

ハイランド・モルト・ウィスキー

ウィスキー名／意味		内容（Contents）
ノックドゥー (KNOCKDHU) 黒い丘	★	世界最大の蒸留所ユナイテッド・ディスティラー社の原点となったモルト。
	♥	濃厚でパワフル。バニラ、クリーム、スィート。
	✹	豊かでコクがある。モルト風味、スィートでまろやか。
	✿	クリーミーで長く心地よい。
バルブレア (BALBLAIR) 平な土地にある集落	★	
	♥	西洋ナシ、軽く華やかでおとなしい。
	✹	なめらかでオイリー、軽い。
	✿	ややドライ。
バンフ (BANFF) 1983年、閉鎖。	★	オフィシャルのモルトは販売されていない幻のモルト。
	♥	スモーキーだが、弱い。
	✹	スィート。
	✿	加水すると、ジンジャー・ビスケットのよう。
プルトニー (PULTENEY) プルトニー・タウンから	★	潮の味と香りが漂う、飲みごたえのあるモルト。
	♥	潮の香り、フレッシュ、オキシフル。
	✹	ドライで塩辛い。スモーキーで充実している。
	✿	長く辛さが残る。

ウィスキー名／意味		内容（Contents）
ブレア・アソール (BLAIR ATHOL) アソール公爵の ブレア城	★	夏目漱石がロンドン留学中に保養に訪れた地。カワウソの絵ののラベル。
	♥	フレッシュ。
	✹	ライトでスパイシー。少し若い。
	✿	スパイシーでドライ。
ブローラ (BRORA) 橋のある川 （ノース語）	★	クライヌリッシュと同じ蒸留所で作られる。
	♥	スモーキーで熟した果実のような甘さがある。
	✹	ドライでスモーキー、ナッツの風味と喉越し、微かな塩見とコクがある。
	✿	加水するとドライでシャープなキレ。
ベン・ネヴィス (BEN NEVIS)	★	
	♥	バニラ、果実香。
	✹	トフィーのようにスィートで次第に苦甘く、スモーキー。
	✿	ドライでヘビーだが、バランスが悪い。
マクダフ (MACDUFF) ダフの息子	★	食前、食後ともにいける平均点モルト。
	♥	シェリー風味、フレッシュで麦芽の風味。
	✹	モルト風味でスムーズだがあっさりとしている。
	✿	ドライで早い。

ハイランド・モルト・ウィスキー

ウィスキー名／意味		内容（Contents）
ミルバーン (MILLBURN) ミルの小川 1985年に閉鎖。	★	ネス川の河口、インヴァネスの代表モルト。
	♥	果実香から次第にアルコールぽくなる。
	✹	ドライでスィート。
	✿	甘さが長く残り、奥にスモーキーさがある。
ロイヤル・ブラックラ (ROYAL BRACKLA)	★	ハイランドを代表する古典的モルト。
	♥	オレンジ柑橘系。豊か。
	✹	深みがあり、ラム・レーズンの香り。
	✿	ドライで力があるが、次第にスィートになる。
ロイヤル・ロッホナガー (ROYAL LOCHNAGAR) 岩の露出した湖、（又は、山羊の湖）	★	ビクトリア女王が愛したウィスキー。
	♥	豊かでスィート、ペパーミント。
	✹	クリーミー、スムーズ、バランスが良い。
	✿	少々ドライで長い。
ロッホ・サイド (LOCH SIDE) 湖の横	★	スペインの会社が所有する唯一の蒸留所。
	♥	軽いシェリー風味。ブラック・カラントの香り。
	✹	フレッシュで麦芽風味がドライ。
	✿	ドライ、キレが早い。
ロッホ・ローモンド (LOCH LOMOND) ローモンド湖	★	紙臭い独特の個性。好き嫌いは分かれるが、好きだとくせになる。
	♥	シリアル系、ダンボール。徐々にスィート。
	✹	スパイシーでオイリー。個性的。
	✿	スィート、薬品ぽい。

ローランド・モルト・ウィスキー

（※ハイランドの反対側、南にある蒸留所で作られるモルト）

ウィスキー名／意味	内容（Contents）	
インヴァリーヴン (INVERLEVEN) リーヴン川の河口	★	全てバランタインのブレンド用でオフィシャルは一度も出ていない。
	♥	塩っぽいが豊か。梅しそ、チョコレート。
	✸	クリーミーでふくよか。コクがある。
	✿	長くスパイシーでスィート。
オーヘントッシャン (AUCHEN TOSHAN) 野原の片隅	★	くせが無く、マイルドでソフト。スコットランドで唯一3回蒸留を行っている。
	♥	バニラとハーブ。ソフトでフレッシュ。
	✸	ハーブ系、オレンジ、レモン。
	✿	ジンジャー・エールのように軽い。
キンクレイス (KINCLAITH) 1975年閉鎖。	★	ストック分のみで終わってしまう幻の酒！
	♥	マスク・メロン、少々スモーキーだがフルーティで豊か。
	✸	デリケートでメロン、ジンジャーなど色々な味と喉越しが出てくる。
	✿	スパイシーで深くて長い。
グレン・キンチー (GLEN KINCHIE) キンチー川の谷	★	ローランドの特徴、メモを備えた軽くドライで飲み易いモルト。
	♥	ソフトでスィート、微かな薫香。
	✸	スムースでドライ。繊細でまとまっている。
	✿	ドライで次第にシナモンやジンジャーのようにスパイシーになる。

ローランド・モルト・ウィスキー

ウィスキー名／意味		内容（Contents）
セント・マグデラン (S T.MAGDALENE) リンリスゴーの町に ある古い十字架 1983年閉鎖。	★	絶滅寸前の聖なるウィスキー。
	♥	シェリー風味、スィート、微かなスモーキー。
	✸	ミディアム・ボディ、ソフトでスムーズ、コクがありバランスがよい。
	✿	ドライでソフト。程よい長さとキレ。
ブラッドノック (BLADNOCH) ブラッドノック川 1993年、閉鎖。	★	スコットランド最南端の蒸留所。骨太。
	♥	豊か。ラム酒香、レモン。
	✸	コクがありリッチ。
	✿	柑橘系、ふくよかで長い。
リトルミル (LITTLE MILL)	★	くせのある独特の個性が際立つモルトのオールド・ファッション。
	♥	オートミール。
	✸	麦芽の甘さ、樽っぽい、複雑。
	✿	スムーズ、ココナッツ風味が微かにある。
ローズ・バンク (ROSE BANK) 野バラの堤 1993年休止。	★	グラスゴーとエジンバラの中間、ファルカークのキャメロン村。
	♥	ソフトでスィート。焼りんごのよう。
	✸	ミディアムで少しドライ。加水するとスィートになる。
	✿	ドライだがスムーズ。ソフト。

スペイサイド・モルト・ウィスキー

(※スペイ川とその東西を流れるデブロン川、ロッシー川を合わせた3つの流域にある蒸留所で造られるモルト)

ウィスキー名／意味		内容（Contents）
アベラワー (ABERLOUR) ラワー川の落合	★	フランス人好みのしゃれたモルト。スコットランド産の大麦だけを使っている。
	♥	ラム・レーズン、バニラ・エッセンスのようで、加水するとフルーティになる。
	✷	ソフトでスムーズ。クッキーのような甘さ。
	✿	香りが豊かでまろやかに広がる。
アルタナベーン (ALT A'BHAINNE) ミルク色の小川	★	
	♥	消毒液に近い。加水するとフローラルに。
	✷	ミディアム・スィート。徐々にドライでスパイシーに。
	✿	スモーキーで軽い。
インチガワー (INCHGOWRE) 川のそばの山羊の放牧地	★	甘さから塩辛さまで。マニア好みのモルト。
	♥	複雑で豊か。潮風の香り。スパイシー、チョコレート、スィート。
	✷	スィートからドライになり、塩辛く変化。
	✿	長く深みとコクがある。
インペリアル (IMPERIAL)	★	
	♥	シェリー酒、ライト。
	✷	バランスが良くキレがある。
	✿	ソフトでスモーキー、ピートの薫香が残る。

スペイサイド・モルト・ウィスキー

ウィスキー名／意味		内容（Contents）
オスロスク (AUCHROISK)	★	シェリーとバーボンの古樽で熟成（ダブル・マリッジ方式）している。
	♥	スィート。カラメル、シェリーの風味と喉越し。
	✸	まろやかなコク。
	✿	刺激が長く残る。
オルトモーア (AUL TMORE) 大きな小川	★	熟した果実のような風味と喉越し。
	♥	ハーブと果実香。
	✸	ナッツと熟した果実。まろやかでドライ。
	✿	ドライでスムーズ。
カードゥ (CARDHU) 黒岩	★	女性にもお薦めのジョニー・ウォーカーの原酒。
	♥	華のある甘さ。フローラル。
	✸	まろやかでスムーズ。舌にやや辛さを感じる。
	✿	ドライでややスパイシー。
キャパドニック (CAPERDONICH)	★	グレン・グラントの第二蒸留所だった。
	♥	ヒビテン液（洗浄剤）のような不思議な香り。
	✸	軽くナッツやココナッツのような風味と喉越し。
	✿	ドライで微かにスモーキー。

ウィスキー名／意味		内容（Contents）
クラガンモア (CRAGGAN MORE) 大きい突き出た岩	★	スペイサイドの代表的銘柄。
	♥	豊かで蜂蜜と柑橘系の香り。
	✹	甘くスムーズでふくよか。香草のよう。
	✿	余韻が長く、後味もよい。
クレイゲラヒ (CRAIGELLACHIE) 無情に突き出た大岩	★	ホワイト・ホースのメイン原酒。
	♥	ベイリーズ、ラムレーズン。
	✹	滑らかでオイリー。シロップ、コクが広がり厚みがある。
	✿	ソフトで大きい。ゆったりとしてい長い。
グレン・アラヒ (GLEN ALLACHIE) アラヒの谷	★	エレガントで女性にもお薦め。
	♥	軽い麦芽風味と喉越し。デリケート。
	✹	スムーズ、ダイジェスティブ・ビスケットの風味と喉越し。
	✿	甘く香水のような風味と喉越し。キレがある。
グレン・エルギン (GLEN ELGIN)	★	ソフトなホワイト・ホースの原酒。モルトの入門者に最適。
	♥	青っぽい草。加水してヘザーハニーの甘味と喉越しが出る。
	✹	スフトでスムーズ。
	✿	ソフトなドライ。おとなしい。
グレン・キース (GLEN KEITH) 森の谷 （ケルト語）	★	完熟のりんごの香り。スペイサイド・キース地区の個性派。シーグラム社の原酒。
	♥	トフィー、スィート、熟れたりんご、洋なし。
	✹	コクがあってオイリーでスィート。
	✿	ドライでバランスがよい。食前酒向き。

スペイサイド・モルト・ウィスキー

ウィスキー名／意味		内容（Contents）
グレン・グラント (GLEN GRANT)	★	スパイシーでライト。イタリアで人気がある。
	♥	ソフトでフルーティ。加水するとモルトがつんと来る。
	✸	ライトで葉っぱをかんだ様。少々刺激がある。
	✿	ドライでスパイシー。いつまでもキリキリとしている。
グレン・クレイグ (GLEN CRAIG)	★	バランタインの原酒。グレン・バーギと同じ蒸留所。
	♥	フルーティで加水すると果実香が漂う。ドライで次第にスィート。
	✸	スィート・シロップの甘さ。
	✿	ソフトで長い。
グレン・スペイ (GLEN SPEY)	★	ニッカの創業者竹鶴政孝がウィスキー作りを勉強した蒸留所。
	♥	シェリー風味があるが軽い。
	✸	ピート、草、ナッツの風味。
	✿	軽くドライ。
グレン・ダラン (GLEN DULLAN)	★	フィディック川沿いにある蒸留所で、オールド・パーの原酒。
	♥	軽いがフルーティでアップル・カシスの香り。
	✸	ソフトでスムーズ。最初は甘口でミディアム・ドライになる。
	✿	ソフトで長い。

ウィスキー名／意味	内容（Contents）	
グレン・バーギ (GLEN BURGIE)	★	
	♥	ラムレーズン系。ハーブ。
	✹	バニラのようにスィート。
	✿	余韻が長く甘辛のバランスが良い。
グレン・ファークラス (GLEN FARCLAS) 緑の草原の谷間	★	オーストラリアやアジアで人気上昇。
	♥	ドライなフルーティさとかすかなピート香。
	✹	水で割ってもバランスが崩れない。
	✿	やや甘味と喉越しが残る。
グレン・フィディック (GLEN FIDDICH) 鹿の谷	★	世界で最も飲まれているモルト。
	♥	軽くフレッシュでやや柑橘系。モルト風味と喉越し。
	✹	ドライだが次第に甘口に。
	✿	ドライでキレはよい。
グレン・マレイ (GLEN MORAY)	★	
	♥	フレッシュでスィート。ヨーグルト、シリアル系。おとなしい。
	✹	ソフトで軽く飲み安い。
	✿	余り余韻はない。
グレン・ロセス (GLEN ROTHES)	★	
	♥	奥行きがあり豊か。シェリー、熟した果実。
	✹	シルクのようにスムーズでこくがあり、バランスがよい。
	✿	スムーズでドライに変化するが心地よい。

スペイサイド・モルト・ウィスキー

ウィスキー名／意味		内容（Contents）
グレン・ロッシー (GLEN LOSSIE) ロッシー峡谷	★	白檀のようなすがすがしい香りがある通好みの1本
	♥	フレッシュでスィート。
	✸	ドライで徐々にスィート。麦芽とシェリーがアクセントになっている。
	✿	スパイシーでドライ。
グレントファース (GLENTAUCHERS)	★	スペイサイドの隠れた美酒。加水してもバランスを保つ。
	♥	シェリー、バナナのドライ・チップ。シャープでスィート。
	✸	スムーズで次第に強くなる。スィートでコクがある。
	✿	非常にドライで長い。
コールバーン (COLEBURN) 1985年閉鎖。	★	フレッシュで食前酒向き。
	♥	ゴムに　似た独特の香り。甘辛で微かにスモーキー。
	✸	シリアル系、徐々にドライ。
	✿	スムーズだがすぐに消える。
コンバルモア (CONVALMORE) 大きいコンバル丘 1985年に休止。	★	
	♥	甘く蜂蜜のよう。
	✸	甘口だが薬品のような感じ。
	✿	風邪薬のよう。

ウィスキー名／意味		内容（Contents）
ザ・グレン・リヴェット (THE GLEN LIVET) 静かなる谷	★	1824年、政府公認第一号蒸留所となる。シェリー樽を1/3使用している。
	♥	柑橘系とフローラルの二面性がある。
	✹	デリケートでバニラの様。
	✿	シャープで長く余韻が残る
ストラスアイラ (STRATH ILA) アイラ川の広い谷間	★	蒸留所のブルームヒル貯水池は馬の姿の妖精がでるという伝説がある。
	♥	シェリー、コクがある。熟したりんご。
	✹	滑らかでオイリー。シェリー風味と喉越し。
	✿	ドライで長くスムーズ。
ストラスミル (STRATH MILL)	★	
	♥	かつては入手困難な稀酒であった。
	✹	麦芽風味と喉越し、ナッツ、シリアル系からリンゴの香りへ。
	✿	長くスパイシーでピリピリしてシャープなキレがある。
スペイバーン (SPEY BURN)	★	ライト・ドライでシャープなキレ。
	♥	ドライでライト、ヘザーの香り。
	✹	麦芽風味、スィートでドライ。
	✿	ドライでシャープなキレ。
ダフタウン (DOFFTOWN) ダフタウン町	★	カワセミのラベル。
	♥	軽く甘い。クッキーのよう。
	✹	ドライで柔らかいが、まとまりに欠ける。
	✿	軽く短い。くせのある辛口。

スペイサイド・モルト・ウィスキー

ウィスキー名／意味		内容（Contents）
タムドゥー （TAMDHU） 黒い小丘	★	フランスやイタリア、スペインで良く飲まれている食後酒。
	♥	ビスケット、おとなしい。スィートだが奥にスモーキーさがある。
	✹	まろやかで優しい。麦芽の甘味。
	✿	ゆったりとしてメロー。
タムナヴーリン （TAMNAVULIN） 丘の上の水車	★	
	♥	軽くおとなしい。スィート。
	✹	ライトでスィート、レモン・ピール。
	✿	クリーンで苦辛い。
ダラス・ドゥー （DALLAS DHU） 黒い水の流れる谷 1983年閉鎖。	★	
	♥	初めは湿った樽、木材のよう。麦芽の甘さ。
	✹	広がりは乏しい。
	✿	スムーズで程々の長さ。
ダルユーイン （DAILUAINE） 緑の谷間	★	ドライでホット。
	♥	ラム酒、加水するとドライに。
	✹	スィートで徐々にドライでホットになる。
	✿	ドライで長い。次第にビターになる。
トーモア （TORMORE） 大きな丘	★	華やかな甘さが若者に人気。
	♥	アーモンドの香りがして、すずやかで華やか。
	✹	ソフトで飲み易い。
	✿	まろやかで静かに消えていく。

ウィスキー名／意味		内容（Contents）
トミントゥール（TOMINTOUL）納屋の形をした丘	★	パーティ向けか若者向けのボトルデザインになっている。
	♥	種子系、リキュール系。加水すると、柑橘系になる。
	✸	軽くてスムーズで麦芽の甘さがある。
	✿	フレッシュだが余韻は長くはない。
ノッカンドォ（KNOCKANDO）小さな黒い丘	★	世界40カ国で飲まれている大人の味
	♥	ラム酒、バター・スコッチ、微かなモルトが焦げた芳しさがある。
	✸	ソフトでクリーミー。ほのかに辛く舌に残る。
	✿	まろやかで柔らかく長い。
バルヴェニー（BALVENIE）バルヴェニー城	★	グレンフィディックの姉妹蒸留所。15年ものは完璧。
	♥	豊かで華やか。オレンジ・リキュール、蜂蜜の香り。深みがある。
	✸	甘くたゆたう。コクがありふくよか。
	✿	長く深い。シナモン・ジンジャーの風味と喉越し。
バルミニック（BALMENACH）	★	
	♥	ヘザー・ハニー、麦芽の甘さ。豊かな香り。
	✸	ドライでジンジャーやハーブのような風味と喉越し。
	✿	スパイシー感が長い。

スペイサイド・モルト・ウィスキー

ウィスキー名／意味		内容（Contents）
ピティヴェアック (PITTY VAICH) ピクト人集落の 牛小屋	★	
	♥	シェリー酒、スィート、アルコールの刺激臭がある。
	✷	舌にピリピリくるスパイシーさと、コクがある。
	✿	スパイシーで長く、モルトのドライ風味が残る。
ブレイズ・オブ・グレンリヴェット (BRAES of GLENLIVET) 谷の上部	★	カトリックの隠れ里にあるシーバスの原酒。
	♥	メイプル・シロップ、レーズン、蜂蜜、深く豊か。
	✷	まろやかで蜂蜜の甘さがある。徐々にドライになる。
	✿	ドライで長い。オレンジの川の風味と喉越しが残る。
ベンリアック (BENRIACH) 灰色がかった山	★	
	♥	甘く柑橘系の豊かな香り。
	✷	麦芽の風味と喉越し、シリアル系の甘さ。
	✿	ドライで次第にスモーキーに。
ベンリネス (BENRINNES)	★	
	♥	蜂蜜、砂糖のこげたような香り。ヘビー。
	✷	豊かでスパイシー、アニス。
	✿	ドライで厚みがある。

ウィスキー名／意味		内容（Contents）
ベンローマック (BENROMACH)	★	
	♥	おとなしいが、加水するとスィート。
	✸	ミディアム。スィートでデリケート。
	✿	スモーキーさが残る。
マッカラン (MACALLAN) 聖コロンバの丘	★	ウィスキーのロールス・ロイスと絶賛され国内外でも頂点に立つモルト。
	♥	シェリー（オロロソ）香、カラメルの甘さ。芳香で深みがある。
	✸	甘さの中にモルトの複雑さがありバランスが良い。
	✿	まろやかで長く深い味わいが残る。
マノックモア (MANNOCH MORE) 大きな丘	★	ヘイグ、ディンプルの核となる水のように薄いモルト。
	♥	フレッシュ。青い果実、シリアル系の香りで次第にドライになる。
	✸	軽いが心地よい。
	✿	コーヒーやシナモンの香りが残る。
ミルトンダフ (MILTON DUFF)	★	クリーンでソフト。初めての人にも薦めやすい。
	♥	ドライでおとなしく、バニラ、フローラル。
	✸	フローラル。デリケートな麦芽の甘味と喉越しがある。
	✿	ドライで繊細。バランスは良い。

スペイサイド・モルト・ウィスキー

ウィスキー名／意味		内容（Contents）
モートラック (MORTLACH) 椀状の窪地	★	ダフタウンで1・2を争う古典的美酒。
	♥	チョコレート、ラム酒系の甘さ。バランスが良い。
	✷	芳香でコクがあり、まろやかで美味。
	✿	厚みがあり、深く長い。
リンクウッド (LINK WOOD)	★	花のような香りは女性やカップルにお薦め。
	♥	軽いが華やか。シェリー酒、スィート。
	✷	軽くまろやかで飲み易く適度なコクがある。
	✿	ソフトでスムーズ。長く続く。
ロングモーン (LONG MORN) 聖人の地	★	スパイシーな食前酒。
	♥	バニラ、レーズン、ラム酒、豊かだがクセがある。
	✷	滑らかでフレッシュ。
	✿	スパイシーで長い。

アイラ、アイルランド、キャンベルタウン、アイスランド・モルト

(ISLAY、IRELAND、CAMPBELL TOWN、ISLAND)

ウィスキー名／区分		内容（Contents）
アードベッグ (ARDBEG) (ｱｲﾗ) 小さな丘（岬）	★	強烈なスモーキー・フレーバーがある。
	♥	甘味と喉越しのある消毒液の臭い。
	✸	スモーキーでドライ。コクがある。
	✿	ドライでスモーキーさが長く残る。
アイル・オブ・ジュラ (ＩＳＬＥ of JURA) (ｱｲﾗﾝﾄﾞ) 鹿の島	★	華やかな甘口。入門者にお薦め。
	♥	華やかでヘザーハニーのよう。加水するとモルト風味が香る。
	✸	ライトで甘口。
	✿	スモーキーだが、キレがある。
カォリラ (CAOLILA) (ｱｲﾗ) アイラ海峡	★	超辛口モルト。
	♥	スモーキー、ヨード香が強い。
	✸	シャープな辛口。塩辛く海藻のような風味と喉越し。
	✿	舌に残り、余韻が長い。
グレンスコシア (GLEN SCOTIA) (ｷｬﾝﾍﾞﾙﾀｳﾝ)	★	
	♥	ふくよかでスィート、ジンの甘味。微かなスモーキー。
	✸	まろやかで豊か。フレッシュ、甘辛のバランスがよい。
	✿	心地よい甘さが残る。パワフル。
スキャパ (SCAPA) (ｱｲﾗﾝﾄﾞ) オークニー島のスキャパ湾	★	ピート色が強くチョコレートのよう。
	♥	ラムレーズン、バニラのように濃厚。加水するとフルーティで甘い。
	✸	ドライで柔らかい。バニラやチョコレート風味と喉越し。
	✿	ドライでスパイシーだが長く残る。

ウィスキー名／区分		内容（Contents）
スプリング・バンク (SPRING BANK) (キャンヘ゛ルタウン)	★	モルトの香水。女性にお薦めの一品。
	♥	キャラメルのように甘くふくよかで香りが広がる。
	✹	ドライだがボディがしっかりとしていてシルクのような舌ざわり。
	✿	余韻が長く、甘辛のバランスが絶妙。
タリスカー (TALISKER) (アイラント゛) 創業者の家の名前 タリスカー・ハウス から	★	舌の上で爆発するような潮の味。
	♥	スパイシー、スモーキー、微かな潮の香り。
	✹	個性的で潮の風味。海の中のミネラル分の味。
	✿	長く火花がはじけるよう。個性的。
トバモリー (TOBERMORY) (アイラント゛) メアリーの井戸	★	
	♥	ヨード香。
	✹	ドライですっきりしている。
	✿	辛さが残りスパイシー。
ハイランド・パーク (HIGHLAND PARK) (アイラント゛)	★	M・ジャクソンが90点をつけた世界最北の蒸留所から生まれた「北の巨人」
	♥	豊か。ヘザーハニー、ドライだが加水すると甘口になる。
	✹	まろやかでとろけるよう。シェリー風味。少々、塩辛い。
	✿	ドライで大きく長くて豊か。

ウィスキー名／区分		内容（Contents）
ブッシュミルズ (BUSHMILLS) (アイルランド)	★	唯一のアイリッシュ・モルト。
	♥	バニラ、レーズンのような濃厚さ。
	✹	甘辛、複雑。
	✿	長い。微かだがスモーキーさが残る。
ブナハーブン (BUNAHABHAIN) (アイラ) 河口	★	最も軽いアイラ・モルト。アメリカで一番人気。
	♥	甘く、花のような香りと潮の香り。
	✹	ドライで軽くまろやか。
	✿	鼻に抜けて残る。キレが良い。
ブルイックラディ (BRUICHLADDICH) (アイラ) 海辺の丘の斜面	★	アイラ・モルトの中で最も香りが豊か。
	♥	ラムレーズンのような甘さ。加水すると潮の香りが香る。
	✹	まろやかでドライ。次第にスィート。
	✿	長くドライ。
ボウモア (BOWMORE) (アイラ) 大きな岩礁	★	
	♥	コーヒーリキュールのような甘い香り。海藻の香り。
	✹	複雑で豊か。潮、ヘザーハニー、スパイシー。
	✿	ドライだがまろやかで余韻がすばらしい。

アイラ、アイルランド、キャンベルタウン、アイスランド・モルト

ウィスキー名／区分		内容（Contents）
ポート・エレン (PORT ELLEN) (アイラ) 1983年操業停止。	★	アイラ唯一の港町にあったが、蒸留所は操業停止。幻のモルトとなる。
	♥	海藻、塩からい、ドライ。
	✸	軽いがドライでスパイシー、刺すような刺激がある。
	✿	非常にスパイシー。
ラガヴーリン (LAGAVULIN) (アイラ) 水車小屋のある窪地	★	16年熟成のこだわりはモルトの最高峰。
	♥	スモーキー、ヘビーなピート香。ヨード香とシェリー香。
	✸	素晴らしいコクとシェリーの甘さを包んでいる。
	✿	パワフルで余韻が長い。
ラフロイグ (LAPHROAIG) (アイラ) 広い入り江の 美しい窪地	★	後味に強い印象を残すアイラの巨星。
	♥	スモーキー、薬品、ヨード香、バニラ香のバランスが良い。
	✸	独特のピート風味がある。
	✿	まろやかで非常にドライ。
レディグ (LEDAIG) (アイランド)	★	(※トバモリーのGM社コニッサーズチョイス1972年)
	♥	ピーティでスモーキー。芯が太い。
	✸	骨格がしっかりしていて厚みがある。ドライからスィートになる。
	✿	長く残る。余韻が素晴らしい。

★特徴、メモ ♥香り ✹味と喉越し ✿後味

ウィスキー名／区分		内容（Contents）
ロングロウ (LNGROW) (キャンベルタウン)	★	スプリング・バンクのセカンドラベル。
	♥	ピーティ、非常に複雑。
	✹	オイリー、かすかにシェリーの甘さがある。
	✿	塩辛く長い。スモーキー。

お薦めシングル・モルト（タイプ別メモ）

(※以下の空白には実際に自分でテイスティングしたものを、自分なりの味と喉越し感でタイプ分

ドライ・タイプ

ウィスキー名／区分		内容（Contents）
アードベッグ (ARDBEG) （アイラ） 小さな丘（岬）	★	強烈なスモーキー・フレーバーがある。
	♥	甘味と喉越しのある消毒液の臭い。
	✹	スモーキーでドライ。コクがある。
	✿	ドライでスモーキーさが長く残る。
ハイランド・パーク (HIGHLAND PARK) （アイランド）	★	M・ジャクソンが90点をつけた世界最北の蒸留所から生まれた「北の巨人」
	♥	豊か。ヘザーハニー、ドライだが加水すると甘口になる。
	✹	まろやかでとろけるよう。シェリー風味。少々、塩辛い。
	✿	ドライで大きく長くて豊か。
ブルトニー (PULTENEY) （ハイランド） ブルトニー・タウンから	★	潮の味と香りが漂う、飲みごたえのあるモルト。
	♥	潮の香り、フレッシュ、オキシフル。
	✹	ドライで塩辛い。スモーキーで充実している。
	✿	長く辛さが残る。
ラガヴーリン (LAGAVULIN) （アイラ） 水車小屋のある窪地	★	16年熟成のこだわりはモルトの最高峰。
	♥	スモーキー、ヘビーなピート香。ヨード香とシェリー香。
	✹	素晴らしいコクとシェリーの甘さを包んでいる。
	✿	パワフルで余韻が長い。

けをしてメモとして活用してもらいたい。下記は著者の個人的コメントで、サンプルに過ぎない）

ベリー・ドライ （※スモーキーでヨード香の強いモルト。マニア好み）		
ウィスキー名／区分		内容（Contents）
カォリラ (CAOLILA) （アイラ） アイラ海峡	★	超辛口モルト。
	♥	スモーキー、ヨード香が強い。
	✸	シャープな辛口。塩辛く海藻のような風味と喉越し。
	✿	舌に残り、余韻が長い。
タリスカー (TALISKER) （アイランド゛） 創業者の家の名前 タリスカー・ハウス から	★	舌の上で爆発するような潮の味。
	♥	スパイシー、スモーキー、微かな潮の香り。
	✸	個性的で潮の風味。海の中のミネラル分の味。
	✿	長く火花がはじけるよう。個性的。
ポート・エレン (PORT ELLEN) （アイラ） エレンとは、 アイラ島に君臨した 一族の長の妻の名。	★	アイラ唯一の港町にあったが、蒸留所は操業停止。幻のモルトとなる。
	♥	海藻、塩からい、ドライ。
	✸	軽いがドライでスパイシー、刺すような刺激がある。
	✿	非常にスパイシー。
ラフロイグ (LAPHROAIG) （アイラ） 広い入り江の 美しい窪地	★	後味に強い印象を残すアイラの巨星。
	♥	スモーキー、薬品、ヨード香、バニラ香のバランスが良い。
	✸	独特のピート風味がある。
	✿	まろやかで非常にドライ。

お薦めシングル・モルト（タイプ別メモ）

スィート（※モルトの入門者からモルト通まで納得させる秀逸モルト）		
ウィスキー名／区分		内容（Contents）
エドラダワー (EDRADOUR) (ハイランド) 二つの小川の間	★	
	♥	ミルクキャラメル、アーモンド、トフィー、豊かで豪華。
	✹	クリーミー、甘く蜂蜜とカステラの焦げ目のよう。
	✿	長くとろける。バターのように濃厚でうまい。
グレン・モール (GLEN MHOR) (ハイランド) 偉大な谷	★	スィートで木の実の様。
	♥	スィートだが薄い。バニラ香。
	✹	ソフト、フルーツ香
	✿	軽くてスィート。すっきりしてフレッシュ。
スプリング・バンク (SPRING BANK) (ｷｬﾝﾍﾞﾙﾀｳﾝ)	★	モルトの香水。女性にお薦めの一品。
	♥	キャラメルのように甘くふくよかで香りが広がる。
	✹	ドライだがボディがしっかりとしていてシルクのような舌ざわり。
	✿	余韻が長く、甘辛のバランスが絶妙。
マッカラン (MACALLAN) (スペイサイド) 聖コロンバの丘	★	ウィスキーのロールス・ロイスと絶賛され国内外でも頂点に立つモルト。
	♥	シェリー（オロロソ）香、カラメルの甘さ。芳香で深みがある。
	✹	甘さの中にモルトの複雑さがありバランスが良い。
	✿	まろやかで長く深い味わいが残る。

ウィスキー名／区分		内容 (Contents)
モートラック (MORTLACH) (スペイサイド) 椀状の窪地	★	ダフタウンで1・2を争う古典的美酒。
	♥	チョコレート、ラム酒系の甘さ。 バランスが良い。
	✹	芳香でコクがあり、まろやかで美味。
	✿	厚みがあり、深く長い。

お薦めシングル・モルト（タイプ別メモ）

スィート・ドライ（※スィートとドライの両面を持ち合わせる。モルト通にお薦め）		
ウィスキー名／区分		内容（Contents）
インチガワー (INCHGOWRE) （スペイサイド） 川のそばの 山羊の放牧地	★	甘さから塩辛さまで。マニア好みのモルト。
	♥	複雑で豊か。潮風の香り。スパイシー、チョコレート、スィート。
	✸	スィートからドライになり、塩辛く変化。
	✿	長く深みとコクがある。
グレントファース (GLENTAUCHERS) （スペイサイド）	★	スペイサイドの隠れた美酒。加水してもバランスを保つ。
	♥	シェリー、バナナのドライ・チップ。シャープでスィート。
	✸	スムーズで次第に強くなる。スィートでコクがある。
	✿	非常にドライで長い。
ノース・ポート (NORTH PORT) （ハイランド） 北門	★	加水するとまろやかになる幻のモルト。
	♥	ドライから徐々に甘くなっていくがおとなしい。
	✸	スィートだが次第にドライに。加水するとまろやかになる。
	✿	キレははやい。ライト・ボディ。

フルーティ・スィート（※香りが香水のように素晴らしい。女性にはお薦めのモルト）		
ウィスキー名／区分		内容（Contents）
アベラワー (ABERLOUR) (スペイサイド) ラワー川の落合	★	フランス人好みのしゃれたモルト。スコットランド産の大麦だけを使っている。
	♥	ラム・レーズン、バニラ・エッセンスのようで、加水するとフルーティになる。
	✹	ソフトでスムーズ。クッキーのような甘さ。
	✿	香りが豊かでまろやかに広がる。
クライヌリッシュ (CLYNELISH) (ハイランド)	★	滑らかで通好みのモルト。
	♥	豊か、リキュール系の甘さ。カラメル、ラム酒。
	✹	シルクのように滑らかでコクがあり、スパイシー。
	✿	豊かで長い。マスタードの辛さが印象に残る。
グレン・モーレンジ (GLEN MORANGIE) (ハイランド) 大いなる静寂の谷間	★	スコットランドでの一番人気。モルトのみで出荷。ブレンド用はない。
	♥	魅力的な香り。スィート、ハニー、ナッツ、シナモン、白ダン。
	✹	スパイシー。花や麦芽の甘さがありクリーミィ。
	✿	まろやかでドライからスィートに。

お薦めシングル・モルト（タイプ別メモ）

ウィスキー名／区分		内容（Contents）
スキャパ （SCAPA） （ｱｲﾗﾝﾄﾞ） オークニー島の スキャパ湾	★	ピート色が強くチョコレートのよう。
	♥	ラムレーズン、バニラのように濃厚。加水するとフルーティで甘い。
	✸	ドライで柔らかい。バニラやチョコレート風味と喉越し。
	✿	ドライでスパイシーだが長く残る。
トミントゥール （TOMINTOUL） 納屋の形をした丘	★	パーティ向けか若者向けのボトルデザインになっている。
	♥	種子系、リキュール系。加水すると、柑橘系になる。
	✸	軽くてスムースで麦芽の甘さがある。
	✿	フレッシュだが余韻は長くはない。
ローズ・バンク （ROSE BANK） （ローランド） 野バラの堤	★	グラスゴーとエジンバラの中間、ファルカークのキャメロン村。
	♥	ソフトでスィート。焼りんごのよう。
	✸	ミディアムで少しドライ。加水するとスィートになる。
	✿	ドライだがスムーズ。ソフト。

フルーティ・ドライ（※香りが良いだけではなく、モルト好きも納得の味を持つ）		
ウィスキー名/区分		内容（Contents）
キンクレイス (KINCLAITH) （ローランド）	★	ストック分のみで終わってしまう幻の酒！
	♥	マスク・メロン、少々スモーキーだがフルーティで豊か。
	✹	デリケートでメロン、ジンジャーなど色々な味と喉越しが出てくる。
	✿	スパイシーで深くて長い。
グレン・アギー (GLEN UGIE) （ハイランド） アギー川の谷	★	スコットランド最東端の蒸留所。オフィシャル・ボトルはない。
	♥	シェリー、熟れた果実。
	✹	パワフルでスィート。
	✿	ドライで次第にジンジャーのスパイシーさと苦みが出る。
グレン・ロセス (GLEN ROTHES) （スペイサイド）	★	ローゼス地区の代表的モルト。
	♥	奥行きがあり豊か。シェリー、熟した果実。
	✹	シルクのようにスムーズでこくがあり、バランスがよい。
	✿	スムーズでドライに変化するが心地よい。

お薦めシングル・モルト（タイプ別メモ）

ウィスキー名／区分		内容（Contents）
マノックモア (MANNOCH MORE) （スペイサイド） 大きな丘	★	ヘイグ、ディンプルの核となる水のように薄いモルト。
	♥	フレッシュ。青い果実、シリアル系の香りで次第にドライになる。
	✹	軽いが心地よい。
	✿	コーヒーやシナモンの香りが残る。
リンクウッド (LINK WOOD) （スペイサイド）	★	花のような香りは女性やカップルにお薦め。
	♥	軽いが華やか。シェリー酒、スィート。
	✹	軽くまろやかで飲み易く適度なコクがある。
	✿	ソフトでスムーズ。長く続く。

50音別索引（1）

カクテル名　INDEX

【ア】

50音別索引（8）

【ヒ】

【フ】

【へ】

【リ】

【ル】

【レ】

ウィスキー名 INDEX

グレン・グラッサ(GLEN GLASSAUGH)……518
グレン・グラント……530
グレン・クレイグ……530
グレン・ゴイン(GLEN GOYNE)……519
グレン・スペイ(GLEN SPEY)……530
グレン・ダラン(GLEN DULLAN)……530
グレン・タレット(GLEN TURRET)……519
グレン・バーギ(GLEN BURGIE)……531
グレン・ファークラス(GLEN FARCLAS)……531
グレン・フィディック(GLEN FIDDICH)……531
グレン・マレイ(GLEN MORAY)……531
グレン・モール(GLEN MHOR)……512, 519, 546
グレン・モーレンジ(GLEN MORANGIE)……519, 549
グレン・ロセス(GLEN ROTHES)……531, 551
グレン・ロッキー(GLEN LOCHY)……513, 519
グレン・ロッシー(GLEN LOSSIE)……532
グレンスコシア(GLEN SCOTIA)……539
グレンド・ロナック(GLEND RONACH)……520
グレントファース(GLENTAUCHERS)……532, 548
グレンユーリー・ロイヤル(GLENURY ROYAL)……513, 520
コールバーン(COLEBURN)……532
コンバルモア(CONVALMORE)……513, 532

【サ行】

ザ・グレン・リヴェット(THE GLEN LIVET)……533
スキャパ（SCAPA)……539, 550
ストラスアイラ（STRATHILA)……533
ストラスミル（STRATH MILL)……533
スプリング・バンク(SPRING BANK)……540, 546
スペイバーン（SPEY BURN)……533
セント・マグデラン(ST. MAGDALENE)……513, 526

【タ行】

ダフタウン(DOFFTOWN)……533
タムドゥー(TAMDHU)……534
タムナヴーリン(TAMNAVULIN)……534
ダラス・ドゥー(DALLAS DHU)……513, 534
タリスカー(TALISKER)……540, 545
タリバーディン(TULLIBARDINE)……520
ダルウィニー（DALWHINNIE)……520
ダルモア（DALMORE)……521
ダルユーイン（DAILUAINE)……534
ディーン・ストン（DEANSTON)……521
テナニャック（TEANINICH)……521
トーモア（TORMORE)……534
トバモリー（TOBERMORY)……540
トマーチン（TOMATIN)……521
トミントゥール(TOMINTOUL)……535, 550

【ナ行】

ノース・ポート(NORTH PORT)……514, 521, 548
ノッカンドォ(KNOCKANDO)……535
ノックドゥー(KNOCKDHU)……522

【ハ行】

ハイランド・パーク(HIGHLAND PARK)……540, 544
バルヴェニー（BALVENIE)……535
バルブレア（BALBLAIR)……522
バルミニック（BALMENACH)……535
バンフ(BANFF)……514, 522
ピティヴェアック(PITTY VAICH)……536
ブッシュ・ミルズ(BUSH MILLS)……541
ブナハーブン(BUNAHABHAIN)……541
ブラッド・ノック(BLADNOCH)……514, 526
ブルイックラディ(BRUICHLADDICH)……541
ブルトニー(PULTENEY)……522, 544
ブレア・アソール(BLAIR ATHOL)……523
ブレイズ・オブ・グレンリヴェト
(BRAES of GLENLIVET)……536
ブローラ(BRORA)……523
ベン・ネヴィス(BEN NEVIS)……523
ベンリアック……536
ベンリネス(BENRINNES)……536
ベンローマック(BENROMACH)……537
ボウモア(BOWMORE)……541
ポート・エレン(PORT ELLEN)……542, 545

【マ行】

マクダフ（MACDUFF)……523
マッカラン（MACALLAN)……537, 546
マノックモア(MANNOCH MORE)……537, 552
ミルトンダフ(MILTON DUFF)……537
ミルバーン(MILLBURN)……514, 524
モートラック(MORTLACH)……538, 547

【ラ行】

ラガヴーリン(LAGAVULIN)……542, 544
ラフロイグ(LAPHROAIG)……542, 545
リトルミル……526
リンクウッド(LINK WOOD)……538, 552
レディグ(アイランド)……542
ロイヤル・ブラックラ(ROYAL BRACKLA)……524
ロイヤル・ロッホナガー
(ROYAL LOCHNAGAR)……524
ローズ・バンク(ROSE BANK)……515, 526, 550
ロッホ・サイド(LOCH SIDE)……524
ロッホ・ローモンド(LOCH LOMOND)……524
ロングモーン（LONG MORN)……538
ロングロウ（LONGROW)……543

オリジナルカクテル（改訂追加）

アニバーサリー……342
アンダー・ザ・シー……341
薫風(くんぷう)……341
情炎……341
酔芙蓉……341
17(セブンティーン)……341
サークルB……342
チョコラブ・バナナ……342
ハッスル・チャイナ……342
BBマティーニ……341
フルーツ・バスケット……342
MOVE OVER（ムーブオーバー)……342
凛々……342

世界のバーを飲み歩いて

長年に渡り私は色々な国のバーを訪れ、色々な酒を飲んできた。

言葉が通じなくてビール1本注文するのに10分以上もかかったインドネシアの片田舎の大衆酒場から、酒の常識を覆されたタイのメコン・ウィスキーや甘いだけのカクテル。シンガポール・スリング（オリジナル）を初めて飲んだ感動のラッフルズ・ホテル。同じ日に門前払いを二度も食らったパリのホテル・リッツのバー。ドーバー海峡を渡る船の中でフランス人女性と飲んだカルバドスのほろ苦さ。陽の沈まない真夏のロンドンのパブで飲んだエール・ビールと酔っ払い達の喧燥。スコットランドの蒸留所を見学した時にテイスティングしたモルト・ウィスキーの鼻を突き刺すような香りの凄さ。真冬のニューヨークで飲んだストレート・バーボンの熱い喉越し。L. A.の浜辺で飲んだトロピカル・ドリンクのまずさなどなど…その数は数え切れない。そこには楽しい想い出も苦い思いもたくさんある。しかし、どんな体験をしても変わらぬ思いがひとつだけある。それは酒を愛する人間に、国境は無いということだ。

数年前、外国から来たばかりの私は、一人でパリのハリーズ・バーに行き、酒を飲んでいた。周りには知り合いもおらず、交わされている言葉もフランス語が殆どで、なかなか場に溶け込めないでいた。日曜日は昼間から観光客が押し寄せるというこの店も、その日は平日のせいか地元の人間しかカウンターにはいなかった。しかも彼らは常連といった感じで、とても初めて来た私が入り込む余地はなかった。ところがグラスを重ねると共に、カウンターの中のバーテンダーや、隣に座っている地元の客が私に声を掛けてくる。「お前は何処から来たんだ？」「日本にはどんなバーがあるんだ？」「日本の事を教えてくれ」などと。いつしか私は、地元の人達の輪の中で酒を飲んでいた。彼らも酔っていたからか、一人寂しそうに飲んでいる異邦人の私を哀れんでくれたのか定かではないが、カウンターに居座り飲み続ける私をいつの間にか受け入れてくれたのだ。それから店が終わるまで彼らと飲み明かしたのだが、店を出て行く時、私は自分に力が漲っているのを感じていた。まるで白夜のパリの薄暗い空が明るいばら色へと変わっていくように。

音楽に国境が無いとは良く聞く言葉だが、私にとっては正に「酒には国境は無い」という貴重な経験だった。酒は「命の水」とは、古来より語り継がれてきた言葉だが、国境を無くし命をつなぐ酒に敬意を表して、今宵もまた、新たな気持ちで乾杯したい。

あとがき

日本のバーテンダーの技術は10年、20年前と比較するとかなり高くなっており、事実、世界水準を超える人も年々増えてきています。しかし、それはあくまでもごく一部の人に過ぎず、全体的に見るとまだまだ遅れていると言わざるを得ないでしょう。それは欧米諸国と比べた時の日本人全般の洋酒に対する意識と認識の低さに関係しているのかも知れません。しかし日本人だから洋酒のことは判らなくて良いとか、必要無いという意識を持つ限り、日本におけるバーと、そこで働くバーテンダーの発展もありえません。21世紀を向かえ日本が堂々と国際社会の一員として肩を並べていく上で、その意識は変えていかなくてはならないと私は思っています。

本書はバーテンダーにとってのメモ帳であると同時に、記録文献としての役割も担っています。世界の先輩バーテンダーや新しい才能によって作られたカクテルなどを学ぶ事で

21世紀を担うバーテンダーとしての技術向上と意識改革の手助けに一役買えれば幸いだと思います。そして現状に満足すること無く、日本のバーと自身の発展のために、今後ともカクテルと洋酒に関する学習を続けてもらえればと願う次第です。

最後になりましたが、メモ帳という本書の特質上、書き込めなかった不足部分や専門知識に関しては、それぞれの専門書などを参考にしてもらいたいと思います。尚、本書の制作にあたって協力頂いた飛鳥出版の鈴木利康氏、ならびに本書に記載するレシピの協力を頂いた各店のバーテンダーや、店主、カクテル・ブックの著者達にこの場を借りてお礼を申し上げたいと思います。

（※本書中の個人名は、敬称を省略させて頂きました。御了承ください）

参考文献

Savoy cocktail book（1997版）
The Newyork Bartender's Guide
Complete World Bartender Guide
Harry's ABC of mixing cooktails
Larousse des cocktails（Jacques Salle）
The classic Bar E Cocktail book
The Martini book
Malt Whisky Companion（Michael Jackson）
ＮＢＡオフィシャル・カクテル・ブック（柴田書店）
新版バーテンダーズマニュアル1995年版（柴田書店）
カクテルレシピ 稲 栄作著 （柴田書店）
木原均のオリジナルカクテル＆優勝テクニック
（木原均）（自費出版）
バー・ラジオのカクテルブック（柴田書店）
モルト・ウィスキー大全 土屋 守著（柴田書店）
カクテル 上田和男著（西東社）
カクテルの事典（成美堂出版）
カクテル・レシピ500 2001年版 （成美堂出版）
カクテル・レシピ500 2002年版 （成美堂出版）
カクテルこだわりの１７８種（稲保幸）（新星出版）
映画じかけのカクテル深沢 保著（同文書院）
全洋酒情報事典 （時事通信社）
世界の銘酒事典（講談社）

【著者プロフィール】

なしきひろし

1961年生まれ。高校卒業後、バーテンダーになるためにホテルに入社するが、企業の経営方針にそぐわず退社。その後、大阪、東京各地のバーやクラブ、レストラン等に勤務。1990年、酒の勉強のために単身ヨーロッパに渡る。イギリス、スコットランド、フランスの各地を巡り、94年いったん帰国するが、95年から2年間東南アジアに在住。97年帰国後、再度バーテンダーとして働きながら雑誌へのエッセイ、評論、コミック原作者としての執筆を開始、自らを「酒学士」と名乗る。

・「ラスト・オーダー」（講談社：ミスターマガジン連載）
ペンネーム＝ジョルジュ・マツオ

・「ザ・バーテンダー」
（日本文芸社：漫画ゴラク・ネクスター連載）

・「酒井政利の歌謡カクテル談義」（CS放送）出演、
コーディネイト、他。

The Bartender's

Pocket Bible

バーテンダーズ・ポケット・バイブル

発行日　平成１４年４月１５日　初版発行
　　　　平成２２年１月７日　　改訂版発行
著　者　なしきひろし
発行人　鈴木利康
発行所　飛鳥出版株式会社
　　　　〒101-0052
　　　　東京都千代田区神田小川町３－２
　　　　電話　03-3295-6343（代）
印　刷　富士美術印刷株式会社
表紙デザイン　相原昌一郎
郵便振替番号　00160-5-56292
加入口座名　　飛鳥出版株式会社

定価はカバーに表示してあります。

トロピカルなヨーグルトリキュール

ORIGINAL

Tropical Yoghurt

トロピカル・ヨーグルト

Yoghurt liqueur with tropical fruits

500 ml　　15% vol

BF ユニオンリカーズ株式会社　UNION LIQUORS K.K.